AF862553

EL ESTADO CONSTITUCIONAL

Universidad Nacional Autónoma de México

Instituto de Investigaciones Jurídicas
de la Universidad Nacional Autónoma de México

PETER HÄBERLE

El Estado constitucional

Proceso constituyente. Derechos fundamentales
Dignidad humana. Libertad cultural. Trabajo y propiedad
Interpretación y comparación de textos constitucionales
Influencias en América. Reforma de la Constitución
Estado constitucional cooperativo

Estudio introductorio
DIEGO VALADÉS

Traducción e índices
HÉCTOR FIX-FIERRO

1ª reimpresión

ASTREA
BUENOS AIRES - BOGOTÁ - PORTO ALEGRE
2020

Häberle, Peter

El Estado constitucional / Peter Häberle
1ª ed., 1ª reimp. - Ciudad Autónoma de Buenos Aires: Astrea, 2020.
520 p.; 23×16 cm.

ISBN 978-950-508-741-9

1. Derecho Constitucional. I. Fix Fierro, Héctor, trad. II. Título

CDD 342

Astrea está indexada como Editorial de Calidad Científica
con Claro Prestigio Internacional (Fondecyt).

1ª edición, 2007.
1ª reimpresión, 2020.

Lavalle 1208 - (C1048AAf) Ciudad de Buenos Aires
(54-11) 4382-1880 - 0800-345-ASTREA (278732)
www.astrea.com.ar - editorial@astrea.com.ar

Queda hecho el depósito que previene la ley 11.723
IMPRESO EN LA ARGENTINA

PRÓLOGO A LA EDICIÓN ARGENTINA

1. Después de la edición mexicana, de 2001, el tipo del Estado constitucional ha seguido desarrollándose y diferenciándose de manera tangible en múltiples y marcadas etapas textuales, pero también enfrenta nuevos peligros. Al *annus mirabilis* de 1989 le siguen nuestros años como *anni horribiles*, a causa del terrorismo y de su adecuado combate, el cual no debe relativizar los principios del Estado constitucional. Entre los conjuntos textuales y campos de problemas en los que el Estado constitucional ha logrado innovaciones y variaciones, se encuentran las referencias a Dios en los preámbulos constitucionales o previamente a ellos (p.ej., la nueva Constitución federal de Suiza de 1999, así como la Constitución cantonal de Graubünden de 2003), desafortunadamente desechadas por el Tratado de la Constitución Europea de 2004; nuevas cláusulas sobre patrimonio e identidad culturales (ver, al respecto, mi obra *Costituzione e identità culturale*); la reafirmación del "Estado constitucional cooperativo"; el refinamiento de la protección de los derechos fundamentales en sus temas y dimensiones, así como los planteamientos de reforma en materia de federalismo y regionalismo. Fracasada en Austria en 2004, en 2006 se ha logrado finalmente, en Alemania, una reforma al federalismo, mientras que la reforma al regionalismo iniciada en Italia ha sido desechada por el pueblo. Habría que mencionar también nuevos artículos sobre Europa (p.ej., art. 1°, inc. 3, Const. de Salzburgo de 1999), así como el principio de la "sustentabilidad" y la

orientación hacia las generaciones (cfr. art. 9°, Const. del Cantón de Schaffhausen de 2002).

En el derecho constitucional de la cultura, y al lado de las nuevas cláusulas sobre el pluralismo (p.ej., el Preámbulo del proyecto de Constitución del Perú de 2002), son los *himnos nacionales* los que entran con fuerza renovada en la conciencia (p.ej., art. 11, inc. 2, Const. de Portugal; art. 28, inc. 3, Const. de Polonia; art. 14, inc. 3, Const. de Albania). Habría que examinar las ocasiones de su "uso" y de su creación (p.ej., mediante decreto del presidente o por un acuerdo de la asamblea constituyente). Lo mismo puede decirse de su realidad constitucional en conjunto: como "*music as constitutional soft law*" (en Italia se considera al coro de los prisioneros en el *Nabucco* de Verdi como "himno nacional secreto").

La "constitucionalización" del derecho internacional se ha incrementado en los últimos años, a pesar de la frecuencia con que se desobedecen sus principios. Los pactos de derechos humanos, las Naciones Unidas, el derecho internacional humanitario, revelan los contornos del derecho internacional considerado como Constitución *parcial*. ¡Requerimos una nueva "escuela de Salamanca"! El derecho internacional debe concebirse como derecho de la *humanidad* referido a la dignidad *humana*. No es posible dejar de advertir sus dolorosos desafíos y déficits, por ejemplo, en el ámbito de los "Estados fallidos" (*failed States*); de la intervención humanitaria; de los intentos, en su mayoría inútiles, de reforma de las Naciones Unidas. Hay que tomar en cuenta la destacada importancia que les corresponde a los maestros del derecho internacional como *personas*, pues son, en última instancia, la "conciencia de la humanidad" en este terreno. Del mismo modo como el art. 38, inc. 1, letra *d*, del Estatuto de la Corte Internacional de Justicia incorpora en el proceso normativo las opiniones de los estudiosos del derecho internacional más destacados de las diversas naciones, así hay que trasladar esta idea a la etapa de desarrollo del Estado constitucional y su derecho. Los clásicos entre los constitucionalistas de las distintas naciones han laborado desde hace mucho tiempo con el tipo del Estado constitucional; así, en Alemania, Jellinek, Kelsen y Heller y, también, Hesse; en México, Fix-Zamudio; en el Brasil, Benavides.

2. De este modo entra en nuestro campo de visión la doctrina del derecho constitucional, la cual desempeña, en la "sociedad abierta de los intérpretes constitucionales", una tarea de gran responsabilidad, aunque limitada. En este sentido, complemento la bibliografía de 2001 con algunas cuantas referencias. En 2001-2002 he publicado una *Teoría constitucional europea* (*Europäische Verfassungslehre*, 4ª ed., 2006), la cual retoma los planteamientos de este volumen en relación con Europa. Hay que mencionar también el libro de homenaje del quincuagésimo aniversario del Tribunal Constitucional Federal alemán (Tubinga, 2001). En cuanto a la doctrina española, hago referencia al *Manual de derecho constitucional* de Balaguer Callejón (2005). Del mundo de lengua portuguesa cito a Gomes Canotilho (*Direito constitucional*, 5ª ed., 2002), a Miranda (*Manual de direito constitucional*, 5ª ed., 2003), así como a Ferreira da Cunha (*Teoria da Constituição*, 2000-2002). La "Constitución en el discurso del mundo" vive de las contribuciones de muchos.

Tengo la esperanza de poder estudiar de modo más intensivo las constituciones latinoamericanas en el futuro. Gracias a Domingo García Belaúnde, César Landa Arroyo, Diego Valadés, así como a G. Ferreira Mendes, por no mencionar sino a la generación intermedia, existen ya algunos puentes de diálogo. Ojalá se construyan otros nuevos en los que todavía pueda participar, ya sea en el desarrollo de un derecho constitucional común latinoamericano (así mi propuesta de 2003), o bien en el examen del tipo del Estado constitucional, el cual puede lograr no pocas conquistas a través de una recepción creativa de los textos y la realidad de Latinoamérica. Vale la pena reiterar mi *dictum* (2002): "Necesitamos un Alexander von Humboldt del derecho constitucional latinoamericano". Puedo, cuando mucho, formular tales deseos (así también, por ejemplo, que surja un Kant "verde" o un nuevo Hugo Grocio) y en lo demás ofrecer, con la reedición de este volumen, algunas sugerencias que alienten a la generación joven en el sentido de su idea del "contrato de las generaciones en la ciencia". Al respecto, podrá encontrarse un rico material en la obra de homenaje que me han dedicado en España en 2004, editada por Balaguer Callejón.

3. La iniciativa para esta edición se debe a Editorial Astrea y a su director de producción, Alejandro Depalma. Agradezco cordialmente este honor y renuevo también mi gratitud hacia Diego Valadés, por haber hecho posible la edición mexicana (2001), y a Héctor Fix-Fierro, por su excelente traducción. Valadés ha contribuido, además, con una nueva y magnífica introducción. Me considero muy afortunado de que mi labor científica haya encontrado eco en la Argentina. Por ello, agradezco a Antonio M. Hernández y a la Academia de Córdoba por la honrosa membresía que me han otorgado (2004). Además, me siento muy satisfecho de que ya existan algunos vínculos personales con la comunidad de científicos argentinos, de los que ha surgido un importante ensayo de Raúl Ferreira en el *Jahrbuch des öffentlichen Rechts* (*Argentine constitutional development*, vol. 54, p. 313 y ss.), y ya hay planes para futuras colaboraciones. Este libro afianza notablemente esta relación; espero que sea una herramienta de utilidad para todos los países hispanoparlantes.

Bayreuth/St. Gallen, verano de 2006.

PETER HÄBERLE

ÍNDICE GENERAL

ESTUDIO INTRODUCTORIO

Capítulo Primero

FUNDAMENTACIÓN DEL OBJETO Y MÉTODOS DE TRABAJO

A) Conceptualización

B) La tríada de los ámbitos republicanos: privado-público-estatal

Capítulo II

LA EVOLUCIÓN HISTÓRICA. LA DIMENSIÓN DEL TIEMPO

A) Introducción

B) El pensamiento de las posibilidades como parte de una tríada (junto con el pensamiento de la realidad y las necesidades)

CAPÍTULO III

TRATAMIENTO POR LA CIENCIA CULTURAL

B) Riqueza de las especies y multiplicidad de estratos de los textos constitucionales

C) Diversidad de funciones de los textos constitucionales

D) La relevancia potencial de los proyectos de Constitución

E) Problemas de las fuentes del derecho en el Estado constitucional: un pluralismo de lo escrito y lo no escrito de múltiples espacios y etapas

Capítulo IV

PROCESO CONSTITUYENTE. MODIFICACIÓN E INTERPRETACIÓN DE LA CONSTITUCIÓN. JURISDICCIÓN CONSTITUCIONAL

A) Proceso constituyente

B) Modificación de la Constitución

C) La sociedad abierta de los intérpretes de la Constitución

D) La comparación jurídica como quinto método de interpretación y como comparación cultural

E) Incurso: jurisdicción constitucional institucionalizada en el Estado constitucional

Capítulo V

MANIFESTACIONES PARTICULARES

Capítulo VI

NECESIDADES DE REFORMA EN EL ESTADO CONSTITUCIONAL DE LA ETAPA EVOLUTIVA ACTUAL

ABREVIATURAS

AöR	Archiv des öffentlichen Rechts
BRD	Bundesrepublik Deutschland (República Federal de Alemania)
BT-Drs.	Bundestag-Drucksache (Publicación del Parlamento Federal alemán)
BverfG	Bundesverfassungsgericht (Tribunal Constitucional Federal alemán)
BverfGE	Entscheidungen des Bundesverfassungsgericht (Sentencias del TFCA)
CE	Comunidad Europea
CEDH	Convención Europea para la Protección de los Derechos Humanos y las Libertades Fundamentales
cit.	citado
DDR	Deutsche Demokratische Republik (República Democrática Alemana)
DÖV	Die Öffentliche Verwaltung
DVBl.	Deutsches Verwaltungsblatt
E	Entscheidung (sentencia)
ed.	edición, editor
EG	Europäische Gemeinschaft (Comunidad Europea)
EuGRZ	Europäische Grundrechte-Zeitschrift
FAZ	Frankfurter Allgemeine Zeitung
FS	Festschrift (obra de homenaje)
Ged. Schrift	Gedächtnisschrift (obra en memoria)
GG	Grundgesetz (Ley Fundamental de Bonn)
GG AK	Alternativkommentar zum Grundgesetz (comentario alternativo a la LF)
GVK	Gemeinsame Verfassungskommission von Bundestag und Bundesrat (Comisión conjunta de Constitución del Parlamento y el Consejo Federales de Alemania)

HdBStKirchR	Handbuch des Staatskirchenrechts (Manual del derecho eclesiástico del Estado)
HdBStR	Handbuch des Staatsrechts (Manual del derecho del Estado)
HdBVerfR	Handbuch des Verfassungsrechts (Manual de derecho constitucional)
JöR	Jahrbuch des öffentlichen Rechts
JZ	Juristenzeitung
LF	Ley Fundamental de Bonn (GG)
N. del T.	Nota del traductor
NJW	Neue Juristische Wochenschrift
NZZ	Neue Zürcher Zeitung
OCDE	Organización para la Cooperación y el Desarrollo Económico
OEA	Organización de Estados Americanos
OSCE	Organización para la Seguridad y la Cooperación en Europa (antes CSCE)
OTAN	Organización del Tratado del Atlántico Norte
RDA	República Democrática Alemana (DDR)
Sc.	scilicet
SED	Sozialistische Einheitspartei Deutschlands (Partido Socialista Unificado de Alemania)
TFCA	Tribunal Constitucional Federal alemán (BVerfG)
ONU	Organización de las Naciones Unidas
UE	Unión Europea
UEO	Unión de Europa Occidental
UNESCO	United Nations Educational, Scientific and Cultural Organization (Organización de las Naciones Unidas para la Educación, la Ciencia y la Cultura)
VRÜ	Verfassung und Recht in Übersee
VVDStRL	Veröffentlichungen der Vereinigung der Deutschen Staatsrechtslehrer
WRV	Weimarer Reichsverfassung (Constitución de Weimar)
ZaöRV	Zeitschrift für ausländisches öffentliches Recht und Völkerrecht
ZfP	Zeitschrift für Politik
ZGB	Schweizerisches Zivilgesetzbuch (Código Civil suizo)
ZHR	Zeitschrift für das gesamte Handelsrecht und Wirtschaftsrecht
ZSR	Zeitschrift für Schweizerisches Recht

ESTUDIO INTRODUCTORIO*

1. *Peter Häberle: un jurista para el siglo XXI*

Aunque Peter Häberle es un autor muy conocido en lengua española, ésta es la primera obra de gran alcance del autor que se publicó primero en México y ahora en Buenos Aires. En 1998, en un breve pero ilustrativo texto, el profesor Ignacio Gutiérrez hizo una sugerente presentación a la obra *Libertad, igualdad, fraternidad*, también del profesor Peter Häberle. El título de esa presentación me resultó llamativo: "Una teoría de la Constitución para el siglo XXI". No puedo estar más de acuerdo; pero en mi caso, y para la obra que ahora tiene en sus manos el lector, decidí ir aún más lejos. Confío en que quienes ya conocen la obra completa del profesor Häberle coincidan conmigo cuando lo caracterizo como un jurista para el siglo XXI. La amplitud de sus aportaciones a la ciencia del derecho, y el cúmulo de problemas que permite anticipar y resolver, así lo justifican. Con esa idea en mente, me interesa destacar algunas de las más significativas contribuciones científicas del ilustre y admirado jurista alemán.

2. *Perfil del autor*

A manera de breve registro biográfico: Peter Häberle nació en Göppingen en 1934. Sus estudios jurídicos los

* Por Diego Valadés. Investigador de tiempo completo en el Instituto de Investigaciones Jurídicas de la Universidad Nacional Autónoma de México.

realizó en Tubinga, Friburgo, Bonn y Montpellier. Obtuvo el doctorado en la Universidad de Friburgo en 1961; su tesis versó sobre el art. 19.2 de la Ley Fundamental de Bonn, según el cual en ningún caso podrá verse afectado el contenido esencial de un derecho fundamental. Como bien apunta Francisco Balaguer Callejón, hoy se trata de una obra clásica[1]. A los treinta y cinco años alcanzó la cátedra en Friburgo, luego la ocupó en Marburgo y desde 1981 la ejerce en Bayreuth y en St. Gallen. Su extensa obra, a la que parcialmente nos referiremos aquí, ha sido objeto de traducciones al español, italiano, griego, polaco, japonés y coreano.

En 1997 el profesor Häberle sostuvo un importante ("brillantísimo", dice con razón Zagrebelsky) diálogo académico con el catedrático granadino Francisco Balaguer Callejón. En tanto que este último es un eminente constitucionalista y un profundo conocedor de la obra del profesor alemán, el texto presenta una formidable síntesis de las ideas de Häberle al tiempo que ofrece la posibilidad de adentrarse en la multifacética personalidad del erudito y del artista. Difícilmente se puede entender el concepto central de Peter Häberle, de la relación indisociable entre Constitución y cultura, sin tener presente su formación filosófica, artística, literaria y jurídica.

En el diálogo con Balaguer Callejón aparece una afirmación llamativa: Häberle se declara "discípulo de sus discípulos". No se trata de un juego de palabras ni significa sólo una actitud de modestia; es mucho más que eso. Cuando la doctrina de un maestro es proseguida de manera creativa por otros autores, significa que se ha encontrado una rica vertiente en la construcción normativa. Así se podrá confirmar en las páginas de esta obra, que representan una gran síntesis de las ideas del autor.

[1] Balaguer Callejón, *Un jurista europeo nacido en Alemania*, "Anuario de Derecho Constitucional", nº 9, 1997, p. 9.

La entrevista en cuestión aporta guías muy valiosas. En lo que podríamos denominar como "genealogía" doctrinal de Häberle, identifica a Rudolf Smend como maestro de Konrad Hesse y a éste, a su vez, como el suyo propio. "De Smend puedo considerarme su nieto", declara a Balaguer Callejón[2]. En este punto debe tenerse presente la dura polémica que sostuvieron Kelsen y Smend con motivo de las presuntas implicaciones de la teoría de la integración con el fascismo[3]. Smend, y así lo recuerda Häberle, formuló diversas correcciones a su teoría muchos años después. No obstante, su concepto de la integración personal sigue siendo objeto de fuertes críticas (p.ej., Rochrssen). Debe subrayarse que en este punto, en el que Smend justifica la concentración del poder en una persona equiparándolo a un símbolo nacional[4], no es seguido en forma alguna por Häberle.

También dice, en ese esclarecedor diálogo, que a Hermann Heller "le debe más que a nadie". La relación entre algunas ideas de ambos autores la podremos ver en esta importante obra, pero vale la pena retener la declaración del profesor en el sentido de que "en el plano científico debo a Heller la comprensión profunda de una teoría del Estado culturalmente integrada, que yo he intentado continuar bajo la idea de una teoría científico-cultural de la Constitución". En particular, debe tenerse presente la poderosa teoría que Heller construye en torno a la relación entre norma y normalidad: "Así como no pueden estimarse completamente separados lo dinámico y lo estático, tampoco pueden serlo la normalidad y la normatividad, el ser y el deber ser en el concepto de la Cons-

[2] Balaguer Callejón, *Un jurista europeo nacido en Alemania*, "Anuario de Derecho Constitucional", nº 9, 1997, p. 11.

[3] Abignente, *Il contributo di Rudolf Smend ed Hermann Heller al dibattito weimariano su diritto e Stato*, "Quaderni Fiorentini per la Storia del Pensiero Giuridico Moderno", 1992, p. 244 y siguientes.

[4] Smend, *Constitución y derecho constitucional*, p. 70 y siguientes.

titución"[5]. Dentro de esa misma idea se incluyen los factores culturales que, como es obvio, forman parte de la realidad (o normalidad). Heller formula, así, su conocida distinción entre Constitución normada y no normada. Esta última es la Constitución real, que puede consistir en una normalidad sin normatividad, pero lo contrario no es posible. La Constitución normada, a su vez, puede serlo jurídica y extrajurídicamente (p.ej., por la costumbre, la moral, la urbanidad, la moda). Las implicaciones democráticas de la tesis de Heller son claras: la normalidad (lo que ocurre) ha de coincidir con la normatividad (lo que debe ocurrir). Heller formuló esta tesis en 1934 y, seis años después, Mortati aludió a la relación entre normalidad y normatividad[6], pero no intentó examinar las implicaciones profundas de esa relación porque le habría sido imposible fundamentar por esa vía las bases constitucionales del Estado fascista.

Son, asimismo, importantes las posiciones que Häberle toma con relación a Hans Kelsen y a Carl Schmitt. A propósito del primero, apunta que se separa de él en el aspecto metodológico, aunque se acoge a sus aportaciones sobre la "construcción escalonada del sistema jurídico", que conduce al concepto de norma de normas. En cuanto a Schmitt es, comprensiblemente, muy severo. Distingue entre el autor de una de las más importantes obras sobre teoría de la Constitución, por su "fuerza sistemática y sus innovaciones", y el autor del "indescriptible trabajo" denominado *Los judíos en la ciencia jurídica alemana* y del "nefasto" artículo *El Führer protege el derecho*. Concluye con una expresión significativa: "veo con pesar que, en algunos países latinos..., se ha producido una especie de renacimiento de Schmitt"[7].

[5] Heller, *Teoría del Estado*, p. 269.

[6] Ver, por ejemplo, Mortati, *La Costituzione in senso materiale*, p. 56.

[7] Balaguer Callejón, *Un jurista europeo nacido en Alemania*, "Anuario de Derecho Constitucional", nº 9, 1997, p. 16.

En este punto es oportuno señalar que el profesor Häberle también ha manifestado, en diversos textos, que le ha sido de gran importancia la teoría del *status* de Jellinek. Para este "sabio", como solía llamarlo Adolfo Posada, fue útil tomar "del derecho antiguo" la voz *status*, para denotar con ella la posición de la persona respecto del Estado. Jellinek identificó cuatro *status* (*Teoría general del Estado*, libro III, cap. XIII): negativo, positivo, activo y pasivo. Encontró que los términos de la relación entre el individuo y el Estado se traducen en la libertad para el individuo de hacer todo lo que no se le prohíbe, en exigir del Estado aquello a que está obligado, en participar en las acciones del Estado y en acatar las decisiones del Estado. Alexy apunta que, con base en esa trascendental aportación de Jellinek, se han desarrollado otras teorías del *status*: el *status constituens*, de E. Denninger; el *status* de derecho constitucional y de derecho político general, de K. Hesse; el *status libertatis*, de E. Grabitz, y el *status activus processualis*, de P. Häberle. Admite que este último acierta cuando critica la teoría del *status* de Jellinek porque no abarca la situación completa del ciudadano activo "en el que las normas de derecho fundamental deben colocar al individuo"[8]. Aunque a continuación Alexy formula algunas observaciones a la afirmación de Häberle, no controvierte sus razones de fondo.

Los temas de nuestro tiempo son objeto de reflexiones relevantes en ese intenso diálogo. El profesor español va planteando inteligentemente los temas y el profesor alemán ofrece respuestas breves pero orientadoras: la reunificación interior alemana es una tarea pendiente que ahora corresponde a la cultura política; las elecciones de jueces sujetas a la negociación política en los congresos (como es el caso en los Estados Unidos de América) abren la vía a excesos; las aportaciones constitucionales de los países del este europeo representan un rico caudal de innovaciones

[8] Alexy, *Teoría de los derechos fundamentales*, p. 248 y siguientes.

que debe ser examinado con atención; se requiere una teoría constitucional del mercado que determine las fronteras del pensamiento económico unilateral y rescate el concepto de dignidad del hombre; se debe impulsar la protección constitucional de las minorías. Son éstos algunos de los aspectos que figuran en la entrevista y que han sido desarrollados ampliamente por Häberle en numerosos estudios.

Otro importante testimonio del proceso formativo de Peter Häberle aparece en la entrevista que sostuvo con el jurista peruano César Landa[9]. Aunque el tema central del diálogo se refiere a las perspectivas de la enseñanza del derecho constitucional, queda clara la posición del jurista alemán en cuanto a la necesidad de preservar una formación tan amplia como fuere posible de quienes se preparan para el ejercicio del derecho, sea como jueces, abogados o profesores. De ahí que defienda la vigencia de los exámenes de Estado para quienes aspiran al ejercicio de la abogacía en Alemania, como un elemento que seguirá estimulando la formación del "jurista integral". En esa entrevista aparece un elemento directamente vinculado a las tesis de Häberle. Subraya la conveniencia de que en el Tribunal Constitucional estén representados diversos grupos profesionales: ex parlamentarios, abogados postulantes, miembros de la magistratura y académicos. ¿La razón? Es muy explicable: la pluralidad de perspectivas en un tribunal de esa naturaleza enriquece las posibilidades de interpretación abierta que el autor postula en otros trabajos.

3. *La teoría de la Constitución como ciencia de la cultura*

El estudio de Häberle *Teoria de la Constitució com a ciència de la cultura en lexemple dels 50 anys de la llei fo-*

[9] Landa, *Reforma de la enseñanza del derecho constitucional*, entrevista con P. Häberle, "Pensamiento Constitucional", nº 6, 1999, p. 245 y siguientes.

nametal aporta claves muy importantes de su pensamiento. En especial, subraya la relación entre cultura y dignidad[10], que es el eje de su gran concepción teórica para afirmar categóricamente que "no existe una libertad cultural previa a la cultura". El examen de cincuenta años de vigencia de la Ley Fundamental de Alemania lo lleva a identificar el proceso a la luz de las categorías centrales de su tesis. La teoría de la Constitución, como ciencia de la cultura, ofrece instrumentos que permiten analizar cincuenta años de vida constitucional alemana desde una perspectiva que va más allá de los solos enunciados normativos. Por eso, Häberle introduce entre las categorías de análisis del Estado constitucional la idea del tiempo: "el Estado constitucional vive en el 'curso del tiempo' para arribar a la dialéctica entre estática y dinámica, entre conservación y cambio"[11]. Es, sin duda, un acierto, porque el aspecto temporal debe tenerse presente en todos los procesos de cambio político y constitucional. Linz también le ha dado una gran relevancia al estudio del tiempo en los cambios de régimen y ha examinado, desde la ciencia política, la secuencia temporal en las crisis y en los cambios de régimen y el valor del tiempo como variable vinculante en los procesos políticos[12].

a) A partir de 1982, el profesor Häberle inicia el esfuerzo programático de configurar la teoría de la Constitución como una ciencia cultural. Aquí subraya la importancia que para él han representado las obras de Hermann Heller y Max Weber. Entre las ideas rectoras de esa indagación, Häberle cita la tesis de Rudolf Smend en el sen-

10 Häberle, *Teoria de la Constitució com a ciéncia de la cultura en lexemple dels 50 anys de la llei fonamental*, "Revista de Llengua i Dret", nº 32, dic. 1999, p. 45.

11 Häberle, *Teoria de la Constitució com a ciéncia de la cultura en lexemple dels 50 anys de la llei fonamental*, "Revista de Llengua i Dret", nº 32, dic. 1999, p. 49.

12 Linz, *El factor tiempo en un cambio de régimen*, especialmente p. 35 y ss., y 61 y siguientes.

tido de que aunque dos normas (o constituciones) se expresen en los mismos términos, no necesariamente tienen igual significado. Georg Jellinek ya había señalado que una misma norma puede tener distinto sentido en tiempos diferentes[13]; Smend extendió la pluralidad de contenidos de la norma al establecer que, incluso en momentos coincidentes, la norma puede variar conforme al lugar de su aplicación. Así, un mismo texto puede cambiar conforme a condiciones temporales y espaciales. Es claro que el elemento que explica esa variación tiene que ser de índole cultural.

En cuanto a la idea de Häberle de la Constitución del pluralismo, señala como uno de sus referentes la obra de Karl Popper, de quien toma la idea de la sociedad abierta. Declara, empero, que Popper no aborda el problema de que toda sociedad abierta requiere de un consenso cultural fundamental (el orden constitucional) que haga posibles la apertura y la cohesión. Éste es un aspecto de la mayor relevancia en tanto que, si bien la democracia "es la forma estatal que se corresponde con la dignidad del ser humano", en una sociedad abierta también existen ámbitos donde la democracia no es el principio dominante[14]. Es el caso de las organizaciones académicas, artísticas o deportivas. La existencia y el funcionamiento jerarquizado de estas organizaciones, empero, no desvirtúan la vigencia de la democracia constitucional.

b) De la obra de nuestro autor se desprende que la Constitución traduce un doble proceso cultural: por una parte, el de naturaleza temporal y, por otra, el de naturaleza espacial. Ambos presentan a su vez una dualidad. En cuanto al proceso temporal hay un elemento diacrónico, que resulta de la experiencia histórica, y otro sincrónico, que corresponde al proceso constituyente. En efecto, cada Cons-

13 Jellinek, *Reforma y mutación de la Constitución*, p. 21.

14 Balaguer Callejón, *Un jurista europeo nacido en Alemania*, "Anuario de Derecho Constitucional", nº 9, 1997, p. 33.

titución tiene como antecedente cultural la suma de las experiencias propias que el constituyente toma en cuenta para seleccionar las instituciones y darles un contenido determinado; pero también incluye una serie de demandas y expectativas que se producen en la sociedad en el momento mismo en que se lleva a cabo el acto constitutivo.

En cuanto al proceso espacial, a lo largo de la obra del profesor Häberle se identifican los elementos que diferentes actos constituyentes han aportado al Estado constitucional de nuestro tiempo. Aquí se puede hablar de los patrones culturales cuya génesis corresponde a una sociedad en especial y que se han irradiado al resto de las sociedades para convertirse en referentes comunes, o que han venido siendo incorporados selectivamente por diferentes sociedades. A manera de ejemplos pueden señalarse el federalismo, de origen estadounidense, adoptado y convertido en parte de la cultura política de diversas sociedades en el mundo, y los derechos humanos, cuyas primeras manifestaciones normativas se registran en Inglaterra, los Estados Unidos de América y Francia, que en la actualidad han sido interiorizados por todas las sociedades contemporáneas donde existe el Estado constitucional.

Ese doble proceso cultural tiene, a su vez, sus respectivas díadas, lo que permite valorar la riqueza de la teoría del profesor Häberle. Las contribuciones de cada sociedad, en cada etapa histórica, tienden a incorporarse a la cultura compartida, sin perjuicio de que cada sociedad, al interiorizar las experiencias ajenas, lo haga aportando sus propios matices y generando, a su vez, nuevos elementos que se incorporen al intercambio creciente de patrones culturales, que hace cada vez más homogéneos a los Estados constitucionales. El Estado constitucional es un producto multicultural.

El sustento cultural de las constituciones corresponde a uno propio de la "cultura autónoma", con efectos limitados al ámbito nacional del Estado donde rige la Constitución, y a otro que forma parte de lo que podría denominarse, utilizando ideas e imágenes de la obra del profesor alemán, "cultura cooperativa", que comparten las sociedades con vocación de afinidad. Esto último nos permite identificar, como en el derecho comparado, "familias culturales" muy claramente vinculadas o diferenciadas por sus expresiones constitucionales. En derecho privado comparado, Arminjon, Nolde y Wolff identificaron en 1950 siete grupos jurídicos: francés, germánico, escandinavo, inglés, ruso, islámico e hindú (en esa época todavía era prematuro hablar del chino)[15]; treinta años más tarde, René David lo simplificó en familias jurídicas romano-germánicas, socialistas, del *common law*, derechos religiosos y tradicionales. En derecho constitucional comparado sólo enuncia una variedad de estilos constitucionales: democracia racionalizada, democracia social, democracia socialista y sistemas autoritarios[16].

Los cambios operados en materia civil llevarían hoy a una nueva clasificación. En cuanto a la materia constitucional, podemos hacer también variaciones. Si atendemos a la forma de organizar el poder, podemos reconocer la familia presidencial y la familia parlamentaria; si atendemos a la protección de los derechos humanos, podemos identificar la familia moderna (donde esos derechos están garantizados e incluso se mantienen en desarrollo) y la familia tradicional (donde subsisten normas adversas a los derechos fundamentales, porque todo orden constitucional que no está expresamente comprometido con esos derechos debe ser considerado adverso a ellos); si atendemos a la organización del Estado, hay una familia federativa (que incluye expresiones federales y regionales) y una familia unitaria; si atendemos a los contenidos prestacionales, tendremos una familia social (donde se prevén las obligaciones prestacionales a cargo del Estado) y una familia prag-

[15] Arminjon - Baron Nolde - Wolff, *Traité de droit comparé*, p. 14 y 18.

[16] David, *Tratado de derecho civil comparado*, p. 5 y siguientes.

mática; si atendemos a los procedimientos democráticos adoptados, tendremos una familia representativa (donde existe la centralidad del Congreso o del Parlamento) y una familia participativa (donde prevalecen los instrumentos de consulta popular directa); finalmente, si atendemos a los instrumentos de control político y jurisdiccional, tendremos una familia responsable (donde Congresos y tribunales son eficaces en el ejercicio de sus tareas) y una familia arcaica (donde existen relaciones asimétricas entre los órganos del poder).

c) En un sugerente ensayo, Mârtires Coelho intenta relacionar las teorías de Lassalle, Hesse y Häberle. Se trata de un esfuerzo inteligente aunque no necesariamente convincente. Entre el discurso de Lassalle, de 1862, y el ensayo de Hesse, de 1959, se da una vinculación expresa; a su vez, entre el trabajo de Hesse y el de Häberle, de 1975, existe también una conexión temática. Pero no encuentro elementos que evidencien un vínculo entre Lassalle y Häberle en este punto. El propio Mârtires Coelho acepta que Häberle no hace referencia alguna a la obra de Lassalle[17].

El problema al que alude Hesse es el concerniente a la tensión entre la Constitución y el derecho constitucional; en otras palabras, entre la norma y la realidad. Por eso recuerda, al inicio de su ensayo, la célebre conferencia de Lassalle[18]. A la pregunta ¿qué es una Constitución?, sigue la respuesta categórica: lo que deciden los que ejercen el poder. La Constitución es "la suma de los factores reales de poder", dijo Lassalle[19], después de haberlos identificado como la nobleza, la burocracia, el ejército, los banqueros, los industriales y los terratenientes. Hesse (en *La*

[17] Mârtires Coelho, *Konrad Hesse/Peter Häberle: un retorno aõs fatores reais de poder*, "Notícia do Direito Brasileiro", nº 5, p. 80.

[18] Mârtires Coelho, *Konrad Hesse/Peter Häberle: un retorno aõs fatores reais de poder*, "Notícia do Direito Brasileiro", nº 5, p. 61.

[19] Lassalle, *¿Qué es una Constitución?*, p. 63.

normativa de la Constitución) demuestra el mutuo condicionamiento entre la "Constitución real" y la "Constitución jurídica" a través de una vía de ida y vuelta que consiste en la "adaptación inteligente a las circunstancias" por parte de la Constitución jurídica y en "convertirse en una fuerza actuante" sobre la Constitución real. Por ende, los límites de la fuerza normativa de la Constitución se encuentran donde la norma deja de identificarse con la realidad, bien porque no la reconoce, bien porque ya no puede influir en ella.

Allí es donde se da el punto de contacto con lo que después desarrollaría su discípulo: del reconocimiento del entorno histórico, de Smend[20], Häberle da un paso más para señalar, de manera directa y expresa, la vinculación amplia, dinámica y constructiva entre Constitución y cultura. Queda atrás, como se puede apreciar, el problema escueto de los actores reales de poder. Más aún: debe recordarse, como lo hace Heller, que el argumento de Lassalle estaba orientado en el sentido de armonizar la idea del Estado de Hegel con las doctrinas económicas de Marx, para culminar con un "Estado de la clase obrera". Esto es muy claro si, además de la célebre y muy mencionada conferencia dictada por Lassalle el 16 de abril de 1862, se revisa la que pronunció en noviembre de ese mismo año, como continuación de la anterior, con el desafiante título de "¿Y ahora?". Ahí se cierra el argumento: el nuevo factor real de poder debía ser el pueblo organizado para la democracia. Meses después (febrero de 1863) enunció, en un breve párrafo, la esencia de su argumento: "sólo en la democracia reside el derecho, y en ella residirá también, en toda su integridad, el poder"[21]. Como se puede ver, entre el planteamiento de Lassalle y el de Häberle no puede establecerse relación alguna. En un caso se atiende a las relaciones de fuerza y en otro a los vínculos culturales.

20 Smend, *Constitución y derecho constitucional*, p. 75.

21 Heller, *Las ideas políticas contemporáneas*, p. 169.

d) Por su parte, Rodríguez Olvera hace una observación relevante cuando examina el concepto de Constitución en sentido cultural[22]. No se trata, señala, de un criterio que se integre en "una clasificación analítica". Tiene razón en tanto que, a diferencia de las clasificaciones constitucionales (p.ej., escritas y no escritas, rígidas y flexibles), no se puede hablar de unas constituciones como culturales y de otras como no culturales. Esta reflexión merece atención, porque ciertamente el profesor alemán no propone un criterio clasificador, sino un significado común a todas las constituciones. Pero cabe, entonces, plantear a qué tipo de Constitución resulta aplicable la relación entre la norma suprema y la cultura.

Entre las diversas formas de clasificar las constituciones recogemos ahora dos. La de Jorge Carpizo que, entre otras, las divide en democráticas, cuasidemocráticas, de democracia popular y no democráticas[23], y la de Karl Loewenstein, que las agrupa en normativas, nominales y semánticas[24]. Veamos cómo se puede leer a Häberle con relación a estos autores.

En cuanto a la propuesta de Jorge Carpizo, conviene tener presente que numerosos constitucionalistas se acogen al enunciado clásico del art. 16 de la Declaración de los Derechos del Hombre y del Ciudadano, conforme al cual "toda sociedad en la que la garantía de los derechos no está asegurada, ni determinada la separación de poderes, carece de Constitución". Desde esta perspectiva, no estarían dispuestos a admitir que pueda haber una Constitución no democrática. Esta objeción podría hacerse también a la clasificación de Karl Loewenstein, porque se diría que una Constitución es o no es, y que por lo mismo no cabría que fuera nominal o semántica.

22 Rodríguez Olvera, *Teoría de los derechos sociales en la Constitución abierta*, p. 70.

23 Carpizo, *Estudios constitucionales*, p. 417 y siguientes.

24 Loewenstein, *Teoría de la Constitución*, p, 216 y siguientes.

Sin embargo, el debate no puede ser tan sencillo. La reserva del art. 16 mencionado opera sólo para lo que certeramente Häberle denomina Estado constitucional, cuya relación con la Declaración es indudable. Como bien señala Miguel Carbonell[25], Häberle sintetiza brillantemente las aportaciones de la Declaración a esa forma de Estado (constituciones escritas, derechos fundamentales intransferibles e imprescriptibles, codificación del derecho, poder constituyente del pueblo, separación de poderes, la ley como expresión de la voluntad general). En un solo texto se condensaron diversas expresiones doctrinales previas, que se consideran definiciones necesarias del Estado constitucional; pero ni siquiera esos elementos representan, actualmente, la totalidad de la gama de aspectos a los que atiende ese tipo de Estado, ni es el Estado constitucional el único que existe.

Todo Estado tiene un estatuto jurídico, escrito o consuetudinario, al que denominamos Constitución, independientemente de las orientaciones políticas que adopte y del contenido de la norma suprema que lo rija. El constitucionalismo moderno y contemporáneo se orienta en un sentido decididamente democrático; pero esto no implica que no existan otras modalidades de organización normativa del poder. En este sentido, la Constitución no democrática se explica culturalmente, en tanto que existan las condiciones de poder que lo imponen y forme parte de una realidad social determinada, así repugne admitirlo.

En el caso de la clasificación de Karl Loewenstein, el problema es de otra naturaleza. Aun cuando la aportación de Loewenstein a la teoría de la Constitución es una de las más relevantes, su clasificación de las constituciones presenta dos puntos débiles. El primero es que alude a un criterio "ontológico" de las constituciones. En este sentido, incurre en una contradicción al afirmar que la

[25] Carbonell, *Estudio introductorio*, en Jellinek, "La Declaración de los Derechos del Hombre y del Ciudadano", p. 25 y siguientes.

Constitución nominal "carece de realidad existencial". Eso sólo es posible que ocurra en el caso de las constituciones escritas, porque se puede aceptar que una Constitución escrita determinada no se aplique, pero no es admisible que en un Estado no exista ninguna disposición normativa que se aplique, porque entonces no hay Estado. El otro problema que presenta esta parte de la teoría de Loewenstein consiste en que, al encuadrar su clasificación desde una perspectiva ontológica, excluyó la posibilidad de que un mismo texto pudiera ser, en distintos momentos, objeto de aplicación o de no aplicación y –más todavía– no permite examinar separadamente las diversas partes que componen el texto para establecer el grado de cumplimiento de la norma. Al determinar que una Constitución es nominal, por ejemplo, se afirma que toda ella carece de "realidad existencial".

Desde esa perspectiva, el concepto cultural de la Constitución no es aplicable. En cambio, si trasladamos el esquema de Loewenstein de una categoría irreductible (sentido ontológico) a una forma de expresión de las constituciones escritas (sentido fenomenológico), entonces se produciría una plena coincidencia con Häberle y se tendría una forma más de corroborar lo adecuado de su concepto. Sobre este aspecto ya he afirmado que, en diversas etapas de su vigencia, una Constitución escrita puede caracterizarse como normativa o nominal, según su nivel de eficacia, con independencia de su contenido; y que también es posible identificar, en un mismo momento, que diversas disposiciones constitucionales son aplicadas en tanto que otras se encuentran sujetas a desarrollo por parte del legislador, por ejemplo[26]. No entremos aquí al tema de la inconstitucionalidad por omisión, sino sólo examinemos si en este caso estaríamos ante una Constitución normativa, porque algunos de sus preceptos se aplican, o nominal, porque sólo cuando se cumple con la totalidad de las

[26] Valadés, *El control del poder*, p. 427 y siguientes.

disposiciones constitucionales se puede hablar de Constitución en sentido normativo. Si fuera este último el entendimiento adoptado, tendríamos que concluir que ninguna Constitución que prescriba el bienestar social sería normativa.

Si le damos un giro al criterio de Loewenstein, para llevarlo al mundo fenomenológico, y admitimos la fluidez de las constituciones como un dato de la realidad, podremos advertir hasta qué punto es funcional la teoría de Häberle. Gracias a ella podremos explicarnos que un texto constitucional se convierta en la expresión normativa de planteamientos sociales, o induzca nuevas formas de conducta social. Únicamente desde esa perspectiva se podrá captar toda la potencial fuerza transformadora de una Constitución y entender que su naturaleza es tan dinámica como la propia colectividad en la que se aplica. Häberle con frecuencia recurre a una expresión de Goethe que señala que la "Constitución es forma nacida de la vida", y tiene razón porque la Constitución, como la sociedad en la que rige, tiene su propia vida; no es una estructura rígida, estática, sino un rico entramado elaborado para organizar el complejo proceso del poder y la intensa vida social[27]. Desde esta perspectiva, la Constitución no se produce como un reflejo de la sociedad, ni la sociedad la adopta como un modelo ajeno a su forma de ser actual o a su proyecto de transformación futura; sencillamente ocurre que la Constitución es una parte de la vida social organizada. Cuando nuestro autor alude, por ejemplo, a la realidad del federalismo germano, señala que, en el curso del tiempo, las tres formas del Estado federal (dual, "unitario" y cooperativo) se presentan en combinaciones que ofrecen en cada momento aspectos nuevos y diferentes[28].

[27] Goethe, *Egmont*, actos II y IV, en "Théatre".

[28] Häberle, *Problemi attuali del federalismo tedesco*, "Giurisprudenza Costituzionale", año XXXVII, nº 4, p. 3369.

e) La *Teoría de la Constitución como ciencia de la cultura* es una obra imprescindible. La primera edición alemana de 1982 fue actualizada en 1996 y traducida al español en 2000. En ese trabajo capital el profesor Häberle ofrece las claves de naturaleza científico-cultural que explican la racionalidad de las construcciones constitucionales, opone la naturaleza cultural del constitucionalismo al decisionismo, identifica su teoría con un intenso diálogo interdisciplinario y subraya la relevancia de la teoría cultural de la Constitución en cuanto a la seguridad que genera para la norma suprema y para el Estado. Si de la abstracción pasamos a la concreción, veremos que todo esto no quiere decir otra cosa que convertir las convicciones de libertad, dignidad, seguridad, justicia y equidad que sustenta una comunidad, en conducta y en norma de garantía a la vez. La dimensión cultural de la Constitución impide fluctuaciones arbitrarias de la norma, hace predecible y controlable el funcionamiento de las instituciones, reduce la tensión entre gobernantes y gobernados, matiza la naturaleza agonista de la lucha por el poder y refuerza el Estado de derecho mediante un sistema espontáneo, general y duradero de adhesión a la norma.

4. *La interpretación constitucional*

En 1975, el profesor Häberle publicó un ensayo clave para la teoría constitucional. *La sociedad abierta de los intérpretes constitucionales* propone de una forma original la relación entre la norma suprema y un amplio número de agentes culturales. Ya no se trata de los solos agentes políticos (partidos, dirigentes, representantes) ni de los agentes sociales (medios, líderes de opinión, organizaciones y dirigentes sociales), sino que se extiende hasta otra categoría a la que podemos denominar "cultural" porque comprende todas las expresiones susceptibles de producirse en un medio espacial y temporal determinado. La tesis sustentada por Häberle en ese trabajo se sintetiza así: "en los procesos de interpretación constitucional se insertan potencialmente todos los órganos estatales, todas las potencias públicas, todos los ciudadanos y grupos. ¡No hay númerus clausus de los intérpretes constitucionales!"[29]. Con esto, el profesor alemán abre un nuevo capítulo en materia de interpretación constitucional.

Los enfoques tradicionales acerca de la interpretación concernían a las funciones y objetivos de la interpretación, así como al método para su desarrollo. En cuanto a los participantes o agentes susceptibles de practicarla, Häberle formula una propuesta que apunta en un doble sentido: convertir la interpretación constitucional en un supuesto democrático e identificar la interpretación constitucional como un elemento más de la cultura. Lo primero ocurre en tanto que se produce una especie de descentralización de la facultad de interpretar la norma suprema; lo segundo porque sólo una comunidad que ha interiorizado la norma está en posibilidad de interpretarla. Por eso, Gomes Canotilho afirma, certeramente, que con la tesis del pluralismo de intérpretes se lleva la concepción cultural de la Constitución hasta las últimas consecuencias[30]. Los factores mencionados implican, además, dos requisitos: la estabilidad de la norma (decisión política) y la adhesión a ella de la comunidad (fenómeno cultural). Sin estabilidad y adhesión la acción interpretativa abierta es imposible. De acuerdo con lo anterior, puede decirse que la interpretación abierta sólo es posible en el Estado constitucional. Todo embona adecuadamente, como piezas de una gran teoría constitucional.

[29] Häberle, *La sociedad abierta de los intérpretes constitucionales. Una constribución para la interpretación pluralista y procesal de la Constitución*, en "Retos actuales del Estado constitucional", p. 18.

[30] Gomes Canotilho, *A mais recente obra de Peter Häberle*, ponencia en el homenaje a P. Häberle, Universidad de Granada, mar. 2000, p. 19, y *Constituição dirigente e vinculação do legislador*, p. 91.

A manera de respuesta a Rousseau, cuando al señalar las deficiencias del sistema representativo aduce que el pueblo (británico) únicamente es libre en el breve momento en que emite su voto[31], el profesor Häberle afirma que "el pueblo no es precisamente una majestad unitaria que emana sólo el día de las elecciones... El pueblo como majestad pluralista no es menos presente y legitimador para las interpretaciones en el proceso constitucional"[32]. De ahí que los participantes en la función interpretativa de la Constitución sean los órganos estatales, los "participantes" (p.ej., partes en juicio, peritos, partidos políticos, "lobbyistas", medios de comunicación, iglesias, centros de enseñanza, agrupaciones profesionales). La amplia gama de agentes que interpretan la Constitución son, en general, todos los integrantes de la sociedad abierta. Procede distinguir, entonces, entre los efectos jurídicos, políticos y morales de los actos interpretativos. Todo acto de interpretación puede surtir los tres efectos o alguno de ellos, pero en todo caso contribuirá a fijar el sentido y alcance de la norma constitucional. Sea que se ejerza una acción, que se emita una sentencia, que se adopte una posición política, que se pronuncie una opinión, que se difunda un hecho o un punto de vista, se está contribuyendo a determinar lo que en una sociedad abierta significa la norma suprema que la rige.

La teoría häberliana corresponde a un tipo evolucionado de sociedad. Es, en ese sentido, una teoría europea de la interpretación, en tanto que la sociedad abierta de los intérpretes constitucionales tiene que ser, a la vez, una sociedad altamente informada e integrada. Sin caer en la tesis reduccionista de Treitschke, en el sentido de que el

[31] Rousseau, *Discours sur lárigine et les fondements de l'inégalité parmi les hommes*, en "Œuvres Politiques", III, xv.

[32] Häberle, *La sociedad abierta de los intérpretes constitucionales. Una contribución para la interpretación pluralista y procesal de la Constitución*, en "Retos actuales del Estado constitucional", p. 33.

protestantismo es el fundamento del mundo moderno, no puede excluirse entre los orígenes de la sociedad informada la poderosa tradición protestante que ha auspiciado la interpretación directa de los textos fundamentales. "Es más recomendable ver la Biblia con los ojos propios que con los ajenos", postuló Lutero[33], e inició lo que Troeltsch ha denominado "la captación viva de la Biblia"[34]. Para una sociedad con esos fundamentos, la posibilidad de ampliar la gama de intérpretes constitucionales está dentro de sus patrones de normalidad.

Pero por europea que resulte la teoría häberliana, también debe reconocerse que la fuerza expansiva de las instituciones y de los comportamientos constitucionalistas es un dato de la cultura en otros espacios políticos más allá de Europa occidental. La realidad actual permite hablar de realidades sociales diferenciadas en los demás continentes, en la medida en que varía la densidad de la población informada. En términos generales, tiende a extenderse la adopción de un modelo constitucional propio de las sociedades abiertas. Como corolario, y a pesar de las resistencias que resultan de tradiciones internas, entre ellas las religiosas, proclives a estructuras verticales de poder, el modelo de apertura va afianzándose. En este sentido, las tesis del profesor alemán tienen una doble función: explican una realidad donde ya se produce, e indican una dirección ahí donde apenas se está configurando una nueva realidad. Así como el constitucionalismo democrático tuvo una enorme fuerza expansiva, que simultáneamente generaba problemas y transmitía soluciones compartidas en todas las latitudes, las formulaciones teóricas que lo acompañaron a su vez encontraron resonancia en los diferentes espacios políticos del orbe. Hasta nuestros días, todas las grandes concepciones de teoría de la Constitución han procedido de Europa; su traducción a otros

33 Lutero, *Charlas de sobremesa*, en "Obras", p. 443.

34 Troeltsch, *El protestantismo y el mundo moderno*, p. 102.

ámbitos ha sido cuestión de tiempo y el caso de Peter Häberle no será una excepción.

Debe tenerse en cuenta, sin embargo, que la transposición de instituciones y de teorías sólo puede darse como parte de un proceso de identificación cultural. Así como en los ámbitos espaciales regional, nacional y aun continental es posible hablar de factores de identidad cultural, en los nuevos desarrollos de la teoría häberliana habrá que explorar cuáles son las formas de identificación entre culturas diferentes. De esas formas de identificación dependerá que algunas modalidades de organización y funcionamiento institucional y de comportamiento cultural puedan compartirse con niveles semejantes de éxito. Esto de ninguna manera supone desconocer que las mismas instituciones produzcan diferentes resultados en distintos espacios, o en diversos momentos aun en los mismos espacios. Lo que se puede explorar es en qué medida los mecanismos de identificación cultural permiten reproducir resultados más o menos similares en medios culturales muy diferenciados. A este respecto, Häberle alude a los procesos de recepción cultural, que "codeterminan" al Estado constitucional en el mundo, dentro de las correspondientes peculiaridades nacionales[35].

Es posible que, aplicando la teoría häberliana, podamos encontrar regularidades transculturales que se reproducen a partir de un modelo original, incluso en espacios heterogéneos. Sería el caso del concepto de control del poder. En todas las construcciones constitucionales contemporáneas está presente el concepto de un poder controlado. Aunque los instrumentos varían, el principio ya está generalizado. Aun así, algunos instrumentos tienden a ser adoptados de manera generalizada. Así ocurre, por ejemplo, con la separación orgánica de las funciones del poder y con algunos mecanismos para la defensa de los de-

[35] Häberle, *Desarrollo constitucional y reforma constitucional en Alemania*, "Pensamiento Constitucional", nº 7, 2000, p. 17.

rechos humanos (*ombudsman*). Ahora bien, si esas regularidades transculturales se producen es porque hay factores de homogeneización parcial o paulatina, según se los vea en términos temporales o espaciales, que están funcionando en el sentido de una identificación cultural creciente. Häberle apunta, por ejemplo, que a veces las costumbres de un Estado constitucional son adoptadas de manera formal por otro[36]. Considero que lo contrario también es cierto y el conocimiento de normas expresas puede alentar el surgimiento de conductas constitucionales en otro espacio geográfico o temporal.

Por otra parte, el profesor Häberle ha incorporado el criterio de los estándares al derecho constitucional, con lo cual se alcanzan dos objetivos: facilitar el ejercicio comparativo y explicar los procesos de recepción del derecho constitucional[37]. Como se sabe, en su origen el concepto de estándar jurídico se aplicó al derecho comparado privado. La idea de los estándares jurídicos fue propuesta por Roscoe Pound en el congreso de la American Bar Association en 1919. Pound dijo que los juristas se enfrentan a cuatro elementos jurídicos: reglas (disposiciones imperativas adoptadas por el legislador o por los tribunales), principios (imperativos genéricos que resultan de un conjunto de reglas), conceptos (enunciados abstractos) y estándares ("medida media que corresponde a una conducta social correcta")[38]. Con fundamento en esa tesis de Pound, Tunc ha observado que los estándares están íntimamente asociados a procesos culturales[39], con lo cual coincide la afirma-

36 Häberle, *La revisión "total" de la Constitución federal suiza de 1999/2000*, "Revista Peruana de Derecho Público", nº 1, 2000, p. 77.

37 Häberle, *Derecho constitucional común europeo*, en Pérez Luño (coord.), "Derechos humanos y constitucionalismo ante el tercer milenio", p. 191 y siguientes.

38 Tunc, *Standards juridiques et unification du droit*, "Revue Internationale de Droit Comparé", abr.-jun. 1970, p. 248.

39 Tunc, *Standards juridiques et unification du droit*, "Revue Internationale de Droit Comparé", abr.-jun. 1970, p. 259.

ción de Häberle en el sentido de que "el derecho comparado se convierte en cultura comparada"[40]. Podemos agregar, por ende, que el estándar es una regularidad cultural que caracteriza a un núcleo de normas dentro de un sistema jurídico y permite identificar y valorar lo que socialmente se estima adecuado. En el ámbito del derecho privado, fue una pauta de clasificación de un conjunto de conductas de relevancia jurídica; esa pauta es susceptible de ser adoptada, como lo hace el profesor alemán, por el derecho constitucional comparado.

En cuanto a las posibilidades de que se generalice la interpretación abierta de la Constitución, como se plantea en la teoría häberliana, parecería necesaria una mayor homogeneidad cultural de la que en este momento se advierte. En principio, parecería que la "sociedad abierta de los intérpretes constitucionales" sólo funcionaría en un ámbito altamente integrado y que sólo ahí podría contribuir a sostener la cohesión social y a preservar la adhesión a la Constitución. Por el contrario, en una sociedad muy fragmentada, la multiplicación de los intérpretes constitucionales podría generar cargas adicionales de tensión que harían difícil el funcionamiento de las instituciones, la integración social y la consolidación del sentimiento constitucional. Desde esta perspectiva y en este aspecto, podría decirse que la teoría häberliana es en esencia europea y que la modalidad de la sociedad abierta de los intérpretes constitucionales es tendencialmente posible, en tanto que se desarrollará en la medida en que se reproduzca el modelo de cohesión social cultural que ya existe en numerosos países de ese continente. Sin embargo, es más probable que incluso en una sociedad con escisiones el proceso comunicativo de la interpretación abierta contribuya a cohesionarla. Ésta es, por cierto, la convicción de Häberle, como bien ha interpretado Estévez

[40] Häberle, *Derecho constitucional común europeo*, en Pérez Luño (coord.), "Derechos humanos y constitucionalismo ante el tercer milenio", p. 201.

Araujo[41]. Se trata de un tema que tendrá que ser analizado con mayor detenimiento en las sociedades con problemas de integración. El propio profesor de Bayreuth advierte que todavía no ha sido elaborada una teoría del Estado constitucional con pretensiones de universalidad[42]. Todo modelo teórico, agrega, expresa una verdad parcial y provisional, circunscripta en el tiempo y en el espacio. A lo más que podemos llegar, concluye en este punto, es a considerar al Estado constitucional como un "proyecto tendencialmente universal". En palabras de Francisco Vitoria podría decirse que "el orbe es una República", no en tanto que se organice en un solo Estado, pero sí en cuanto a la fuerza expansiva de numerosas instituciones jurídicas y a las similitudes culturales que progresivamente se acentúan.

a) La fluctuación constitucional está relacionada con cambios formales pero también con procesos interpretativos. En este sentido, los intérpretes constitucionales juegan un papel de gran importancia para fijar el contenido de la norma constitucional. La interpretación no es únicamente una forma de interiorizar el texto, sino también de modificarlo. En tanto haya criterios interpretativos que se generalicen, la cohesión social y la identidad cultural se mantendrán; pero en la medida en que se generen contrastes, y aun contradicciones, podrá inocularse una tendencia disruptiva que sólo podrá eludirse o superarse precisamente en virtud de la presencia de valores culturales que, por su naturaleza, tienen una gran fuerza cohesiva. Por eso, la tesis häberliana de los intérpretes constitucionales refuerza la teoría de la relación entre Constitución y cultura. En este punto parece aplicable la teoría de la acción comunicativa que, según Habermas, se basa en un "proceso cooperativo de comunica-

[41] Estévez Araujo, *La Constitución como proceso y la desobediencia civil*, p. 87.

[42] Häberle, *Problemi attuali del federalismo tedesco*, "Giurisprudenza Costituzionale", año XXXVII, nº 4, jul.-ago. 1972, p. 3367.

ción"[43]. Conforme a ese proceso los participantes relativizan su interpretación en tanto consideran que su validez queda puesta "en tela de juicio" por parte de otros intérpretes. En estos términos, tal vez sería adecuado hablar también de proceso cooperativo de interpretación, en tanto que los agentes sociales que la practican no lo hacen para disolver o atomizar la sociedad y su orden normativo, sino para integrarlo y cohesionarlo. Éste es, por lo demás, un punto de convergencia que vincula a Smend, Habermas y Häberle: por vías distintas se orientan a identificar los elementos que permiten o explican la integración de la sociedad.

Habermas entiende por cultura "el acervo de saber en que los participantes en la comunicación se abastecen de interpretaciones para entenderse sobre algo en el mundo"[44]. En este sentido, la interpretación constitucional abierta de la teoría häberliana encuentra un importante refuerzo porque la interpretación abierta, lejos de contribuir a la fragmentación o al acrecentamiento de las tensiones, genera exactamente lo contrario: cohesión. La interacción de los intérpretes se lleva a cabo dentro de un marco cultural que, por definición, los provee de instrumentos homogéneos de interpretación. Esto representa una garantía mínima para mantener la identidad cultural del conjunto, sin limitar la libertad de cada uno de los agentes de la interpretación. La teoría häberliana, por tanto, cuenta con una sólida base que permite aplicarla, con las reservas de circunstancia tanto espacial como temporal que él mismo reconoce, en diversos ámbitos culturales.

b) El tema de la intercomunicación entre sistemas es desarrollado por el profesor Häberle en su trabajo *Elementos teóricos de un modelo general de recepción jurídica*. Allí demuestra de qué manera la recepción jurídica forma

[43] Habermas, *Teoría de la acción comunitaria*, t. II, p. 171 y siguientes.

[44] Habermas, *Teoría de la acción comunitaria*, t. II, p. 196 y siguientes.

parte de procesos generales de recepción cultural[45]. Es un ensayo innovador, indispensable para comprender cómo se reproducen las instituciones en derecho comparado y cómo van adquiriendo diversos matices en el tiempo y en el espacio. El autor identifica dos grandes motores de la recepción jurídica: la necesidad de innovación, que lleva a mirar hacia otros sistemas para identificar opciones, y la generalización de los problemas que, por lo mismo, implica la generalización de las soluciones. En este caso se encuentran, por ejemplo, las normas de protección del ambiente. Los "elementos teóricos" se encaminan hacia una verdadera teoría, que seguramente el profesor Häberle desarrollará más adelante. Tal vez sea posible distinguir entre recepción, que en sentido lato corresponde a la incorporación de disposiciones generadas en otro espacio, y recuperación, que concierne a la reincorporación de una institución preexistente en el mismo Estado. En tanto las sucesivas generaciones tienen el derecho de actualizar el pacto social, lo que no descarta que en determinado momento se adopten disposiciones vigentes en otros tiempos, quizá también pueda incorporarse la recuperación normativa dentro del amplio espectro de la recepción.

c) Otro problema que puede ser examinado con relación al de la recepción, es el de las interacciones institucionales. El profesor Häberle subraya que una Constitución debe estar bien estructurada "desde sus cimientos"[46]. Ésta es una cuestión que todavía no se desarrolla con suficiente amplitud en el derecho constitucional, ni siquiera en los trabajos sobre "ingeniería constitucional", como el publicado por G. Sartori en 1994. Por lo general, las instituciones son estudiadas de manera individual y cuando se utiliza el método comparativo se determina cómo funcionan en

[45] Häberle, *Elementos teóricos de un modelo general de recepción jurídica*, en Pérez Luño (coord.), "Derechos humanos y constitucionalismo ante el tercer milenio", p. 151 y siguientes.

[46] Häberle, *Teoría de la Constitución como ciencia de la cultura*, p. 78.

diversos sistemas, pero no se las suele relacionar con otras instituciones del mismo sistema para determinar la manera en que interactúan. Por interacciones institucionales se pueden entender los efectos que entre sí producen las diversas instituciones de un mismo sistema. Esta interacción puede ser positiva o negativa, si potencia o inhibe los resultados esperados de cada institución. El tema es relevante en el momento de un diseño constitucional, porque en ocasiones los procesos de recepción se practican de manera indiscriminada y acaban por incorporarse instituciones con potencialidades adversas. Éste es el caso, por ejemplo, de las instituciones representativas y participativas. En muchos sistemas han sido incorporados instrumentos propios de la democracia semidirecta, sin advertir que en algún momento entrarán en tensión con los órganos de representación política. Así, una interacción negativa puede generar bloqueos institucionales no previstos; por el contrario, las instituciones entran en sinergia merced a una adecuada identificación y acomodo de sus respectivas posibilidades.

5. *El derecho europeo*

Entre las indagaciones llevadas a cabo por el profesor Häberle con relación al derecho constitucional europeo, figura su ensayo *Programas sobre Europa en constituciones y proyectos constitucionales recientes. El desarrollo del "derecho constitucional nacional sobre Europa"*. Publicado originalmente en 1995, es una parte importante de su teoría constitucional. A través de las cláusulas europeas contenidas en las constituciones y en los proyectos constitucionales, cuya tipología desarrolla, se puede apreciar el proceso de construcción normativa de Europa como concepto cultural integrador.

Sobre este punto debe subrayarse la modernidad del concepto mismo de Europa. Es a partir del siglo XVI cuando éste se desarrolla con vigor y aparecen una nueva cartografía y numerosas obras referidas expresamente a temas "europeos". El gentilicio "europeo" es, comprensiblemente, posterior al constructo "Europa". En inglés y en español los primeros registros de la utilización de ese gentilicio corresponden al siglo XVI, y sólo se generaliza al principiar el XVII (ver, p.ej., Knolles y Ovalle). Hasta antes del descubrimiento de América se hablaba de "cristianos", no de "europeos", y la "cristiandad" era el conjunto de países que hoy corresponde a Europa.

La historiografía propiamente referida a "Europa" también corresponde al siglo XV. La historia general de Blondus, que comprende de 472 a 1440, publicada en Venecia en 1483, todavía se denomina *Historiarum ab inclinatione romanorum imperii decades*. Una de las primeras alusiones a Europa aparece en la obra de Eneas Silvio Piccolomini, publicada en 1490. Fueter subraya que esta obra póstuma de Silvio, escrita en Bohemia, quedó inconclusa[47]. En todo caso, su contenido es fundamentalmente lexicográfico y geográfico, por lo que se explica la referencia a Europa. Además, Silvio, ungido como Pío II en 1458, fue considerado un papa dotado de excepcional erudición y elocuencia[48], cuyo interés por la cultura continental quedó demostrado por sus hábitos de viajero y de lector infatigable. En buena medida, Silvio es un auténtico renacentista y, en el tema que nos ocupa, un precursor. En realidad, las primeras obras que directamente incluyen en su denominación y contenido el concepto europeo corresponden ya al siglo XVI.

En este proceso debe tenerse en cuenta que la inesperada presencia americana en Europa aceleró la ruptura con la Edad Media. Un nuevo grupo humano, una nueva fuerza cultural y una nueva geografía produjeron un im-

[47] Fueter, *Historia de la historiografía moderna*, t. I, p. 130.

[48] Von Ranke, *Historia de los papas*, p. 33 y siguientes.

portante impacto en el espacio europeo, en un momento en el que las artes y la ciencia ya habían comenzado a experimentar profundas transformaciones a partir del siglo XV. "Fue el Nuevo Mundo lo que repercutió primariamente sobre el mundo humano todo y la idea de él", ha demostrado Gaos[49]. El descubrimiento de América contribuyó a su vez al "descubrimiento" o, más propiamente, a la "invención" de Europa. Hale sustenta que "gracias a la suprema confianza que les inspiró el descubrimiento de América, los europeos hicieron un mayor esfuerzo por plantearse la cuestión de su identidad"[50]. La fuerza del contraste y la conciencia de haber encontrado un mundo nuevo también ayudaron a poner fin a la fragmentación medieval. Entre Europa e Iberoamérica existe un paralelismo cultural a partir del encuentro de los dos mundos, como le ha denominado Miguel León-Portilla[51], que debe tenerse presente cuando se examina la teoría constitucional.

El profesor Häberle subraya que las constituciones europeas han intensificado su programa europeo, y propone que "toda buena política constitucional" considere el tema europeo dentro de la norma suprema[52]. La observación se inscribe dentro de su teoría constitucional y, como otros de sus enunciados, es susceptible de traslación a otros espacios constitucionales-culturales. Adoptando la terminología y el esquema analítico utilizado por el profesor alemán, podemos advertir que las cláusulas iberoamericanas tienen ya una presencia significativa, como demuestran las constituciones de Bolivia, de 1967 (art. 37, 1);

[49] Gaos, *Historia de nuestra idea del mundo*, p. 230.

[50] Hale, *La civilización del Renacimiento en Europa (1450-1620)*, p. 47 y siguientes.

[51] León-Portilla, *Encuentro de dos mundos*, "En torno al 12 de octubre de 1492", p. 21 y siguientes.

[52] Häberle, *Programas sobre Europa en constituciones y proyectos constitucionales recientes. El desarrollo del "derecho constitucional sobre Europa"*, en "Retos actuales del Estado constitucional", p. 118 y 119.

Brasil, de 1988 (art. 4o); Colombia, de 1991 (art. 9o); Cuba, de 1976, reformada en 1992 (art. 12); Ecuador, de 1998 (art. 4o, 5); Nicaragua, de 1995 (art. 9o); Uruguay, de 1967 (art. 6o), y Venezuela de 1999 (art. 153). Además, las constituciones de Costa Rica, de 1949 (art. 14, 3); El Salvador, de 1996 (art. 90, 3); Guatemala, de 1994 (art. 145); Honduras, de 1982 (art. 24, 1), y Nicaragua, de 1995 (art. 17), contienen referencias a Centroamérica. Aunque falta un ejercicio para establecer la tipología de estas cláusulas y valorar su función, en general puede decirse que es válida en este hemisferio la recomendación que el profesor alemán dirige a Europa: el proceso está en marcha y debe intensificarse.

a) La mirada siempre atenta del jurista no deja escapar la oportunidad que le ofrece la Constitución suiza de 2000 para identificar los nuevos aportes que esa norma suprema ofrece al derecho[53]. Ciertamente, esa novísima Constitución lo es tanto por lo reciente de su vigencia cuanto por el contenido de sus preceptos. Häberle, en especial, subraya la pulcritud y precisión del Preámbulo; la técnica de las "disposiciones generales"; el compromiso con "el bienestar de los débiles"; la inclusión de los principios del Estado de derecho (que incluye la obligación del Estado de actuar de manera "razonable"), de la subsidiariedad y de la proscripción de la arbitrariedad, y numerosas disposiciones concernientes al proceso cultural, incluyendo la responsabilidad cultural de los medios de comunicación. Al profesor Häberle le llama la atención, con todo, la ausencia de referencias en esa Constitución a Europa. No por ello, aclara, deja de representar un nuevo modelo para el constitucionalismo europeo.

b) Por otra parte, a propósito de la función de los preámbulos constitucionales, con toda propiedad el profesor Häberle nos llama la atención hacia el de la nueva

[53] Häberle, *La revisión "total" de la Constitución federal suiza de 1999/2000*, "Revista Peruana de Derecho Público", no 1, 2000, p. 74 y siguientes.

Constitución suiza[54]. En unas cuantas líneas, con maestría literaria, se sintetiza el compromiso de un Estado basado en la renovación del pacto social, el fortalecimiento de la libertad y la democracia, el respeto por la diversidad, la responsabilidad ante las generaciones sucesivas y una categórica aseveración: "la fortaleza de un pueblo se mide por el grado de bienestar de sus miembros más débiles". La función de los preámbulos es analizada con amplitud[55], porque permiten que, mediante un texto muy concentrado, la Constitución llegue directamente a la ciudadanía, "sin circunloquios". La relevancia de los preámbulos ha sido desarrollada de manera exhaustiva por el profesor español Javier Tajadura en diferentes y valiosos estudios; sus conclusiones, ampliamente documentadas, coinciden con la tesis häberliana.

c) Refiriéndose al proceso europeo, Häberle apunta que la Constitución se proyecta esencialmente sobre tres aspectos: en el ámbito nacional; en la demanda de descentralización del poder, que se traduce en formas federales o regionales, y en la apertura de los Estados constitucionales hacia la comunidad internacional[56]. En realidad habría que considerar si esos tres horizontes del constitucionalismo que el profesor identifica en Europa, no están presentes también en las expresiones del constitucionalismo contemporáneo en el resto del mundo.

Con relación a la dimensión nacional del orden constitucional, Häberle afirma que "todos los Estados constitucionales tienen que ser concebidos de manera pluralista". En este sentido se apunta la nueva dimensión de la democracia, que en la actualidad tiende a combinar el principio

[54] Häberle, *Teoría de la Constitución como ciencia de la cultura*, p. 56.

[55] Häberle, *Teoría de la Constitución como ciencia de la cultura*, p. 96 y siguientes.

[56] Häberle, *El Estado constitucional europeo*, "Cuestiones Constitucionales", nº 2, ene.-jun. 2000, p. 94 y siguientes.

mayoritario para la integración del gobierno con una amplia gama de derechos para las minorías. En este ámbito se inscriben los derechos culturales, cuya incorporación a las constituciones lleva un ritmo creciente, y los derechos de naturaleza política propios de las minorías, que también cuentan ya con diversas expresiones constitucionales. Entre éstos figuran los derechos de los partidos de oposición, por definición minoritarios, y los derechos de las minorías parlamentarias.

En cuanto al segundo aspecto, referido al proceso de descentralización, Häberle señala que incluso en los Estados de tradición unitaria, y cita el caso de Francia, se está avanzando hacia la regionalización. Otro tanto podría decirse del caso británico, donde la devolución de facultades ha significado un cambio importante en la organización y funcionamiento local del poder en Escocia y Gales, e incluso en la ciudad de Londres. Se trata, asimismo, de un proceso generalizado acerca del cual es necesario ejercer una cuidadosa observación. Si, por una parte, la descentralización del poder es una manifestación del constitucionalismo contemporáneo, por otra, si no se produce conforme a procedimientos responsables y bien articulados, puede auspiciar una nueva tendencia a la entropía, particularmente en sistemas constitucionales relativamente frágiles, como los latinoamericanos, donde a veces el federalismo o el regionalismo han servido para encubrir fenómenos de concentración local del poder, conocidos como "caciquismo".

Por eso es importante tener en cuenta que las características atribuidas por el profesor Häberle al constitucionalismo europeo contemporáneo forman parte de un conjunto, de suerte que, si se pierde cualquiera de esas notas, las restantes quedan sin sentido. En el caso comentado, si sólo se tuviera presente la descentralización del poder, pero se omitiera la convergencia con los derechos de las minorías, la concentración local del poder haría nugatorios los efectos de la organización constitucional. Los tres factores, por ende, deben darse en un mismo tiempo y en un mismo espacio; no corresponden a expresiones de naturaleza diacrónica sino sincrónica.

El tercer rubro concierne a la apertura del Estado constitucional hacia la comunidad internacional. Éste es un aspecto que debe verse con atención para no confundir "apertura" con "integración". El "constitucionalismo cooperativo" que propone nuestro autor reposa en una "comunidad mundial de Estados constitucionales"[57]. Vale la pena reiterar que, por definición, sólo existe el Estado constitucional donde hay soberanía. En esta medida la propuesta de Häberle nada tiene que ver con las temerarias afirmaciones de que el nuevo orden internacional y la nueva dimensión del Estado conducen a una "soberanía restringida". Esta afirmación carece de base conceptual y práctica, y entraña una contradicción que está resuelta desde el siglo XVII por Hobbes, cuando enunció el axioma de que por encima del Estado no puede existir otro poder porque, si existiera, ése sería el Estado.

La comunidad mundial de Estados constitucionales que propone nuestro autor supone, precisamente, la presencia de un órgano constituyente que no puede ser sino soberano. Desde esta perspectiva, el planteamiento implica una forma de interacción horizontal, responsable y libre, entre los integrantes de la comunidad internacional. Esta posición es relevante, sobre todo ante el discurso, propuesto por Nozick (esp. en *Anarchy, State and utopia*), que aboga por el denominado "Estado mínimo". El Estado contemporáneo está haciendo frente a un doble embate: desde su interior, donde se le quiere desmontar para transferir sus potestades a los particulares y a las regiones; y desde el exterior, donde la llamada mundialización se presenta como una garantía en contra

[57] Häberle, *El Estado constitucional europeo*, "Cuestiones Constitucionales", nº 2, ene.-jun. 2000, p. 96.

del estatismo que identificó en especial a los sistemas socialistas.

d) En diversos textos del profesor Häberle está presente la referencia al "jurista europeo"[58]. El concepto incluye tres elementos: la difusión continental de algunos autores de diversos países; la utilidad de que sean impulsados estudios comparativos sobre temas de cuño reciente, como los sistemas regionales, y el nuevo papel del derecho comparado como quinto método de interpretación, de suerte que los tribunales constitucionales practiquen y utilicen una comparación valorada de derecho, yendo más allá de sus fronteras.

En realidad, esa figura que ha propuesto Häberle puede extenderse a la de jurista continental, interesado en las innovaciones que se van produciendo a lo largo del mundo. Él mismo es un buen ejemplo de ese quehacer, pues sus trabajos reflejan hasta qué punto está atento al acontecer asiático, africano, latino y norteamericano. Hablar de un "jurista universal" podría resultar jactancioso y desproporcionado; pero si por continental se puede entender al que observa y analiza lo más relevante a lo largo y ancho del orbe, se trata de un ejercicio tan necesario como posible.

La insularidad de los sistemas jurídicos ha quedado rota por varias razones. Una de ellas es la red de comunicaciones, pero más importante todavía es la comunidad de intereses. La defensa y desarrollo de los derechos humanos, por ejemplo, encuentra su más efectivo soporte en que constituyen una aspiración colectiva de la humanidad. Las formas de organización política conciernen a cada so-

[58] Ver, por ejemplo, Häberle, *El Estado constitucional europeo*, "Cuestiones Constitucionales", nº 2, ene.-jun. 2000, p. 102 y ss.; *Problemas fundamentales de una teoría constitucional del regionalismo en perspectiva comparada*, p. 1186 y ss., y *El eterno combate por la justicia. La ciencia jurídica en el camino hacia Europa*, "Revista General de Derecho", nº 652-653, ene.-feb. 1999, p. 105 y siguientes.

ciedad en particular; pero los elementos que se integran a las cualidades del ser humano son objeto de interés, de preocupación y aun de expresión solidaria en todos los cantos de la Tierra. De ahí que pueda retomarse la idea del jurista europeo del profesor Häberle y extenderla al planeta.

6. *La Constitución alemana*

Al revisar la forma en que ha sido aplicada la Constitución alemana, el profesor Häberle nos recuerda que sólo en una ocasión (1982) se ha aplicado el voto de censura constructivo[59]. Esto lo explica en tanto que, por las experiencias negativas, la ley de Bonn fue concebida como una "contra Constitución" de Weimar. Este notable texto constitucional había sido el producto de una asamblea proclive a los compromisos y con una mayoría fluctuante[60], que en no mucho tiempo demostró la incapacidad de las instituciones para preservar la integridad del territorio nacional (como fue el caso de la ocupación franco-belga del Ruhr en enero de 1923) y para asegurar la estabilidad financiera del país (como el desmesurado derrumbe del marco entre enero y agosto de 1923). Diez años después de su establecimiento, el sistema parlamentario estaba en proceso de disolución y se abría la puerta al totalitarismo. Carl Schmitt había iniciado en 1923 el más duro embate posible contra el sistema parlamentario al negar su carácter democrático[61]; recibió una inteligente respuesta de Kelsen en 1925 (*El problema del parlamentarismo*) pero culminó su ataque en 1932[62]. De que ahí la certera ca-

[59] Häberle, *Teoria de la Constitució com a ciéncia de la cultura en lexemple dels 50 anys de la llei fonametal*, "Revista de Llengua i Dret", nº 32, dic. 1999, p. 56.

[60] Peukert, *The Weimar Republic*, p. 35 y siguientes.

[61] Schmitt, *Sobre el parlamentarismo*, especialmente p. 42 y siguientes.

[62] Schmitt, *Legalidad y legitimidad*, especialmente p. 13 y siguientes.

racterización häberliana como "contra Constitución" aluda, esencialmente, a la decisión de la Ley Fundamental de 1949 en el sentido de dar estabilidad al sistema político y no volver a correr los riesgos de un retorno al totalitarismo. Häberle agrega que un concepto clave es el de una "democracia defensiva". Ésta es una tesis central.

Cuando el profesor alemán habla de que la democracia sea capaz de defenderse, no alude a los procedimientos jurisdiccionales de defensa de la Constitución, ni a la dictadura constitucional (o comisoria), sino a la estructura constitucional del poder que garantice la vigencia de la democracia. Es en este sentido que orienta el ensayo en el que revisa las aportaciones de la norma suprema de su país. En Alemania se tuvo el buen tino de equilibrar las instituciones políticas con una adecuada configuración de derechos tutelares de la libertad, la igualdad, la equidad, la propiedad, la seguridad jurídica y la dignidad. Se trata de un haz de instituciones que generan un poderoso efecto de sinergia democrática. Lo más llamativo de esa ley consiste, precisamente, en que se potencian todas las ventajas de las diversas instituciones previstas y se eluden las interacciones negativas.

El ensayo de Häberle deja ver con claridad cómo el entramado institucional produce una singular complementación cuyo resultado es precisamente esa "democracia defensiva". Algunos autores han querido ver en la moción de censura constructiva al único instrumento relevante para la estabilidad democrática en Alemania, pero pasan por alto por lo menos otros igualmente importantes, que Häberle tiene buen cuidado en identificar: la protección del sistema representativo (como también ocurre en Estados Unidos de América, donde algunos procedimientos de democracia directa sólo se aplican en los Estados, pero no en el nivel federal); los principios del Estado social; la prohibición de la arbitrariedad, que ya han adoptado también las constituciones de la Argentina (art. 43),

Chile (art. 20), España (art. 9.3) y Suiza (art. 9º); y un federalismo muy flexible. El caso de la norma fundamental alemana denota hasta qué punto es funcional la teoría de la Constitución como ciencia cultural. Precisamente la relación entre la formulación normativa y su entorno cultural permite explicar ese singular equilibrio institucional que da estabilidad a la democracia alemana.

a) El federalismo cooperativo germano se ha transformado a partir de 1990, con motivo de la reunificación. Häberle llama la atención acerca de las nuevas formas de ayuda financiera y de colaboración administrativa y jurídica ofrecida a los *Länder*, que han originado, a su vez, nuevas expresiones de responsabilidad por parte del poder federal[63]. El riesgo que presenta esta ampliación del federalismo cooperativo es el de alentar los efectos del federalismo centralizador, en palabras de Hesse. Este apunte preventivo de Häberle es aplicable a la mayor parte de los Estados federales. El fenómeno mexicano, en cuanto federalismo centralizado, confirma la tesis häberliana de que no puede haber federalismo sin lo que él llama "soberanía cultural" de los Estados.

b) Al analizar el tema de la unidad política y el pluralismo cultural en Alemania, el profesor de Bayreuth nos ofrece lo que podemos denominar como nueva teoría dual del federalismo. El federalismo, nos dice, combina "de manera eficaz" la unidad, que corresponde a un proceso político, con el pluralismo, que concierne a un proceso cultural: "el corazón del federalismo germano radica en la soberanía cultural de los *Länder*", dice[64]. Denominamos "nueva" a esta teoría, porque el dualismo tradicional alude a separación

[63] Häberle, *Problemi attuali del federalismo tedesco*, "Giurisprudenza Costituzionale", año XXXVII, nº 4, jul.-ago. 1992, p. 3360.

[64] Ver Häberle, *Unità politica e pluralismo culturale in Germania*, en Sabella - Urbaniti, "Quale federalismo", p. 178, y *Problemi attuali del federalismo tedesco*, "Giurisprudenza Costituzionale", año XXXVII, nº 4, jul.-ago. 1992, p. 3373 y siguientes.

de competencias entre los Estados federales y las entidades federativas. En este caso, lo que Häberle hace es aplicar los principios generales de su doctrina al caso del federalismo e introducir el elemento cultural que la identifica.

c) Con relación al Tribunal Constitucional alemán, es interesante advertir que Häberle no considera negativos los compromisos entre los partidos políticos cuando cada una de las cámaras (*Bundestag* y *Bundesrat*) elige a los diferentes jueces que lo integran[65], a pesar de que reconoce que en la actualidad esos acuerdos corresponden al arcano de la política[66]. Su expresión se basa en el reconocimiento de que los jueces han mostrado su independencia con relación a todos los partidos. Con todo, también opina que el sistema de designación podría mejorar si también se diera participación en la designación al presidente de la república (como en Italia) y si los candidatos al cargo fueran objeto de interrogatorio público, como en los Estados Unidos de América y en México, por ejemplo[67].

Al examinar el funcionamiento del Tribunal, el autor subraya la importancia que han tenido los votos particulares, establecidos legalmente a partir de 1971. Ese tipo de voto se inscribe en el proceso de apertura en cuanto a la interpretación constitucional postulada por Häberle[68], y contribuye a que las decisiones del Tribunal permitan re-

[65] Häberle, *El recurso de amparo en el sistema germano-federal de jurisdicción constitucional*, en García Belaúnde - Fernández Segado (coords.), "La jurisdicción constitucional en Iberoamérica", p. 235.

[66] Häberle, *El recurso de amparo en el sistema germano-federal de jurisdicción constitucional*, en García Belaúnde - Fernández Segado (coords.), "La jurisdicción constitucional en Iberoamérica", p. 248.

[67] Häberle, *El recurso de amparo en el sistema germano-federal de jurisdicción constitucional*, en García Belaúnde - Fernández Segado (coords.), "La jurisdicción constitucional en Iberoamérica", p. 236 y 275.

[68] Häberle, *Los derechos fundamentales en el espejo de la jurisprudencia del Tribunal Constitucional Federal alemán. Exposición y crítica*, "Revista de la Facultad de Derecho de la Universidad de Granada", 3ª época, nº 3, 2000, p. 14.

solver una cuestión controvertida e identificar la riqueza de posibilidades que ofrecen la ley y el derecho para dirimir conflictos. Por eso, incluso, los califica como "jurisprudencia alternativa". Con ese mismo criterio, Häberle valora positivamente la cuestión de inconstitucionalidad, susceptible de ser promovida por un tercio de los integrantes del *Bundestag*, que al proteger a la minoría también supone una forma de ampliar el número de intérpretes constitucionales. Desde esta perspectiva, todo esfuerzo constitucional que se haga para extender y garantizar los derechos de las minorías es un paso más en el sentido de universalizar la defensa del orden constitucional, en los términos propuestos por el profesor alemán.

Pero el punto más relevante y original que nos presenta Häberle en cuanto a la jurisdicción constitucional, consiste en su afirmación en el sentido de que el Tribunal Constitucional tiene una "responsabilidad mancomunada" en la garantía y en la actualización de la Constitución como expresión del contrato social[69]. En el caso de la Corte estadounidense incluso alude a que es considerada una especie de "congreso constitucional permanente, por el carácter pionero que adquieren sus decisiones", y en el caso alemán admite que lleva a cabo modificaciones constitucionales materiales. Esta forma de entender el papel del Tribunal no ha sido planteada por ningún otro autor, y confiere a los tribunales constitucionales un papel central en la vida de los Estados constitucionales. Esta tesis häberliana es consistente con toda su concepción cultural de la Constitución. Es comprensible que el órgano del Estado que tiene como función ejercer el control constitucional, al interpretar la norma suprema de manera sucesiva en el tiempo, también vaya incorporando nuevos elementos que surgen de varias fuentes: de los actores en

[69] Häberle, *El recurso de amparo en el sistema germano-federal de jurisdicción constitucional*, en García Belaúnde - Fernández Segado (coords.), "La jurisdicción constitucional en Iberoamérica", p. 242 y siguientes.

juicio, de la renovada configuración de la judicatura, de las fuerzas políticas y, en general, de los múltiples agentes que van dando forma a la vida política (y a la cultura política) de una sociedad en cada momento de su historia. He aquí donde se inserta la novedosa tesis häberliana: la Constitución en un sistema democrático es la elaboración normativa que se funda en el constructo denominado "pacto o contrato social". En tanto que constructo, esto es, una hipótesis valorativa, el contrato social explica las libertades individuales y públicas, de suerte que toda la estructura y el funcionamiento de las instituciones tiene que basarse en la asunción de ese contrato. Si la función de un tribunal constitucional consiste en preservar la norma suprema, se trata, a la postre, de mantener la vigencia del contrato social. La relación advertida por Häberle es incontrovertible y tiene, como es natural, importantes consecuencias. Eso nos explica, entre otras cosas, que en algunos sistemas –p.ej., el estadounidense– la Corte Suprema desempeñe un papel relevante en el proceso de reforma constitucional. Recuérdese, por ejemplo, que la sentencia en el caso "Dred Scott" (1857) contribuyó a precipitar la guerra civil en los Estados Unidos, precisamente porque la resolución de la Corte no correspondió a la necesidad de preservar el pacto social y, por el contrario, introdujo en su resolución elementos que lo fracturaban. En otros numerosos casos, por el contrario, la Corte ha iniciado nuevas formas de ver y aplicar la Constitución.

Cuando identifica al control jurisdiccional de la Constitución como parte central del contrato social, Häberle actualiza el significado de la teoría contractual y le imprime un nuevo alcance, diferente del que sustentan las corrientes neocontractualistas de nuestro tiempo. Más aún, puede decirse que las bases del acuerdo social residen en el principio de que los bienes sociales fundamentales (libertades, acceso a la riqueza, dignidad) deben ser compartidos en igualdad de condiciones, y que la vulneración de ese pacto genera situaciones de injusticia y de falta de equidad que hacen insustentable un orden constitucional democrático. La necesidad de que existan reglas básicas, socialmente compartidas y entendidas como el sustento de todo el orden normativo, a lo que podemos denominar "pacto social", convierte a los órganos de control del poder en elementos clave para la preservación del pacto mismo.

Al examinar este tema debe tenerse cuidado en no restringir el alcance de la teoría häberliana. Para su autor, los jueces son guardianes de la Constitución, pero no *todos* los guardianes. Téngase presente que en la sociedad abierta de los intérpretes constitucionales "¡*todos nosotros* somos (políticamente) 'guardianes de la Constitución'!"[70]. La consecuencia de esta posición es importante: el control jurisdiccional de la Constitución puede inducir hacia la desconfianza en relación con las demás instituciones de la democracia y a una "confianza desproporcionada" en la función jurisprudencial. Esto lleva al autor a subrayar la relación entre política y derecho, precisamente porque admite que se trata de funciones complementarias en una república. Y apunta a la diana de uno de los problemas cruciales del Estado contemporáneo: la pérdida de confianza en la función de la política. Ahora bien, como históricamente se sabe que los episodios de desconfianza en la política y en las instituciones que se nutren de ella han propiciado el surgimiento del caudillismo, Häberle nos precave con relación a la hegemonía de los jueces. Tal prevención no parte de que él, a su vez, tenga algún tipo de desconfianza con relación a esos magistrados, sino porque el equilibrio exige mantener relaciones simétricas en las responsabilidades y funciones públicas. Además, las sobrecargas de demandas dirigidas a algunos órganos del poder en especial pueden producir insatisfacción para aquellos que las generan. En este punto, es fundamental

70 Häberle, *El recurso de amparo en el sistema germano-federal de jurisdicción constitucional*, en García Belaúnde - Fernández Segado (coords.), "La jurisdicción constitucional en Iberoamérica", p. 244.

comprender que Häberle entiende por cultura política las representaciones, experiencias y expectativas subjetivas de los ciudadanos respecto a las instituciones y, por ende, incluye el comportamiento objetivo, las actuaciones de los responsables políticos, las prácticas parlamentarias, la actividad de los órganos jurisdiccionales, el grado efectivo de libertad y de pluralismo[71]. Por otra parte, entiende por cultura constitucional la suma de actitudes, ideas, experiencias, valores y expectativas subjetivas y de acciones objetivas, individuales y colectivas, que resultan de un texto constitucional precedente y hacen posible su estabilidad[72]. Estos conceptos son fundamentales para entender la teoría de Häberle en toda su amplitud. Desde esa perspectiva, todas las expresiones que impliquen la distorsión del pluralismo y afecten la adecuada percepción de las instituciones, deben ser consideradas extrañas a la teoría häberliana de la Constitución.

d) La relación entre cultura y los problemas sociales es indisociable en la teoría häberliana. Aquí se advierte también la renovación del concepto de Estado en general y del Estado social de derecho de Heller, en particular. Con relación al concepto de Estado, Häberle advierte que la doctrina clásica sólo reconoce tres elementos que lo integran (pueblo, territorio y poder)[73]. La Constitución, que "no tiene sitio en esa tríada", debe ser considerada un cuarto elemento característico del Estado. La relevancia de esta propuesta debe ser examinada a la luz de la propia teoría constitucional del profesor alemán, en tanto que a través de la integración de la Constitución también se estaría incorporando al Estado la idea de "cultura", hasta aho-

[71] Häberle, *El recurso de amparo en el sistema germano-federal de jurisdicción constitucional*, en García Belaúnde - Fernández Segado (coords.), "La jurisdicción constitucional en Iberoamérica", p. 243.

[72] Häberle, *Teoría de la Constitución como ciencia de la cultura*, p. 36.

[73] Häberle, *El Estado constitucional europeo*, "Cuestiones Constitucionales", nº 2, ene.-jun. 2000, p. 88.

ra reservada al concepto de "nación". Se trata, desde luego, de un tema que debe ser explorado con detenimiento, pero que en todo caso apunto como una idea que complementa la visión constitucional de Häberle.

Por otra parte, Häberle señala que la estabilidad institucional, en el caso de Alemania, tiene mucho que ver con esa idea del Estado social, y al examinar la experiencia germana en el ámbito de la evolución constitucional europea contemporánea señala que el desempleo es una cuestión directamente vinculada a la naturaleza del Estado constitucional. "El desempleado por tiempo indefinido pierde un poco su identidad..., se le despide del 'contrato social'..., es marginado. El Estado constitucional y la sociedad constituida de ciudadanos tienen que hacer frente a todo esto"[74]. Como se ve, el componente social está directamente vinculado al proceso constitucional. Es un enfoque distinto del que se ha presentado por otros autores; no se alude a lo social como una categoría de la justicia, sino como parte consustancial del Estado constitucional. Es una forma radical de entender la integración entre pacto social y norma suprema. Todo ciudadano, en un sistema constitucional abierto, debe mantener una relación simétrica respecto de los demás. Esto explica también la preocupación de Häberle por las minorías, incluidas, como es natural, las religiosas. En la sociedad de ciudadanos no caben exclusiones de ningún tipo. Y el desempleo es, según esta novedosa perspectiva, una forma de segregación del cuerpo ciudadano, incompatible con el Estado constitucional. A partir de esta tesis pueden distinguirse las políticas públicas de relevancia social, cuya intensidad puede variar conforme a la inclinación del electorado al elegir a sus representantes, y las disposiciones constitucionales del Estado democrático, que obligada-

[74] Häberle, *Desarrollo constitucional y reforma consitucional en Alemania*, "Pensamiento Constitucional", nº 7, 2000, p. 32 y 41.

mente deben incluir los instrumentos de garantía para la pluralidad y la equidad.

Véase que Häberle no argumenta a favor del Estado intervencionista, porque esto también se opone a su concepción de la sociedad como eje de la vida constitucional; pero tampoco se acerca a las formulaciones doctrinales que identifican las reglas de la democracia con las del mercado. La gran diferencia es que el mercado se basa en la exclusión del adversario mediante un proceso de libertad competitiva, en tanto que el Estado constitucional se basa en la integración de todos los miembros de la sociedad en un ámbito de libertades individuales y públicas, irrenunciables e imprescriptibles. La función del Estado constitucional no invade ni desplaza la de los ciudadanos; tampoco se limita a observar y arbitrar en los casos de conflicto; su función es promover la vigencia del sistema de libertades, asegurar que no se produzcan distorsiones que lo afecten y corregir las desviaciones tantas veces como se produzcan. El Estado constitucional no es invasivo ni pasivo, porque tampoco es un simple aparato de dominio en acción o en receso. El Estado constitucional es, para expresarlo sumariamente, un Estado integrador en el que la sociedad dispone de órganos específicos para el ejercicio del poder, pero en el que ella misma ocupa el espacio central.

7. *El nuevo derecho en Europa oriental*

Desde la perspectiva de la teoría cultural de la Constitución, el proceso constituyente de Europa oriental ofrece al profesor Häberle un ámbito de extraordinaria riqueza para confirmar sus planteamientos. En pocas ocasiones se ha ofrecido una oportunidad semejante a un tratadista, porque el cambio constitucional que se generalizó a partir de 1989 no tiene precedente por su extensión, intensidad y rapidez. El amplio registro de esa experiencia nos permite, a partir del estudio de Häberle, identificar tres constantes: incorporación de instituciones jurisdiccionales que garanticen las libertades individuales y públicas, como reacción ante el pasado comunista; adopción de instituciones sociales que hagan posible un cambio sin el trauma de la violencia; adopción de instituciones políticas que permitan consolidar la democracia[75].

Para alcanzar esos objetivos, los constituyentes de Europa oriental también han presentado patrones de conducta semejantes: intensa utilización del derecho comparado, como vía de inserción en la comunidad internacional y particularmente en la europea; retorno a los principios clásicos del derecho occidental, como elemento doctrinal para fundamentar la elaboración normativa; equilibrio normativo para no generar una sobrecarga de expectativas prestacionales que los nuevos Estados no estarían en posibilidad de satisfacer.

Se advierte, por otra parte, lo que también es una tendencia generalizada allí donde la política y los políticos han sido objeto de considerable desprestigio: el fortalecimiento de los jueces. La judicatura está desempeñando la arriesgada tarea de recuperar la confianza colectiva en la función de las instituciones y en las figuras públicas. El problema es que ese papel está llevando a los tribunales numerosos asuntos de índole política y está transformando a los tradicionales actores silenciosos de la justicia en protagonistas de la moral pública.

La conclusión del profesor Häberle en cuanto a los avances constitucionales en el este europeo se sintetiza en dos grandes apartados. Por una parte, advierte que ha sido mucho lo realizado y en un período relativamente breve; por otro lado, señala que algunos de los textos adoptados "aún se encuentran prácticamente *en el aire*",

[75] Häberle, *Avances constitucionales en Europa oriental desde el punto de vista de la jurisprudencia y de la teoría constitucional*, "Pensamiento Constitucional", 1995, p. 150 y siguientes.

precisamente porque falta la infraestructura sociocultural que les confiera positividad.

Este análisis del profesor Häberle nos permite corroborar la relación sinérgica entre la norma constitucional y la cultura. De las experiencias examinadas se pueden desprender algunas consideraciones útiles para entender procesos constitucionales pretéritos, frustráneos, y para prevenir que los sistemas en vías de transformación se aseguren de acompañar los cambios normativos con intensos programas de cultura jurídica. América latina ha resentido, en especial a lo largo del siglo XIX, el problema de construir sistemas constitucionales sin sustento cultural. Algunos países sufrieron esa dolorosa realidad incluso ya bien entrado el siglo XX. Las tradiciones autoritarias, autóctona y española, se potenciaron recíprocamente e impidieron que las formulaciones normativas elaboradas en las sociedades plurales más experimentadas pudieran rendir todos sus frutos. No se tuvo en cuenta que también lo fáctico ejercía una poderosa fuerza normativa, que funcionó como elemento derogatorio de la norma escrita.

En sociedades mejor comunicadas como las actuales es posible emprender cambios normativos de gran calado, como los observados en Europa oriental, con la seguridad de que pueden ser asimilados con relativa rapidez por la sociedad. Las actitudes de resistencia al cambio tienden a hacerse menos duraderas y menos enfáticas en sociedades progresivamente más abiertas, de manera que la adopción de nuevas instituciones contribuye a generar también nuevos patrones culturales.

a) Todo lo anterior indica que una de las más importantes experiencias contemporáneas de renovación constitucional es la que ofrecen los países del Este europeo. A través de algunas constituciones de esos países se está produciendo la incorporación al constitucionalismo democrático de principios a los que no pueden renunciar las sociedades que durante varias décadas se habituaron a la vigencia de medidas tutelares de la salud, la educación, la vivienda y el empleo, entre otras. La recuperación de las libertades individuales y públicas ha venido acompañada de planteamientos relacionados con medidas de bienestar colectivo. A pesar de que en numerosas construcciones constitucionales están prevaleciendo las tesis que hacen girar a las instituciones públicas en torno a los intereses del mercado, las constituciones de los países del Este presentan características y matices muy particulares en ese aspecto.

El profesor Häberle, en su ensayo *Avances constitucionales en Europa oriental desde el punto de vista de la jurisprudencia y de la teoría constitucional*, ofrece importantes datos y reflexiones sobre este aspecto. El análisis de esos procesos le permite demostrar la pertinencia de su teoría sobre el constitucionalismo cultural. Kant, recuerda, formuló la "premisa cultural y antropológica del Estado constitucional"[76]. Conforme a esa premisa, se ha implantado fuertemente la "fascinación" por las constituciones escritas. Esta tendencia, apunta el autor, se ve reforzada por la tradición de respeto por la palabra escrita que se inspira en los grandes libros religiosos: la Torá, la Biblia y el Corán. Así, el constitucionalismo escrito encuentra un poderoso soporte cultural en la arraigada confianza que inspiran los textos en que se sustenta la fe de millones de personas.

Habría que agregar, en la misma dirección señalada por el profesor alemán, que sólo el 16% de la población mundial no profesa religión alguna[77] y que el 22% que cultiva el hinduismo y el budismo, en adición al 53% de cristianos, musulmanes y judíos, también se inspira en los formidables textos escritos que conforman la literatura védica[78]

[76] Häberle, *Avances constitucionales en Europa oriental desde el punto de vista de la jurisprudencia y de la teoría constitucional*, "Pensamiento Constitucional", 1995, p. 141.

[77] Cfr. www.adherents.com.

[78] Cfr. Müller, *Origen y desarrollo de la religión estudiados a la luz de la religión de la India*; De Mora, *Tantrismo*.

y búdica[79]. La hipótesis del profesor Häberle la confirma el hecho significativo de que la Constitución escrita sea objeto de adopción generalizada en el mundo, precisamente a partir de una cultura que le confiere a la palabra escrita una función central en la vida espiritual de todas las sociedades.

b) Un aspecto procedimental que señala Häberle consiste en la figura de las "mesas redondas" para denotar espacios de deliberación y acuerdo[80]. Adoptada en Polonia por Lech Walesa, se irradió a Hungría, Checoslovaquia, República Democrática Alemana, Bulgaria, Rumania y Sudáfrica. La necesidad política de negociar para evitar rupturas violentas y construir un orden normativo viable desembocó en las "mesas redondas", cuya sola denominación ofreció una imagen de horizontalidad en la participación de las diversas fuerzas políticas. Las constituciones derivadas de esas mesas tienen, como apunta nuestro autor, el sentido de un contrato social renovado.

Las constituciones de Europa oriental se inclinan por el concepto de economía social de mercado, de manera que el derecho a la propiedad privada de los medios de producción sea compatible con el derecho al empleo, la huelga y la seguridad social. Ahora bien, si en este punto el profesor Häberle manifiesta su coincidencia, por lo que considera que en esa zona europea se localiza "un enorme taller constitucional"[81], también identifica "rasgos regresivos", particularmente en lo que concierne a la intensificación del nacionalismo y a la superficial protección de las

[79] Cfr. Tachibana, *The ethics of Buddhism*.

[80] Häberle, *Avances constitucionales en Europa oriental desde el punto de vista de la jurisprudencia y de la teoría constitucional*, "Pensamiento Constitucional", 1995, p. 144.

[81] Häberle, *Avances constitucionales en Europa oriental desde el punto de vista de la jurisprudencia y de la teoría constitucional*, "Pensamiento Constitucional", 1995, p. 148.

minorías[82]. La primera la explica como un intento por llenar el vacío generado por la caída del socialismo, y la segunda porque el reconocimiento de las minorías requiere de un largo período de aprendizaje.

8. *Federalismo y regionalismo*

El tema del federalismo y el regionalismo es abordado por Häberle con notable precisión. Esencialmente sustenta dos grandes cuestiones: la diferencia entre federalismo y regionalismo y las características propias del regionalismo[83]. En cuanto al primer aspecto, es muy enfático al señalar que, aun siendo "parientes cercanos", federalismo y regionalismo no son lo mismo; más aún, el regionalismo ni siquiera puede considerarse una etapa previa al federalismo. Sus orígenes, estructuras, funciones, fines y estrategias corresponden a motivaciones, instrumentos, procedimientos, intereses y objetivos diferentes. Está presente, una vez más, el contenido cultural que define a la norma. Esto lo demuestra el autor con una abundante serie de datos, obtenidos del derecho comparado.

Las características propias del regionalismo que Häberle identifica corresponden a una triple dimensión: la relación entre la región y el Estado; la relación entre las regiones, y la organización interna de la región. En lo que atañe al primer aspecto, señala que los rasgos generales de la estructura regional deben figurar en la constitución; que deben existir procedimientos para las formas de cooperación y la solución de conflictos entre región y Estado; que deben existir "pequeñas cláusulas de homogeneidad" que garanticen la "lealtad regional", y que las regio-

[82] Häberle, *Avances constitucionales en Europa oriental desde el punto de vista de la jurisprudencia y de la teoría constitucional*, "Pensamiento Constitucional", 1995, p. 161.

[83] Häberle, *Problemas fundamentales de una teoría constitucional del regionalismo en perspectivas comparadas*, p. 1176 y siguientes.

nes deben contar con un derecho de intervención en la toma de decisiones del Estado. En lo que corresponde al segundo punto, debe existir un procedimiento para las formas de cooperación y la solución de conflictos entre las regiones. Y en cuanto al tercer aspecto, señala la naturaleza necesariamente democrática que debe existir en la estructura y el funcionamiento del poder en el ámbito regional.

Concluye este tema apuntando que la ciencia del regionalismo comparado apenas está dando sus primeros pasos. Es evidente que el estudio comparativo de los sistemas federales ha alcanzado mayor profundidad, aunque también es verdad que se ha dispuesto de mayor tiempo. De alguna manera, el regionalismo está todavía en construcción: la devolución de facultades en Gales y Escocia, por ejemplo, es muy reciente, y no es posible todavía apreciar sus aciertos y sus debilidades; el debate en Italia no se ha cerrado porque subsiste la tensión con el Piamonte; en España persiste el temor a desatar un proceso centrífugo que vaya más allá de la mera descentralización, particularmente por la situación de Cataluña y del País Vasco, y en Francia están divididas las opiniones, sobre todo por el tema de Córcega, para sólo apuntar unos casos. Como sea, ésta es una vertiente de estudio en la que todavía falta un desarrollo doctrinal amplio, que ayudaría a encontrar respuestas en los Estados donde se produce una confusión entre regionalismo y nacionalismo.

Los nuevos enfoques sobre este asunto tendrán que tomar en cuenta los aportes teóricos häberlianos, en especial los siete factores de legitimación del regionalismo que, con amplitud, presenta el profesor en su ensayo *El regionalismo como principio estructural naciente del Estado constitucional y como máxima de la política del derecho europeo*[84]. Aquí se considera la legitimación del regionalis-

[84] Häberle, *El regionalismo como principio estructural naciente del Estado constitucional y como máxima de la politica del derecho europeo*, en "Retos actuales del Estado constitucional".

mo como parte de la teoría de los derechos fundamentales, en especial por lo que concierne a la libertad cultural; como parte de la teoría de la democracia, que incluye la protección de las minorías; como parte de la teoría de la separación de poderes, en su variante de separación vertical; como parte de las políticas económica y de desarrollo; como expresión de la integración, por sus contenidos de solidaridad; como parte de la cultura europea, que implica la conjugación de los principios de diversidad y unidad, y como factor de descentralización y fortalecimiento del principio de subsidiariedad, conforme al cual la unidad mayor (Estado) no debe asumir funciones que la unidad menor (región) pueda realizar satisfactoriamente. A lo largo de la obra häberliana vamos a encontrar como una idea recurrente la invocación al principio de subsidiariedad, según la cual el poder central no debe hacer aquello que pueda realizar el poder local ni el Estado debe actuar en lo que puedan llevar a cabo los individuos. Con esto no se trata de volver al individualismo liberal, sino de asegurar el espacio de libertades del Estado constitucional.

Esos enunciados son susceptibles de extrapolación también al Estado federal no europeo, incluido el último aspecto referido a la cultura, que se puede aplicar por igual en los ámbitos nacionales. En Iberoamérica, por ejemplo, la armonización de los principios de diversidad y unidad cultural pueden tener aplicación nacional en casi todos los Estados. Con excepción de, por ejemplo, Uruguay y Costa Rica, que presentan una gran homogeneidad, los demás Estados son culturalmente complejos.

9. *Los derechos fundamentales*

El problema de los derechos fundamentales está presente de diversas formas en toda la obra de Peter Häberle. Con tratamientos más amplios o más ceñidos, es una cuestión que late de manera continua en su obra. A veces, como fue el caso de un discurso en la Facultad de Derecho de la Universidad de Granada en 2000, le bastan unos cuantos párrafos para precisar ideas medulares[85]. Una de ellas concierne a la fuerza expansiva de los derechos fundamentales. Häberle subraya que esa fuerza expansiva se despliega en el transcurso del tiempo, y en efecto podemos observar que los derechos fundamentales cuentan con una dinámica propia que les permite desdoblarse hacia nuevos espacios y ensanchar su contenido. Es evidente que existe una relación directa entre el desarrollo de los derechos fundamentales y los procesos culturales, que no hace sino confirmar empíricamente la teoría häberliana. El argumento de que el tiempo contribuye a consolidar la eficacia de los derechos fundamentales también queda corroborado en todos los estudios del caso, e indica hasta qué punto se armonizan estos derechos con los ámbitos culturalmente más avanzados. Lo más importante es que ambos procesos (el normativo y el cultural) entran en sinergia y se estimulan recíprocamente. Lo contrario, de alguna manera, también puede ocurrir: en la medida en que se deteriora el entorno cultural (p.ej., por regresiones autoritarias, ausencia de políticas culturales adecuadas y deficiencias institucionales) o las funciones normativas se ven entorpecidas (p.ej., el Estado de derecho se ve condicionado por tensiones políticas no resueltas, diseños constitucionales insuficientes, crisis de naturaleza económica o social que afectan los procesos institucionales y corrupción), se advierte un retroceso de los derechos fundamentales.

Una prueba del proceso expansivo de los derechos fundamentales en el tiempo la ofrece Häberle al examinar la evolución de la jurisprudencia del Tribunal Constitucional alemán, y dentro de los casos mencionados un ejemplo muy sugerente es el de la eficacia frente a terceros de

[85] Häberle, *La cultura europea de los derechos humanos*, "Revista de la Facultad de Derecho de la Universidad de Granada", 3ª época, nº 3, 2000, p. 532 y siguientes.

los derechos fundamentales. La naturaleza de la sociedad contemporánea presenta nuevos desafíos para el concepto tradicional de Estado de derecho. En nuestro tiempo, ante la aparición de una especie de Estado intangible, se hace necesaria la defensa de los derechos fundamentales también ante los particulares. "La visión unidimensional individuo/Estado es notoriamente insuficiente", dice Häberle[86]. En efecto, es demostrable que no solamente los órganos del poder estatal pueden infligir perjuicios e infringir derechos fundamentales. El reconocimiento de este fenómeno ha generado dos modalidades de respuesta: previsiones constitucionales expresas en cuanto a la procedencia del amparo contra particulares, como en la Argentina (art. 43) y Colombia (art. 86), además de los casos que identifica Peter Häberle en Alemania[87], en la Constitución de Brandemburgo (art. 5.1) y en Suiza, en las constituciones cantonales de Aargau (art. 7.1 y 2) y de Berna (art. 27.1), o fórmulas de protección desarrolladas jurisprudencialmente, como ocurrió en Alemania a partir del caso "Lüth", en 1958, y donde el denominado "efecto de irradiación"[88] de los derechos fundamentales sobre el derecho civil ha permitido sustentar resoluciones en que se declara que esos derechos fundamentales también están presentes en el tráfico jurídico privado; como sucede asimismo en Estados Unidos de América, donde se ha recurrido a la ficción de la "acción estatal" indirecta para proteger los derechos individuales frente a particulares cuando ejercen actividades que requieren autorización, concesión o incluso simple registro público, y como ya se advierte en España, donde el Tribunal Constitucional ha adoptado una in-

[86] Häberle, *Recientes desarrollos sobre derechos fundamentales en Alemania*, "Derechos y Libertades", feb.-oct. 1993, p. 154.

[87] Häberle, *Los derechos fundamentales en el espejo de la jurisprudencia del Tribunal Constitucional Federal alemán. Exposición y crítica*, "Revista de la Facultad de Derecho de la Universidad de Granada", 3ª época, nº 2, 2000, p. 21.

[88] Alexy, *Teoría de los derechos fundamentales*, p. 507.

terpretación amplísima del concepto de Estado social de derecho para concluir que a los órganos del Estado, entre ellos los tribunales, les incumbe el deber de velar por que también los agentes sociales acaten los derechos fundamentales. Normas supremas, jurisprudencia y doctrina (ver, por ejemplo, Estrada, Bilbao Ubillos, García Torres) van confirmando la razón a la observación de Häberle y dan cuenta de la expansión de los derechos fundamentales en el mundo. Las garantías procesales de los derechos fundamentales han encontrado nuevas expresiones, como señala el autor[89], a través de la reclamación constitucional, susceptible de ser planteada por quien considere que el poder público ha afectado alguno de sus derechos fundamentales, y que en Alemania complementa al recurso de amparo.

La función de los derechos fundamentales en el tiempo tiene otra expresión advertida por Häberle: la protección de generaciones sucesivas. "El aspecto generacional atraviesa progresivamente el orden constitucional" dice el autor[90], y alude al caso de la protección del medio ambiente y a la formación de una cultura de los derechos fundamentales, como conjunto de valoraciones que se van formando en el tiempo y tienden a perdurar. Una vez más infiere otra consecuencia del contractualismo y nos habla de un "contrato entre generaciones" para denotar el compromiso sucesivo entre una generación y otra en cuanto a la preservación y transmisión de derechos. Esta tesis permite una lectura extensiva, aplicable a la defensa del Estado constitucional como parte del compromiso contractual

89 Häberle, *Los derechos fundamentales en el espejo de la jurisprudencia del Tribunal Constitucional Federal alemán. Exposición y crítica*, "Revista de la Facultad de Derecho de la Universidad de Granada", 3ª época, nº 2, 2000, p. 25.

90 Häberle, *Los derechos fundamentales en el espejo de la jurisprudencia del Tribunal Constitucional Federal alemán. Exposición y crítica*, "Revista de la Facultad de Derecho de la Universidad de Granada", 3ª época, nº 2, 2000, p. 43, y *El concepto de los derecho fundamentales*, en Sauca (ed.), "Problemas actuales de los derechos fundamentales", p. 111 y siguientes.

generacional. La idea misma del consenso está presente en la construcción häberliana de la teoría de los derechos fundamentales[91], y el consenso, como expresión de la autonomía de la voluntad colectiva, representa una actualización constante del pacto social.

Esa tendencia en el sentido de la expansión de los derechos fundamentales ha dado lugar también a la aparición de las que Häberle identifica como "cláusulas de desarrollo"[92], que son los enunciados constitucionales que prevén la posibilidad de otros derechos no expresamente recogidos por la norma suprema. Estas cláusulas no deben ser confundidas con los *principios* que, según Alexy, son "mandatos de optimización"[93].

Una vía adecuada para alcanzar este objetivo es posibilitar la interpretación judicial conforme a la Constitución, originada en Suiza. La interpretación conforme a la Constitución es una manera inteligente, seria y eficaz de desarrollar los derechos fundamentales. En la dirección de un incesante enriquecimiento de los derechos fundamentales, el profesor Häberle advierte que las situaciones de peligro para la sociedad generan la necesidad de nuevos derechos[94]. Para hacerles frente se requiere una disposición abierta que permita ofrecer respuestas creativas. Uno de los ejemplos que invoca es el de la soberanía informativa, como en el caso de la protección de datos[95]. En todo caso, la evolución cultural va presentando nuevos estadios de desarrollo que requieren planteamientos jurídicos, muchas veces directamente relacionados con nuevos conteni-

91 Häberle, *La ética en el Estado constitucional. La relación de reciprocidad y tensión entre la moral y el derecho*, "Direito", vol. 5, nº 2, 1996, p. 162.

92 Häberle, *El concepto de los derecho fundamentales*, en Sauca (ed.), "Problemas actuales de los derechos fundamentales", p. 92 y 108.

93 Alexy, *Teoría de los derechos fundamentales*, p. 86 y siguientes.

94 Häberle, *El concepto de los derecho fundamentales*, en Sauca (ed.), "Problemas actuales de los derechos fundamentales", p. 106.

95 Häberle, *Recientes desarrollos sobre derechos fundamentales en Alemania*, "Derechos y Libertades", feb.-oct. 1993, p. 165.

dos y expresiones de los derechos fundamentales. Como se puede apreciar, esta posición es una forma adicional de asumir las implicaciones de la teoría häberliana del Estado constitucional. En este particular punto pueden mencionarse, como ejemplo adicional, las técnicas de clonación, ante las cuales se están produciendo diversas respuestas éticas y normativas.

Un tema abordado con menor frecuencia por la doctrina es el que Häberle denomina "obligaciones fundamentales"[96]. En su infatigable labor precursora, Häberle aborda esta nueva cuestión y la deja para un desarrollo ulterior más amplio. Una de las características de Häberle es su capacidad para identificar problemas y encontrar soluciones. En este caso, subraya que "pequeños textos de obligaciones fundamentales se contraponen a catálogos completos" de derechos. Deja abierta la cuestión de si ese fenómeno se debe a que la ética de las obligaciones ciudadanas es difícilmente trasladable a definiciones jurídicas. Una de las consecuencias de esa percepción es la teoría häberliana del *status activus processualis*, o deberes de protección del Estado, que su autor ha configurado a partir de 1971[97].

Acierta Häberle, una vez más, al indicar que, en la medida en que los derechos humanos se han convertido en una materia del mayor interés para la comunidad internacional, también han influido para que la cuestión de la verdad haya pasado a ser parte del derecho internacional[98]. Nos explicamos este fenómeno al que alude el profesor alemán, por la confluencia de factores endógenos y exógenos en la vida del Estado contemporáneo. Por una parte, las guerras civiles (p.ej., España), los sistemas totalitarios

[96] Häberle, *El concepto de los derecho fundamentales*, en Sauca (ed.), "Problemas actuales de los derechos fundamentales", p. 116.

[97] Häberle, *Recientes desarrollos sobre derechos fundamentales en Alemania*, "Derechos y Libertades", feb.-oct. 1993, p. 157.

[98] Häberle, *Diritto e verità*, p. 31.

(v.gr., stalinismo, *polpothismo*), el terrorismo (p.ej., Irlanda), el separatismo (p.ej., Chechenia) y las guerras por razones étnicas (p.ej., Bosnia); por otra parte, las guerras internacionales a lo largo del siglo XX dejaron una huella terrorífica en la historia de la humanidad y generaron una explicable reacción en favor de los derechos fundamentales. La barbarie a la que asistimos durante el siglo XX no tiene precedente. Téngase en cuenta que en ese siglo perdieron la vida casi doscientos millones de personas como resultado de conflictos armados y de actos contrarios a la humanidad perpetrados por motivos políticos. Brzezinski ha demostrado que esa cifra de fallecimientos por violencia de origen político es superior al total de la registrada en los diecinueve siglos precedentes[99].

10. *El problema de la verdad*

El problema de la verdad se plantea como una cuestión central en el constitucionalismo contemporáneo. El derecho a la verdad, según la cita que Häberle hace de Grocio, se funda en la libertad de juicio del destinatario de la comunicación[100]. Desde esta perspectiva es imposible construir un sistema constitucional democrático que no presuponga la salvaguarda del derecho individual y colectivo a la verdad. Así no esté expresamente enunciado, se trata de un principio incorporado en el derecho a la información. Con este tema, el profesor Häberle desarrolla un trabajo elocuente, elegante y erudito. *Diritto e verità* es uno de los más fascinantes textos sobre derecho publicados en las últimas décadas. El autor acude, con la maestría de siempre, a las fuentes del derecho comparado y a la doctrina, pero en esta ocasión alterna las referencias al derecho y a la filosofía con abundantes ejemplos de poesía que imprimen a su obra una dimensión difícil de alcanzar

[99] Brzezinski, *Out of control*, p. 18 y siguientes.

[100] Häberle, *Diritto e verità*, p. 32.

en un estudio jurídico. Publicado en alemán en 1995 y traducido al italiano en 2000, este texto pone de relieve la relación inextricable entre derecho y cultura, y deja ver el compromiso ético y el perfil renacentista del profesor de Bayreuth.

Desde las primeras líneas de la edición italiana el autor advierte que, en el lustro transcurrido desde su aparición en Alemania, el tema de la verdad ha adquirido en el mundo una presencia de creciente amplitud. Este hecho, corroborable, es una prueba empírica de la vinculación entre la verdad y la democracia. El derecho a la verdad es una expresión más del reconocimiento de la dignidad como un derecho fundamental.

El profesor Häberle ofrece extensos y convincentes argumentos para probar que, aun cuando la verdad da lugar a una polisemia, representa un valor esencial del derecho contemporáneo[101]. Sea cuál fuere el concepto que adoptemos, la verdad funciona como un elemento integrador de las relaciones sociales en todas las escalas y sin ella no es viable el desarrollo de la cultura.

Para dar coherencia a su argumentación, y con la notable capacidad que tiene para identificar los elementos de relevancia teórica cuando analiza un problema, Häberle encuentra siete modalidades de expresión normativa concernientes a la verdad que, aunque refiere expresamente a Europa del Este, pueden ser aplicables como útil esquema de encuadramiento en otros sistemas constitucionales: cláusulas que proscriben la ideología de Estado; cláusulas del pluralismo; obligación de los funcionarios de producirse con verdad; cláusula de neutralidad científica; cláusula de libertad de información y enmienda; cláusula de responsabilidad judicial, y cláusula de objetividad política ("separación entre el Estado y los partidos")[102].

[101] Häberle, *Diritto e verità*, p. 9 y siguientes.

[102] Häberle, *Diritto e verità*, p. 77 y siguientes.

Pocos trabajos han calado tan hondo en cuanto a la relación entre verdad y derecho como el de Peter Häberle. Desde otra perspectiva, el conjunto de cinco conferencias dictadas por Michel Foucault en 1973 (*La verdad y las formas jurídicas*) había marcado un nuevo derrotero para la investigación; pero mientras que el profesor francés, a partir de un novedoso enfoque de Edipo, se orienta a resolver las incógnitas de la historia externa de la verdad, donde se sitúa el derecho, el profesor alemán formula una teoría concernida con el Estado constitucional moderno y contemporáneo. Uno y otro enfoques pueden complementarse si se tiene en cuenta que Foucault acentúa la relación entre la búsqueda de la verdad jurídica y el desarrollo de diversas ciencias del conocimiento que han significado una sucesión de profundos cambios en la cultura a través de la historia.

11. *La idea de la dignidad*

La idea de dignidad tiene una importante implicación para el profesor alemán. La democracia, dice, es "la consecuencia organizativa de la dignidad del hombre"[103] y en otro texto reafirma que la dignidad es la premisa cultural antropológica del Estado constitucional[104]. Aquí nos encontramos, sin duda, con una tesis central. La ilustración centró sus preocupaciones en los grandes temas que nutrieron al constitucionalismo desde su origen. El catálogo de derechos fundamentales se agotó con las diversas expresiones de cuatro principios: libertad, igualdad, justicia y seguridad jurídica (que incluye el derecho a la propiedad). Siempre habrá que tener presente el argumento renacentista de Pico della Mirandola (*De hominis dignitate oratio*)

[103] Häberle, *El Estado constitucional europeo*, "Cuestiones Constitucionales", nº 2, ene.-jun. 2000, p. 93.

[104] Häberle, *Derecho constitucional común europeo*, en Pérez Luño (coord.), "Derechos humanos y constitucionalismo ante el tercer milenio", p. 222.

como precursor de la defensa de la dignidad; el imperativo categórico de Kant, enunciado en 1785 y reiterado en 1797[105], con sus claras resonancias en Hegel ("sé una persona y respeta a los demás como personas") y más tarde en Stammler (con los "principios del respeto" en el derecho justo)[106]. Sin embargo, Larenz y González Pérez han demostrado que la dignidad como contenido explícito de la norma corresponde a un estadio cultural relativamente reciente[107]. En el ámbito constitucional el desarrollo de la dignidad sólo se ha producido a partir de la Ley Fundamental alemana de 1949. Es, por lo mismo, la aportación más original que se ha hecho en cuanto a los derechos fundamentales desde el siglo XVIII. "La dignidad del hombre es intangible. Los poderes públicos están obligados a respetarla y protegerla", establece en el art. 1º.

Tiene razón Häberle al identificar a la dignidad como causa de la democracia; es una aportación germana al constitucionalismo contemporáneo. Resulta comprensible que, después de la tragedia bélica, el constitucionalismo de la posguerra se haya orientado por incluir la dignidad como un derecho fundamental. Es significativo que las constituciones de países que han pasado por severas crisis de principios éticos presenten, desde su inicio, una referencia a la dignidad. Así ocurre también con el art. 1º de la Const. de Sudáfrica. En el caso de Alemania, refiriéndose a la primera posguerra, Ernst Troeltsch había dicho que todos los excesos que dan lugar a la glorificación del Estado se hacen a expensas de la libertad y de la dignidad humanas. No menos se puede decir en la segunda posguerra y en los días de nuestro tiempo, ante la intoleran-

[105] Kant, *Fundamentación de la metafísica de las constumbres*, p. 54 y ss., y *La metafísica de las costumbres*, p. 335.

[106] Hegel, *Fundamentos de la filosofía del derecho*, nº 36; Stammler, *Tratado de filosofía del derecho*, nº 95.

[107] Larenz, *Derecho justo*, especialmente cap. II; González Pérez, *La dignidad de la persona*.

cia, con expresiones de racismo y fundamentalismo, que afecta la vida de numerosas sociedades.

Es previsible que ante una serie de nuevas reivindicaciones, que tienen como eje el respeto a la dignidad, se generalice la incorporación constitucional del precepto germano. El derecho a la intimidad, que justifica algunos aspectos del derecho a la información; a las preferencias sexuales, y a las decisiones sobre la disposición de la vida, como la eutanasia, son sólo algunos ejemplos de cuestiones que están directamente relacionados con la protección jurídica de la dignidad.

12. *El problema del fundamentalismo*

Un tema de especial trascendencia es el que corresponde a la relación entre fundamentalismo y Estado constitucional. En este punto, el enfoque del profesor Häberle contiene dos aportaciones centrales: la caracterización del fundamentalismo y de sus diversas expresiones (religioso, político, económico, científico, ecológico), por una parte, y por la otra una convocatoria a la apertura hacia el reconocimiento de las diversidades culturales. Lejos, por ende, de situarse en una posición de rechazo y descalificación, y congruente con la función integradora de la cultura a través del orden constitucional, la doctrina häberliana ofrece una respuesta constructiva ante los peligros que identifica, representados por las distintas formas de fundamentalismo.

Cuando el profesor Häberle perfila los rasgos definitorios de los fundamentalismos, encuentra una pluralidad de elementos que podríamos agrupar en varias categorías[108]. Algunos tienen aspectos negativos (monismo, intolerancia,

[108] Häberle, *El fundamentalismo como desafío de derecho constitucional: consideraciones desde la ciencia del derecho y la cultura*, en "Retos actuales del Estado constitucional", p. 146 y siguientes.

reacción frente al cambio); otros tienen implicaciones parcialmente negativas combinadas con otras positivas (positivo: volver a las raíces o fundamentos, negativo: excluir la convivencia con otras expresiones culturales; positivo: búsqueda de identidad, negativo: afectar o desconocer los derechos humanos, alentar la violencia), y advierte como elemento positivo que, contra lo que suele considerarse en el sentido de que el fundamentalismo maneja "cuestiones engañosas de siglos anteriores", se plantean problemas de nuestro tiempo. Ante este haz de elementos ofrece una doble respuesta: un debate cultural profundo y un esquema constitucional que permita "organizar pragmáticamente la convivencia de los muchos fundamentalismos de nuestro tiempo". Como se ve, lejos de una posición intransigente, la teoría häberliana demuestra que el constitucionalismo contemporáneo cuenta con los instrumentos para conciliar diferencias extremas. Los fundamentalismos representan un desafío mayor para la convivencia entre y dentro de las naciones. Orientar el sentido posible de la absorción de los conflictos que plantean es una posición constructiva que prueba, además, las posibilidades integradoras de la teoría häberliana.

Debe tenerse presente que la diversidad de fundamentalismos a que alude el propio autor también conduce a pensar en soluciones constitucionales diferentes. Es sensiblemente menos complicado atenuar los efectos del fundamentalismo económico (excesos de la economía de mercado) o ecológico (inhibición del desarrollo en algunos aspectos científicos y tecnológicos), que superar los problemas del fundamentalismo religioso (intolerancia) y político ("limpieza étnica", separatismo).

Con todo, como no resulta aceptable que los conflictos queden sin solución ni que ésta pueda adoptarse al margen de los instrumentos del constitucionalismo, es menester hacer un esfuerzo en el sentido señalado por el profesor Häberle.

13. *El derecho cultural*

Como es natural, una de las áreas de interés del profesor Häberle corresponde a las normas concernientes a los bienes del patrimonio cultural. "La protección de los bienes culturales ha hecho 'carrera' como tema de la política y las ciencias, especialmente en los últimos años", declara[109]. Para corroborar su aserto ejemplifica con diversos instrumentos internacionales y con los casos de las constituciones colombiana, checa, eslovaca, española, guatemalteca, hondureña, paraguaya, peruana, rusa, salvadoreña, ucraniana, además, por supuesto, de la propia alemana. Pero lo más relevante no es el detenido examen de los ejemplos ofrecidos por el derecho cultural comparado, sino lo que él denomina a partir de 1980 como "una modesta teoría constitucional de la protección de los bienes culturales"[110]. Esa teoría, en esencia, sustenta que la protección de los bienes culturales es una de las piezas fundamentales para la comprensión de la Constitución como cultura. No debe entenderse que el profesor alemán circunscribe su concepto a las constituciones que incluyen referencias expresas a la cultura o a los bienes culturales; éstos son elementos testigo de la naturaleza cultural de las constituciones, pero aun las constituciones que no los incorporan textualmente son siempre una autorrepresentación cultural de un pueblo.

Las siete tesis que componen esta fascinante parte de la teoría häberliana brindan un amplio campo para la reflexión: la comunidad mundial de los Estados culturales, que ofrece un nuevo fundamento para la cooperación in-

[109] Häberle, *La protección constitucional y universalidad de los bienes culturales: un análisis comparativo*, "Revista Española de Derecho Constitucional", vol. 18, nº 54, 1998, p. 11.

[110] Häberle, *La protección constitucional y universalidad de los bienes culturales: un análisis comparativo*, "Revista Española de Derecho Constitucional", vol. 18, nº 54, 1998, p. 26 y siguientes.

ternacional; el contrato social mundial en materia de cultura y naturaleza, que resulta central para la preservación del planeta y que representa una nueva dimensión del contractualismo; la libertad mundial gracias a la cultura, que introduce una dimensión mucho más amplia que la tesis de Marshall McLuhan de la "aldea global", sólo por la acción de los medios de comunicación; el patrimonio cultural universalmente protegido, que explica la relevancia de las minorías; la percepción de la humanidad en el Estado constitucional, que confirma la fuerza expansiva de los derechos humanos; la construcción de la humanidad a partir de la protección internacional de los bienes culturales, donde una vez más el profesor de Bayreuth deja ver sus vínculos con el profesor de Königsberg (*La paz perpetua*), y la relación de interdependencia entre la protección nacional y la internacional de los bienes culturales, que ofrece una nueva base doctrinal para atenuar los efectos excluyentes de los fundamentalismos.

14. *La evolución constitucional*

El profesor de Bayreuth, en una de sus obras centrales, deja caer una aseveración fundamental: "los propios textos constitucionales deben literalmente ser 'cultivados' para que devengan auténticamente Constitución"[111]. Como consecuencia de esta tesis podrían resultar numerosas consideraciones y hasta conclusiones. "Cultivar" un texto constitucional puede tener varias implicaciones en la teoría de Häberle: buscar acuerdos constituyentes entre los agentes políticos prevalecientes; construir instituciones que progresivamente deriven hacia el objetivo final predeterminado, después de un cuidadoso proceso adaptativo; abrir espacios para ir modelando las nuevas instituciones por la vía del ensayo y el error; evitar resistencias al cambio; alentar la interiorización individual y colectiva de nuevas

[111] Häberle, *Teoría de la Constitución como ciencia de la cultura*, p. 35.

conductas; identificar las expectativas en su fase larvaria para darles forma y cauce; asociar eficazmente los elementos tradicionales de la cultura con las tendencias culturales innovadoras; tender puentes de integración cultural que superen la inercia de lo existente y no generen quiebres históricos traumáticos. Ahí encuentra nuestro autor la "auténtica Constitución": en el punto donde convergen norma y normalidad para expresarse como cultura.

Un concepto que debemos tener muy presente es el que atribuye a la cultura una función mediadora en la formulación de la norma[112]. No se trata de una tesis paralela a la enunciada por Habermas en cuanto a la función mediadora de la norma. Ella es, desde la perspectiva de Häberle, una forma de autorrepresentación cultural de la sociedad. En este sentido, la norma es el medio de que se vale la sociedad para articular su organización y funcionamiento y la expresión misma de la forma de ser de esa sociedad.

a) En su ensayo sobre la Constitución europea, Häberle ofrece una serie de consideraciones atinentes a los procesos constitutivos. Entre ellos rescato su inclinación por el gradualismo traducido en aproximaciones progresivas, en cuanto a la adopción de reformas[113]. Para evitar reacciones que invaliden las reformas y para dar a éstas tiempo suficiente de adaptación, la gradualidad es muy recomendable. Esta posición es explicable dentro de la teoría häberliana; más aún, es una consecuencia natural de ella. Como elemento de la cultura, la Constitución tampoco puede ser objeto de sacudidas intempestivas, a menos que se produzca como parte de un proceso revolucionario. Los cambios por aproximación sucesiva no se pueden identifi-

112 Häberle, *Teoria de la Constitució com a ciéncia de la cultura en lexemple dels 50 anys de la llei fonamental*, "Revista de Llengua i Dret", nº 32, dic. 1999, p. 44.

113 Häberle, *Colloquio sulla Costituzione europea*, "Diritto Romano Attuale", nº 2, 1999, p. 203.

car con una actitud conservadora; por definición, el cambio no es conservador. Lo que debe valorarse es que sólo el cambio voluntarista, impuesto, puede serlo en gran escala. Este tipo de cambio no corresponde a un proceso cultural y, por ende, no encaja en el Estado constitucional. El cambio drástico y completo obedece a impulsos que van más allá de la interacción con el entorno cultural y, por lo mismo, además de no ser necesariamente democrático corre el riesgo de quedarse en la epidermis social, de no pasar de una declaración sin correspondencia con la realidad. Podría decirse que su objetivo es modificar la realidad y que oponerse a ese proceso es una actitud refractaria al cambio. No lo veo así, en tanto que los cambios constitucionales tienen que ir acompasados con los cambios culturales, a menos que –como ya se dijo– sean producto de una revolución, que por su misma esencia representa un quiebre cultural. Si los cambios constitucionales se producen sin considerar el entorno cultural, muy probablemente desembocarán en cualquiera de dos destinos: serán norma huera, o para su imposición podrán dar pábulo a excesos de poder. Ninguno es saludable. La posición de Häberle permite superar ese doble problema. El cambio normativo corresponde a un proceso cultural o lo induce, pero no lo desconoce.

Un buen ejemplo de esos cambios paulatinos es el que invoca Häberle cuando alude a los tribunales constitucionales. En una sugerente entrevista con Landa afirma, a propósito de la jurisdicción constitucional, que su "cimentación en la cultura política" de un pueblo sólo se produce en un período muy amplio[114]. "Las constituciones *jóvenes* no deberían otorgarle demasiadas competencias a los tribunales constitucionales", agrega. Esta inteligente advertencia la hace a partir de su convicción del cambio paulati-

[114] Landa, *El rol de los tribunales constitucionales ante los desafíos contemporáneos*, entrevista con Häberle, "Pensamiento Constitucional", nº 3, p. 1997, p. 281.

no. Repárese que de ninguna manera niega que esos tribunales sean incorporados al orden jurídico; más aún, subraya que su presencia es muy frecuente en los casos de transición a la democracia. Pero una cosa es que se instituya la jurisdicción constitucional, y otra que se le sobrecargue. La generación de expectativas excesivas con relación a nuevas instituciones con frecuencia tiene dos tipos de resultados negativos: o bien las instituciones se deforman y actúan por encima o por debajo de su ámbito competencial, o bien la percepción social acerca de su funcionamiento se torna adversa, aun cuando su actuación corresponda a la previsión normativa. La peor de las combinaciones se produce cuando, a pesar de la atrofia de las instituciones (por distrofia o hipertrofia), la opinión pública muestra satisfacción, porque denota un problema cultural profundo.

De manera muy esquemática puede decirse que la respuesta al absolutismo del ochocientos fue la afirmación de la igualdad de los hombres ("es una de las cuestiones más interesantes que la filosofía puede proponer y de las más espinosas que los filósofos puedan resolver", decía Rousseau)[115]; que la consecuencia de la gran Revolución fue la lucha por la libertad en el siglo XIX; que la reacción frente a la exclusión y a la concentración de la riqueza fue la bandera de la equidad en el siglo XX. El siglo XXI tal vez sea el período en el que se desenvuelvan los derechos concernientes a la dignidad, entre los que se incluye la verdad. Se trata de etapas sucesivas en la construcción de un orden normativo menos imperfecto. Es un proceso acumulativo que permite confirmar, históricamente, que la organización del Estado se reconstruye de manera permanente y paulatina, y que entre derecho y cultura se produce un efecto sinérgico que va generando, progresivamente, instituciones renovadas, primero, y renovadoras, después.

115 Rousseau, *Discours sur l'origine et les fondements de l'inegalité parmi les hommes*, en "Œuvres politiques", p. 17.

Como producto de la creación cultural, en el Estado constitucional se puede observar un desarrollo *autopoiético* del derecho. Una formidable síntesis de ese proceso evolutivo basado en el compromiso (contrato social) se debe a Nietzsche cuando afirmó que la transformación del gobierno autoritario en gobierno constitucional no se consigue mediante nuevos repartos de violencia, "sino por transformaciones graduales" alcanzadas a través de compromisos colectivos[116]. Cuando el filósofo alemán escribía su *Ojeada sobre el Estado* en 1874, advertía premonitoriamente que para llegar a ese gobierno constitucional por la vía evolutiva "podría hacer falta aún un siglo"; casi acertó.

b) Acerca del problema de la reforma constitucional existe una amplia bibliografía entre la que sobresalen dos obras fundamentales: la de G. Jellinek: *Reforma y mutación de la Constitución*, y la de P. de Vega: *La reforma constitucional y la problemática del poder constituyente*. Häberle introduce un concepto novedoso: el de "desarrollo constitucional", como una categoría temporal[117]. Aquí aparece una consecuencia más de la teoría häberliana. En tanto que la Constitución es parte de un proceso cultural, incluye por igual los procesos expresamente normados y los informales. La Constitución, por ende, forma parte de la fluidez cultural que incluye la creación, recepción, estabilización, transformación e interacción de conocimientos, valores, creencias, comportamientos, actitudes, estilos y tradiciones. El tiempo juega un papel axial en ese flujo incesante, en el que Häberle localiza un nuevo factor: la fuerza normativa de la opinión pública. Éste es un rico filón sobre el que seguramente el profesor alemán seguirá explorando en todos sus pliegues. Es un elemento innovador en el que tal vez sea posible encontrar algunas resonancias de Jellinek (la fuerza normativa de los he-

116 Nietzche, *Humano, demasiado humano*, p. 240 a 242.

117 Häberle, *Desarrollo constitucional y reforma constitucional en Alemania*, "Pensamiento Constitucional", nº 7, 2000, p. 15 y siguientes.

chos) y de Habermas (la acción comunicativa), pero que apenas ha sido esbozada y está en espera de un tratamiento más extenso. Numerosas claves podrían ser identificadas a partir de esa sugerente aportación häberliana. En su trabajo *Desarrollo constitucional y reforma constitucional* aborda extensamente un aspecto del cambio constitucional en el tiempo, vinculado a la acción de los tribunales constitucionales y, desde luego, de los órganos y procedimientos formales de reforma. Sus referencias a los cambios informales, empero, son las más relevantes. No escapa a su análisis que la tensión entre estabilidad y cambio genera "toda una escala de procesos formales e informales" cuyo desenlace en el tiempo va produciendo efectos diferenciados. Seguramente éste será un tema sobre el que el profesor volverá, y con nuevos hallazgos.

15. *El Estado constitucional*

En un hombre universal como Peter Häberle es comprensible lo que podríamos llamar "ecumenismo institucional", que se manifiesta en la disposición a recibir nuevas influencias culturales y a coexistir con ellas. El concepto de cultura en el que basa su teoría de la Constitución le permite concebir a la norma suprema como un sistema normativo muy abierto. Esto se hace evidente, por ejemplo, cuando alude, en diversos ensayos, a la necesidad de admitir la realidad islámica como parte de la cultura europea. La idea de un "Euro-Islam" está presente en varios de sus trabajos, y corresponde a un hecho cultural que se viene extendiendo por Europa. En realidad, el islamismo ha sostenido su proceso expansivo constante desde el año 711. A partir del Medio Oriente, ha alcanzado el Lejano Oriente, África, algunos países europeos, con diversa intensidad, y tiene inequívoca presencia en los Estados Unidos de América. El islamismo es parte de la cultura de países muy distintos entre sí; su reconocimiento, como propone

Häberle, corresponde a una de las características centrales de la cultura occidental: la tolerancia.

La tesis häberliana con relación al Islam corresponde a una disposición ecuménica, pero tiene también una implicación positiva que debe subrayarse: la asimilación cultural del islamismo en occidente podrá alentar una actitud más receptiva de los valores de la tolerancia en los países musulmanes. Después de todo, el fundamentalismo –en el que con tanta precisión ahonda Häberle– es una impostura que no corresponde a la verdadera tradición islámica que durante la Edad Media representó los altos valores del humanismo.

a) En 1998 el profesor Häberle publicó en alemán, y con diferencia de meses en español, un ensayo de extraordinaria importancia para entender los alcances de su teoría de la Constitución como ciencia de la cultura. Tomando la tríada conceptual revolucionaria francesa, "libertad, igualdad, fraternidad", el profesor de Bayreuth desarrolla una profunda reflexión en torno a esa gran cantera constitucional representada por los textos fundamentales franceses, asociándolos con los textos británicos, a partir de 1215, y estadounidense[118]. Häberle retoma el art. 28 de la declaración de derechos que precede a la Constitución francesa de 1793 ("ninguna generación puede imponer sus propias leyes a las generaciones futuras"), para corroborar su argumento de la "eterna peregrinación hacia el tipo Estado constitucional"[119]. Este formidable ensayo no es un trabajo de interpretación histórico-jurídica, sino una serie de hallazgos mediante los que el autor confirma que la actualización del contrato social es un trabajo acumulado en cuya realización están concernidas todas las generaciones[120].

[118] Häberle, *Libertad, igualdad, fraternidad. 1789 como historia, actualidad y futuro del Estado constitucional*, p. 45 y siguientes.

[119] Häberle, *Libertad, igualdad, fraternidad. 1789 como historia, actualidad y futuro del Estado constitucional*, p. 58.

[120] Häberle, *Libertad, igualdad, fraternidad. 1789 como historia, actualidad y futuro del Estado constitucional*, p. 90.

b) El lector de *El Estado constitucional* corroborará que se encuentra, como bien ha dicho E. Mikunda Franco[121], ante un inspirado demócrata que ha sabido encontrar en la relación entre derecho y cultura uno de los más sólidos sustentos del pacto social. Ese perfil del profesor de Bayreuth se complementa con la reseña que de su entorno doméstico nos hace Domingo García Belaúnde[122]. El profesor habita una casa en cuya sala están presentes las efigies de Kant, Savigny, Marco Aurelio y Beethoven.

A Häberle le es aplicable el concepto griego de *paideia* que tan bien ha analizado Jaeger. Como concepto omnicomprensivo, *paideia* denota lo que en términos modernos se identifica como cultura, civilización, ciencia, literatura o educación. Por eso Jaeger alude a que las grandes obras de la *paideia* se identifican como poesía, ciencias, arte, política, leyes, y acaba siendo "la morfología genética de las relaciones entre el hombre y la *polis*"[123] (p. 465). Es así como entiendo la teoría del profesor Häberle: como una nueva lectura del mundo clásico; como un nuevo gran retorno al origen del pensamiento occidental. Desde esta perspectiva, la teoría häberliana es auténticamente renacentista. Es la primera de las grandes construcciones teóricas de la Constitución que rescata los auténticos valores y principios del clasicismo.

Häberle, ciertamente, ha conseguido ver más allá que aquellos que le enseñaron; que aquellos en cuyo saber abrevó; que aquellos que le precedieron en el tiempo cercano y lejano. Su gran valor reside en que ha sabido entender lo que otros han dicho y ha sabido innovar con maestría. En su teoría se advierten las pulsaciones de un saber acumulado por siglos y están presentes las ideas nuevas que

121 Häberle, *Teoría de la Constitución como ciencia de la cultura*, p. 17.

122 García Belaúnde, *Los gigantes de Weimar*, en "De la jurisdicción constitucional al derecho procesal constitucional", p. 73.

123 Jaeger, *"Paideia": los ideales de la cultura griega*, p. 439.

servirán para fijar el derrotero de la ciencia constitucional en los años por venir. Por eso es un jurista para el siglo XXI.

c) He querido ofrecer al lector un cuadro general de la prolífica obra del profesor Peter Häberle, que sin reserva alguna puede ser considerada una de las más importantes contribuciones al constitucionalismo en las dos últimas décadas y, más todavía, se perfila como la construcción conceptual más sugerente al inicio del siglo. Las claves de la cultura y el derecho permitirán descifrar las incógnitas que todavía reserva el Estado constitucional.

El pensamiento häberliano es rico en sugerencias y abundante en ideas e imágenes que, a su vez, conducen a nuevas consideraciones. Fiel a su idea de que siempre es posible ver más lejos, nos conduce por los peldaños del constitucionalismo con tal maestría que, además de brindar un panorama diferente de los antes vistos, invita e incita a seguir avanzando. A través de Häberle podemos contemplar viejos paisajes con mirada diferente, y nuevos panoramas con la sorpresa del descubrimiento.

Miguel Ángel decía que él no inventaba las formas; que sólo le quitaba a la piedra lo que le sobraba. Parece como si Häberle hubiera procedido con el mismo toque genial y que al ir desgranando ideas, párrafo tras párrafo, sólo procediera a descubrir lo que, como en el mármol del genio renacentista, ya estaba ahí. Y es que ni el artista ni el jurista se han apartado un ápice de la realidad; lo que cada uno ha hecho, en su tiempo y en su esfera, es descubrir lo que permanecía oculto para los demás. Tampoco Newton inventó las leyes de gravedad ni Mendel las de la herencia. El artista advierte la belleza ante lo que otros quedan indiferentes, y el científico encuentra nuevas verdades donde otros se conforman con lo establecido.

El lector tiene ahora en sus manos una obra en la que el profesor de Bayreuth ha vertido la quintaesencia de sus ideas. En la plenitud de la madurez intelectual, el profesor Häberle seguirá produciendo y beneficiándonos con otras aportaciones. La suya es la vida de un investigador y de un pensador infatigable. La fecundidad de su poderosa inteligencia y de su insaciable curiosidad científica nos depararán muchas nuevas obras suyas. Ahora podemos asomarnos, desde el hombro que como generoso soporte nos ofrece, para contemplar mediante la provechosa lectura de esta obra lo que a lo largo de varios años ha acumulado un excepcional jurista de nuestro tiempo. Es probable que a partir de esta notable obra de Häberle haya quien, como él mismo diría, alcance a ver más lejos; muchos, sin embargo, nos sentiremos satisfechos con que, orientados sabiamente por él, podamos ver tanto como nos enseña este texto lúcido e innovador que el lector tiene en sus manos.

d) El profesor Häberle señala la importancia institucional que tuvieron los acontecimientos de 1989, "*annus mirabilis*". En términos de Jaspers, podemos decir que ese año representa un nuevo eje histórico en el mundo. Pero, como en todos los cambios históricos, ese año ha generado una tendencia en el sentido de transformar al Estado constitucional en la dirección que apunta Häberle, mientras que otra corriente ha aprovechado el fenómeno histórico para intentar desarticular el Estado constitucional.

El desprestigio de las grandes burocracias, la corrupción desarrollada con el pretexto del Estado de bienestar, y el autoritarismo institucionalizado han tenido una doble respuesta antitética: el impulso del Estado constitucional y el desmantelamiento del Estado. Para ofrecer una base conceptual a ambas tendencias, se ha generado una importante literatura jurídica y política, y así como el profesor Häberle manifiesta que sus reflexiones están en línea con muchas tesis de Heller, por ejemplo, hay otros que sintonizan con las de Hayek (en especial, *The road to serfdom*), para sólo mencionar dos figuras paradigmáticas.

El Estado constitucional ofrece una amplia gama de argumentos en torno a la consolidación de la democracia a través de la Constitución, y presenta un enfoque original para entender las relaciones simbióticas entre norma y cultura. Se trata de una de las formulaciones teóricas de la Constitución más relevantes del siglo anterior, y será sin duda una de las más esclarecedoras en el que comienza. Para soportar sus argumentos el autor recurre a la doctrina y a las aportaciones legislativa y jurisprudencial de numerosos países, pero, sobre todo, se apoya en su formidable capacidad de asociar información y de formular, de manera persuasiva y clara, ideas que aportan nuevas luces a viejos problemas. Es importante también hacer notar que estas virtudes de la obra original no serían suficientes si no se contara con la traducción pulcra, precisa y elegante que ha hecho Héctor Fix-Fierro. Es comprensible que así sea porque Fix-Fierro, además de dominar la lengua alemana, es un jurista de gran talla.

El profesor, doctor, doctor *honoris causa* múltiple, Peter Häberle, es un jurista cuyos aportes científicos permitirán descifrar las claves del poder, complejo y proteico, de un siglo que se caracterizará por la expansión y consolidación de los derechos culturales. El ilustre hombre de derecho alemán, en cuyas páginas el lector encontrará una nueva forma de agrupar la información y una nueva cantera de ideas, corresponde a la mejor tradición ilustrada europea. Es comprensible que vea las relaciones entre Constitución y cultura con la diafanidad que expone en esta obra, porque él mismo encarna una admirable conjunción de científico y artista. El derecho, la filosofía y la historia, por una parte; la música y la poesía, por otra, enriquecen la vida de Häberle. Su obra es prometeica porque nos ofrece una nueva luz sobre el secular problema de organizar el poder y asegurar la libertad y la justicia. Seguramente el profesor habrá releído muchas veces a Goethe, uno de sus favoritos, cuando dice "cubre tu cielo, Zeus /

con bruma y con nubes, / e igual que el infante / que juega a desmochar el cardo, / ejerce tu poder sobre las encinas en la cumbre del monte. / Pero deja mi tierra, / y mi pobre cabaña, que no es obra tuya, / y mi hogar, / que al iluminarme / enciende tu envidia"[124].

16. Referencias

Abignente, Angelo, *Il contributo di Rudolf Smend ed Hermann Heller al dibattito weimariano su diritto e Stato*, "Quaderni Fiorentini per la Storia del Pensiero Giuridico Moderno", Milano, Giuffrè, 1992.

Alexy, Robert, *Teoría de los derechos fundamentales*, Madrid, Centro de Estudios Constitucionales, 1997.

Arminjon, Pierre - Baron Nolde, Boris - Wolff, Martin, *Traité de droit comparé*, Paris, LGDJ, 1950-1952.

Balaguer Callejón, Francisco, *Un jurista europeo nacido en Alemania*, "Anuario de Derecho Constitucional", Universidad de Murcia, nº 9, 1997.

Bilbao Ubillos, Juan M., *Los derechos fundamentales en la frontera entre lo público y lo privado*, Madrid, McGraw-Hill, 1997.

Brzezinski, Zbigniew, *Out of control*, New York, Macmillan, 1993.

Carpizo, Jorge, *Estudios constitucionales*, México, UNAM, 1980.

David, René, *Tratado de derecho civil comparado*, Madrid, Revista de Derecho Privado, 1953.

De Mora, Juan, *Tantrismo*, México, UNAM, 1988.

De Ovalle, Alfonso, *Histórica relación del reino de Chile*, Roma, F. Cavallo, 1646.

De Vega, Pedro, *La reforma constitucional y la problemática del poder constituyente*, Madrid, Tecnos, 1985.

Estévez Araujo, José A., *La Constitución como proceso y la desobediencia civil*, Madrid, Trotta, 1994.

Estrada, Alexei J., *Eficacia de los derechos fundamentales entre particulares*, Bogotá, Universidad del Externado de Colombia, 2000.

Foucault, Michel, *La verdad y las formas jurídicas*, Barcelona, Gedisa, 1980.

Fueter, Eduard, *Historia de la historiografía moderna*, Bs. As., Nova, 1953.

[124] Goethe, *Prométhée*, en "Théatre".

Gaos, José, *Historia de nuestra idea del mundo*, México, Fondo de Cultura Económica, 1973.

García Belaúnde, Domingo, *De la jurisdicción constitucional al derecho procesal constitucional*, Lima, Instituto Iberoamericano de Derecho Constitucional (sección peruana), 2000.

García Belaúnde, Domingo - Fernández Segado, Francisco (coords.), *La jurisdicción constitucional en Iberoamérica*, Madrid, Dykinson, 1997.

García Torres, Jesús - Jiménez Blanco, Antonio, *Derechos fundamentales y relaciones entre particulares. La "Drittwirkung" en la jurisprudencia del Tribunal Constitucional*, Madrid, Civitas, 1986.

Goethe, J. Wolfgang, *Théatre*, Paris, Pleiade, 1942.

Gomes Canotilho, José J., *A mais recente obre de Peter Häberle*, ponencia en el homenaje a Peter Häberle, Universidad de Granada, Facultad de Derecho, mar. 2000.

— *Constituição dirigente e vinculação do legislador*, Coimbra, Coimbra Editora, 1994.

González Pérez, Jesús, *La dignidad de la persona*, Madrid, Civitas, 1986.

Häberle, Peter, *Avances constitucionales en Europa oriental desde el punto de vista de la jurisprudencia y de la teoría constitucional*, "Pensamiento Constitucional", Lima, Pontificia Universidad Católica del Perú, 1995.

— *Colloquio sulla Costituzione europea*, "Diritto Romano Attuale", n° 2, 1999.

— *Desarrollo constitucional y reforma constitucional en Alemania*, "Pensamiento Constitucional", Lima, n° 7, 2000.

— *Diritto e verità*, Torino, Einaudi, 2000.

— *El Estado constitucional europeo*, "Cuestiones Constitucionales. Revista Mexicana de Estudios Constitucionales", México, n° 2, ene.-jun. 2000.

— *El eterno combate por la justicia. La ciencia jurídica en el camino hacia Europa*, "Revista General de Derecho", Valencia, n° 652-653, ene.-feb. 1999.

— *La cultura europea de los derechos humanos*, "Revista de la Facultad de Derecho de la Universidad de Granada", Granada, 3ª época, 2000.

— *La ética en el Estado constitucional. La relación de reciprocidad y tensión entre la moral y el derecho*, "Direito", Santiago de Compostela, vol. 5, n° 2, 1996.

— *La revisión "total" de la Constitución federal suiza de 1999/2000*, "Revista Peruana de Derecho Público", Lima, n° 1, 2000.

— *Libertad, igualdad, fraternidad. 1789 como historia, actualidad y futuro del Estado constitucional*, Madrid, Trotta, 1998.
— *Los derechos fundamentales en el espejo de la jurisprudencia del Tribunal Constitucional alemán. Exposición y crítica*, "Revista de la Facultad de Derecho de la Universidad de Granada", Granada, 3ª época, nº 3, 2000.
— *Problemas fundamentales de una teoría constitucional del regionalismo en perspectiva comparada*, s.p.i.
— *Problemi attuali del federalismo tedesco*, "Giurisprudenza Costituzionale", año XXXVII, nº 4, Milano, Giuffrè, jul.-ago. 1992.
— *Recientes desarrollos sobre derechos fundamentales en Alemania*, "Derechos y Libertades. Revista del Instituto Bartolomé de las Casas", Madrid, Universidad Carlos III, feb.-oct. 1993.
— *Retos actuales del Estado constitucional*, Oñate, Gobierno Vasco, 1996.
— *Teoria de la Constitució com a ciéncia de la cultura en lexemple dels 50 anys de la llei fondamental*, "Revista de Llengua i Dret", Barcelona, nº 32, dic. 1999.
— *Teoría de la Constitución como ciencia de la cultura*, Madrid, Tecnos, 2000.
Habermas, Jürgen, *Teoría de la acción comunicativa*, Madrid, Taurus, 1987.
Hale, John, *La civilización del Renacimiento en Europa (1450-1620)*, Barcelona, Crítica, 1996.
Hayek, Friedrich A., *The road to serfdom*, Chicago, The University of Chicago, 1944.
Hegel, Georg W. F., *Fundamentos de la filosofía del derecho*, Madrid, Prodhufi, 1993.
Heller, Hermann, *Las ideas políticas contemporáneas*, Madrid, s.p.i., 1977.
— *Teoría del Estado*, México, Fondo de Cultura Económica, 1993.
Jaeger, Werner, *"Paideia": los ideales de la cultura griega*, México, Fondo de Cultura Económica, 1962.
Jaspers, Karl, *La filosofía*, México, Fondo de Cultura Económica, 1953.
Jellinek, Georg, *La Declaración de los Derechos del Hombre y del Ciudadano*, México, UNAM, 2000.
— *Reforma y mutación de la Constitución*, Madrid, Centro de Estudios Constitucionales, 1991.
— *Teoría general del Estado*, Bs. As., Albatros, 1954.
Kant, Immanuel, *Fundamentación de la metafísica de las costumbres*, Madrid, Santillana, 1996.
— *La metafísica de las costumbres*, Madrid, Tecnos, 1989.

Kelsen, Hans, *Escritos sobre la democracia y el socialismo*, Madrid, Debate, 1988.

Knolles, Richard, *The generall historie of the Turkes*, Londres, Adam Islip, 1621.

Landa, César, *El rol de los tribunales constitucionales ante los desafíos contemporáneos*, entrevista con P. Häberle, "Pensamiento Constitucional", Lima, nº 3, 1997.

— *Reforma de la enseñanza del derecho constitucional*, entrevista con P. Häberle, "Pensamiento Constitucional", Lima, nº 6, 1999.

Larenz, Karl, *Derecho justo*, Madrid, Civitas, 1985.

Lassalle, Ferdinand, *¿Qué es una Constitución?*, Bs. As., Siglo Veinte, 1964.

León-Portilla, Miguel, *Encuentro de dos mundos*, "En torno al 12 de octubre de 1492", México, Instituto Matías Romero, 1992.

Linz, Juan, *El factor tiempo en un cambio de régimen*, México, Instituto de Estudios para la Transición Democrática, 1994.

Loewenstein, Karl, *Teoría de la Constitución*, Barcelona, Ariel, 1964.

Lutero, Martín, *Obras*, Salamanca, Sígueme, 1977.

Mârtires Coelho, Inocêncio, *Konrad Hesse/Peter Häberle: un retorno aõs fatores reais de poder*, "Notícia do Direito Brasileiro", Brasilia, Universidad de Brasilia, nº 5, primer semestre de 1998.

Mommsen, Hans, *The rise and fall of Weimar democracy*, Chapel Hill, The University of North Carolina Press, 1996.

Mortati, Costantino, *La Costituzione in senso materiale*, Milano, Giuffrè, 1998.

Müller, F. Max, *Origen y desarrollo de la religión estudiados a la luz de la religión de la India*, Madrid, La España Moderna, s/f.

Nietzsche, Friedrich, *Humano, demasiado humano*, Madrid, Aguilar, 1932.

Nozick, Robert, *Anarchy, State and utopia*, New York, Basic Books, 1974.

Pérez Luño, Antonio E. (coord.), *Derechos humanos y constitucionalismo ante el tercer milenio*, Madrid, Marcial Pons, 1996.

Peukert, Detlev J. K., *The Weimar Republic*, Nueva York, Hill and Wang, 1989.

Pico della Mirandola, Giovanni, *Oration on the dignity*, Chicago, Gateway Edition, 1956.

Rodríguez Olvera, Oscar, *Teoría de los derechos sociales en la Constitución abierta*, Granada, Comares, 1998.

Roehrssen, Carlo, *La "Integrationslehre" di Rudolf Smend: un sintomo significativo della patogenesi del nazismo*, "Materiali per una

Storia della Cultura Giuridica", Bologna, Il Mulino, vol. XII, nº 1, 1982.

Rousseau, Jean-Jacques, *Œuvres politiques*, Paris, Garnier, 1989.

Sabella, Marco - Urbaniti, Nadia, *Quale federalismo*, Firenze, Vallecchi, 1994.

Sauca, José M. (ed.), *Problemas actuales de los derechos fundamentales*, Madrid, Universidad Carlos III, 1994.

Schmitt, Carl, *Legalidad y legitimidad*, Madrid, Aguilar, 1971.

— *Sobre el parlamentarismo*, Madrid, Tecnos, 1990.

Smend, Rudolf, *Constitución y derecho constitucional*, Madrid, Centro de Estudios Constitucionales, 1985.

Stammler, Rudolf, *Tratado de filosofía del derecho*, México, Tribunal Superior de Justicia del Distrito Federal, 2003.

Tachibana, Shundo, *The ethics of Buddhism*, London, Oxford University Press, 1926.

Tajadura Tejada, Javier, *El preámbulo constitucional*, Granada, Comares, 1997.

— *Exposiciones de motivos y preámbulos*, "Revista de las Cortes Generales", Madrid, nº 44, 1998.

— *La Constitución cultural*, "Revista Jurídica del Perú", Lima, año XLVIII, nº 17, oct.-dic. 1998.

— *La función política de los preámbulos constitucionales*, "Cuestiones Constitucionales. Revista Mexicana de Estudios Constitucionales", México, nº 5, jul.-dic. 2001.

Troeltsch, Ernst, *El protestantismo y el mundo moderno*, México, Fondo de Cultura Económica, 1951.

Tunc, André, *Standards juridiques et unification du droit*, "Revue Internationale de Droit Comparé", Paris, abr.-jun. 1970.

Valadés, Diego, *El control del poder*, México, Porrúa - UNAM, 2000.

Von Ranke, Leopold, *Historia de los papas*, México, Fondo de Cultura Económica, 1943.

CAPÍTULO PRIMERO

FUNDAMENTACIÓN DEL OBJETO Y MÉTODOS DE TRABAJO

A) CONCEPTUALIZACIÓN

§ 1. *EL TIPO DEL ESTADO CONSTITUCIONAL COMO CONQUISTA CULTURAL*

La teoría de la Constitución tiene por objeto el tipo de las constituciones democráticas, tal como se han implantado tanto en el mundo libre –no sólo en el occidental por sus contenidos y procedimientos esenciales, sino también por la profundidad de sus manifestaciones particulares y evolución en el curso de la historia– como en el espacio planetario, al menos desde el "*annus mirabilis*" de 1989. Este tipo se compone de elementos ideales y reales –referentes al Estado y a la sociedad–, los cuales no se han alcanzado al mismo tiempo prácticamente en ningún Estado constitucional, pero que apuntan tanto a una situación óptima de lo que debe ser como a una situación posible de lo que es.

Tales elementos son: la dignidad humana como premisa, realizada a partir de la cultura de un pueblo y de los derechos universales de la humanidad, vividos desde la individualidad de ese pueblo, que encuentra su identidad en tradiciones y experiencias históricas y sus esperanzas en los deseos y la voluntad creadora hacia el futuro; el principio de la soberanía popular, pero entendida no como competencia para la arbitrariedad ni como magnitud mística por encima de los ciudadanos, sino como fórmula que caracteriza la unión renovada constantemente en la voluntad y en la responsabilidad pública; la Constitución como contrato, en cuyo marco son posibles y necesarios fines educativos y valores orientadores; el principio de la división de poderes tanto en sentido estricto, relativo al Estado, como en el sentido amplio del pluralismo; los principios del Estado de derecho y el Estado social, lo mismo que el principio del Estado de cultura ("*Kulturstaat*"[1]) abierto; las garantías de los derechos fundamentales; la independencia de la jurisdicción, etcétera. Todo esto se incorpora en una democracia ciudadana constituida por el principio del pluralismo.

Esta descripción esquemática pretende poner en claro que este tipo, en sus elementos centrales, es una conquista cultural de la civilización occidental. Es resultado y aportación de procesos culturales, del mismo modo como se transmite y es apropiado renovadamente el "patrimonio cultural" de los textos clásicos. Sin embargo, también plantea hacia el futuro la pretensión de que el nivel cultural alcanzado por el Estado constitucional ya no se pierda, sino que se conserve y que incluso se acreciente (en la medida en que los "enanos" encaramados a hombros de gigantes son capaces de ver más lejos)[2].

Toda teoría de la Constitución debe intentar capturar algo del "espíritu de las constituciones"; tendría que orientarse por *El espíritu de las leyes* de Montesquieu, si tal

[1] El concepto alemán de *Kulturnation* se traduciría habitualmente como "nación civilizada", no obstante la referencia explícita a la "cultura" y no a la "civilización". Por ello, *Kulturstaat* tendría que traducirse como "Estado civilizado". Sin embargo, dada la importancia tan particular que tiene el concepto de cultura en este obra, la expresión "Estado civilizado" no siempre transmite el matiz deseado, en este y en otros contextos. Por ello hemos preferido la traducción aquí utilizada [N. del T.].

[2] Merton, *A hombros de gigantes*.

pretensión no fuera tan inmodesta. Sin embargo, algo del "espíritu de las constituciones" resulta palpable en los textos constitucionales, sobre todo en su *evolución*, concebida contemporánea e históricamente como proceso de etapas textuales. Este *espíritu* actúa también en los contextos culturales que debe desentrañar la ciencia cultural, para lo cual debe distinguirse entre dos planos: hay un "espíritu de las constituciones" (del Estado constitucional) general y orientado al tipo, y existe un "espíritu", de configuración muy individual, de los diversos pueblos que viven en, conforme a y *bajo* las constituciones. Estos planos no se encuentran desvinculados entre sí; por el contrario, existen múltiples contactos e interacciones entre la nación constituida concretamente y el tipo general del Estado constitucional. Estos contactos e interacciones solamente pueden mostrarse en relación con problemáticas particulares y en términos, por lo general, muy fragmentarios. En la medida en que es universal el tipo del Estado constitucional, en esa misma medida es individual su respectiva configuración nacional, al punto que no serían capaces de describirla ni un equipo enciclopédico de estudiosos ni una computadora universal.

§ 2. *El concepto de Constitución. Concepción mixta de la Constitución*

El Estado constitucional de cuño común europeo y atlántico se caracteriza por la dignidad humana como premisa antropológico-cultural, por la soberanía popular y la división de poderes, por los derechos fundamentales y la tolerancia, por la pluralidad de los partidos y la independencia de los tribunales; hay buenas razones, entonces, para caracterizarlo elogiosamente como democracia pluralista o como sociedad abierta. Su Constitución, entendida como orden jurídico fundamental del Estado y de la sociedad, posee una validez jurídica formal de naturaleza superior. La Constitución es creadora del momento de la estabilidad y la permanencia; el ejemplo más impresionante lo ofrece la Constitución de los Estados Unidos de América, con más de dos siglos de vigencia. No obstante, en virtud de esta duración (la Ley Fundamental alemana –en adelante, LF– incluso plantea una "pretensión de eternidad" a favor de los principios fundamentales de su art. 79, inc. 3, en forma análoga a algunas constituciones anteriores y a otras que la han seguido) se requieren instrumentos y procedimientos gracias a los cuales la Constitución se adapte en forma flexible, como "proceso público"[3], a los acontecimientos de la época, sin detrimento de su sentido, a saber, como "estímulo y límite", en los términos de R. Smend, también como "norma y tarea" (U. Scheuner), lo mismo que como "limitación y racionalización" del poder del Estado (H. Ehmke), pero también del poder de la sociedad. Precisamente la Constitución estadounidense, además de las muy escasas enmiendas (veintiocho) que ha sufrido en doscientos años, conoce el procedimiento del cambio especialmente a través de la jurisprudencia constitucional.

"Constitución" significa orden jurídico fundamental del Estado y de la sociedad; incluye a la sociedad constituida, aunque ciertamente no en el sentido de nociones de identidad, es decir, no sólo es el Estado el constituido (la Constitución no es sólo Constitución "del Estado"). Este concepto amplio de Constitución comprende las estructuras fundamentales de la sociedad plural, como, por ejemplo, la relación de los grupos sociales entre sí y de éstos con el ciudadano (¡tolerancia!). Las estructuras constitutivas a este respecto, como la "eficacia frente a terceros" de los derechos fundamentales, los principios del orden jurídico general o las instituciones para prevenir abusos de poder (¡derecho de la competencia económica o antimonopolios!), se encuentran, sin duda, apenas en sus comienzos, pero ya existen. La división de poderes como princi-

[3] Sobre todas estas cuestiones, ver Häberle, *Verfassung als öffentlicher ProzeB*.

pio constituyente[4] se convierte en tarea de la política jurídica. De ninguna manera se hace referencia exclusiva al "esqueleto de las normas", sino que hay que incluir a la cultura[5] y al ambiente políticos (D. Schindler), las opiniones y prácticas, que no son jurídicas en sentido estricto, en la "sociedad" constitucional. Piénsese en los buenos o malos usos parlamentarios, en las críticas de políticos y periodistas a las sentencias de los tribunales, en la autorregulación de los medios de comunicación o en el código de conducta de 1976 para las empresas multinacionales. Todo esto contribuye a la estructuración de la sociedad abierta como lo hacen los textos de los clásicos (v.gr., Montesquieu), los logros de una vida (como los de T. Heuss), los preámbulos de las Constituciones y sus contenidos pedagógicos.

De acuerdo con la filosofía del "espíritu abierto" (Popper), la Constitución permite la apertura hacia adelante, hacia el futuro; institucionaliza las experiencias (apertura hacia atrás) y abre espacio para el desarrollo del espíritu humano y su historia[6]. En favor de la dignidad de la persona, obliga al grado máximo de tolerancia –la que permite la plenitud de la interpretación–, claro está con ciertos *límites de tolerancia*, que se hacen tanto más indispensables cuanto más se convierte la tolerancia en parte

[4] Acerca de la "desdogmatización" de la teoría de la división de poderes, ver Kägi, *Von der klassischen Dreiteilung zur heutigen Gewaltenteilung*; Hesse, *Grundzüge des Verfassungsrechts der Bundesrepublik Deutschland*, p. 207 y ss., con mayores referencias; Seiler, *Gewaltenteilung, Allgemeine Grundlagen und schweizerische Ausgestaltung*.

[5] Sobre las condiciones naturales y culturales de la unidad del Estado, ver Heller, *Staatslehre*, 4ª ed., p. 139 y ss. (trad.: *Teoría del Estado*, p. 106 y ss.); sobre la comunidad cultural activa en el contexto de la integración material, ver Smend, *Verfassung und Verfassungsrecht*, p. 45 (trad.: *Constitución y derecho constitucional*, p. 93).

[6] Sobre la vinculación de la ciencia del derecho constitucional democrática con la ciencia *general* del ser humano, ver Häberle, *Demokratische Verfassungstheorie im Lichte des Möglichkeitsdenkens*, "Archiv des öffentlichen Rechts", 1977, p. 27 y ss. (67 y siguientes).

integrante del consenso constitucional básico, el cual difícilmente se puede formalizar como tal en términos jurídicos (constitucionales)[7].

Frente a este trasfondo, debe concebirse a la Constitución como un estadio cultural. Toda Constitución de un Estado constitucional vive en última instancia de la dimensión de lo cultural. La protección de los bienes culturales, las libertades culturales especiales, las cláusulas expresas sobre el "patrimonio cultural" y los artículos generales sobre el Estado de cultura no constituyen sino las manifestaciones particulares de la dimensión cultural general de la Constitución[8]. Cuando en su etapa evolutiva actual el Estado constitucional da efectividad, refina y desarrolla en forma especial su protección de los bienes culturales, lo hace, en suma, al servicio de su identidad cultural. Al mismo tiempo, la concepción culturalista (*kulturwissenschaftlich*) de las constituciones gana en capacidad de convicción; la Constitución no es sólo un ordenamiento jurídico para los juristas, los que tienen que interpretarla conforme a las antiguas y a las nuevas reglas de la profesión, sino que actúa esencialmente también como guía para los no juristas: para el ciudadano la *Constitución* no es sólo un texto jurídico o un "*mecanismo normativo*"; también es la expresión de un estadio de desarrollo cultural, medio para la representación cultural del pueblo ante sí mismo, espejo de su patrimonio cultural y fundamento de sus esperanzas.

La Constitución escrita constituye un óptimo regulador variable. La lista de temas del Estado constitucional está abierta. Ciertamente, en dicho Estado deben satisfacer

[7] Ver, al respecto, Podlech, *Wertentscheidungen und Konsens*, en Jakobs (ed.), "Rechtsgeltung und Konsens", p. 9 y ss. (25).

[8] Desarrollada en Häberle, *Verfassungslehre als Kulturwissenschaft*, 2ª ed.; *Europäische Rechtskultur*; *Altern und Alter des Menschen als Verfassungsproblem*, "FS Hans Lerche", 1993, p. 189 y ss.; *Das Staatsgebiet als Problem der Verfassungslehre*, en "FS G. Batliner", 1994, p. 397 y siguientes.

un *mínimo* tanto los textos constitucionales como los temas que deben tratarse en ellos en una cierta época, del mismo modo como debe existir un inventario básico de las tareas necesarias del Estado. Así como hablamos de un "*bloc des idées incontestables*", siguiendo a M. Hauriou, podemos también partir de un "*bloc des textes incontestables*", entre los que se encuentran textos clásicos, como el de Montesquieu sobre la división de poderes, que corresponden a cada ejemplo del "tipo Estado constitucional", pero también el principio del Estado de derecho. Este principio ha hecho carrera en todo el mundo, en parte en los textos constitucionales, en parte como tema, incluso en las nuevas constituciones de Europa oriental y en África del Sur, en conexión o en correspondencia con el "*rule of law*" angloamericano. A los constituyentes hay que recomendarles que regulen expresamente algunos aspectos del principio del Estado de derecho, no todos, para abrir espacio a la evolución futura. El principio como tal pertenece hoy al "*bloc des textes incontestables*", aunque sus configuraciones individuales puedan variar de país a país[9]. Sin embargo, un inventario en el tiempo y el espacio, pero también en la concepción evolutiva del Estado constitucional como tipo y como ejemplo individual, llevarían a la conclusión de que la lista de temas está abierta en lo demás. Una y otra vez se agregan nuevos temas: en la parte orgánica de la Constitución, por ejemplo, el *plebiscito consultivo* (Suecia, Finlandia), la *publicidad de los actos administrativos* (art. 30, Const. de Guatemala), las *relaciones con Estados afines* (art. 151, misma Constitución), las agendas

[9] Ver, también, Hofmann - Merli - Marko y otros (eds.), *Rechststaatlichkeit in Europa*. En Turquía, el Tribunal Constitucional ha logrado una notable efectividad del principio del Estado de derecho en dirección a las medidas provisionales. Al respecto, ver Gören, *Die einstweilige Anordnung in der Rechtsprechung des türkischen Verfassungsgerichts*, *EuGRZ*, 1994, p. 597 y siguientes. Ver, también, el alto nivel del principio del Estado de derecho en el art. 141, inc. 3, de la Const. de Turquía (1982): "Fundamentación forzosa de todas las resoluciones judiciales".

de un *cooperative government* (art. 40, Const. de Sudáfrica, de 1996-1997). Suiza ha elaborado, a nivel de los cantones, refinadas máximas para el proceso constituyente[10]. En casi todo el mundo, cada vez aparecen más artículos sobre el pluralismo (p.ej., España, África, algunos países de Europa oriental); cláusulas antiideológicas (como, p.ej., el art. 6º, Const. de Rusia), y la protección de las generaciones hace también una carrera similar como tema (cfr., el temprano art. 11 de la Const. de Japón de 1946: se confieren, a esta generación y a las futuras, "derechos humanos básicos" como "derechos eternos inviolables"). Las cláusulas de verdad se encuentran sobre todo ahí donde la fase anterior en la vida de los pueblos se caracterizaba por la mentira difundida por el Estado (así, en los nuevos *Länder* alemanes: p.ej., el art. 22, inc. 2, Const. de Turingia). En el apartado de derechos fundamentales, el art. 39, inc. 2, de la Const. de Azerbaiyán (1995) garantiza un derecho a la información *sur l'état veritable de l'environnement*.

En resumen, en un mundo en transformación cambian también los temas constitucionales. Mientras más antiguas son las constituciones, tanto más la ciencia y la práctica complementan los textos escritos mediante reglas no escritas, lo que puede ser motivo, más tarde, para que otros constituyentes, próximos o lejanos, traduzcan su quintaesencia en nuevos textos y la teoría constitucional puede acompañar estos procesos, descubrir sus interrelaciones e incluso reforzarlas (de manera limitada).

Así leído, el paradigma de las etapas textuales no sobreestima ni subestima los textos constitucionales.

El tema del Estado constitucional toca al mismo tiempo a la *ratio* y la *emotio*, e implica al "principio esperanza". Tanto la teoría de la Constitución como el tipo del Estado constitucional deben conceder al ser humano espacio para

[10] Máximas que podrían ser reconocidas, pero no estar escritas en otros países.

un "*quantum* de utopía", no sólo en forma de la ampliación de los límites de las libertades culturales y su promoción (¡también de las religiones!), sino incluso de una manera más intensa, en la medida en que los textos constitucionales normen esperanzas (p.ej., antiguamente la unidad de Alemania o ahora la de Irlanda)[11], que constituyan por lo menos "deseos de utopía" concretos. El "principio esperanza" (E. Bloch), el "principio responsabilidad" (H. Jonas), como, por ejemplo, en la protección del ambiente, estimulan una fructífera evolución constitucional, porque el ser humano necesita la esperanza como el aire que respira y porque la comunidad vive en libertad responsable. En la medida en que los textos constitucionales se encuentren fundamentalmente apartados de las utopías en su dimensión jurídica, y por su naturaleza propia así deban mantenerse, pueden, no obstante, ser "utopía" en algunas de sus partes[12]: El principio del Estado social era un pedazo de utopía en la época de H. Heller (1930) y también lo fue inicialmente en 1949 la Ley Fundamental de Bonn[13].

§ 3. La inclusión de los Estados reformados, los micro Estados y los países en desarrollo

El concepto de "micro Estado" es controvertido. De manera lapidaria se dice en la Enciclopedia Brockhaus: "Micro Estado, concepto político de significado variable,

[11] Ver, para mayor precisión, Häberle, *Neues Kulturverfassungsrecht in der Schweiz und in der Bundesrepublik Deutschland*, *ZSR*, vol. 105, 1986, p. 195 (227 y 228).

[12] Ver, también, Maihofer, *Ideologie und Naturrecht*, en Maihofer (ed.), "Ideologie und Recht", p. 121 (141 y ss.), y p. 135 y ss. en lo relativo al "derecho natural moderno como utopía". Notable también Hommes, *Brauchen wir eine Utopie? Plädoyer für einen in Mißkredit geratenen Begriff*, "Aus Politk und Zeitgeschichte", B 20/77, 21/5/77.

[13] Pionero para la realización: Ipsen, *Über das GG*, discurso rectoral en Hamburgo, 1950. Una etapa esencial en la concretización del principio del Estado social lo constituye la ponencia de Bachof, *Begriff und Wesen des sozialen Rechtsstaates*, *VVDStRL*, vol. 12, 1954, p. 37 y siguientes.

frecuentemente aplicado a los Estados que no se encuentran entre las principales potencias mundiales, pero también a los Estados de tercer o cuarto rangos"[14]. La doctrina señala la falta de una definición de autoridad[15] y considera los máximos o mínimos de población, de extensión del territorio, o bien la medida efectiva del poder estatal, como más o menos arbitrarias. Habría que proceder entonces de manera pragmática, por ejemplo, en el sentido de una "unidad política muy pequeña" y tomar la población como elemento primario, por más importancia que el territorio y el espacio puedan tener o adquirir más tarde en la perspectiva de la teoría constitucional. En vista de la victoria mundial tanto de la idea de los derechos humanos y ciudadanos como del Estado constitucional, resulta natural tomar al ser humano en cuanto punto de partida ideal del derecho y el Estado, del derecho constitucional y del derecho internacional. Si bien la dignidad humana como premisa antropológico-cultural, la idea kantiana del Estado como "conjunto de hombres sometidos a los preceptos del derecho" y de una sociedad civil que administra justicia "de manera general", ya ponen en cuestión la idea del pueblo en tanto "elemento del Estado", el ser humano tampoco puede cuantificarse y agregarse matemáticamente para constituir el *pueblo*. Por lo pronto, el concepto de "micro Estado" puede hacerse practicable a través del número máximo de habitantes, y con apoyo en la doctrina[16] se propone aquí, como índice, la cifra de 500.000.

Sin embargo, el concepto de "micro Estado" no debe ajustarse al lecho de Procusto de las cifras y los datos fijos,

[14] Enciclopedia Brockhaus, t. 10, p. 251.

[15] Así, Kokott, *Micro-States*, en "Encyclopedia of Public International Law", nº 10, 1987, p. 297 y siguientes.

[16] Cfr. von Wedel, *Der sog. "Mikrostaat" im internationalen Verkehr*, "Verfassung und Recht in Übersee", vol. 5, 1972, p. 303 (304 y 305), con mayores referencias.

sino que debe pensarse más en el sentido de una escala abierta hacia arriba y hacia abajo ("Estados enanos"), en el espíritu de una reflexión global que ponga en primer plano lo material, en lugar de pensar en términos del esquema de poder y tamaño, de conceptos terminados, de elementos espaciales y cuantificables fijos como elementos dados de la naturaleza del Estado más allá de los criterios materiales de la Constitución y el derecho, así como de los sujetos personales como el ciudadano y el ser humano. Así visto, el micro Estado es un punto imaginario, una marca o unidad en una escala con transiciones hacia el Estado "menor", etcétera. El concepto se relativiza. Sobre todo se vuelve evidente cuánto se modifican los criterios de valoración en el curso de la historia regional y universal.

a) ***Palabra clave: los Estados reformados de Europa oriental.*** El "micro Estado" tiene gran actualidad en estos momentos. Si bien no en sentido técnico, bajo la forma de los Estados pequeños se anuncia actualmente una tendencia hacia esta variante del Estado constitucional en el marco de los fenómenos de desintegración del bloque de Europa oriental. Piénsese en la separación de las tres repúblicas bálticas –Lituania, Letonia y Estonia– de lo que entonces era todavía la URSS[17], y la secesión de Eslovenia y Croacia, así como de Macedonia (1991) y Bosnia-Herzegovina (1996) de Yugoslavia. La esperanza es que los pequeños Estados constitucionales que surgen de este modo puedan construirse duraderamente sobre el tesoro de experiencias de los verdaderos "micro Estados", y que la teoría constitucional del "micro Estado" incluya a estos "pequeños Estados". Incluso debemos preguntarnos si a mediano plazo se anuncia una escala, en cuyo extremo inferior se encuentre

[17] Estonia (45.000 km^2) tiene 1,6 millones de habitantes; Letonia (64.500 km^2), 2,7 millones de habitantes; Lituania (66.000 km^2), 3,7 millones de habitantes; Armenia (30.000 km^2), 3,3 millones de habitantes (datos del "Frankfurter Allgemeine Zeitung", 28/8/91, p. 16). Gagausia, en Moldavia, pretende convertirse en micro Estado (*FAZ*, 3/9/91, p. 2).

el micro Estado (ya diferenciado), los Estados pequeños, como Suiza y Luxemburgo, estén a la mitad, y los Estados nacionales, tanto los clásicos como los mayores, en el extremo superior.

b) *Los países en desarrollo en el campo de fuerzas de los procesos de crecimiento del Estado constitucional.* En lo que sigue se establece, en forma general y profundizada, el puente hacia los países en desarrollo. ¿Es posible incluirlos en los contextos de producción y recepción del tipo del Estado constitucional? Y esto, ¿también como contribuyentes activos y no sólo como receptores pasivos? ¿Es posible integrar ya ahora al Tercer Mundo en el "mundo único" de la "familia" de los Estados constitucionales, con todas las particularidades de su especial situación cultural y las siempre presentes asincronías? ¿O simplemente persigue el Tercer Mundo la evolución constitucional europea y angloamericana, sin la esperanza de poder alcanzarla jamás? La modestia científica y el abandono de un "eurocentrismo" autocomplaciente inducen a evitar pensar en "vías de un solo sentido", sin "tráfico en sentido contrario".

En el espejo de sus recientes textos constitucionales, pueden observarse procesos de aprendizaje recíproco entre los países en desarrollo y los Estados constitucionales desarrollados.

Los países en desarrollo, lo mismo que la labor científicamente asesorada y comparativa de sus constituyentes, no sólo asimilan los textos constitucionales europeos, sino que además condensan la realidad constitucional y administrativa de los "antiguos" países modelo en nuevas y diferenciadas formas y etapas textuales, lo que en sí mismo ya constituye una aportación codificadora. En todo caso, tal conquista comunitaria universal respecto del tipo del Estado constitucional es un logro que posee tanto mayor valor, por cuanto es frecuente que los países en desarrollo se atrevan más a enfrentar la "pobre" realidad, que los viejos países, que viven en un elevado bienestar. Los altos riesgos que corren aquéllos son evidentes, ya que los textos constitucionales pueden ser descartados por su falta de credibilidad, como simples promesas o incluso utopías, lo que dañaría la idea misma del Estado constitucional. El texto constitucional se convierte, entonces, en hoja de parra para una "mala" realidad.

Son grandes y no deben subestimarse las posibles repercusiones, sobre el continente europeo y sus variantes del Estado constitucional, de los procesos y contenidos constitucionales vaciados en nuevas formas textuales por el Estado constitucional en "ultramar". Estas repercusiones consisten frecuentemente en temas nuevos, según se manifiestan en cláusulas sobre la dignidad humana o en cláusulas sobre el patrimonio cultural y, en general, en el derecho constitucional de la cultura (p.ej., en una búsqueda más intensa en torno a las cláusulas de identidad cultural), pero también en nuevos derechos fundamentales o en una más elaborada definición de las tareas estatales, así como en cuanto a los problemas jurídicos que suscitan la técnica y el medio ambiente, o bien en forma de nuevos conjuntos textuales (p.ej., los preámbulos).

"País en desarrollo": una definición provisional de este concepto, en términos de las ciencias de la cultura, en el contexto presente, sería la ofrecida por la Comisión Norte-Sur que presidiera el ex canciller alemán Willy Brandt (1977)[18]:

> El desarrollo es más que el paso de la pobreza a la riqueza, de una economía agraria tradicional a una comunidad urbana compleja. El desarrollo implica no sólo la idea del bienestar material, sino también la idea de mayor dignidad, seguridad, justicia e igualdad de los seres humanos.

De este modo, los elementos del tipo del Estado constitucional se incorporan de entrada al horizonte de los con-

[18] Citada en Andersen, *Begriff und Situation der Entwicklungsländer*, "Informationen zur politischen Bildung, Entwicklungsländer", nº 221, 1988, p. 2.

ceptos de "desarrollo" y "país en desarrollo", por más importantes que sigan siendo los criterios económicos del "ingreso real per cápita" de la población.

§ 4. La teoría de la Constitución como ciencia jurídica de los textos y la cultura

En la ciencia histórica hay un esfuerzo por llegar a un "manual europeo de historia"; los congresos sobre libros escolares, por ejemplo, entre Alemania y Polonia, o entre la República Checa y Francia, ofrecen los primeros trabajos al respecto. La bibliografía sobre las diversas artes poseen desde hace tiempo sus ediciones europeas: ya está escrita la historia europea de la literatura y la música; la historia europea de la pintura y la arquitectura cuenta con grandes autores. ¿No sería el momento de trabajar en un "manual europeo común de derecho constitucional"? En él debería haber espacio tanto para el "acervo europeo común" en materia del Estado constitucional, como para los procesos de oferta y recepción de las naciones participantes, y además para las variantes y desviaciones respecto del tipo común del Estado constitucional, que han sido y son propias de las diversas culturas jurídicas nacionales y que éstas también necesitan. Habría que empezar con que cada país abordara la cuestión de cuáles sean los respectivos contextos en que haya surgido su propia Constitución junto con otras, en cuáles se encuentra y sigue evolucionando.

Para tal efecto, podrían servir de modelo los volúmenes publicados en Alemania sobre los "cuarenta años de la Ley Fundamental" (1989), y podrían ser completados por "obras paralelas", como las relativas a los "veinte años de la Constitución española" (1998), los "cincuenta años de la Constitución italiana" (1997), y otras similares. Entonces quedará libre la visión para todo el rico acontecer en materia del "Estado constitucional europeo", poniéndose de manifiesto las diversas olas de recepción, los procesos de recepción o reproducción indirectas, hasta los procesos, difícilmente apreciables, de la recepción informal. Así podrá observarse de qué manera un texto, recibido desde Italia, por ejemplo, se transforma paulatinamente en el campo de fuerzas de la sociedad abierta de los intérpretes constitucionales, como el de España, y qué tan productiva es una incorporación en apariencia puramente pasiva. También podrían aclararse las consecuencias concretas que resultan de los diversos modos de la recepción. Por ejemplo, ¿la recepción de una parte del texto de la Ley Fundamental alemana implica que deban asumirse también la posterior jurisprudencia del Tribunal Constitucional Federal y la doctrina anterior (p.ej., de la época de Weimar)? ¿O será mejor que el Estado constitucional extranjero se refrene y actúe en el plano de la interpretación de manera más creativa que "repetitiva", a fin de fundir así lo extraño con lo propio?

Esto no significa que los contextos especiales de producción y recepción se igualen y se nivelen: los "vínculos especiales" que existen, por ejemplo, entre Italia, de un lado, y Portugal y España, del otro, como países romanistas, deben permanecer, y quizás en el futuro deban ampliarse a Bulgaria, Rumania y Albania. Los tres países de lengua alemana –Austria, Suiza y Alemania– deberían conservar, como lo han hecho hasta ahora, el "taller" común en el terreno de los derechos fundamentales, el federalismo y la jurisdicción constitucional. La competencia es deseable; es conocida la lucha de la influencia alemana con la competencia francesa en la doctrina y la jurisprudencia iuspublicistas de Grecia. La "casa constitucional europea" común puede tener muchas habitaciones; lo determinante es que se mantenga abierta dentro y fuera y que conozca su fundamento común.

La "doctrina del derecho constitucional como literatura" aporta en tal sentido una función integradora, en todos los géneros literarios[19], siempre que trabaje en el plano europeo. Los trabajos previos pueden consistir en monografías, comentarios y memorias de tipo comparativo entre las diversas naciones o entre varias de ellas[20], y constituyen etapas en el camino hacia un "manual constitucional europeo común" en el que tendrían que trabajar varias generaciones de juristas europeos, esto es, en el horizonte de un *ius publicum europeum*. España ha trabajado desde 1978 de manera ejemplar y por todos nosotros, no sólo en cuanto a la transición pacífica de la dictadura a la democracia, sino también en cuanto al modo en que establece constantemente puentes, a través de la fusión creativa de lo mejor de la evolución constitucional, por ejemplo, de Italia y Alemania, en los textos, la jurisprudencia y la doctrina, gracias a nombres como los de P. Cruz Villalón, F. Rubio Llorente, A. López Pina, F. Balaguer y otros. Sin darse cuenta, España se ha convertido así en la vanguardia. La temida "germanización" de la doctrina iuspublicista española desemboca en la europeización, como tarea para todas las doctrinas nacionales en nuestro continente, si su pretensión es la de afirmarse en el concierto europeo.

La relación entre naturaleza y cultura, entre teoría general del Estado y teoría de la Constitución, requiere un examen especial. La relación entre Estado y Constitución debe reconceptualizarse. El concepto de "Estado constitucional" ("*Verfassungsstaatlichkeit*") vincula al Estado y la Constitución sin especificar tal relación. En mi opinión, en la tradición de los clásicos como R. Smend y A. Arndt –todos estamos encaramados a "hombros" de estos "gigantes", seguimos siendo "enanos", pero ocasionalmente vemos más lejos que ellos–, hay tanto Estado como el que constituya la Constitución. El Estado no es, como gusta

[19] Claves en Häberle, *Verfassungslehre im Kraftfeld rechtswissenchaftlicher Literaturgattungen*, "Festschrift für O. K. Kaufmann", 1989, p. 15 y siguientes.

[20] Ejemplos en Häberle, *Gemeineuropäisches Verfassungsrecht*, *EuGRZ*, 1991, p. 261 (272 y 273).

postularlo la tradición monárquico-conservadora, lo dado de manera primaria (natural), el objeto al que se refiere la Constitución, al que ésta configura en mayor o menor medida. En el Estado constitucional democrático, los ciudadanos y los seres humanos, su dignidad humana, constituyen la "premisa antropológico-cultural"; ellos se "dan" la Constitución a sí mismos, como lo indican apropiadamente algunos de los nuevos textos constitucionales alemanes (ver, p.ej., el Preámbulo de la Constitución de Brandemburgo de 1992).

En tanto cultura, la Constitución debe ser concebida, ya de modo real, ya de modo ficticio, como contrato. ¿Qué significa esto? Las doctrinas del contrato social, sobre todo en la variante kantiana de la "piedra de toque de la razón", más allá de los hechos reales, pero también la versión de Rawls ("velo de ignorancia"), siguen siendo útiles precisamente en el Estado constitucional. Debemos concebir a la Constitución, lo mismo que al derecho y al Estado, como partes de ella, "como si" se fundara en un pacto de todos con todos (en el sentido de John Locke). El pacto constitucional de los peregrinos ingleses en el "Mayflower", el juramento de Rütli en Suiza (1291) y el pacto de prórrogas subsecuentes (p.ej., el "*Stanzer Verkommnis*"), son afortunados eventos reales, los que debemos actualizar, (re)pensar e incluso incorporar ficticiamente, en el concepto de la Constitución como "avenencia y tolerancia siempre renovados de todos". Claro está que el recurso al modelo contractual es más fácil en la democracia concordataria suiza o en el federalismo que en los Estados nacionales centralistas. Sin embargo, si hay una idea que haya impregnado como chispa el *annus mirabilis* de 1989 fue el paradigma de la "mesa de negociación" (*Runder Tisch*). Inventada desde el "Solidarnosc" de Walesa (¿o quizá debiera decirse "descubierta"?), la "mesa de negociación" ha hecho historia, tanto universal como constitucional, en la transición de los sistemas totalitarios hacia la sociedad abierta del Estado constitucional. En todas partes se hicieron mesas de negociación; en último lugar, en la "Codesa" en Sudáfrica.

Es posible dar un fundamento teórico-constitucional a las "mesas de negociación", clasificarlas desde el punto de vista de la ciencia cultural, y legitimarlas desde la perspectiva de la teoría del consenso y del discurso. La "mesa de negociación" simboliza la coexistencia y la convivencia en igualdad de muchos en una comunidad política. La misma distancia y la misma proximidad hacia todos los participantes, la reconstrucción del diálogo y la convivencia, rompen con las estructuras del dominio totalitario. Es la mejor, más visible y plástica traducción de la igualdad en "la avenencia y la tolerancia", que caracteriza a la negociación de las constituciones pluralistas. El círculo y la "mesa (de negociación)"; esta metáfora podría ser o convertirse en algo así como un "gen cultural" de la humanidad.

Por último, la Constitución es un "pacto de las generaciones", a través del cual se realiza la constitución del pueblo de una manera tangible para la ciencia cultural. Lo que la teoría clásica del Estado ha examinado, y la praxis política hizo realidad en 1989 con la "mesa de negociación" de L. Walesa en Polonia, o a través de la figura argumentativa del "consenso básico" utilizado en Alemania en los años setenta, y que también regresa a la política actual con nombres diversos ("pacto de solidaridad", "alianza para el trabajo", "pacto con América", etc.) –a saber, el "contrato social"–, se presentan como "pacto de las generaciones" en la dimensión temporal. Ciertamente, hasta ahora la idea del pacto de las generaciones no es, ni de lejos, comparable con el esfuerzo de fundamentación que se ha puesto en el "tema y las variaciones" del contrato social; piénsese solamente en John Rawls[21]. Sin embargo,

[21] Rawls, *Teoría de la justicia*. De la doctrina iuspublicista casi inmediata: Saladin, *Verfassungsreform und Verfassungsverständnis*, "Archiv des öffentlichen Rechts", vol. 104, 1979, p. 345, 272 y ss.; Häberle, *Kommentierte Verfassungs-*

es posible utilizar algunas palabras clave de este último debate también para el pacto de las generaciones. Este pacto debe concebirse, en el sentido de la filosofía contractualista de I. Kant, en parte como ficción ("piedra de toque de la razón"), en parte como fundado en eventos reales (no solamente la "confederación" suiza desde 1291; como "consenso básico", "*bargaining*", "consenso sobre las pensiones").

El pueblo, que en la época del pacto de las generaciones es concebido como magnitud "prorrogante" y viviente, es, por su parte, de entrada, menos una magnitud biológica que cultural. Sobre todo, no se trata simplemente de un "elemento del Estado" en el sentido que le daba G. Jellinek a este concepto[22], o de la suma biológica de los "nacionales", sino que se mantiene unido y organizado en su identidad y pluralidad por relaciones culturales; es, pues, el resultado de procesos de socialización cultural que frecuentemente se prolongan por varias generaciones. Si la cultura es concebida, desde la ciencia cultural, como cuarto elemento del Estado, aunque no como el primero, tal concepción debe referirse también, y de manera intensiva, al pueblo, del mismo modo como la libertad del individuo se cumple no como libertad *natural*, sino cultural, ya que la investigación genética muestra que no somos de ningún modo "esclavos de los genes" (libertad a partir de la cultura, en especial la educación). Ciertamente, las tendencias hacia la *sociedad multicultural*, la admisión de la doble nacionalidad en varios países de Europa, la intensificación de los derechos (colectivos) de protección a las minorías y el alegato a favor de un concepto "abierto" de la cultura, plantean problemas básicos que no es posible examinar aquí.

---

rechtsprechung, p. 438 y ss.; más tarde, Kersting, *Die politische Philosophie des Gesellschaftsvertrags*.

[22] Jellinek, *Allgemeine Staatslehre*, p. 183, 406 y ss. (trad.: *Teoría general del Estado*, varias ediciones). En contraposición, correctamente, Heller, *Staatslehre*, p. 158 y ss.: "El pueblo como formación cultural" (trad.: *Teoría del Estado*, p. 205 y siguientes).

B) La tríada de los ámbitos republicanos: privado-público-estatal

§ 5. *Planteamiento del problema*

El concepto de "tríada de los ámbitos republicanos" intenta vincular, en el foro de la teoría constitucional, los tres ámbitos –el privado, el público y el estatal– con la *república* y, al mismo tiempo, permitir que éstos actúen en lo que les es propio y en su diferencia cultural. La *res publica* como marco significa también una referencia a otros conceptos *republicanos*, como los de "libertad pública", "bien público", "derecho público", en un sentido más profundo, no técnico. La comunidad política del Estado constitucional consiste en una pluralidad de ámbitos diferenciados, y de ellos vive, todos los cuales tienen su carácter propio y sin los cuales no puede haber "pluralismo". La frase de J. Habermas sobre el "kantianismo republicano", que coloca en términos de igualdad el compromiso ciudadano, la constitución colectiva de un espacio público autónomo al lado de la libertad privada, es una "acción paralela" de la filosofía política. Aquí podría estar incluido el emergente *espacio público mundial*, en temas como los de la *cosmovisión del Estado constitucional* y el *status mundialis hominis*, y en Europa se plantea la cuestión de en qué medida existe un "espacio público europeo", que, por ejemplo, se alimente de las ciencias y las artes, y qué tanto posee ya formas de manifestación concretas en el *derecho constitucional común europeo*. En lo que sigue, lo privado y lo público se tratan solamente en el marco del Estado constitucional en lo individual, a pesar de la diversidad de interacciones que hay entre el espacio público constitucional interno del Estado y el espacio público mundial o regional. Por lo demás, la tríada de ámbitos debería corresponder a la doctrina de las tareas del Estado, en la medida en que se distinga con precisión entre las privadas, las públicas y las estatales.

§ 6. Lo privado, protección de la privacía

Lo privado no debe concebirse primariamente como ámbito excluido y alejado de los contextos comunicativos de los seres humanos en una comunidad política. Sin embargo, también habría que reconocer esta posibilidad del "sin mí", ciertamente en la conciencia de que el ámbito privado constituye también un pedazo de "libertad cultural" y de que se constituye "en" la comunidad y no en una esfera de una supuesta libertad "natural" fuera de ella. Bajo esta reserva, deben tomarse con la mayor seriedad las disposiciones del texto constitucional respecto del ámbito privado como zonas de protección de la identidad y la libertad individuales, precisamente también frente al trasfondo de los regímenes totalitarios derrocados en 1989, los cuales ocupaban todos los ámbitos como potencialmente públicos y *sociales*.

Una mirada a la evolución de las etapas textuales resulta reveladora. Mientras que la Ley Fundamental alemana de 1949 no conoce, en su texto, una protección fundamental a la privacía, y por ello tal protección ha tenido que ser desarrollada por la doctrina y la jurisprudencia[23], otras constituciones y otros textos sobre derechos humanos se muestran, prima facie, más productivos. Ya el art. 8° de la Convención Europea de Derechos Humanos (CEDH) de 1950 formula un "derecho al respeto de la vida privada y familiar" de todos. El art. 26 de la Const. de Portugal (1976-1992) protege el derecho de todos "a la identidad personal... a la reserva de la intimidad de la vida privada y familiar". El art. 18, inc. 1, de la Const. española (1978) habla de manera similar del derecho a la "intimidad personal y familiar y a la propia imagen". Una nueva etapa textual se refleja ya en el art. 10, inc. 2, de la Const. de los Países Bajos (1983-1995), en la medida

[23] De la jurisprudencia del Tribunal Constitucional Federal alemán, ver BVerfGE 65 1, y, por último, BVerfGE 89, 214 y 90, 255.

que ahí se dispone: "Una ley del Parlamento establecerá normas para la protección de la vida privada en relación con el registro y la difusión de datos personales". Esta reserva de desarrollo elabora los problemas que en Alemania ha tratado de manera pretoriana el Tribunal Consti- tucional Federal a través del "derecho a la autodeterminación informacional" (BVerfGE 65, 1) y que, por medio de reformas constitucionales, se han formulado textualmente como protección de datos personales (*Datenschutz*) (p.ej., el art. 21 b, Const. de Berlín de 1950-1994; el art. 11, Const. de Brandenburgo de 1992; el art. 6o, Const. de Mecklemburgo-Antepomerania de 1993; los arts. 4o y 77 a, Const. de Renania del Norte-Westfalia de 1950-1992). Nuevamente se ve confirmado el paradigma de las etapas textuales, en la medida, por ejemplo, que la jurisprudencia constitucional conduce frecuentemente a enmiendas constitucionales.

§ 7. ***Lo público***

Redescubierto por R. Smend[24] e incorporado tempranamente por K. Hesse a la dogmática del art. 21 de la LF[25], más tarde lo público fue abordado plenamente por J. Habermas en su filosofía social[26]. No obstante las dificultades de entonces y ahora para definirlo, el concepto de "espacio público" (*Öffentlichkeit*) ha encontrado un lugar permanente en el marco de las cuestiones relativas a los derechos fundamentales, la democracia y la oposición.

[24] Cfr. Smend, *Zum Problem des Öffentlichen und der Öffentlichkeit*, "Ged. Schrift für W. Jellinek", 1955, p. 13 y ss. (trad.: *Sobre el problema de lo público y la "cosa pública"*, en "Constitución y derecho constitucional", p. 269 y siguientes).

[25] Hesse, *Die verfassungsrechtliche Stellung der politischen Parteien im modernen Staat*, *VVDStRL*, vol. 17, 1959, p. 11 (41 y siguientes).

[26] Habermas, *Strukturwandel der Öffentlichkeit* (trad.: *Historia y crítica de la opinión pública*).

Lo público y el espacio público se refieren, en el sentido que aquí se les da, a dos cosas: en el marco de la tríada de ámbitos republicanos, en lo espacial, a un cierto campo de la *res publica*, al ámbito intermedio entre lo estatal y lo privado, lo que frecuentemente se llama también la "sociedad". En este ámbito actúan fuerzas diversas, como los partidos políticos, con su propio estatus público (art. 21, inc. 1, frase 4, LF), las iglesias, como "potencias públicas" (A. Hollerbach) más distanciadas del Estado, y también la televisión pública y, a la cabeza de los medios de comunicación, la televisión privada. De manera tan temprana como frecuente, se le ha atribuido una función pública a la prensa en Alemania; en todo caso, ésta influye en la "opinión pública". También los sindicatos y los empresarios se sitúan en este ámbito social-público, como grupos plurales poderosos a los que hay que equilibrar constantemente.

"Público" significa también una dimensión sustantiva y valorativa: se trata de la *salus publica*, del "paralelogramo de las fuerzas" de una comunidad política, a partir del cual se unen de manera pluralista las fuerzas, luchan entre sí en disenso y consenso, para finalmente tomar forma, por ejemplo, de ley aprobada en la publicidad del parlamento. El ciudadano también toma parte en lo público, tanto en lo espacial como en lo valorativo, cuando ejerce el lado público de sus derechos fundamentales, verbigracia, a través de la libertad de manifestación como "libertad de expresión del hombre común", o cuando ejerce su libertad religiosa al tomar parte en una procesión.

Por lo tanto, resulta consecuente que muchas de las garantías contenidas en la libertad religiosa protejan expresamente también su ejercicio público (así, p.ej., el art. 9º, inc. 1, CEDH). Hay razón, entonces, para hablar de "libertades públicas", uso que es común en la Francia republicana (*"libertés publiques"*; cfr. también el título I, capítulo segundo, sección 1ª, Const. española).

§ 8. Lo estatal en el Estado constitucional

De acuerdo con la doctrina –ya clásica– de R. Smend y A. Arndt, en el Estado constitucional habrá tanto Estado como se encuentre constituido en la Constitución, lo que, en todo caso, es válido en el marco de una teoría constitucional democrática. Esto no significa un viraje contra el Estado constituido, el cual resulta indispensable, precisamente, en la protección de los derechos fundamentales y los privados, sino que significa tan sólo que se toma en serio a la Constitución y que no se reconocen supervivencias feudales o monárquicas, ya sea en la dogmática o en la realidad. Si todo el poder del Estado proviene de los ciudadanos que se encuentran en la comunidad ciudadana, no queda entonces ningún espacio para un poder estatal extra o preconstitucional. La Constitución debe concebirse como *previa* al Estado, a pesar de la importancia que éste pueda tener o conservar.

La comunidad política (lo mismo de una república que de una monarquía constitucional), concebida como marco general y constituida por la Constitución concreta, conoce, al lado del ámbito privado descripto, así como junto al ámbito y las funciones de lo público, también lo "estatal constituido". Este concepto se refiere a los órganos del Estado, a las competencias y funciones estatales (v.gr., las del parlamento, el gobierno, la administración y la jurisdicción). Si bien se encuentran articuladas de diversas maneras con lo público "social", lo que se advierte, por ejemplo, en cuanto a la labor de comunicación social de los parlamentos y gobiernos, o incluso del Tribunal Constitucional Federal, tales funciones y competencias han sido establecidas "para sí" y en tal sentido son indispensables. Los órganos del Estado no son "virtual" o realmente omnicompetentes, en el sentido de contar con un "poder general y en blanco"[27], sino que, de inicio, sus funciones están circunscrip-

[27] Ver, en cambio, el enfoque de Krüger, *Allgemeine Staatslehre*, 1964, p. 196, 940 y siguientes.

tas y vinculadas de manera funcional por el derecho. La teoría de las tareas del Estado constitucional tiene que manifestarse también en la concepción de los órganos del Estado. Del mismo modo, debemos desprendernos del antiguo concepto de la "soberanía estatal": por el lado externo, al reconocer el "condicionamiento supraestatal del Estado" (W. v. Simson), aunque también existe un condicionamiento estatal de lo supraestatal, ya que sólo los Estados constitucionales sostienen a la comunidad de las naciones; en el lado interno, por el reconocimiento de que los ordenamientos de protección a la libertad, de competencias y funciones de una Constitución en el Estado constitucional, no tienen espacio para la soberanía de cualquiera.

La expresión de la "tríada de ámbitos republicanos" pretende ver juntos los tres "lados", privado, público y estatal, a pesar de los numerosos conflictos y roces que pueda haber entre ellos (p.ej., muchos órganos del Estado funcionan públicamente, pero no todos). Cada generación está obligada a vivirla y configurarla de nuevo, verbigracia, en materia de protección de los datos personales o del medio ambiente, de la libertad económica y la privatización, incluso en materia de "protección a las generaciones".

§ 9. *Una revisión de los elementos del Estado. La cultura como cuarto elemento. El ejemplo del territorio y los símbolos del Estado*

Entre los capítulos tradicionales de la teoría general del Estado[28] se encuentran los tres elementos de éste: el pueblo, el poder, el territorio. Típicamente, en esta tríada (todavía) no tiene un lugar la Constitución y esto caracteriza a las teorías generales del Estado, pero también las hace

[28] Ver la opinión parcialmente crítica de Pernthaler, *Allgemeine Staatslehre und Verfassungslehre*, p. 82, 35 y ss., 111 y siguientes. Ver, también, la crítica de Saladin, *Wozu noch Staaten?*, p. 16 y siguientes.

cuestionables. Una "teoría de la Constitución" que merezca tal nombre tiene que buscar el modo de incorporar la Constitución, en el sentido de que ésta sea, si no el primer elemento del Estado, al menos uno esencial. Dicho en términos concretos: la teoría de los elementos del Estado tiene que ser plenamente declinada (conjugada) a partir del citado elemento de la cultura. La Constitución es una parte de la cultura; forma, si se quiere (o más bien, debe formar), un cuarto elemento. Dürig propuso tempranamente esto de manera tendencial (1954), pero no lo desarrolló más[29]. Cuanto antes, hay que atreverse a dar este paso en la teoría de la Constitución. Esto significa que los demás elementos del Estado tienen que ser "llenados" desde la perspectiva de la ciencia cultural, empezando por el pueblo como "conjunto de hombres sometidos a los preceptos del derecho" (I. Kant), pero, por lo mismo, también en el *status culturalis*. La diversidad de identidades de los pueblos de Europa es de naturaleza cultural y eso es lo que constituye la diversidad de Europa.

El territorio del Estado es territorio culturalmente formado, un "espacio cultural", no un *factum brutum*[30]. El concepto de la historia de J. G. Herder como "geografía puesta en movimiento" pudiera ser útil en este sentido. El poder del Estado, por su parte, debe concebirse como determinado de manera cultural, no actuando de manera natural, ya que, en el Estado constitucional, se encuentra fundado y limitado normativamente y se halla al servicio de la libertad cultural. La guerra civil en Yugoslavia muestra de manera dramática hasta qué punto es indispensable tal poder.

a) ***El ejemplo del territorio del Estado.*** Este elemento del Estado debe estudiarse en función de diversos factores.

[29] Dürig, *Der deutsche Staat im Jahre 1945 und seither*, *VVDStRL*, vol. 13, 1955, p. 27 (37 y siguientes).

[30] Ver Häberle, *Das Staatsgebiet als Problem der Verfassungslehre*, en "FS G. Batliner", 1993, p. 397 y siguientes.

1) *Introducción y planteamiento del problema.* No sólo en los micro Estados se destacan en la actualidad los aspectos suprarregionales e incluso globales; no sólo en Europa surgen en 1997 grandes mercados, sino que gracias a la movilidad multimedial aparece mundialmente una *comunidad comunicativa* de alcance global, de modo que la cuestión del territorio del Estado podría parecer pasada de moda y superada. ¿Acaso el territorio del Estado (y con él la "estática" que implica) no se ha desvanecido desde hace tiempo, incluso disuelto, en los procesos dinámicos de una sociedad mundial de los medios, multinacional y abierta, en la cual todo parece moverse, extenderse y se encuentra menos "fijo" de manera permanente? En vista de la articulación supranacional del Estado constitucional de la actualidad, no podría quedar intocado por estos procesos el elemento del Estado llamado "territorio".

Sin embargo, esto sólo constituye una faceta de eventos que se aceleran visiblemente. En contraste, hay una vuelta a lo "pequeño" en la localidad, una retirada hacia un espacio visible, a la región y a la patria: Estados nacionales verdaderos o supuestos se descomponen en "micro Estados"; grupos étnicos exigen derechos de minoría; el regionalismo se convierte gradualmente en principio estructural de muchos Estados constitucionales que hasta ahora habían sido centralistas (desde España hasta la Gran Bretaña); el federalismo continúa su marcha victoriosa por el mundo. Todo ello remite a lo específicamente territorial. Al mismo tiempo, se adquiere conciencia de la ambigüedad del término "frontera": por un lado, significa limitación a la propia identidad; por el otro, a partir del espacio delimitado es posible extenderse hacia lo ajeno, lo nuevo, lo lejano. Precisamente los micro Estados (como Liechtenstein) tienen gran conciencia de esta dialéctica, pues reciben e integran mucho que viene de "afuera", para así afianzarse mejor. Quizá pudiéramos dar una variación territorial y espacial al verso de Goethe: "La ley sola puede darnos libertad"; el ser humano, en su libertad fundamental, se precipitaría de manera literal al vacío si no hubiera un terreno "seguro", culturalmente conformado, desde el cual pudiera extenderse al entorno. El Estado constitucional crea en la actualidad el marco óptimo para una libertad cultural ligada así al terreno, y su territorio constituye un "elemento cultural" específico en el conjunto de sus valores fundamentales.

2) *La constitucionalización del territorio en el Estado constitucional. El enfoque culturalista de la teoría constitucional.* El punto de partida es un "concepto básico" y distinto del territorio del Estado. Ya sea que esté ubicado en general (y en lo formal) en el contexto de los artículos tradicionales sobre el Estado o (modernamente) en el contexto de las cláusulas relativas a los valores materiales fundamentales, tales como la libertad y la democracia, ya sea que se trate de manera esporádica o se encuentre sujeto a reserva de ley, en la actual etapa evolutiva del Estado constitucional el territorio constituye un fundamento de su identidad cultural y de su individualidad histórica. La Constitución entera es su "contexto". Todo ello se manifiesta en algunos textos mediante la atribución y descripción históricas de sus fronteras, pero también se expresa de otras maneras; por ejemplo, en las constituciones que lo declaran como inalienable e indivisible, o que lo convierten en límite absoluto de la revisión constitucional, así como en los casos en los que se requiere una enmienda constitucional formal para modificar las fronteras. Si J. G. Herder podía hablar de la historia como "geografía puesta en movimiento"[31], en todos estos casos el territorio se presenta a la vista en el horizonte del tiempo[32]. Cada

[31] Al respecto, ver más ampliamente Häberle, *Der Kleinstaat als Variante des Verfassungsstaates*, en Waschkuhn (ed.), "Kleinstaat. Politische Schriften", vol. 16, p. 121, 170 y siguientes.

[32] Si Richard Wagner decía filosóficamente en el Parsifal: "En espacio se torna aquí el tiempo", desde el punto de vista de la teoría constitucional, el territorio del Estado en particular se presenta como valor constitucional "en el curso del tiempo".

Estado constitucional se apropia internamente, una y otra vez, de su propio territorio, que se convierte en cultura. Sólo en un sentido secundario el territorio es "fundamento del Estado"; lo es, pero de la Constitución. No es "elemento del Estado", sino *valor constitucional*.

Es posible poner de manifiesto vínculos con los derechos fundamentales ahí donde el territorio se encuentra implícito, en el supuesto de hecho de uno o varios de ellos. Si la garantía del derecho de asilo acepta al "solicitante" cuando éste ha sido un luchador por la "libertad, los derechos humanos, la democracia y la paz entre las naciones", lo que se manifiesta aquí es que el Estado abre su territorio a favor de estos valores fundamentales generales. Muchos Estados constitucionales, sobre todo los alemanes, norman, por ejemplo, la paz entre las naciones como fin de la educación (desde el art. 148, inc. 1, Const. de Weimar de 1919, pasando por el art. 26, nº 1, Const. de Bremen de 1947, hasta el art. 28, Const. de Brandenburgo de 1992). Cuando el Estado desarrolla la protección de los derechos fundamentales de los extranjeros en el ámbito interno, entonces también pone su "territorio" al servicio de los demás derechos fundamentales protegidos. Incluso ahí donde el Estado constitucional pone el territorio a disposición de sus ciudadanos y existe, prima facie, sólo una relación "negativa" entre territorio y derechos fundamentales –en la libertad de emigrar–, se puede descubrir también un vínculo positivo, pues solamente el ciudadano *libre* y *en libertad de transitar* es capaz de identificarse con su país, en la medida y en tanto que desee permanecer en él. Por lo demás, los textos constitucionales más recientes ponen de manifiesto la instrumentalización del territorio al servicio de los derechos fundamentales como valores básicos de él, al darles prioridad sistemática sobre aquél.

El territorio puede concebirse como función plural del Estado, lo que se puede fundar en no pocos textos constitucionales positivos: primeramente, de manera más bien externa, ahí donde se atribuye a los órganos del Estado la salvaguarda de la integridad del territorio soberano, por ejemplo, en situaciones de emergencia o de guerra, en las cuales se puede recurrir también a las disposiciones protectoras internacionales (cfr. el art. 2°, inc. 4, Carta de la ONU), si bien la concepción de la soberanía distorsiona, en cuanto al objeto, las relaciones aquí expuestas. Desde una perspectiva material, se trata sobre todo de los nuevos artículos, antes analizados, sobre protección de la naturaleza, el ambiente y la cultura, los que muestran de qué manera "trabaja" el Estado en y con su territorio, y de qué modo es responsable de su conservación como "base de la existencia", incluso para las generaciones futuras. Este *constituir* al territorio es también un pedazo de *Constitución vivida*. De ahí el término de la concepción "constitucional" del territorio del Estado. Este razonamiento recibe mayor impulso gracias a dos aspectos más: la protección de la naturaleza, el ambiente y la cultura se encuentra, en última instancia, vinculada a los derechos fundamentales (como tarea del Estado relativa a estos derechos); se la ha atribuido al Estado constitucional en favor del ser humano. Por otro lado, hay que recordar los artículos relativos a la reorganización territorial (en los Estados federales) y a la división en regiones y otras formas de descentralización (en los Estados unitarios). En sus "conceptos rectores" sustantivos se manifiestan valores constitucionales (p.ej., rasgos comunes históricos, étnicos, culturales, económicos) que, por su parte, establecen un puente hacia otros valores fundamentales postulados en diversas partes del documento constitucional. Por lo demás, conviene recordar la clásica función estatal que ha sido normada en el art. 1°, inc. 2, de la Const. de Baden-Württemberg: reunir "en una comunidad ordenada a los seres humanos que habitan su territorio" y "otorgarles protección y estímulo".

En suma, la teoría de las tareas del Estado debe "prolongarse", en el sentido apuntado, hacia el territorio, en el tiempo, en la naturaleza y el espacio, y así también en tanto cultura: el listado preciso de las referencias ya existentes a los valores fundamentales del Estado constitucional como tipo –las que no están todas normadas al mismo tiempo en una Constitución concreta, pero que se pueden conjuntar a partir de varias constituciones– puede dar un impulso a esta teoría constitucional del territorio del Estado que se pueda transformar, desde el punto de vista de la política constitucional, en nuevos textos. El "territorio se convierte en espacio", el "ambiente y la naturaleza, en cultura". De este modo, el territorio del Estado incrementa su primera y última significación en el Estado constitucional, todo ello gracias a una teoría constitucional alimentada por los textos y la ciencia cultural. Dicho en otras palabras: a través de la proyección de los valores constitucionales fundamentales hacia el territorio, éste se convierte en un *valor fundamental* de la Constitución. El territorio se presenta como "base" espacial para la realización de los valores fundamentales de la Constitución. El análisis de los artículos constitucionales relativos al territorio en los micro Estados demuestra ser especialmente fértil. Todas las disposiciones constitucionales en las que aparece el territorio, ya sea de forma general, especial o incluso puntual, constituyen una piedra de mosaico en la imagen global de esta "base de la existencia en el Estado constitucional".

Existe una relación dialéctica entre la europeización y la globalización de los territorios de los Estados, por un lado, y la escasez del territorio y, por tanto, de la intensificación de su configuración por el Estado constitucional, por el otro. Este aspecto teórico se puede resumir brevemente. Observamos dos líneas de evolución en apariencia contrarias: por un lado, el territorio del Estado se relativiza por la penetración en regiones más amplias, incluso hacia lo global, estableciendo relaciones de responsabilidad que hacen que el "territorio del Estado" tradicional de cada país se contraiga de manera considerable, lo hagan parecer pequeño e incluso materialmente como "micro Estado". El "condicionamiento supraestatal del Estado moderno" (W. v. Simson) podría incluso provocar la cuestión de si todavía se justifica el esfuerzo que implica una teoría constitucional del territorio. De hecho, existe también un condicionamiento estatal de lo supraestatal, del mundo. Precisamente a partir de su territorio, por pequeño que sea, cada uno de los Estados constitucionales tiene que asumir su responsabilidad respecto de los derechos humanos y los valores fundamentales asociados con ellos. Debido a que ese único mundo, cada vez más estrecho, hace cada vez más escasos los territorios habitables, los Estados constitucionales deben configurar tanto más intensivamente el territorio que les corresponde. Lo uno condiciona lo otro. El giro, hoy perceptible, hacia lo "pequeño", hacia la "patria", el surgimiento de nuevos micro Estados, no puede renunciar al "cultivo" de los territorios, sino que pretende "internalizarlos" de manera tanto más intensiva. El "entorno" de los diversos textos constitucionales es un pedazo del mundo que se ha hecho único, pero este mundo sólo puede sobrevivir si todos los Estados constitucionales que componen la "sociedad mundial", en el sentido de un contrato social mundial, cultivan su propio (y "pequeño" mundo) de manera fiduciaria, a través de la optimización de los valores fundamentales constitucionales, precisamente en el ámbito de su "territorio".

Todo constituyente en el Estado constitucional, en su actual etapa de desarrollo, debería tratar al territorio en el contexto "correcto". Se recomienda situarlo en los artículos generales al inicio de la Constitución, en los cuales, junto con la libertad, la igualdad y la democracia, se habla también de la "protección de las bases naturales de la vida y de la cultura" como fines del Estado, pues ya está superada la etapa textual anterior, es decir, en la que dicho fin aparece sólo en el contexto de los elementos tradicionales del Estado, como el "pueblo" y el "poder", sin adiciones normativas. De ningún modo debería estar el territorio de manera aislada junto con los otros "elementos" o "símbolos" del Estado. Dicho en otras palabras: la teoría de la constitucionalización del territorio del Estado debe manifestarse textualmente en la medida en que dicho territorio se haya introducido de manera visible en el contexto de los valores fundamentales del Estado constitucional. El territorio es una base valiosa del Estado constitucional, no sólo del Estado; es un pedazo de la *Constitución como cultura*. Lo mejor sería que el territorio del Estado se abordara en la parte relativa a las bases de la Constitución, en la que se habla ya de los principales derechos fundamentales. Una variante consiste en la posibilidad de referirse a los derechos fundamentales en el primer apartado e iniciar la parte orgánica con preceptos sobre el territorio en sentido normativo y sustantivamente estructurado. El texto relativo al territorio del Estado de ningún modo debe quedar aislado, como en etapas anteriores, de los derechos fundamentales, por un lado, y de las tareas estatales, como la protección del ambiente o la cultura, por el otro. Debe pensarse también en artículos que estructuren y utilicen el espacio mediante principios y objetivos. De ello ya hay ejemplos. Una posibilidad especial, pero solamente abierta al federalismo y al regionalismo, es la que plantean los artículos de distribución y redistribución espacial, como el art. 29 de la LF, el art. 227 de la Const. de Portugal o el art. 143, inc. 1, de la Const. española.

El planteamiento específicamente constitucional adoptado aquí tiene consecuencias también para configurar los supuestos de cambios territoriales. El requisito mínimo es una ley del parlamento; el óptimo, una enmienda constitucional, ya que la modificación territorial significa, por su contenido, una modificación constitucional, consecuencia del enfoque culturalista que sostengo en la teoría constitucional.

Deben distinguirse las cláusulas generales sobre el territorio de las especiales, que se refieren a los contextos particulares en los que el territorio constituye un elemento del supuesto de hecho de un valor constitucional fundamental, como el derecho de asilo, la libertad de emigración, el estatuto fundamental de los extranjeros en el ámbito interno.

Tales máximas pretenden destacar que la "constitucionalización" del territorio del Estado que aquí se observa y se recomienda no es una mera frase, sino una tendencia comprobable y una consecuencia interna del tipo del Estado constitucional en su etapa actual de desarrollo. De ello hay más conciencia en los micro Estados, como Liechtenstein, que en los grandes Estados territoriales, en los que se encuentran tanto desiertos y lagos salados como "paisajes culturales". Examinada más de cerca la cuestión, tanto éstos como aquéllos constituyen también la identidad de una comunidad política, en sentido histórico, económico y cultural. Forman un pedazo del "paisaje interno" de todo Estado constitucional, de su entorno, de los seres humanos que constituyen su cultura. Desde esta perspectiva, el territorio obtiene varias dimensiones, a las que debe hacer justicia, en lo posible, el constituyente concreto. El valor constitucional del territorio tiene muchas facetas, como la Constitución misma, en cuyos principios y valores fundamentales se integra globalmente.

b) *La Constitución del pluralismo: formas de diferenciación cultural y de apertura externa del Estado constitucional.* Actualmente, la Constitución del pluralismo enfrenta desafíos especiales en tres campos: en el ámbito de lo nacional, en la exigencia de la federalización o regionalización y en la apertura de todos los Estados constitucionales hacia la comunidad de las naciones (concepto clave: "Estado constitucional cooperativo").

1) *Nación y Estado constitucional: normalización, relativización y normativización de la protección de minorías.* El Estado constitucional, de tipo europeo, está obligado, como nunca antes, a asegurarse del valor de lo nacional. ¿Dónde está la nación en la "Europa de los ciudadanos", de las "regiones", de las "patrias"? ¿Son nación y Estado constitucional parcial o totalmente idénticos? ¿Puede uno apoyarse en ideas como las de Sarah Kirsch, quien siempre ha "preferido las lenguas maternas a las patrias"? No es posible documentar totalmente aquí el debate actual sobre la "identidad nacional", pero sí podemos indicar algunas ideas clave. El Estado nacional clásico ya no puede ser el modelo obligatorio para el Estado constitucional. En la etapa actual de desarrollo es preciso que todos los Estados constitucionales, independientemente de lo mono o pluriculturales que puedan ser en la realidad, se conciban en todos sentidos como pluralistas: incluso Francia, que encuentra su identidad cultural y política en la República, debe encontrar un refugio tolerante para el Islam, que ya es la segunda religión en importancia en el país. Desde hace tiempo, Suiza ha abierto caminos, como "nación de la voluntad", hacia el pluralismo, gracias, entre otras cosas, a su ejemplar libertad lingüística. Alemania lucha dolorosamente desde hace tiempo en torno a la protección expresa de las minorías culturales; la casi fracasada "comisión constitucional conjunta" trabajó sobre la protección de minorías (1993), pero las modificaciones constitucionales puntuales del otoño de 1994 no la hicieron realidad[33]. Esto resulta tanto más extraño, porque varias constituciones de los *Länder* alemanes, tanto occidentales como orientales, se han atrevido a incorporar ejemplares cláusulas sobre la protección de las minorías; así, el

[33] La propuesta del art. 20 b decía lo siguiente: "El Estado respeta la identidad de las minorías étnicas, culturales y lingüísticas" (citado en el informe de la comisión, en "Zur Sache", 5/93, 1993, p. 31); ver mi anterior propuesta de texto en *Aktuelle Probleme des deutschen Föderalismus*, "Die Verwaltung", vol. 24, 1991, p. 169, 206 y siguientes.

art. 5° de la Const. de Schleswig-Holstein (1990), el art. 25 de la Const. de Brandemburgo (1992) y el art. 5° de la Const. de Sajonia (1992)[34].

Aquí y ahora hay que atreverse a afirmar que la protección plena de las minorías étnicas, culturales y religiosas pertenece, en mi opinión, a la actual "etapa de crecimiento" del tipo del Estado constitucional y que también tendría que expresarse en una etapa madura de desarrollo textual. El Consejo de Europa vigila debidamente a los países de Europa oriental respecto a cuán intensiva es su protección de las minorías, lo que resulta de actualidad para Letonia (en relación con los rusos).

2) *Federalismo y regionalismo (en formación) como principio estructural interno del Estado constitucional.* Ésta es la tesis: en la actualidad, el Estado constitucional, como tipo, debe estar estructurado de manera federativa o regionalista. Incluso los Estados unitarios clásicos, como Francia o Italia, se encuentran en camino hacia la regionalización. Este proceso adquiere impulso desde Europa (en parte también desde Maastricht: comité consultivo de las regiones, art. 198 *a* a *c*, reforzado en 1997 en el Tratado de Amsterdam). Los tiempos del Estado unitario centralista han concluido probablemente para el Estado constitucional como tipo. En la medida en que dicho Estado se conciba fundado en los derechos humanos y ciudadanos, en que descubra su pluralidad cultural interna, tome en serio la democracia en lo pequeño y local, y reconozca el valor de todos los tipos de división del poder, en tal medida se diversifica en sentido federal o regional.

3) *La apertura del Estado constitucional hacia la comunidad de las naciones (el "Estado constitucional cooperativo").* El Estado abierto (K. Vogel), el "Estado constitucional cooperativo", constituyen otros tantos conceptos

[34] Ver los textos y comentarios en "Jahrbuch des öffentlichen Rechts", vol. 42, 1994, p. 149 y siguientes.

clave en la actual etapa de desarrollo de nuestro objeto (ver, § 28). Los pactos internacionales de derechos humanos, pero también sus equivalentes regionales, como la Convención Europea de Derechos Humanos, constituyen un elemento de tal apertura del Estado constitucional hacia el exterior. Actualmente se anuncia una "comunidad universal de los Estados constitucionales"; pensamos que desde un punto de vista "cosmopolita", en el sentido de I. Kant, a pesar de todos los retrocesos y las recaídas en la era nacional. El "condicionamiento supraestatal del Estado" (W. v. Simson), pero también el condicionamiento estatal de lo supraestatal, se vuelve tangible, tanto en lo próximo como en lo lejano.

c) *LA VERDAD COMO PROBLEMA EN EL ESTADO CONSTITUCIONAL: LA LIBERTAD A PARTIR DE LA CULTURA.* El Estado constitucional europeo constituye un foro único para los problemas que plantea la verdad[35]; no porque conozca "verdades terminadas, absolutas", que darían a conocer y aplicarían los juristas, sino porque permite, gracias a los derechos fundamentales en tanto libertades culturales y en virtud de la democracia como "gobierno" temporal, en el sentido de Popper, destituir sin derramamiento de sangre a los gobernantes y que "mueran las teorías en lugar de los seres humanos". El *racionalismo crítico* de Popper, apoyado, claro está, en el consenso cultural fundamental que se expresa en el eje temporal como "contrato de las generaciones", es –en mi opinión– la filosofía convincente del Estado constitucional europeo. Es decir que sin duda existe la verdad, pero no podemos saber si la conocemos. Los procedimientos de ensayo y error, la formulación de hipótesis falsables y la prohibición de la mentira (I. Kant) nos auxilian, "hasta nuevo aviso", en nuestra aproximación a la verdad, tanto en el ámbito científico como en el políti-

35 Las particularidades sobre este tema pueden encontrarse en Häberle, *Wahrheitsprobleme im Verfassungsstaat*.

co. Pensamos en los correspondientes textos de Lessing y en la concepción de ciencia de W. von Humboldt. La "Constitución de la libertad" se encuentra aquí con la sociedad moderna hasta su aplicación práctica en la Europa actual; por ejemplo, en el Open Society Fund de G. Soros para Europa oriental. Sin duda, hay que prevenirse de sostener una "filosofía de casa"; sin embargo, el pensamiento de Popper me parece especialmente adecuado para la "casa europea" abierta, tanto como para su Estado constitucional.

d) *En particular: los llamados símbolos del Estado en el contexto de la nueva etapa de desarrollo textual.* Los así llamados "símbolos del Estado"[36] son, en la opinión tradicional, manifestación del Estado, el cual se concibe frecuentemente como "previo" a la Constitución. La mayoría de las veces, los símbolos del Estado se conciben, o se norman, en los documentos constitucionales más antiguos, en el contexto de la lengua oficial, del territorio y de la nacionalidad, y se manifiestan bajo la forma de banderas, himnos, escudos e incluso ciudades capital, como "atributos", más aún, como "elementos" del Estado. Se trata de elementos fijos de los preceptos constitucionales iniciales o generales de las constituciones de cuño antiguo y, de acuerdo con una rica tradición, deben simbolizar al Estado como tal. Sin embargo, tales símbolos deben admitir una interpretación distinta frente al trasfondo del enfoque culturalista aquí adoptado. Así como se reconceptualiza a los elementos del Estado, y del mismo modo como en la etapa textual más reciente el problema de la lengua es visto inevitablemente en relación con las minorías lingüísticas y la pluralidad cultural, resulta preciso cuestionarse nuevamente sobre la ubicación conceptual y, por lo tanto, el lugar sistemático de los "símbolos estata-

[36] De la bibliografía: Klein, *Staatssymbole*, en *HdbStR*, vol. I, 1987, p. 733 y ss.; Badura, *Staatsrecht*, p. 251 y siguientes.

les" en el Estado constitucional, ya que las banderas, los himnos, escudos, días festivos y también las ciudades capital[37] no simbolizan al Estado, sino que apuntan a las dimensiones culturales de la comunidad política. En la sociedad abierta del Estado constitucional constituyen contenidos fundantes, "soportan" funciones que se refieren a la sociedad civil.

1) *La evolución de la nueva etapa textual.* En la actual etapa textual del tipo del Estado constitucional, los artículos relativos a los símbolos del Estado pueden ser desentrañados fundados en dos preguntas. Primera: ¿dónde se encuentran ubicados sistemáticamente dichos símbolos, por ejemplo, ya en el título preliminar? Segunda: ¿se encuentran en el contexto de cuáles otros temas constitucionales (últimamente, p.ej., en el contexto de las cláusulas relativas al Estado de derecho, de las garantías de los derechos fundamentales o de otros valores fundamentales –palabra clave: enriquecimiento normativo–)?

En lo particular, la Constitución de Francia (1958) ubica el idioma, la bandera, el himno y el voto en el título "De la soberanía" (art. 2°)[38], con lo cual se toma en serio, en la sistemática del texto, la concepción clásica de los símbolos del Estado. También la Constitución de Irlanda (1937-1992) ubica la bandera y la lengua nacional en el capítulo sobre "El Estado" (arts. 7° y 8°). La Constitución de Italia (1948-1993) procede de manera diferente. En el apartado sobre los "Principios fundamentales" se en-

[37] Ver, al respecto, Häberle, *Die Hauptstadtfrage als Verfassungsproblem*, "Die öffentliche Verwaltung", 1990, p. 989 y siguientes. También el art. 29 de la Const. de Polonia (1997), art. 10 de la Const. de Georgia (1995), art. 5° de la Const. de Madagascar (1995), art. 1° de la Const. de Níger (1996), art. 8° de la Const. del Chad (1996).

[38] También en forma similar el art. 1° de la Const. de Benín (1990), art. 1° de la Const. de Guinea (1991), art. 1° de la Const. de Níger (1992). También el Estatuto Autonómico de Cantabria (citado en Bar Cendón y otros, *Código Legislativo de Cantabria*, 1994, p. 17 y ss.) se ocupa en su artículo inicial de los símbolos, banderas e himnos del Estado.

cuentra también al final un artículo (12) sobre la bandera, después de abordar anteriormente otros temas tan importantes como la protección de las minorías (art. 6º) y la relación entre Iglesia y Estado (art. 7º), y contiene una cláusula sobre el Estado de cultura (art. 9º). Algo del "espíritu" de la Constitución federal austriaca (1920-1994) se refleja en el modo en que el título primero se refiere al territorio, la capital federal, la lengua, la bandera y el escudo (arts. 3º, 5º, 8º y 8º a).

Las constituciones de Portugal (1976-1992) y de España (1978-1992) han sido concebidas y "cortadas" de modo distinto. Portugal incluye en los "Principios fundamentales" la norma sobre la estructura y los fines del Estado del art. 2º; luego se encuentra un artículo concentrado sobre las tareas del Estado en el art. 9º, y sólo al final se define la bandera del país como "símbolo de la soberanía de la República, de la independencia, la unidad y la integridad de Portugal" (art. 11) y se determina el himno nacional. Con ello queda en evidencia la vinculación con los valores fundamentales. España incorpora en el título preliminar la lengua, la bandera y la capital (arts. 3º a 5º) en el contexto de sus valores fundamentales (p.ej., la libertad, la igualdad y el pluralismo político –art. 1º, inc. 1–), así como del concepto de Estado de derecho (p.ej., art. 9º: supremacía de la Constitución, publicidad de las normas, etcétera).

Así, quedan presentadas las dos versiones típicas: por un lado, temas de rango simbólico concebidos a partir del Estado; por el otro, artículos sobre símbolos ubicados en el contexto de (otros) valores fundamentales y, por tanto, concebidos *normativamente*. Las constituciones recientes oscilan entre ambos tipos de regulación, lo cual se mostrará fundado en más ejemplos.

La Constitución de Guatemala (1985) ubica el artículo relativo a los símbolos en el título III, "El Estado". En esta parte hay disposiciones sobre el territorio, la lengua nacional y la ciudadanía (arts. 142 y 147). En los artículos precedentes se abordaron el régimen de derecho, la obligación del Estado de procurar el bien común, los deberes del Estado (Preámbulo, arts. 1º y 2º) y los derechos humanos, así como los derechos sociales fundamentales, junto con las tareas (ocasionalmente excesivas) del Estado (p.ej., arts. 102 y 119)[39]. La Constitución de Namibia ubica los "símbolos nacionales" en el art. 2º, en el contexto del enriquecimiento sustantivo del concepto "República" (article 1: "*Principles of democracy, the rule of law and justice for all*"). Esto podría requerirse para la autoafirmación interna y externa; los países que todavía tienen que encontrar su identidad, al desprenderse, por ejemplo, de su época colonial o, como en Europa oriental, del marxismo-leninismo, pueden recurrir decididamente al potencial significativo que tienen las disposiciones relativas a los símbolos ubicadas en un primer plano.

Así, la Constitución de Eslovenia (1991) aborda los temas del escudo, la bandera, el himno, la capital y la lengua en las "Disposiciones generales" (arts. 6º, 10 y 11), no sin antes haber postulado los elementos del Estado constitucional, como el Estado social de derecho, también la democracia y la división de los poderes (arts. 1º a 3º). En adelante, procederemos de manera cronológica, de conformidad con la tesis del gran contexto de producción y recepción de los constituyentes contemporáneos. Así, la Constitución de Turkmenistán (1992)[40] trata a la bandera, los símbolos del Estado y la capital al final del apartado sobre los "Fundamentos de la Constitución" (arts. 14 y 15), después de haber caracterizado suficientemente esta

[39] La anterior Constitución del Perú (1979) relativiza el capítulo sobre el Estado, pero trata en él también los temas de la lengua oficial, la bandera (arts. 83 a 85), el escudo y el himno nacional como "símbolos de la patria".

[40] La Constitución de Rusia (1993) trata los temas aquí discutidos apenas en el capítulo sobre la "estructura federativa". El territorio, la lengua oficial, la bandera, el himno, así como la capital, se tratan de una sola vez en el mismo contexto (arts. 67 a 70).

Constitución en sus elementos esenciales, como el Estado de derecho (Preámbulo), la supremacía de la Constitución (art. 5º, inc. 2), la protección de la cultura y la naturaleza (art. 10). La Constitución de Estonia (1992) ubica la lengua oficial y la bandera al final de las disposiciones generales (art. 7º), luego de que el Preámbulo y los arts. 1º y 5º fijan los valores fundamentales. La Constitución de Lituania (1992) también fija los temas correspondientes al final del capítulo inicial (art. 14: lengua; art. 15: bandera; art. 16: himno nacional; art. 17: capital). Con ello se convierte consecutivamente en texto una "cuadriga" de símbolos estatales como no podría hacerlo mejor la teoría constitucional[41].

La Constitución de Ucrania (1996) se refiere al tema de los "*state symbols*" en el art. 20, con el que se cierran los "principios generales" del primer capítulo. En éste se encuentran, de manera sumamente concentrada, los nuevos valores fundamentales, como los del art. 3º, inc. 2 ("*Individual rights and freedoms and the guarantee thereof determine the essence and aims of the activity of the state*").

En Sudáfrica, en la Constitución por lo demás innovadora de la provincia de Kwazulu-Natal (1996), después de un sustancioso Preámbulo (que se refiere, p.ej., a una "*prosperous society for the present generation and poste-*

[41] De manera similar, los arts. 8º a 10 de la Const. de la República Eslovaca (1992) y arts. 12 a 14 de la Const. de Rumania (1992), la cual ha definido previamente (art. 1º) al Estado a través de los valores fundamentales como la justicia, la dignidad humana, el Estado de derecho. Ya las constituciones de Croacia (1991), en sus arts. 11 a 13, y de Macedonia (1991), tratan los símbolos del Estado (art. 5º) en medio de los demás temas constitucionales como la democracia y el Estado social (art. 1º) y los valores fundamentales (cfr. la lista en el art. 8º: entre otros, los derechos fundamentales, *the rule of law*, la economía de mercado libre, el humanismo, la protección del ambiente). Este art. 8º se lee casi como un manual sobre los valores fundamentales del Estado constitucional de hoy ("*fundamental values of the constitutional order*"). La lengua oficial, la capital y los símbolos estatales son regulados también en un texto y contexto similares en la Constitución de Azerbaiyán (arts. 21 a 23).

rity") y un buen artículo sobre valores fundamentales, se llega al capítulo sobre "*Features of the Province*", en el cual se tratan los "*symbols*", "*territory*", "*language*" (incs. 1 a 4)[42].

2) *Conclusión*. Los temas que la doctrina ha tratado tradicionalmente bajo la expresión de "símbolos del Estado" siguen siendo una preocupación importante del Estado constitucional, tanto en vista de la situación existente como desde la perspectiva de la teoría constitucional (deber ser). En la actual etapa evolutiva es posible observar significativas transformaciones de los contextos. Sólo muy pocos países se permiten iniciar su texto constitucional, a manera de redoble de tambor, con los "símbolos oficiales". La lengua, el territorio, la bandera, el himno y también la capital se trasladan hacia contextos diferenciados que los vinculan con los valores fundamentales del orden constitucional. Aquí encuentran su lugar, ya que justamente la Constitución del pluralismo requiere también contenidos fundantes, pero como comunidad en que el Estado existe "en razón del ser humano" (proyecto de Constitución alemana de Herrenchiemsee de 1948) y que no entiende los símbolos que unen al todo de la sociedad abierta "en y para sí" como parte del Estado, sino como elemento sustantivo del espacio público.

§ 10. *República - monarquía constitucional*

El ejemplo del principio constitucional de la República (arts. 20, inc. 1, y 28, inc. 2, LF) muestra con cuánta fuerza se encuentra inmerso el derecho constitucional en "proce-

[42] La Constitución de Uganda (1995) trata en el capítulo segundo, sobre "La República", los símbolos del Estado, la capital y la bandera (arts. 5°, 6° y 8°). De manera ejemplar procede el art. 2°, inc. 4, de la Const. de Sajonia (1992), relativo a la "capital, colores del *Land*, escudo", en la medida en que en la parte de los fundamentos concede a la minoría étnica de los serbios en sus territorios el mismo derecho de portar sus "colores y escudos".

sos de crecimiento cultural", hasta qué punto los procesos de interpretación jurídica son dependientes, material y personalmente, de lo cultural, y no primariamente de lo jurídico, y de qué modo, "con el paso del tiempo", una disposición jurídico-formal poco tomada en cuenta adquiere (o recupera) vida, o bien es actualizada a partir del ambiente cultural, pero también se transforma, como parte de la (re)producción y recepción culturales.

a) *La nueva vida de la cláusula republicana: un ejemplo de procesos de crecimiento en la "cultura constitucional".* La doctrina había desatendido la cláusula republicana desde la fundación de la República Federal de Alemania. Con independencia de varios intentos de reanimación a través de referencias a la "*res publica*" y la "*salus publica*"[43], sigue predominando la definición puramente negativa tomada de la teoría general del Estado: la república es la "no monarquía"[44]. En los años setenta se produjeron impulsos provenientes del ámbito político-cultural y literario, que se esforzaban por darle un nuevo y positivo significado y que pretendían "ocupar" el concepto; así, pensadores y poetas hicieron primeras contribuciones culturales. Recuérdense las "Cartas en defensa de la república" escritas por literatos, antes que por juristas (p.ej., H. Böll, N. Born, D. Kühn, H.E. Nossack o M. Walser), o los "Discursos republicanos" de W. Jens (1979). Sólo después recordaron los juristas la plenitud de significados del concepto de "república"[45], traba-

[43] Hesse, *Grundzüge des Verfassungsrechts der Bundesrepublik Deutschland*, p. 56 y ss.; 1ª ed., p. 50 y ss.; Häberle, *Öffentliches Interesse als juristisches Problem*, p. 708, 728.

[44] Ver, por ejemplo, Jellinek, *Allgemeine Staatslehre*, 5ª reimp. de la 3ª ed. de 1928, 1959, p. 711. Las setenta y cuatro columnas del índice analítico de la *Allgemeine Staatslehre* de Herbert Krüger, 2ª ed., p. 1028, no conocen el término "república".

[45] Cfr., por ejemplo, Löw, *Was bedeutet "Republik" in der Bezeichnung "Bundesrepublik Deutschland"*, *DÖV*, 1979, p. 819 y ss.; Isensee, *Republik Sinnpotential eines Begriffs*, *JZ*, 1981, p. 1 y siguientes.

jando así *ex post*, consciente o inconscientemente impulsados por la reproducción cultural. Por ello es tan importante el derecho constitucional de la cultura como cultivo de lo creativo. El concepto de "república" se entiende ahora en el sentido de "libertad", "democracia" y "responsabilidad". (Re)activada de tal modo, la "república" puede ser vivida por todos los intérpretes constitucionales de la sociedad abierta y puede ser realizada, jurídica y pedagógicamente, en todas sus formas, como norma jurídica y objetivo de la educación.

Esta concepción *material* de la república ha superado ya una prueba en Europa: Pablo Picasso dispuso por testamento que su cuadro "Guernica" podría ser trasladado a España sólo cuando se introdujera ahí la república. Sin embargo, los albaceas y herederos de Picasso interpretaron correctamente la fórmula "cuando prevalezcan nuevamente condiciones de democracia y libertad", en el sentido de que ello también podría ocurrir en una monarquía parlamentaria, como es la España actual. Ahora sobre su contraparte "clásica", la monarquía.

b) *La monarquía constitucional.* Los siguientes renglones se refieren a un objeto que ha sido desatendido hasta ahora[46]: los "residuos" de monarquía que se encuentran, en los términos y en el fondo, en no pocos Estados constitucionales europeos, a saber, en las constituciones no escrita de Gran Bretaña y escritas de Noruega (1814), Bélgica (1831), Luxemburgo (1868), Liechtenstein (1921), Dinamarca (1953), Mónaco (1962), Suecia (1975), España (1978) y los Países Bajos (1983). En la teoría clásica del Estado se define a la república de manera tan formal como abre-

[46] De la bibliografía: Scheuner, *Das Amt des Bundespräsidenten als Aufgabe verfassungsrechtlicher Gestaltung*; Kaltefleiter, *Die Funktionen des Staatsoberhaupts in der parlamentarischen Demokratie*; Schlaich, *Der Status des Bundespräsidenten*, en *HdBStR*, vol. II, 1987, p. 529 y ss. (2ª ed., 1996). Sobre el presidente italiano, ver Luciani - Volpi (*a cura di*), *Il Presidente della Repubblica*.

viada en cuanto "no monarquía" (G. Jellinek) y un número de Estados constitucionales en Europa son "repúblicas" en la realidad. Pero, ¿de qué manera se incorporan como tipo las monarquías "supervivientes" en el cuadro general del Estado constitucional europeo? ¿Cuál es la contribución específica de éstas en el proceso de unificación de Europa? ¿Son un elemento vivo de la cultura jurídica europea o un mero "adorno" puramente formal e histórico? ¿Constituyen una variante "superada", "superviviente", del tipo del Estado constitucional o hacen una contribución auténtica en la evolución de sus etapas textuales hasta la actualidad? Planteada la pregunta en otros términos: ¿son las monarquías solamente "malas" repúblicas? ¿O significan más que un "recordatorio" a la doctrina de las formas mixtas de Estado?

Lo que es imprescindible, en el concierto de los Estados constitucionales europeos cada vez más unidos, es preguntar por lo que une o separa al tercio aproximado que constituyen sus monarquías, y de qué manera debe tratarlas una teoría constitucional elaborada a nivel europeo.

Una mirada a la Constitución, correspondiente a una etapa textual muy antigua, del Principado de Liechtenstein[47], por un lado, y a la muy moderna Constitución de los Países Bajos (1983), por el otro, revela una amplia banda de Estados constitucionales con elementos monárquicos en la Europa de 1997.

1) Es posible obtener algunos conocimientos teóricos a partir del material textual preparado sistemáticamente en otra parte[48], o al menos plantear cuestiones básicas: ¿es la monarquía parlamentaria sólo un divertimento histórico, una supervivencia meramente aleatoria de antiguos perío-

[47] Entre la bibliografía sobre Liechtenstein, Kühne, *Zur Struktur des Liechtensteinischen Rechts*, *JöR*, vol. 38, 1989, p. 379 y siguientes.

[48] Cfr., al respecto, Häberle, *Verfassungslehre als Kulturwissenschaft*, 2a ed., p. 1004 y siguientes.

dos de la evolución del Estado constitucional como tipo? ¿Constituye la república una etapa evolutiva "superior" o solamente una modalidad más "mala"? ¿Es consecuencia necesaria de la democracia como "gobierno temporal", o bien le proporciona al Estado constitucional elementos de una forma estatal "mixta", equivalentes, por ejemplo, a los que presentan modernamente los Estados constitucionales con una jurisdicción constitucional fuerte (piénsese en el Tribunal Constitucional Federal alemán)? ¿Es la república solamente "sustituta" o "heredera" de la monarquía, así como en la República de Weimar se decía que O. von Hindenburg, presidente del Reich, era un "emperador sustituto"? La monarquía transmite quizá valores simbólicos que no puede satisfacer ni producir un presidente que, cuando mucho, puede ser reelecto una vez: la labor personal de integración del rey de Bélgica, Balduino I (que no se conoció sino hasta su temprana muerte en 1993) o del rey de España, Juan Carlos I, el cual empleó exitosamente su reserva de legitimidad contra el intento de golpe de Estado de 1981, salvando así a la democracia. ¿No permanece la *res publica* como tal también en la monarquía parlamentaria, porque ésta no priva a la comunidad ni de la libertad pública ni de la *salus publica*?

2) En vista del hecho de que en Europa existen diez Estados constitucionales en cuya "cúspide" se encuentra un monarca y que prevén la sucesión dinástica del trono, una teoría de la Constitución que trabaje de manera comparativa debe ocuparse de estas estructuras monárquicas. ¿Es la monarquía hereditaria solamente "otra forma" del presidente republicano, que es electo o reelecto por períodos limitados? Si se examina esto a partir de las competencias previstas constitucionalmente, mucho habla a favor de que un presidente podría ocupar sin más el lugar del monarca, príncipe o duque, si bien respecto de la Gran Bretaña, en vista de las "prerrogativas reales", podría ser válida otra cosa. Se puede decir esto de otra manera: con

el tiempo, el presidente republicano ha ido ocupando tendencialmente las competencias cada vez más débiles del monarca. Desde la perspectiva de la división de poderes, la institución del monarca o sus manifestaciones análogas, como el "principado" (en Liechtenstein), se presenta como uno entre varios "poderes" que están integrados en la sutil estructura de funciones del Estado constitucional. Pero no podemos quedarnos en este punto de vista más bien formal, ya que la monarquía hereditaria cumple funciones de representación e integración muy específicas. Después de que casi todos los Estados constitucionales europeos, con excepción de Liechtenstein, han abandonado el "principio monárquico", y de que han consagrado de manera más o menos expresa en los textos su contraparte –la soberanía del pueblo–, se plantea la cuestión del modo en que se representa e integra al pueblo. Aquí es donde puede hacer mucho el monarca. Ciertamente, también el presidente puede satisfacer la necesidad de integración y representación –piénsese en los presidentes de los Estados Unidos de América, de Francia o incluso de Austria–, pero hay bastantes indicios de que el valor simbólico de una casa real o de una familia ducal es mayor simplemente por su duración.

3) En los textos constitucionales se muestra cuán conscientes están los constituyentes del valor de representación e integración del elemento monárquico, así como de su fuerza simbólica, en el Estado constitucional respectivo[49]. Y los pasajes textuales relativos a la monarquía en las constituciones escritas pueden ser atribuidos sin más a aquel grupo de artículos que penetra hasta las capas irracionales profundas de un pueblo, análogamente a las normas constitucionales sobre los días feriados, sobre la capital, la lengua, las fórmulas de juramento o protes-

[49] Cfr. el art. 56, inc. 1, de la Const. española: el rey como "símbolo de su unidad y permanencia" (del Estado).

ta[50]. Incluso los preámbulos que "enmarcan" y que de manera específica fundamentan la Constitución pertenecen a esta categoría[51]. En suma: también en los Estados constitucionales las monarquías penetran hasta la capa profunda de las "fuentes irracionales del consenso" (K. Eichenberger) del Estado. El Estado constitucional depende en buena medida de ellas, y en ellas tiene, literalmente, que "enraizar", en tanto y en la medida que en lo demás dependa de la racionalidad. Como ciudadano, el ser humano tiene sus lados racionales y emocionales. El momento "litúrgico", para no decir "ritual", puede ser satisfecho de modo específico en una *res publica* monárquica. Ciertamente, las monarquías modernas (parlamentarias) asumen también la función de una "empresa de servicios", como se sabe por las revelaciones sobre la casa reinante española. Pero precisamente la moderna monarquía de España demuestra la manera tan capaz y efectiva con la que una figura (el rey Juan Carlos I) puede "representar" y, literalmente, "encarnar" a la nación en los eventos culturales, las olimpiadas, las exposiciones universales (como la de 1992), pero también en lo pequeño, en las regiones y las provincias.

Ciertamente, deben recordarse los "costos" de las estructuras monárquicas en el Estado constitucional y con ello no nos referimos a los costos financieros[52], sino a otra

[50] Al respecto, Häberle, *Rechtsvergleichung im Kraftfeld des Verfassungsstaates*, p. 199 y ss., 297 y ss.; *Feiertagsgarantien als kulturelle Identitätselemente des Verfassungsstaates*.

[51] Ver, al respecto, mi lección inaugural en la Universidad de Bayreuth: *Präambeln im Text und Kontext von Verfassungen* (1982), en "Rechtsvergleichung in Kraftfield des Verfassungsstaates", p. 176 y siguientes.

[52] Los cuales se encuentran previstos en la forma de una "lista civil" (cfr. el art. 77, anterior Const. de Bélgica; el art. 43, Const. de Luxemburgo; el art. 10, Const. de Dinamarca; el art. 40, Const. de los Países Bajos; el art. 40, Const. de Mónaco). En la Constitución de Liechtenstein no se encuentra la correspondiente regulación. El príncipe "cubre los costos derivados de su función de su patrimonio privado", lo cual hizo notar expresamente el príncipe Hans Adam II en su discurso de acceso al trono en otoño de 1992.

cosa: por ejemplo, al surgimiento de élites privilegiadas e improductivas, de entramados de relaciones e influencias que no generan responsabilidad pública (palabra clave: "cortesanos"). Si bien esto también existe en las sedes presidenciales, la duración ilimitada de tales "subestructuras" crea, en las "no repúblicas", peligros de tipo propio. El gobierno temporal sigue siendo un aspecto irrenunciable del Estado constitucional y las monarquías parlamentarias ejercen también un "pedazo de gobierno", sin importar que tan "meramente representativas" sean.

Es en esta medida que subsiste un problema residual insoluble en todos los Estados constitucionales europeos que mantienen elementos monárquicos. Sin embargo, es posible recordar, con D. Sternberger, que "no todo el poder del Estado dimana del pueblo"; ténganse presentes ciertos elementos aristocráticos que se encuentran en países que poseen una poderosa jurisdicción constitucional o que cuentan con "senados", a fin de poder encuadrar las estructuras y funciones monárquicas de hoy en el conjunto del tipo del Estado constitucional[53]; no obstante, las tensiones y contradicciones subsisten. Por lo tanto, estas reflexiones no deben considerarse como contribución a una propia "teoría constitucional de la monarquía", sino como intento de explicar las estructuras monárquicas existentes en diversos Estados constitucionales de Europa, de encuadrarlas en el sistema de coordenadas teóricas del tipo del Estado constitucional y de mostrarlas como variante posible, que se deja "ver" y que no constituye una mera "degeneración" o un modelo anacrónico o una supervivencia ridí-

[53] Sobre la "posición del monarca en la Constitución moderna": Schmitt, *Verfassungslehre*, 1928, p. 288 y ss. (trad.: *Teoría de la Constitución*), quien encuentra en la historia comparada de las constituciones y los Estados, términos para caracterizar al monarca como "representante" (p. 205, 211), como "de Dios" (p. 282), como "padre" (p. 293), como "jefe del Ejecutivo" (p. 286), como "*pouvoir neutre*" (p. 287), como "sujeto del poder constituyente" (p. 80 y 81). Loewenstein, *Verfassungslehre*, 2ª ed., p. 58, nota 9 (trad.: *Teoría de la Constitución*), quien le atribuye "a la monarquía todavía considerable importancia el día de hoy".

cula de una época pasada. Dependiendo de la historia, la concepción que tenga de sí mismo un país y de su cultura, las monarquías (parlamentarias) se presentan como variante legítima y alternativa a la "república"[54]. No constituyen una forma contraria al tipo del Estado constitucional, a pesar de que frecuentemente lo hayan sido en la historia, y no obstante la intensidad con la que tuvieron que "constitucionalizarse" en el transcurso del tiempo ("monarquías constitucionales")[55].

4) En general resulta oportuno despedirse del concepto de la "monarquía constitucional", dado que se encuentra históricamente lastrado y superado en la actualidad, pues recuerda al Estado monárquico "original" que después fue constitucionalmente limitado. En la actualidad sólo existen Estados constituidos. El lugar de la monarquía constitucional lo ha ocupado, en la evolución constitucional de Europa, el Estado constitucional monárquico, como posibilidad dentro del tipo del Estado constitucional. En el Estado constitucional, una monarquía prevista constitucionalmente es uno de los "órganos constitucionales" más allá de una "soberanía" propia de la forma que sea[56]. Liechtenstein constituye la excepción atípica pues este país todavía está por sufrir una "revolución retardada"

[54] Resulta notable la opinión de Loewenstein, *Staatsrecht und Staatspraxis von Grossbritannien*, vol. I, p. 530, para quien las monarquías, como forma de Estado, parecen tanto más sólidas (excepción: Grecia) en los otros países de Europa occidental, en los cuales "ha podido resistir el tormentoso impulso hacia la republicanización".

[55] Sobre el constitucionalismo en Alemania: Huber, *Deutsche Verfassungsgeschichte seit 1789*, vol. I, 2ª ed., p. 652 y ss.; Stolleis, *Geschichte des öffentlichen Rechts in Deutschland*, vol. 2, p. 103 y siguientes.

[56] Más bien retrospectivas resultan las palabras del presidente de la Cámara de Representantes belga, C. F. Nothomb, después de la entronización del nuevo rey, Alberto II (1993): "Majestad... de este modo se ha sellado la unión entre el Rey y la Nación, y se ha confirmado el pacto constitucional entre el país y la dinastía". Un vocero de palacio negó que hubiera sido una "coronación" con las siguientes palabras: "Una corona es un símbolo de tiempos antiguos y no es adecuada para una monarquía relativamente joven" ("Nordbayerischer Kurier", 10/8/93, p. 3).

(mejor: una evolución), si no es que ya se ha iniciado con su incorporación a la Convención Europea de Derechos Humanos y a la Conferencia (actual Organización) sobre Seguridad y Cooperación Europea. El concepto y la materia de la "soberanía del príncipe" han sido desprendidos de la soberanía popular, en su texto o contenido, también en los Estados constitucionales monárquicos (así, de manera expresa, en España). Hoy incluso hay que preguntarse si la "soberanía del pueblo" ha sido superada en el ámbito estatal interno, ya que la dignidad humana de los ciudadanos es una premisa antropológico-cultural de la democracia[57].

El concepto de "Estado constitucional monárquico" describe solamente el modelo básico. Como lo demuestra el análisis de los textos, existen diversas variantes sobre la posición, competencias y funciones del monarca; téngase presente el rango que hay entre Bélgica y España, pasando por Dinamarca y Suecia. Cada país puede configurar "su" monarquía en el derecho y la realidad constitucionales, con sus formas y colores propios; así, con vistas a Bélgica se ha acuñado la afortunada imagen de la "monarquía federativa" (R. Senelle)[58], la cual remite a la tarea y la contribución específicas del rey belga (Balduino I) en el surgimiento y conservación del Estado federal en Bélgica (función de unión entre flamencos y valones), por la que aquí resultaría insuficiente el conocido concepto del monarca como "*pouvoir neutre*"[59]. Otros Estados constitucionales monárquicos, como el sueco, pueden caracterizarse como puramente representativos, ya que no es posible ninguna participación activa del monarca en el "gobierno supremo

[57] Ver, al respecto, Häberle, *Die Menschenwürde als Grundlage der staatlichen Gemeinschaft*, en *HdBStR*, vol. I, 1987, p. 815, 846 y siguientes.

[58] Cfr. *JöR*, vol. 36, 1987, p. 121, 133 y siguientes.

[59] Ver, al respecto, Kimminich, O., en *VVDStRL*, vol. 25, 1967, p. 2, 38 y ss., así como Pernthaler, en *VVDStRL*, vol. 25, 1967, p. 95, 146 y siguientes.

del Estado". Al igual que con los presidentes[60], en el ejercicio de las funciones constitucionales mucho depende de la persona del monarca y de su autoridad.

5) Pocas cosas encuentran sus raíces en la historia de un país como la monarquía, por lo que resulta casi imposible fundarlas en el foro de la obra constitucional de un constituyente concreto y mucho menos en nuestros días. España constituye una excepción, porque ahí, a partir de 1975, la monarquía se convirtió en pilar de transición entre el sistema autocrático de Franco y un Estado constitucional; afortunadamente ha permanecido como tal y fue posible fundarla en los derechos al trono de una dinastía. Sin embargo, puede recordarse también que en Italia se suprimió a la casa reinante después de la Segunda Guerra Mundial (1946) y que Grecia optó por la república en un plebiscito (1974). En Liechtenstein se vive una crisis constitucional desde 1992, que puede poner en cuestión a la casa reinante misma; en todo caso, resulta improbable que Liechtenstein quiera y pueda vivir por tiempo indefinido bajo "dos soberanos" (príncipe y pueblo representado en el parlamento). En general, resulta difícil esperar que un Estado constitucional quiera regresar a la "forma de Estado" de la monarquía parlamentaria. Y esto resulta cierto para Grecia, Rumania, Albania, Serbia y Bulgaria[61].

[60] Ver, al respecto, Hesse, *Grundzüge des Verfassungsrechts der Bundesrepublik Deutschland*, p. 275.

[61] La actuación ejemplar del "buen rey" y "buen ser humano" Balduino I tuvo consecuencias políticas poco antes de su muerte: el ex rey griego Constantino dijo: "Si el pueblo griego desea tener una monarquía constitucional y me desea para tal fin, estoy a su disposición" (según el "Nordbayerischer Kurier", del 10 de agosto de 1993, p. 3).

La fuerza unificadora de Balduino podría ser también una lección para algunos nacionalismos separatistas en Europa. El nuevo rey belga, Alberto II, en su discurso de entronización, tomó como punto de partida el último discurso de Balduino y habló de la tolerancia y el espíritu ciudadano, con el cual deberían acercarse los flamencos y los valones ("Frankfurter Allgemeine Zeitung", del 10 de agosto de 1993, p. 5).

Sin embargo, la monarquía podría tener oportunidades futuras con vistas al proceso de unificación europea. ¿Necesita la Unión Europea una cúspide monárquica? ¿Podría ser la monarquía uno de los temas de la Constitución de Europa en formación? En mi opinión, la única respuesta posible es: ¡no! Si bien la teoría constitucional tiene que pensar también en la dimensión de la "política científica de las existencias", por lo que la pregunta planteada es legítima. Sin embargo, un examen más cuidadoso habla totalmente en contra de la idea "sensacional", que con gusto se discute en algunos medios, de una "monarquía europea". Las monarquías solamente pueden surgir de las profundidades de la historia de los diversos pueblos, por lo que no es posible crearlas de un día para otro. No obstante lo queridas que puedan ser las casas reinantes en los Estados constitucionales europeos mencionados, ninguna podría satisfacer las funciones de integración y representación respecto de toda Europa. Tampoco ninguna asamblea constituyente europea tendría poder suficiente para convertir a alguna de las casas existentes en "casa reinante europea". En un sentido profundo, la "casa europea" debe constituirse en forma republicana. En el "concierto europeo" las diversas monarquías de algunas casas y países se consideran como un bienvenido toque de color y como prueba de la diversidad de las culturas constitucionales nacionales, pero en el plano de Europa debería establecerse, en la medida en que fuera necesaria, una representación republicana. En primer plano subsiste la supresión del muy lamentado déficit democrático y esto debe remediarse en el foro del Parlamento Europeo y por el "espacio público" europeo. El presidente del Parlamento Europeo debería adquirir las funciones de integración y representación que requiere actualmente. La Constitución de Europa debería ser, formal y materialmente, republicana.

Capítulo II

LA EVOLUCIÓN HISTÓRICA. LA DIMENSIÓN DEL TIEMPO

A) Introducción

§ 11. *Grandes fechas y grandes personajes*

Entendido como *tipo*, en un nivel medio de abstracción, y tangible de manera concreta en sus *variantes nacionales*, incluidos los países en desarrollo y los micro Estados, el Estado constitucional es, respectivamente, una suma parcial de filosofías políticas[1], textos de los clásicos, programas de partidos políticos, saber derivado de la experiencia, incluso de las "heridas", de numerosas generaciones, así como de utopías concretas; es también una suma parcial de procesos revolucionarios y evolutivos. Esto se hace palpable en las grandes fechas, como las de los años 1776 (*Virginia Bill of Rights*), 1787 (*Federalist Papers*), 1789 (Declaración francesa de los Derechos del Hombre y el Ciudadano), 1848 (Constitución federal suiza), 1849 (Convención Constituyente alemana en la Iglesia de San Pablo, en Francfort), 1947 (Constitución italiana), 1948 (Declaración Universal de los Derechos del Hombre

[1] El volumen editado por Brugger, *Legitimation des GG aus der Sicht von Rechtsphilosophie und Gesellschaftstheorie*, aborda algunos aspectos relativos a la LF alemana. Ver, al respecto, mi reseña en *AöR*, vol. 123, 1998, p. 476.

de las Naciones Unidas), 1968 y siguientes (constituciones cantonales suizas), 1976 (Constitución de Portugal) y 1989. Se hace visible también en los textos de los clásicos; por ejemplo, en el de Aristóteles sobre la relación entre igualdad y justicia, de Montesquieu sobre la división de poderes (1748), de I. Kant sobre la dignidad humana, de J. Rawls sobre la justicia (1971), de H. Jonas sobre el "principio responsabilidad" (1964). Estos textos de los clásicos, entendidos como esencia del valor y el éxito[2], transportan el desarrollo del Estado constitucional. No obstante lo abierto que pueda estar su futuro, en retrospectiva es posible aplicarle el modelo general de la evolución, a pesar de los déficits conocidos, los peligros permanentes, como también los dolorosos retrocesos y debilidades[3].

§ 12. *Los textos de los clásicos en la vida constitucional. Siete tesis iniciales desde la perspectiva de la ciencia cultural*

En varias ocasiones hemos hecho referencia puntual a los "textos de los clásicos" y algunos de dichos clásicos fueron citados como tales. En este apartado formularemos siete tesis iniciales.

No es casualidad que los textos de los clásicos, como son los escritos de J. Locke y Montesquieu, los de Sieyès e I. Kant, incluso los de los "contraclásicos" como T. Hobbes, J. J. Rousseau o K. Marx, influyan "fácticamente" en el proceso de formación, y más tarde de interpretación, de las constituciones del Estado constitucional; estos textos tienen, pues, una validez de tipo normativo, legítima aunque limitada. Su validez en el contexto de las constituciones

[2] Al respecto, ver Häberle, *Klassikertexte im Verfassungsleben*.

[3] Sobre el "Estado constitucional desde la perspectiva evolutiva", ver Häberle, *Der Verfassungsstaat in entwicklungsgeschichtlicher Sicht*, en "FS K. Stern", 1996, p. 143 y siguientes. Un texto clásico en esta perspectiva es el de Maine, *Ancient law*.

es culturalmente específica y debe desentrañarse con auxilio de los métodos de trabajo de la ciencia cultural.

Mientras que los grandes nombres y los grandes textos se citan de manera constante, con excesiva naturalidad e incluso "ingenuidad", hasta donde puede verse no se ha planteado hasta ahora la cuestión de qué es lo que verdaderamente legitima su utilización en la vida constitucional: desde el proceso político, por ejemplo, un debate en el Parlamento federal sobre la noción "correcta" de la Constitución o la democracia, hasta la sentencia del Tribunal Constitucional Federal; desde un discurso solemne del presidente federal hasta las resoluciones de los congresos de los partidos. Solamente cuando tengamos presentes la amplitud y la profundidad de la materia y el proceso de la "vida constitucional", en el sentido de la amplitud del pluralismo de los intérpretes constitucionales y la profundidad de una cultura, será posible distinguir la multiplicidad de formas en que se manifiestan los (textos de los) clásicos jurídicos. A la vida constitucional pertenecen las personas y las instituciones, detrás de las cuales se encuentran, naturalmente, siempre otras personas.

Los textos de los clásicos son textos constitucionales en sentido amplio, es decir, actúan como "contexto escrito" en relación con un texto constitucional que requiere ser interpretado, del mismo modo como se requieren otros medios auxiliares, en tanto métodos de la interpretación, concepciones previas (*Vorverständnisse*), teorías adicionales, otros contextos. En particular, los textos de los clásicos son fundadores de paradigmas en el sentido que le da a este término T. Kuhn[4], ya que designan los problemas y proporcionan aspectos parciales para su solución[5]. Una

[4] Kuhn, *La estructura de las revoluciones científicas.*

[5] La imagen de la "mesa de negociación" se remite quizás a la instrucción pastoral *Communio et progressio* de 1971 del papa Paulo VI, la "*magna charta*" de la ética, la educación y la política eclesiásticas de los medios de comunicación. La mesa de negociación hizo historia universal del Estado constitucional en la Po-

directriz sustantiva, como la división de poderes de Montesquieu, actúa a través de su ampliación y renovación (p.ej., gracias a W. Kägi)[6]. Los clásicos auxilian al "intérprete constitucional en sentido amplio", es decir, al ciudadano, en su trato con la Constitución. Toda Constitución en un Estado constitucional tiene sus textos clásicos indispensables. La imagen del contrato social o de la "mesa de negociación" forman parte de ellos.

En vista de que no pocas veces los textos de los clásicos absolutizan verdades parciales, y en virtud de que las constituciones tienen el carácter de compromiso y de que se transforman, resulta necesario preguntar constantemente por las posiciones "alternativas" a los clásicos, o por su reinterpretación, antes de intentar cualquier solución concreta a un problema. ¡Los clásicos tienen sus contraclásicos!

En la medida apuntada, los textos de los clásicos enriquecen la vida constitucional y constituyen un "concepto en crecimiento" (J. Kuhn)[7]; soportan y modifican ciertos institutos del derecho positivo y sus dogmáticas altamente ligadas a la época. Los textos de los clásicos permiten la racionalización de la vida constitucional, en la medida en que se mencionan posibles peligros.

Los textos de los clásicos son un modo y una figura especialmente cercanos al ciudadano, por la cual éste puede conocer *su* Constitución. Una frase de Montesquieu o de J. Locke, o bien de Friedrich Schiller, sobre la división de poderes o la libertad, o de G. E. Lessing sobre la tolerancia, comunican mejor al ciudadano su Constitución y le dan un fundamento más profundo que el que pueda proporcionarle un manual especializado, por importante que sea. Los textos de los clásicos convierten a las

---

lonia de 1989. Desde entonces ha habido nuevas "mesas de negociación", la más reciente en Albania.

[6] Kägi, *Von der klassischen Dreiteilung zur heutigen Gewaltenteilung*.

[7] Lo clásico como concepto histórico, en Jaeger (ed.), *Das Problem des Klassischen und die Antike*, p. 112.

Constituciones en herencia cultural y en tarea para todos nosotros, en "posesión viva". Son parte de nuestra imagen cultural y se almacenan en la "memoria colectiva" de nuestro pueblo. En la sociedad abierta de los intérpretes constitucionales determinamos en última instancia todos nosotros, incluso en la sucesión de las generaciones, quién es un clásico o se convierte en tal. Nosotros somos el sujeto de referencia de los clásicos.

Los textos de los clásicos, es decir, las obras políticas, jurídicas y constitucionales de los grandes escritores, son una forma de comunicación de la experiencia y, fundadas antropológicamente, se encuentran también abiertas en la dimensión temporal. La calidad de clásico no es exclusivamente retrospectiva, sino que también tiene futuro. No existe una sociedad cerrada de los clásicos en el Estado constitucional.

B) El pensamiento de las posibilidades como parte de una tríada (junto con el pensamiento de la realidad y las necesidades)

§ 13. *Introducción. Problemática. Tesis inicial*

El pensamiento y la acción constitucionales están obligados a analizarse a sí mismos una y otra vez, a fin de investigar sus posibilidades y sus límites, las oportunidades y peligros que existen para su "causa", que es el orden fundamental de libertad y democracia en consonancia con la dignidad humana. A ello se dirigen las siguientes reflexiones. El pensamiento de las posibilidades (*Möglichkeitsdenken*), situado en el marco de la realidad y las necesidades, debe ser examinado de manera más central para la teoría constitucional de lo que ha sido hasta ahora, a saber, con base en ejemplos sacados de la legislación, la administración, la jurisprudencia y la política, así como en otros provenientes de la dogmática o el periodismo, es decir, ejemplos tomados de la vida pública y de la realidad de una Constitución viva. El pensamiento de las posibilidades podría ser relativamente desconocido como problema de la teoría constitucional. Por el contrario, el pensamiento de la realidad es casi popular (p.ej., mediante referencias al "imperativo de los hechos"). A H. Lenz le debemos el concepto del "hombre de la realidad". El pensamiento de las necesidades adopta una posición intermedia (que se encuentra presente en la "prohibición del exceso" –"*Übermaßverbot*"– y que en la actualidad se vuelve especialmente relevante para la cuestión de cuáles sean las tareas "necesarias" del Estado, claro está que sujetas a la reserva de lo posible). Las tres formas de pensamiento son indispensables en el Estado constitucional.

§ 14. *Del pensamiento de las posibilidades (pensamiento pluralista de las alternativas) en lo particular*

El pensamiento de las posibilidades es el pensamiento *de* y *en* las alternativas. Sin embargo, no se lo denomina "pensamiento de las alternativas" porque es frecuente asociarlo con el razonamiento en términos de "esto o lo otro"[8], que se apoya en posibilidades que se excluyen mutuamente. Por el contrario, el pensamiento de las posibilidades debe estar tan abierto hacia terceras y cuartas posibilidades como hacia los compromisos.

a) *Explicación del concepto.* Si bien es posible llevarlo retóricamente a una fórmula de "esto o lo otro" ("*Entweder-Oder*"), no hay que absolutizarlo al grado de que no admita ninguna alternativa, ya que el pensamiento de las posibilidades es un razonamiento inquisitivo. Es la bús-

[8] Sobre los diversos significados del concepto de "alternativa", cfr. Rödig, *Die Denkform der Alternative in der Jurisprudenz*, p. 99 y siguientes.

queda de lo que es *también* posible, preguntando: "¿qué podría ocupar el lugar de lo que es?". En la *res publica* del Estado constitucional hay un *ethos* jurídico específico del pensamiento mediante alternativas, de la búsqueda de alternativas, que incluye la mirada hacia la realidad y las necesidades, sin dejarse gobernar por ellas. El pensamiento de las posibilidades se hace tanto más necesario cuanto más elabore la ciencia del derecho constitucional conceptos fundamentales como espacio público, tolerancia, pluralismo, derechos de las minorías, representación de intereses no organizados, derechos fundamentales sociales y culturales.

El pensamiento de las posibilidades como razonamiento de las alternativas se hace especialmente evidente a partir del racionalismo crítico[9]. Podemos encontrar, además, elementos más recientes del pensamiento clásico de las posibilidades en R. Musil[10] y E. Bloch. Esto lo demuestra no sólo el temprano concepto de "pensamiento fabulador" en Bloch (1930), sino sobre todo su "principio esperanza", bajo el apartado "hacer realidad la posibilidad"[11]. En la teoría de sistemas se define la contingencia, en el sentido de la tradición de la teoría modal, como "posibilidad no necesaria"[12]. El concepto de contingencia de N. Luhmann repre-

[9] Enfatiza que siempre vale la pena "*buscar alternativas*, otras teorías que posiblemente sean mejores..." (subrayados en el original): Albert, *Traktat über kritische Vernunft*, p. 49. La "dogmatización" revela su "función protectora" a través de la "difamación de las alternativas" (p. 97).

[10] Musil, *Der Mann ohne Eigenschaften*, p. 16: "Empero si existe el sentido de la realidad, y ninguno dudará que tiene su derecho a existir, entonces debe haber algo que podamos llamar sentido de las posibilidades... Así podría definirse el sentido de las posibilidades como la capacidad de pensar todo aquello que también podría ser, y de no dar a lo que existe mayor importancia que a lo que no es". Sobre la historia del concepto de posibilidad, ver Hartmann, *Möglichkeit und Wirklichkeit*.

[11] Bloch, *Das Prinzip Hoffnung*, vol. 1, p. 284 y siguientes.

[12] Luhmann, en Habermas - Luhmann, *Theorie der Gesellschaft oder Sozialtechnologie*, p. 310. La contingencia se define como "categoría heurística, estratégica y comparativa" que mantiene abierto el acceso a otras posibilidades.

senta una clara referencia al pensamiento de las posibilidades. O. von Bismarck se refería a la relevancia de este pensamiento en su frase sobre la política como "arte de lo posible" (¡pero también la política se refiere a lo necesario!).

b) *Inventario.* En un orden jurídico pluralista y abierto de la libertad existe un amplio espectro de formas diversas que han sido institucionalizadas jurídicamente como alternativas. Estas formas abren espacio a las decisiones, a la libertad individual y a la razón general. Presuponen, en lo posible, comunicación sin violencia, en el sentido de J. Habermas.

El pensamiento de las posibilidades no se introduce en la Constitución desde afuera o desde arriba. La noción de Constitución de U. Scheuner como "proyecto"[13] apunta hacia el pensamiento de las posibilidades. La multiplicidad de las distintas constituciones posibles es lo que confiere su importancia a disciplinas como la teoría y la comparación constitucionales. Esto significa que el pensamiento mediante alternativas que aquí se propone no está solamente orientado hacia el futuro, pues dejar afuera las posibilidades y experiencias de la historia constitucional estrecharía la visión. Precisamente en el "tesoro de la historia" hay material para la solución de problemas que ha sido frecuentemente olvidado y desplazado por la posibilidad hecha realidad. Pero hay también renacimiento y regeneración de las disposiciones constitucionales. Un ejemplo lo ofrecen los derechos fundamentales sociales en las constituciones de los *Länder* a partir de 1945[14] y, en general, su derecho constitucional de la cultura, así como los deberes

---

Cfr. Luhmann, *Soziologie als Theorie sozialer Systeme*, "Kölner Zeitschrift für Soziologie und Sozialpsychologie", p. 615 (637).

13 Scheuner, voz *Verfassung*, en "Staatslexikon", vol. 8 (1963), col. 117 (118).

14 Al respecto, Beutler, *Das Staatsbild in den Länderverfassungen nach 1945*, y mi reseña en *AöR*, vol. 100, 1975, p. 520 y 521; Mangoldt, *Die Verfassungen der neuen Bundesländer*, 2ª ed.; Starck, *Die Verfassungen der neuen Länder*, en *HdbStR*, vol. IX, 1997, p. 353 y siguientes.

fundamentales. La idea de hacer posibles las alternativas subyace especialmente al procedimiento de enmienda constitucional: ¡el art. 79, incs. 1 y 2, de la LF, y normas análogas en otros países, constituyen la más audaz institucionalización de las alternativas en la comunidad política! En la dogmática de los derechos fundamentales se ha vuelto necesaria la "reserva de lo posible" en la dimensión de la participación[15].

Mantener abiertas las posibilidades dentro del orden constitucional vigente es un contenido central de importantes principios jurídico-constitucionales. La democracia que no se funda en la idea de una voluntad popular única y "verdadera" en el sentido de Rousseau, debe dar oportunidad a la *minoría*, como *alternativa a la mayoría*, de convertirse ella misma en mayoría. Según Hesse, la democracia consiste en iniciativas y alternativas pluralistas[16]. En las teorías estadounidenses, ella se identifica prácticamente con el pluralismo y la competencia[17]. La apertura hacia las alternativas debe existir de manera efectiva, por lo que en este punto los ordenamientos democráticos han de someterse continuamente a la crítica. La apertura a las alternativas puede peligrar por las cláusulas del 5%[18] o por un modo determinado de financiamiento de los partidos[19],

[15] Al respecto, ver Häberle, *Grundrechte im Leistungsstaat*, *VVDStRL*, vol. 30, 1972, p. 43 (107, 139 LS 40); BVerfGE 33, 303 (333).

[16] Hesse, *Grundzüge des Verfassungsrechts der Bundesrepublik Deutschland*, p. 62.

[17] Al respecto, ver Narr - Naschold, *Theorie der Demokratie*, p. 137 y ss., 205 y ss., y Scharpf, *Demokratietheorie zwischen Utopie und Anpassung*, p. 29.

[18] Forsthoff, *Der Staat der Industriegesellschaft*, p. 87; al respecto, ver también Häberle, *Retrospektive Staats(rechts)lehre oder realistische "Gesellschaftslehre"?*, *ZHR*, vol. 136, 1972, p. 425 (431 y 432); Grimm, *Politische Parteien*, en *HdbVerfR*, 2ª ed., 1994, p. 599 (627 y 628).

La cláusula citada hace referencia al umbral de votación que un partido debe alcanzar en Alemania para tener derecho a representación en el Parlamento Federal [N. del T.].

[19] Cfr. Hesse, *Die verfassungsstaatliche Stellung der politischen Parteien in modernen Staat*, VVDStRL, vol. 17, 1959, p. 11 (37, nota 69): "Premio a la pose-

por la "tecnoestructura" (M. Duverger)[20], por la desigualdad de oportunidades económicas y por la consolidación de posiciones elitistas. Incluso resulta necesario preguntarse si la idea experimental de la democracia, que convierte en principio la revisión de los pequeños pasos, no excluye alternativas *más fundamentales*.

Los derechos fundamentales constituyen también un vehículo y una reserva de alternativas e innovaciones, sobre todo ahí donde hacen posible la "democracia pluralista" (cfr. el Preámbulo de la Constitución de Gabón de 1994): los arts. 4o, 5o, incs. 1 y 3, 7o, inc. 4, 9o, incs. 1 y 3, LF. Los típicos derechos fundamentales "*a*" las alternativas son aquellos que garantizan una posibilidad de elección: la libertad del sufragio (art. 38, inc. 1, frase 1, LF), la libertad de elección de la profesión, del puesto de trabajo, de la institución educativa (art. 12, inc. 1, frase 1, LF); también podría designarse al art. 11, inc. 1, de la LF como derecho fundamental a elegir libremente el lugar de estancia.

Libertad no es sino otra palabra para las alternativas, dondequiera que aparezca constitucionalmente: en las libertades fundamentales (incluyendo la libertad económica); en la libertad creadora del legislador y la administración, pero también del juez; en la libertad de fundar partidos. Libertad significa esencialmente posibilidades.

De entrada parece banal la constatación de que en el plano de la legislación existe la posibilidad de varias alternativas. Las leyes "correctas" solamente pueden deducirse de manera parcial de la Constitución y de la "realidad"; tampoco son siempre expresión de las "necesidades", el legislador tiene libertad de crear. Las alternativas no existen per se; la legislación no es solamente un acto de selección, sino que más bien es necesario organizar procedimientos

---

sión del poder político"; ver, más tarde, BVerfGE 41, 399 (411 y ss.; sentencia "Daniels"); E 85, 264.

[20] Duverger, *Demokratie im technischen Zeitalter*, p. 149 y siguientes.

que sirvan a la formulación de alternativas que aumenten el margen de las posibilidades. La deliberación parlamentaria de las leyes debe tener esta función, por lo que aquí son importantes las garantías de su publicidad[21]. Es necesario que en el procedimiento legislativo se desarrollen más los "métodos de la invención" que hacen posible "la obtención de ocurrencias para encontrar nuevas soluciones a los problemas"[22]. El legislador debería, en cierto modo, poder experimentar con alternativas. En la medida que no apruebe la ley misma como experimento, o incluya cláusulas experimentales, puede considerar al derecho comparado como prueba de diversas posibilidades. La "audiencia" legislativa, una forma de la pluralización del derecho[23], tiene por objetivo no sólo la obtención de material fáctico, sino que es también un *test* de las reacciones de los círculos afectados a las distintas alternativas de la regulación[24].

Las alternativas como posibilidades del pensamiento en el proceso jurídico se vuelven relevantes en el proceso de la interpretación, en la elección de métodos. Esto quedó comprobado, de diversas formas, en el debate sobre el pensamiento tópico como "fuerza productiva de la interpretación". La tópica busca los posibles criterios de interpretación. El voto particular en los tribunales constitucionales es la manifestación, institucionalizada procesalmente, de la idea de que las normas jurídicas dejan abiertas diversas posibilidades y alternativas de interpretación, y de que la alternativa que hoy se escoge no puede excluir otras alternativas en el futuro.

21 Sobre tales garantías, ver Häberle, *Öffentliches Interesse als juristisches Problem*, p. 103 y siguientes.

22 Noll, *Gesetzgebungslehre*, p. 113. Cfr. también la referencia de p. 114 a la *"ars combinatoria"* de Leibniz como *"ars inveniendi"*.

23 Sobre las leyes del pluralismo, ver Häberle, *Leistungsrecht im sozialen Rechtsstaat*, en "FS Küchenhoff", 1972, p. 453 (465, 472 y 473).

24 Hopt, *Finale Regelungen, Experiment und Datenverarbeitung in Recht und Gesetzgebung, JZ*, 1972, p. 65 y 69.

c) *Requisitos teórico-constitucionales del pensamiento de las posibilidades. Límites de este pensamiento.* El pensamiento jurídico de las posibilidades y las alternativas (pluralistas) no es un fin en sí mismo, sino que se trata de un medio para mantener y recrear la libertad de la comunidad, para lograr el equilibrio justo y razonable de los intereses, la conservación de la Constitución en el tiempo, el desarrollo de la *res publica del* ser humano y *para* el ser humano. Los pensamientos de la realidad y de las necesidades guardan al pensamiento de las posibilidades frente a las utopías que buscan la salvación en el futuro y descuidan el presente. El pensamiento de las posibilidades es un medio para acceder al potencial innovador de las normas jurídicas (o para crear normas nuevas). Claro está que las normas jurídicas también imponen límites al pensamiento de las posibilidades, los que se examinarán más adelante. Precisamente, en la *res publica* democrática el pensamiento de las alternativas seguirá siendo realista y estará dispuesto al compromiso en virtud de la protección que corresponde a las minorías. Es muy posible que el pensamiento de las posibilidades conduzca, a fin de cuentas, a la confirmación de lo ya probado, por ejemplo, para argumentar que una interpretación alternativa es insostenible por los costos excesivamente altos que traería por consecuencia. Tal pensamiento es *evolutivo*, no *revolucionario*, en el sentido admitido aquí. La virtud democrática del "esto pero también lo otro" ("*Sowohl-Als-Auch*"), como expresión de la tolerancia y el pluralismo, debe seguir siendo directiva para el pensamiento de las alternativas. El pensamiento en términos de "esto o lo otro" puede ser una forma de intolerancia intelectual, porque amenaza con bloquear la vía del equilibrio del "esto, pero también lo otro" y, por lo tanto, el compromiso democrático, del cual debería ser etapa previa. En esta medida, el pensamiento de las posibilidades y las alternativas es una manifestación específica del racionalismo crítico, con su postulado de la falsabilidad, de las "*conjectures and refutations*".

El pensamiento de las posibilidades presupone apertura de la Constitución, del Estado, de la sociedad, del pensamiento, y crea al mismo tiempo dicha apertura. Su padrino es el racionalismo crítico, el pensamiento liberal (transformado) en alternativas. Donde sea necesario, hay que cuestionar paso a paso las "alianzas sagradas" de lo existente y sobre lo existente. Una teoría constitucional de la "sociedad abierta" vive de este pensamiento realista de las posibilidades. Así, por ejemplo, a través de las garantías de los derechos fundamentales, en especial en los ámbitos económico y artístico, se institucionalizan numerosas posibilidades (¡incluso utopías concretas!).

Así puede hablarse de la fuerza del pensamiento de las posibilidades (y de las necesidades y la realidad) que abren las normas jurídicas. El pensamiento jurídico de las posibilidades es expresión y consecuencia, presupuesto y límite, de la interpretación constitucional abierta.

§ 15. *La integración de la realidad, las posibilidades y las necesidades en el proceso (del pensamiento y la acción) de la interpretación y la política constitucionales abiertas*

La tesis es la siguiente: el contenido, la validez y el cambio de las normas jurídicas, pero también sus límites, sólo pueden desentrañarse plenamente a través de la tríada abierta del pensamiento de las posibilidades, la realidad y las necesidades. Y estas tres formas del pensamiento también actúan conjuntamente en la creación de las normas. Existen relaciones de competencia, pero también, y ante todo, de cooperación. La dosis "correcta" de los estilos de razonamiento se convierte en problema del pensamiento jurídico.

a) *La relación de las tres formas de pensamiento entre sí (competencia y cooperación, confrontación e inte-*

GRACIÓN). Desde un punto de vista analítico, la cooperación entre los pensamientos de las posibilidades, la realidad y las necesidades tendría que proceder "uno tras otro". Primeramente hay que investigar la realidad, después hay que buscar las posibilidades alternativas; éstas deben ser valoradas, a fin de poder identificar las necesidades. Desde este punto de vista, no se trata de *estilos* sino de *etapas* del pensamiento que se suceden unas a otras. Por lo tanto, se presupone una separación estricta de los modos de pensamiento que ocurren en cada una de las etapas, la cual difícilmente puede sostenerse en la práctica. Si, por el contrario, se escoge un enfoque, basado en las más recientes reflexiones sobre la tópica, entonces se advierte que no hay sucesión lineal de pasos, sino una relación, de múltiples dimensiones y de alta complejidad, de conjunción, cooperación y contradicción. La "relación de mezcla" entre los estilos de razonamiento habrá de ser distinta, dependiendo de la función de que se trate: la "política", la legislación, la jurisdicción, la administración y los diversos acentos son una características de la distinción (¡no separación!) de las diversas funciones del Estado. La combinación jurídico-funcional de los distintos modos de pensamiento y su organización se convierten en problema central de una teoría constitucional de la práctica.

Las tres formas del pensamiento se limitan mutuamente. Así, por ejemplo, el pensamiento de la realidad previene a la dogmática del predominio del pensamiento derivado del statu quo, pero también de su extremo contrario, las ideologías de la transformación[25]. La concepción de la Constitución, como teoría constitucional referida de manera destacada a la práctica y guía de una "buena" interpretación constitucional, especialmente dispuesta al compromiso, despliega su fuerza directiva con relación

[25] Ver la opinión crítica de Lerche, *Stiller Verfassungswandel als aktuelles Politikum*, en "FS für Maunz", 1971, p. 285 (289 y siguientes).

al proceso de la confrontación e integración de los resultados, mejor dicho, de los resultados provisionales de los tres pasos del pensamiento. Producen selección a través de la proyección de objetivos, "recogen" el material de los tres pasos del pensamiento, establecen acentos entre ellos, lo cual pueden realizar porque la tríada se mantiene abierta, su integración es "floja" y el "paralelogramo de las fuerzas" de las posibilidades y necesidades, que frecuentemente son en sí antagónicas, se mantiene flexible gracias a la acción de los objetivos normativos. Del "conjunto de las posibilidades" hay que escoger aquellas que llevan a la realidad "existente" a un mejor desarrollo y que evitan los peligros de un retroceso hacia una realidad más mala. Por tanto, la colaboración de los tres pasos del pensamiento presupone "insumos y preceptos" (el "*input* normativo").

b) *La valoración de lo real, lo posible y lo necesario en el horizonte de lo normativo.* Aquí se plantea la pregunta crucial: en vista del pensamiento jurídico sobre la realidad, las posibilidades y las necesidades, ¿dónde queda lo propiamente normativo? ¿Acaso se disuelve? ¿O no es más bien que hasta ahora ha quedado empobrecido y reducido por no haber sido situado consecuentemente, ab initio, en el horizonte de lo posible, lo real y lo necesario? La respuesta es que lo normativo, el deber ser, no se "pierde" en la tríada de las posibilidades, las necesidades y la realidad.

De entrada, el pensamiento de las posibilidades, las necesidades y la realidad no puede ser aplicado de manera independiente frente a la norma jurídica. Se trata de la "valoración" de lo real, de las posibilidades y de la incorporación de lo necesario; se trata de una tarea de delimitación a partir de lo normativo. ¡No es que la realidad, las posibilidades y las necesidades existan sin valoración y sin supuestos previos! Sería ilusorio suponer que una "buena" política constitucional podría ser la resultante de factores que no contuvieran ya el *input* normativo que determina el buen resultado.

Las valoraciones ya están en juego, incluso cuando se trata de diagnosticar empíricamente la realidad y aun tratándose de las posibilidades libres, "desencadenadas", frente a toda norma. Y la renuncia, tan amplia como sea posible, a la apresurada limitación normativa de las posibilidades, hasta llegar a lo absurdo, debe liberar la fuerza productiva e innovadora del pensamiento de las posibilidades. Por último, el pensamiento de las necesidades, concebido "realistamente", se funda siempre en objetivos y datos normativos; lo que hay que hacer es sacarlos a la luz.

c) *Límites*. En relación con el problema de la normativización, hay que ver también los límites que la norma jurídica impone a los tres estilos de pensamiento: la selección que hace la norma consiste en que pretende precisamente excluir ciertas posibilidades "malas"; en que pueda imponerse incluso contra las "necesidades del bien común", la "razón de Estado" y conceptos similares, por presuntamente urgentes que sean; en que se oponga a una determinada realidad pública "mala". Aunque la tríada mencionada "abra" las normas jurídicas, en la misma medida hay que tener presentes los límites del proceso. Las normas jurídicas tienen que enfrentarse y afirmarse contra realidades, posibilidades y necesidades determinadas. La relación es ambivalente, pero fructífera. Sin pensamiento de la realidad, de las posibilidades y las necesidades, sin su *confrontación* e *integración*, no existe una adecuada interpretación y desarrollo de las normas jurídicas en la libertad, así como tampoco hay creación de tales normas en procedimientos libres. Pero sin normas jurídicas no es posible el pensamiento jurídico de las posibilidades, las necesidades y la realidad. Las normas son, por tanto, el vehículo de un pensamiento *tridimensional* y como tales resultan imprescindibles.

C) El Estado constitucional desde la perspectiva evolutiva. Las dos dimensiones: el tiempo y el espacio

§ 16. *La comparación jurídica en el tiempo y la historia constitucional*

La evolución corre, por un lado, en la "vía" o la "escala" temporal. En este sentido se ha formado, respecto del Estado constitucional, una disciplina científica propia, la "historia constitucional", la cual se encuentra presente en las grandes obras de E. R. Huber[26], O. Kimminich[27], D. Willoweit[28] y M. Stolleis[29]. Ciertamente, esta disciplina todavía no ha podido fijar de manera "clásica" su objeto y sus métodos, del mismo modo que lo ha logrado la "historia del derecho privado moderno" de F. Wieacker, la cual contiene también elementos de la constitución de la libertad[30], pero quizás esto no sea siquiera posible.

> Huber tiene la esperanza de al menos ofrecer un reflejo de qué modo el ser real todavía no configurado y la estructura ordenada de las instituciones del derecho del Estado y de las normas; de qué manera las grandes corrientes de las ideas y la agitada marea de los intereses; cómo la subjetividad de las fuerzas actuantes y la objetividad del espíritu de una época que se realiza a sí mismo en la lucha, plena de crisis, por la Constitución, se encuentran inseparablemente ligadas, pero no sin que no puedan distinguirse[31].

[26] Huber, *Deutsche Verfassungsgeschichte seit 1789*, vol. 1, 1957 (2ª ed. 1967) hasta vol. 7, 1984.

[27] Kimminich, *Deutsche Verfassungsgeschichte.*

[28] Willoweit, *Deutsche Verfassungsgeschichte.*

[29] Stolleis, *Geschichte des öffentlichen Rechts in Deutschland*, vol. I, 1988; vol. II, 1992.

[30] Wieacker, *Privatrechtsgeschichte der Neuzeit*, 1952 (2ª ed., 1967); cfr. p. 621 y siguientes.

[31] Huber, *Deutsche Verfassungsgeschichte seit 1789*, vol. I, prólogo, p. VII.

Este autor sostiene un "concepto sustancial de Constitución"[32] y se propone una "historia constitucional de toda Europa" (intención parcialmente satisfecha por H. Hattenhauer)[33]. Stolleis habla de la "transformación evolutiva" y ocasionalmente "revolucionaria" de las reglas jurídicas "que constituyen a la comunidad y que ordenan la relación interna entre gobernantes y gobernados, así como las relaciones externas con otras comunidades"[34], y pide una "analogización", es decir, la constatación de similitudes entre el ahora y el entonces[35]. Se trata, pues, de una comparación en el tiempo, a través de la cual podemos reconstruir "procesos evolutivos" (*Entwicklungen*), explicar lo nuevo y lo otro como cosas diferentes. Toda lucha por elaborar una historia constitucional se revela como comparación en el tiempo, como extensión de lo próximo hacia lo lejano: del Estado constitucional nacional hacia el Estado constitucional regional europeo, y desde ahí hacia procesos evolutivos universales, según la época. En lo particular, la reconstrucción de la evolución histórica (constitucional) es sin duda difícil, ya que la "concepción previa" (*Vorverstädnis*) y la "elección del método" se encuentran históricamente condicionadas.

§ 17. *La comparación jurídica en el espacio: comparatística contemporánea, comunidad universal de producción y recepción en materia del Estado constitucional*

La comparación jurídica en el espacio es la otra dimensión –correlativa del derecho comparado en el tiempo, es decir, de la historia– que nos permite "perseguir" los procesos evolutivos. Tiempo y espacio son dos dimensiones correlativas, "hermanas", que requiere la compren-

[32] Huber, *Deutsche Verfassungsgeschichte seit 1789*, vol. II, prólogo, p. VII.

[33] Hauttenhauer, *Europäische Rechtsgeschichte*.

[34] Stolleis, *Geschichte des öffentlichen Rechts in Deutschland*, vol. I, p. 43.

[35] Stolleis, *Geschichte des öffentlichen Rechts in Deutschland*, vol. I, p. 54.

sión histórico-evolutiva del Estado constitucional. Aquí podríamos invocar, o no, al "Parsifal" de Richard Wagner ("Aquí se torna en espacio el tiempo"), pero lo que sí hace falta es una teoría constitucional del espacio[36]. Con ello no queremos proponer un retorno a las funestas ideologías del espacio de la época nazi; por fortuna, después de su *Ser y tiempo* (1927), M. Heidegger no escribió un libro con el título *Ser y espacio*. Más bien se trata de reconocer que los procesos de desarrollo del Estado constitucional, en última instancia, solamente pueden entenderse si se toma en cuenta el espacio, hoy Europa o incluso el mundo. No es sólo a partir de 1989 que podemos observar procesos de producción y recepción en materia del Estado constitucional a través del espacio y por encima de los continentes. Esto lo veíamos ya respecto de elementos que actualmente son clásicos, como la división de poderes de Montesquieu y su "ignición" en los jóvenes Estados Unidos de América; una recepción inversa se presenta en el "salto" del federalismo desde ese país hacia Europa. Sin embargo, a partir de 1989 es visible una comunidad de producción y recepción mundial, que abarca Europa oriental y partes de Asia, en la que los textos constitucionales, los paradigmas científicos, las resoluciones judiciales, se vuelven objeto de los *procesos de globalización*, es decir, son intercambiados y también *transformados*. Con ello también hay recepción de una "*realidad* constitucional", en el sentido de que los Estados constitucionales más jóvenes convierten en conceptos y en texto lo que se ha desarrollado paulatinamente en los más antiguos. Así, Italia en la actualidad discute en su sistema de coordenadas, como "regionalismo cooperativo", elementos del "federalismo cooperativo"; de este modo incorporó España, a partir de 1978, mucho de lo que se había desarrollado en el fe-

[36] Al respecto, Häberle, *Kulturpolitik in der Stadt -ein Verfassungsauftrag*, p. 38 y ss., y *Rechtsvergleichung im Kraftfeld des Verfassungsstaates*, p. 778 y siguientes.

deralismo alemán. El ejemplo más espectacular de un intercambio de experiencias a través del espacio en el marco del Estado constitucional (sobre todo respecto del federalismo y la jurisdicción constitucional) lo ofrece actualmente Sudáfrica[37]. Esta constatación tiene consecuencias: la entronización de la comparación jurídica como "quinto método de interpretación"[38] (ya K. Zweigert se había atrevido a hablar de un método de interpretación "universal"), que se agrega al *histórico*. En el ámbito de los derechos fundamentales se produce su integración en el tipo del Estado constitucional, por ejemplo, a través del postulado de una "interpretación conforme a los derechos humanos" y su condensación en "principios generales del derecho", como lo ha demostrado el Tribunal de Justicia europeo, mientras que en el plano de Europa madura la idea del *derecho constitucional común europeo*. Puesto que el "taller" del Estado constitucional se vuelve cada vez más global en el espacio (lo que se compensa en parte por nuevas fragmentaciones), las "piezas" deben ser examinadas de manera correlativamente amplia, como contraparte de la amplitud y profundidad de la investigación histórico-constitucional. El tiempo y el espacio trabajan en el tipo del Estado constitucional como "proyecto de desarrollo". La metodología constitucional se hace correlativamente extensa.

§ 18. *Conclusión*

El Estado constitucional asegura su continuidad y supervivencia en el curso del tiempo a través de instrumentos y procedimientos "grandes" (de "malla gruesa") y "finos", en un equilibrio entre constancia y cambio. El tiempo y la

[37] De la bibliografía: Karpen, *Südafrika auf dem Weg zu einer demokratischen-rechtsstaatlichen Verfassung*, *JöR*, vol. 44, 1996, p. 609 y siguientes. El principal manual es el de Rautenbach - Malherbe, *Constitutional law*.

[38] Propuesto inicialmente por el autor en su ensayo: *Grundrechtsgeltung und Grundrechtsinterpretation im Verfassungsstaat*, *JZ*, 1989, p. 913 y siguientes.

cultura constitucional[39] constituyen un modo de existencia de este tipo. Sin embargo, aun la citada escala de procedimientos no lo hacen inmune contra errores y desviaciones, como tampoco lo está ninguna obra humana. Sin embargo, en el marco de una *teoría de la Constitución como ciencia cultural*, el Estado constitucional se "conecta" de manera diferenciada con el paradigma de la "evolución" que quizá caracteriza actualmente a todas las ciencias naturales y culturales (palabra clave más reciente: "la computadora como 'máquina evolutiva'"). ¡En un sentido más profundo, todos los Estados constitucionales son "países en desarrollo"!

D) TIEMPO Y CULTURA CONSTITUCIONAL: INSTRUMENTOS Y PROCEDIMIENTOS PARA EL PROCESAMIENTO DEL FACTOR TIEMPO EN EL PRESENTE Y EN EL FUTURO

§ 19. *INTRODUCCIÓN*

Los instrumentos y procedimientos para el procesamiento constitucional del factor tiempo con vistas al presente y al futuro son múltiples y de ellos se ocupa principalmente una concepción más dinámica de la Constitución. Escalonados de acuerdo con su grado de formalización, se obtiene la relación que sigue.

§ 20. *CLÁUSULAS RELATIVAS AL FUTURO Y AL PROGRESO*

Una forma especial de reivindicación del futuro por el texto constitucional se encuentra en diversas variantes: en

[39] Al respecto, ver Häberle, mismo título (*Zeit und Verfassungskultur*), en Peisl - Mohler (eds.), "Die Zeit", p. 289 y siguientes.

la fijación absoluta, "eterna", de ciertos principios, en forma similar a lo dispuesto por el art. 79, inc. 3, de la LF[40]; en la formulación de una "pretensión de validez perenne"[41] o en la negación duradera de situaciones jurídicas anteriores especialmente reprochables, como la servidumbre y los títulos. La elaboración rigurosa del pasado (*Vergangenheitsbewältigung*) se convierte aquí en elevada exigencia para el futuro.

Otra "tematización" más del futuro se encuentra en las constituciones que expresamente hablan de un "futuro benéfico"[42], que se dirigen a las futuras generaciones alemanas[43], exigen de la república la promoción del desarrollo cultural (art. 9°, inc. 1, Const. de Italia –1847–) o invocan el "progreso": en cláusulas que se refieren a la fiesta del 1° de mayo, como profesión de fe en el progreso (art. 32, Const. de Hesse de 1946) o en forma bastante más general[44]. Aquí se manifiestan claramente los dos lados de una cultura, el tradicional y el prospectivo[45].

[40] Cfr. el art. 16 de la Declaración francesa de 1789; el art. 110, inc. 1, de la Const. de Grecia (1975); el art. 130 de la Const. de Bélgica; el art. 9° de la Const. de Turquía (1961); el art. 89, inc. 5, de la Const. de Francia (1958); el art. 75, inc. 1, frase 2, de la Const. de Baviera (1946).

[41] Cfr. el art. 25, inc. 2, de la Const. de Grecia (1975): "derechos fundamentales e inalienables del hombre".

[42] Preámbulo del documento constitucional de Hesse de 1831. Ver, también, el "futuro" en el Preámbulo de la Constitución de Hesse (1946).

[43] Preámbulo orientado a las generaciones de la Constitución de Baviera (1946); Preámbulo de la Constitución de Ucrania: *"past, present and future generations"*. Ver, también, el Preámbulo de la Constitución de Kwazulu-Natal (1996): *"present generation and posterity"*. En forma similar, los preámbulos de las constituciones de Kazajstán (1995), Armenia (1995) y Azerbaiyán (1996).

[44] Preámbulo de la Constitución española (1978): "promover el progreso de la cultura y de la economía". Ver, también, el art. 41, inc. 2, de la Const. de Turquía.

[45] De manera precisa, el art. 9° de la Const. de Italia: la República promueve el desarrollo de la cultura (párr. 1°); tutela el paisaje y la herencia histórica y artística de la nación (párr. 2°).

§ 21. *Mutación constitucional a través de la interpretación*

La mutación constitucional[46] a través de la interpretación, es decir, sin modificación expresa del texto de la Constitución, se produce de manera relativamente discreta y sin formalización. Por la sola vía de la interpretación, ya sea la de los tribunales, la de la práctica estatal, la de la opinión pública o la doctrina, o como producto de la combinación de ellas, una norma constitucional puede adquirir un significado nuevo o diferente. Así, por ejemplo, la propiedad reconocida por el Código Civil alemán (BGB) de 1900 se ha visto sometida a una profunda transformación.

También pertenecen aquí los procesos de crecimiento que han afectado a los diversos principios constitucionales, con resultados fenomenales. Así, la concepción del "Estado social de derecho" en 1999 tiene muy poco en común con la interpretación de la LF en 1949.

Dependiendo del método, la interpretación de la Constitución es en parte retrospectiva y en parte prospectiva. ¡Los diversos métodos de interpretación no hacen otra cosa que "organizar" el tiempo! La interpretación histórica incorpora los orígenes, el método objetivo, el presente, el método orientado a las consecuencias y el pronóstico, el futuro. Quizá la "impredecibilidad" general de los procesos temporales sea la razón por la cual, hasta ahora, ninguna metodología ha sido capaz de ponderar entre sí los diversos métodos de interpretación. Presumiblemente, su interrelación es una función del tiempo, o sea, es flexible.

[46] El autor utiliza aquí, con la opinión dominante (Jellinek, *Verfassungsänderung und Verfassungswandel*), el concepto de "mutación constitucional", a pesar de que, en su opinión, deberíamos "despedirnos" de él; cfr. Häberle, *Zeit und Verfassung*, y *Verfassung als öffentlicher Prozeß*, 1978 (3ª ed., 1998), p. 59 (82 y 83).

§ 22. Votos particulares

Los votos particulares de los jueces constitucionales que sostienen interpretaciones alternativas pueden convertirse en una forma especial de anunciar y promover, e incluso de acelerar, la "mutación constitucional". La historia de la jurisdicción constitucional en los Estados Unidos de América ofrece ejemplos sorprendentes al respecto[47], por ejemplo, en relación con la observancia de la legislación del *New Deal* de Roosevelt. Entre nosotros ya también es posible identificar signos de tales efectos en la "jurisprudencia alternativa" de los votos particulares, en la evolución de la jurisprudencia del Tribunal Constitucional Federal[48].

§ 23. Mandatos al legislador

La actividad del legislador puede concebirse como procesamiento permanente del cambio social en el tiempo y ofrece una variedad de procedimientos y técnicas pertinentes. En la primera época de la LF se intentaba "cumplir" los mandatos constitucionales, abiertos (u ocultos), por ejemplo, sobre la igualdad de los sexos (art. 3º, inc. 2), de los hijos nacidos fuera del matrimonio (art. 6º, inc. 5) o sobre la democracia interna de los partidos (art. 21, inc. 1, frase 3 –cfr. también los arts. 95, inc. 3, y 117, inc. 2–).

§ 24. Efectos anticipados de las leyes

Mencionemos de manera sucinta dos formas más de incluir el tiempo en el desarrollo constitucional, formas de las que se tiene más conciencia recientemente: en pri-

47 Al respecto, ver Haller, *Supreme Court und Politik in den USA*.

48 Ejemplos en Häberle, *Kommentierte Verfassungsrechtsprechung*, p. 24 y siguientes. Recientemente, Schlaich, *Das Bundesverfassungsgericht*, p. 38 y siguientes.

mer lugar, el efecto anticipado (*Vorwirkung*) de las leyes y tratados[49]. Los efectos anticipados de leyes todavía no vigentes formalmente son tan comprobables como admisibles, aunque en forma diferenciada. En el ámbito internacional llaman la atención los efectos anticipados del Tratado SALT II, pues durante mucho tiempo los Estados Unidos de América y la entonces Unión de Repúblicas Socialistas Soviéticas se apegaron tácitamente al proyecto de Tratado. Los efectos anticipados no son otra cosa que la aceleración del factor tiempo.

§ 25. *Cláusulas de experimentación y de experiencia*

Por último, echemos una mirada a las cláusulas legales de experimentación y de experiencia, las cuales aparecen sobre todo en tiempos reformistas y se muestran como intento de anticiparse al futuro de manera temporalmente limitada. En los años setenta estas cláusulas fueron tema de discusión en Alemania. Un ejemplo es el § 5 b de la ley sobre la judicatura alemana (DRiG), en relación con la educación jurídica de una sola etapa. No podemos discutir aquí en lo particular[50] estas cláusulas, que ya había advertido Montesquieu[51], pero deben considerarse como forma de "prueba anticipada" del futuro. En la actualidad, el interés se dirige a la evaluación de las leyes: la investigación de la implementación, por ejemplo, trata a una ley en su conjunto como si fuera un experimento, a fin de preparar iniciativas de reforma que posiblemente la mejoren (sobre todo en la protección del ambiente y el derecho de la planeación); también se discute la "legislación temporal",

49 Sobre los efectos anticipados de las leyes, ver Häberle, *Öffentliches Interesse als juristisches Problem*, p. 396, nota 148, y p. 486 y ss.; *Zeit und Verfassung*, y *Verfassung als öffentlicher Prozeß*, 1978 (3a ed., 1998), p. 59 (83 y siguientes).

50 Más detalles en Häberle, *Verfassung als öffentlicher Prozeß*, 1978 (3a ed., 1998), p. 85 y siguientes.

51 Cfr. Montesquieu, *El espíritu de las leyes*, libro II, cap. 2, al final.

por ejemplo, en el derecho alemán de la educación superior o de los municipios (por último, su "fecha de caducidad").

§ 26. *Modificaciones constitucionales*

La institución clásica encaminada a formalizar lo nuevo y darle entrada directa en la Constitución es la modificación o reforma constitucional, es decir, el cambio del texto de la Constitución a través de determinados procedimientos que requieren, por lo común, mayorías calificadas como base de un consenso más amplio (cfr. art. 79, inc. 2, LF). Todos los Estados constitucionales que cuentan con un documento constitucional conocen esta posibilidad de incorporar al texto el cambio en el tiempo, aunque los supuestos puedan ser diferentes en lo particular (p.ej., la mayoría requerida).

Las modificaciones constitucionales pueden servir para adaptarse a cambios que ya han ocurrido en los hechos, pero también pueden tratar de producirlos. Así, hay que distinguir entre modificaciones de "adaptación" y de "creación". En principio, la duración y la estabilidad de la Constitución parecen hablar en contra de las modificaciones constitucionales, pero éstas pueden contribuir precisamente a la duración y la estabilidad de una comunidad cuando son "oportunas". Que esto sea así sólo puede señalarse en el caso particular y en ámbitos específicos.

Lo anterior es cierto con mayor razón respecto de aquel paquete de modificaciones constitucionales que debe conducir a la "revisión total" de una Constitución. La discusión alemana en y acerca de la Comisión de Investigación del Parlamento federal alemán en los años setenta demostró evidentemente que era inoportuna en su momento[52], ya

[52] Sobre la Comisión: Enquete-Kommission Verfassungsreform, *Schlußbericht*, 1976 (BT-Drs. 7/5924). Sobre la Comisión conjunta de Constitución: Ber-

que ni en lo político-constitucional ni en lo científico llegó prácticamente a ningún resultado. La labor de la Comisión conjunta de Constitución (1993) fue apenas poco más exitosa. En cambio, la discusión suiza[53] podría mostrarse más eficaz en el mediano y largo plazos: esto lo demuestra la discusión actual sobre una Constitución federal "por crear". Especialmente fructíferas fueron y son las revisiones totales de las constituciones cantonales suizas, siendo la más reciente la de Appenzell A. Rh. en 1995.

E) Europeización e internacionalización

§ 27. *La europeización del Estado constitucional*

La europeización del derecho en general, pero también de sus disciplinas, se ha convertido en lugar común. El "derecho civil común europeo", concebido quizá por primera vez por H. Kötz[54], encuentra su equivalente en el "derecho constitucional común europeo" (*gemeineuropäisches Verfassungsrecht*)[55]. Otros términos clave provienen de H. Coing y su frase "desde Bolonia hasta Bruselas", así como de sus investigaciones sobre la historia del derecho en Europa, pero también de los esfuerzos en torno al derecho europeo laboral o social o también el penal. Estos procesos generales de desarrollo, que no deben perderse en lo indeterminado, se vuelven tangibles para la teoría de la Constitución en tres campos que penetran en las dimensiones culturales profundas y respecto de los cuales es váli-

lit, *Die Reform des Grundgesetzes nach der staatlichen Einigung Deutschlands*, *JöR*, vol. 44, 1996, p. 17 (27 y siguientes).

[53] Cfr. el proyecto de Constitución federal suiza de 1977, reproducido en *AöR*, vol. 104, 1979, p. 475 y siguientes.

[54] Kötz, *Gemeineuropäisches Zivilrecht*, en "FS K. Zweigert", 1981, p. 481 y siguientes.

[55] Häberle, *Gemeineuropäisches Verfassungsrecht* (1991), en "Europäische Rechtskultur", p. 33 y ss., y *Gemeineuropäisches Verfassungsrecht*, 1997.

da la siguiente proposición: la cultura y el derecho "*hacen*" la *cultura del derecho* de Europa.

a) *La europeización a través del derecho europeo en sentido amplio y en sentido restringido.* El derecho europeo (*Europarecht*) en sentido restringido es el derecho de la Unión y las Comunidades Europeas. En el campo de la ciencia, este derecho ha llevado a extraordinarias contribuciones como la del "derecho administrativo europeo" (J. Schwarze, 1988), a través del descubrimiento del derecho privado europeo en la Comunidad Europea (P. C. Müller-Graff, 1989), a las obras pioneras como el *Derecho comunitario europeo* de H. P. Ipsen (1970). El Tribunal de Justicia europeo ha hecho contribuciones equivalentes, por ejemplo, en relación con los derechos fundamentales como "principios generales del derecho", que hacen aparecer al derecho europeo casi como derecho pretoriano, similar al derecho de los juristas en Roma.

El derecho europeo en sentido amplio es el derecho del Consejo de Europa que encuentra sus puntos culminantes en diversas sentencias de la Corte Europea de Derechos Humanos. Austria y Suiza se han adelantado a algunos otros miembros del Consejo de Europa, al haber otorgado jerarquía constitucional a la Convención Europea de Derechos Humanos[56]. La teoría constitucional europea debiera poner mucha atención en este derecho europeo en sentido amplio, pues constituye una etapa de crecimiento del Estado constitucional europeo mismo.

b) *El derecho constitucional común europeo.* El derecho constitucional común europeo, introducido en la discusión en 1991[57], circunscribe un aspecto parcial del Estado constitucional europeo, el cual se alimenta del pensa-

[56] Bleckmann, *Verfassungsrang der Europäischen Menschenrechtskonvention?*, *EuGRZ*, 1994, p. 149 y siguientes.

[57] Ver Häberle, mismo título (*Gemeineuropäisches Verfassungsrecht*), *EuGRZ*, 1991, p. 261 y ss.; reproducido en Häberle, *Europäische Rechtskultur*, p. 33.

miento del derecho común y de los principios (en el sentido de J. Esser), sin pretender nivelar la pluralidad de culturas jurídicas nacionales.

c) *Derecho constitucional nacional de Europa.* Una dimensión de la europeización, hasta ahora poco estudiada por la doctrina la denominamos aquí "derecho constitucional nacional de Europa" (*nationales "Europaverfassungsrecht"*)[58]. Con este concepto nos referimos al aumento, cuantitativo y cualitativo, de las artículos sobre Europa que se encuentran en los distintos Estados constitucionales. Recientemente se añadieron a la LF bastantes "artículos sobre Europa" (arts. 23, 24 a, inc. 1 a, 28, inc. 1, frase 3, 45, 50 y 88, frase 2).

Del surgimiento y desarrollo del "derecho constitucional nacional de Europa", en sus diversas manifestaciones, se derivan también consecuencias respecto de los problemas constitucionales concretos, por ejemplo, en relación con las cuestiones particulares que plantea el art. 32 de la LF, cuyo inc. 1 debe ser reinterpretado, "europeizado", en lo particular. Ahí se disponía, desde 1949, que "corresponde a la Federación conducir las relaciones con los Estados extranjeros", y hay que preguntarse ahora, a partir del nuevo art. 23 de la LF, de 1992, si los Estados constitucionales que actúan en el contexto de Europa son todavía "Estados extranjeros"; en otras palabras: el esquema interno-externo se cuestiona fundamentalmente en relación con Europa. Los Estados de la Unión Europea ya no son entre sí "extranjeros", sino que existe sobre todo el "Euroland".

§ 28. *El Estado constitucional cooperativo*

La evolución hacia el Estado constitucional cooperativo es compleja.

[58] Ver, al respecto, Häberle, *Europaprogramme neuerer Verfassungen und Verfassungsentwürfe für den Ausbau von nationales "Europaverfassungsrecht"*, en "FS Everling", 1995, p. 355 y siguientes.

a) *Causas y trasfondo.* Dos factores ocupan particularmente el primer plano: el lado sociológico-económico y el lado ideal-moral.

Factor destacado y motor de la tendencia hacia la cooperación es la interdependencia económica de los Estados (constitucionales). Si se puede decir que el Estado europeo viene de la economía, con mayor razón esto es válido para el Estado constitucional cooperativo, que es efecto de las interrelaciones económicas y causa de ellas. La actual *globalización* intensifica estos procesos.

El reconocimiento de las formas de cooperación económica y su "conversión" en conceptos, procedimientos y competencias jurídicos adecuados, requiere vincularse a los métodos y al objeto de las "ciencias del Estado".

El trasfondo ideal-moral de la evolución hacia el Estado constitucional cooperativo solamente puede ser esbozado: es, por un lado, resultado del estar constituido a través de los derechos fundamentales y humanos. La "sociedad abierta" merece tal calificativo sólo si es una sociedad abierta hacia lo internacional. Los derechos fundamentales y humanos remiten al Estado y a *sus* ciudadanos también hacia lo "otro", lo "extraño", es decir, a otros Estados con sus sociedades y a los ciudadanos extranjeros. El Estado constitucional cooperativo vive de necesidades de cooperación económica, social y humanitaria, así como, en lo antropológico, de la conciencia de la cooperación (internacionalización de la sociedad, de la red de datos, de la esfera pública mundial, de las manifestaciones con temas de política exterior, de la legitimación proveniente del exterior, regionalmente, el espacio público europeo).

b) *Límites y peligros.* Hasta 1989, el Estado constitucional occidental era, numéricamente hablando, un tipo de Estado algo infrecuente. Por un lado, se hallaba en competencia con los llamados Estados "socialistas" y, por el otro, con los Estados autoritarios y totalitarios de Europa, África, América latina y Asia. Por ello, sería miope, incluso peligroso, que la teoría de la Constitución, entusiasmada por su propio "modelo", no recordara este hecho al construir las formas de cooperación europea, las que abren a los Estados europeos de tal modo que quedan expuestos a los riesgos provenientes de los Estados "salvajes" (que son, por su lado, sujetos del derecho internacional; los ejemplos se encuentran en la ex Yugoslavia). Ciertamente, la "fuerza de atracción" (y el tesoro de experiencias) del Estado constitucional (occidental) es grande y debiera crecer en el espacio público mundial en la medida en que se tome más en serio la cooperación. Sin embargo, no hay que perder de vista que las conquistas de este Estado, así como los elementos formales del Estado de derecho o el concepto mismo de derecho, se encuentran amenazados constantemente, y que la estructura de valores (y la identidad), en parte muy diversas, de terceros Estados (como los islámicos), no puede ni desea adaptarse al modelo del Estado constitucional. Pero también con ellos debe ser posible una cooperación (limitada).

Por lo tanto, hay una cierta ambivalencia en el tema "Estado constitucional y relaciones internacionales". Por un lado, la posibilidad de la cooperación encubre grandes oportunidades y desafíos: los elementos constitutivos del Estado constitucional (como los procedimientos democráticos, la independencia de la jurisdicción, los derechos humanos) pueden ser "exportados", a fin de constituir a la comunidad de los Estados (así, p.ej., actualmente en dirección a Europa oriental o el sudeste asiático). Por otro lado, son evidentes los peligros que derivan de la "importación", pues se producen procesos de retroalimentación y situaciones obligadas: el Estado constitucional como tipo, en lo que concierne a sus elementos dogmáticos como Estado de derecho, corre el riesgo de caer en zonas en que peligre su identidad, aunque abierta al cambio, por ejemplo, en cuestiones monetarias: la interrelación con

Estados que no son constitucionales (todavía), como lo son algunos países en desarrollo, pero también con organizaciones no gubernamentales multinacionales o privadas, puede conducir a un efecto negativo de atracción. Se producen, así, roces entre el Estado constitucional y el concepto de Estado que postula el derecho internacional[59], entre los diversos modelos económicos (p.ej., en los países en desarrollo o en Cuba o Corea del Norte), a procesos de retroalimentación entre las economías nacionales. El Estado constitucional puede erosionarse, contra lo cual deberán imaginar algo la dogmática y la política del Estado constitucional. Pero también es posible una "balanza activa", en el sentido de una competencia de los Estados en relación con los elementos de su carácter constitucional que, de manera condicionada, se pueden intercambiar y transmitir, en camino hacia un "modelo" óptimo de Estado constitucional cooperativo.

c) *Derecho internacional de la coordinación, la coexistencia y la cooperación: elementos constitucionales de la comunidad de naciones.* La organización de la comunidad de los Estados puede desentrañarse mejor desde el punto de vista histórico. Ya en los Estatutos de la Sociedad de Naciones (1919), la "Constitución" de la primera organización política amplia de la comunidad de los Estados, se habla de la "promoción de la cooperación entre las naciones", objetivo de la Sociedad de Naciones junto con la "garantía de la paz y la seguridad internacionales". Sin embargo, los medios dispuestos en el Preámbulo y en los siguientes veintiséis artículos para la realización de la paz como objetivo son las obligaciones típicas de un orden jurídico internacional entendido como derecho coordinador (desarme, protección de las posesiones, prohibición de la guerra y solución pacífica de los conflictos). La creación de las Naciones Unidas (1945), al igual que la de la Sociedad de

[59] Al respecto, Kriele, *Einführung in die Staatslehre*, 1975, p. 81 y siguientes.

Naciones, fue una reacción a los sacudimientos y sufrimientos de la guerra anterior. A diferencia de los Estatutos de la Sociedad de Naciones, se señala en la Carta de las Naciones Unidas que la colaboración entre las naciones no es un objetivo sino un medio "en la solución de problemas internacionales de carácter económico, social, cultural o humanitario, y en el desarrollo y estímulo del respeto a los derechos humanos y a las libertades fundamentales de todos, sin hacer distinción por motivos de raza, sexo, idioma o religión" (art. 1º, inc. 3, Carta de las Naciones Unidas).

Es posible observar variadas formas regionales de cooperación más intensa. La constitucionalización de la comunidad jurídica de las naciones ha avanzado más en el plano regional que en el universal. Además de las organizaciones y sistemas regionales de seguridad colectiva, establecidos conforme al cap. VIII de la Carta de las Naciones Unidas, como la OEA, la UEO o la OTAN, esto resulta especialmente cierto de la Comunidad Europea (CE) cuya "Constitución"[60] son los tratados de París y de Roma. Una renuncia parcial a la soberanía en favor del "poder comunitario" de la Comunidad, en relación con el deber fundamental de solidaridad de los Estados miembros establecido en el art. 5º del Tratado de la CE, ha sido y es el presupuesto para la realización de sus objetivos, en particular de la integración económica, de la política regional y social a través de órganos independientes de creación y aplicación del derecho. La legitimación inmediata de los órganos comunitarios a través de un Parlamento Europeo de elección directa podría hacer retroceder, paulatinamente, el dogma de la soberanía nacional en favor de una distribu-

[60] Ipsen, *Europäisches Gemeinschaftsrecht*, p. 64 y ss.; cfr. BVerfGE 22, 296: "El Tratado de la CEE constituye en cierto modo la Constitución de esta Comunidad". Sobre la discusión actual, cfr. Oeter, *Souveranität und Demokratie als Problem in der "Verfassungsentwicklung" der Europäischen Union*, *ZaöRV*, vol. 55, 1995, p. 659 y ss.; Rodríguez-Iglesias, *Zur "Verfassung" der Europäischen Gemeinschaft*, *EuGRZ*, 1996, p. 125 y siguientes.

ción de funciones, justificada de manera material, entre el Estado y la organización supranacional. La adopción de una nueva identidad "europea"[61] abre la vía para el ejercicio de la "responsabilidad social" de las regiones ricas frente a las más pobres y a la elevación general del nivel de vida[62]. La integración como forma más elevada de la cooperación puede ser vista, por tanto, como perspectiva de los esfuerzos internacionales de cooperación. El "sistema de Estados" de la Unión Europea (TCFA) o, mejor dicho, el "sistema constitucional" de la UE (I. Pernice), ha llevado en la actualidad a la cooperación a una integración más estrecha.

La integración europea se inició con la creación del Consejo de Europa (1949), cuyos estatutos se adoptaron en la convicción "de que la consolidación de la paz sobre la base de la justicia y la cooperación internacional es de interés vital para la conservación de la sociedad humana y de la civilización".

El Convenio de la Organización para la Cooperación y el Desarrollo Económicos (OCDE) de 1960, tiene por objetivo particular la colaboración económica entre los Estados europeos, incluyendo también a algunos países no europeos, como los Estados Unidos de América y Japón. De acuerdo con el Preámbulo del Convenio, la Organización fue creada en la convicción "de que una *cooperación más amplia* contribuirá de manera vital a las relaciones pacíficas y armónicas entre los pueblos del mundo", y de que "las naciones económicamente más avanzadas deben cooperar, en la medida de sus capacidades, para ayudar a los países en vías de desarrollo".

[61] Cfr. el art. 128, inc. 2, del Tratado de la CE: "Conservación y protección del patrimonio cultural de importancia europea". El art. 7°, inc. 5, de la Const. de Portugal (1976-1992) habla de "identidad europea".

[62] Cfr. el art. 2° del Tratado de la CE, así como el inc. 5 del Preámbulo: "Con el propósito de unir sus economías nacionales y promover su desarrollo armónico, reduciendo la distancia entre las distintas regiones y el atraso de los territorios menos favorecidos".

Entre las formas de cooperación más intensa, aunque limitada regionalmente, se encuentra el Acta Final de la Conferencia sobre Seguridad y Cooperación en Europa de 1975 (CSCE, actual OSCE). Aquí lo determinante no es tanto la forma jurídica y la posible obligatoriedad internacional de las declaraciones, sino que el Acta pone al descubierto la relación interna que existe entre la seguridad militar y la general respecto de una cooperación más intensa en el terreno económico, social, científico, técnico, cultural, etcétera. El Acta Final, en la cual también participaron los Estados de Europa oriental, documenta la conciencia de los Estados en favor de la cooperación, a través de sus declaraciones de principios e intenciones, que es esencial para el desarrollo futuro del derecho internacional y de la protección internacional de los derechos humanos, lo que se ha profundizado desde 1989.

De ahí se derivan puntos de partida para un derecho internacional *humanitario* y *social* y, a escala universal, para el sistema comercial mundial institucionalizado desde 1994 en la Organización Mundial de Comercio (OMC). El desplazamiento del centro de gravedad de la labor de la ONU, desde el mantenimiento de una paz simplemente negativa (en el sentido de ausencia de violencia militar) hacia la creación de la infraestructura económica, social y cultural de una "paz positiva" a través de una mayor justicia social, conduce la evolución del derecho internacional hacia un derecho cooperativo en sentido material. Así, en la declaración aprobada el 24 de octubre de 1970 por la Asamblea General de la ONU, sobre los principios fundamentales del derecho internacional en relación con las relaciones amistosas y la cooperación entre los Estados, se dice que éstos, independientemente de sus diferencias de sistema político, económico y social, están obligados a la cooperación en los diversos planos de las relaciones internacionales, a fin de mantener la paz y la seguridad internacionales, la estabilidad y el progreso económicos, así como el bienestar general de los Estados y la colaboración internacional, libres de toda discriminación que pueda basarse en tales diferencias.

d) *Del Estado nacional soberano al Estado constitucional cooperativo.* En la medida en que, desde la perspectiva internacional, la cooperación entre los Estados ocupe el lugar de la mera coordinación y del simple ordenamiento de la coexistencia pacífica (es decir, de la delimitación de los ámbitos de la soberanía nacional), en el campo del derecho constitucional nacional pueden advertirse tendencias que apuntan hacia un debilitamiento de la distinción estricta entre lo interno y lo externo a favor de una apertura hacia el exterior. He aquí algunos ejemplos de la evolución de las etapas textuales.

Un aspecto importante es la cuestión de la apertura de los textos constitucionales hacia el derecho internacional. Siendo la Constitución escrita más antigua todavía vigente, la Constitución de los Estados Unidos de América del 17 de septiembre de 1787 no contiene, aparte de algunas disposiciones sobre el poder exterior (art. I, secc. 8, incs. 3 y 10, así como el art. II, secc. 2, inc. 2)[63], enunciados sobre la relación de los Estados Unidos con otras naciones. Otras constituciones antiguas, como la de Noruega de 1814[64], la de los Países Bajos de 1815, la de Bélgica de 1831 y la de Luxemburgo de 1868, han abandonado su introversión original y se han abierto al derecho internacional mediante reformas constitucionales muy recientes. Los nuevos artículos constitucionales, al permitir la transmisión de poderes soberanos a organizaciones e instituciones supraestatales o internacionales, documentan una disposición a renunciar a la soberanía que era ajena al derecho internacional tradicional. Disposiciones equivalentes se es-

63 Ver el texto en Franz (ed.), *Staatsverfassungen*, p. 10 y siguientes.

64 Ver el texto en Mayer-Tasch (ed.), *Die Verfassungen der nicht-kommunistischen Staaten Europas*, 2ª ed., p. 404 y siguientes.

tablecieron por primera vez en la Constitución de Italia de 1947 (art. 11) y en la Ley Fundamental de la República Federal de Alemania de 1949 (art. 24, inc. 1). La nueva Constitución griega de 1975 las contiene en su art. 28, inc. 2[65]. Que aquí pueda estar anunciándose un cambio fundamental general en la concepción que de sí mismos tienen los Estados soberanos lo permite suponer la Constitución de Suecia de 1975 que, al contrario de la Constitución de 1809, a pesar de seguir vigente la neutralidad, dispone en su cap. 10, § 5, inc. 2, que las funciones de la jurisdicción y la administración "pueden ser transferidas a otro Estado, a una organización internacional, o a una institución o comunidad extranjeras o internacionales" (ver, además, su inc. 3). A nivel regional se vuelven comunes los "artículos sobre Europa" (p.ej., el nuevo texto del art. 23 de la LF).

El reconocimiento de la cooperación internacional amistosa se encuentra predominantemente en las constituciones recientes. Así, Irlanda afirma, conforme al art. 29 de su Constitución de 1937, "su entrega al ideal de la paz y de la cooperación amistosa entre las naciones sobre la base de la justicia y la moral internacionales". El pueblo japonés se declara decidido, según el Preámbulo de su Constitución de 1946, a "conservar los frutos de la cooperación pacífica con todos los pueblos".

Este breve paseo por las constituciones europeas y algunas fuera de Europa permite reconocer el giro en la tendencia de muchos Estados (constitucionales) hacia la cooperación internacional. El análisis de las más de cien

[65] *"To serve an important national interest and to promote cooperation with other States, competences under the Constitution may be granted by treaty or agreement to organs of international organizations"* ("Las competencias conforme a la Constitución podrán ser otorgadas mediante tratado o convenio a los órganos de organismos internacionales cuando tengan el propósito de contribuir a un interés nacional importante y de promover la cooperación con otros Estados").

constituciones vigentes actualmente en los países en desarrollo debería confirmar esta tendencia[66]. Para finalizar, debe hacerse referencia a las cláusulas especiales de apertura o cooperación que se basan, en última instancia, en características culturales comunes, como el mismo idioma (cfr. el art. 15, inc. 3, Const. de Portugal de 1976-1992, en relación con ciudadanos extranjeros de "países de lengua portuguesa", así como el art. 11, inc. 3, Const. española de 1978-1992, en relación con los tratados sobre doble nacionalidad con "países iberoamericanos").

§ 29. *La imagen del mundo del Estado constitucional: "comunidad universal de los Estados constitucionales"*

Dicha imagen constituye una primera palabra clave. Como un elemento de la imagen del mundo del tipo del Estado constitucional, nos atrevemos a afirmar que los diversos Estados constitucionales no existen más "para sí", sino que de entrada constituyen una comunidad universal abierta. La referencia al mundo y a sus semejantes en dicho mundo (la humanidad) es un pedazo de su noción de sí mismos, ya sea que se manifieste en forma de referencia a principios generales del derecho o a la internalización de derechos humanos universales (incluso en forma de una política exterior en favor de los derechos humanos), en forma de objetivos educacionales equivalentes, en la

[66] Cfr. la Constitución de la República de Níger (1960), Preámbulo, inc. 2: "*They affirm their determination to cooperate in peace and friendship with all peoples who share this ideal of justice, liberty, equality, fraternity and human solidarity*" ("Afirman su determinación de cooperación en paz y amistad con todos los pueblos que compartan este ideal de justicia, libertad, igualdad, fraternidad y solidaridad humana"). En sentido amplio, el art. 145, inc. 1, de la Const. del Paraguay: "La República del Paraguay, en igualdad de condiciones con otros Estados, acepta un sistema jurídico supranacional que garantice el cumplimiento de los derechos humanos, la paz, la justicia, y la cooperación, así como el desarrollo político, socioeconómico y cultural".

normación de valores fundamentales como la política por la paz mundial, la amistad y la cooperación internacionales, o en la obligación de proporcionar ayuda al desarrollo y ayuda humanitaria ("ayuda mundial contra el hambre").

Ciertamente, aquí hay siempre motivo para el desánimo. Sin embargo, si quiere conservar su credibilidad en sí, el Estado constitucional no puede desentenderse de representar "hacia afuera" los mismos valores que considera en lo interno como elementos de su identidad y de su concepción de sí mismo. Aunque pueda haber aquí y allá Estados autoritarios y totalitarios en el mundo, el Estado constitucional se encuentra en una comunidad responsable hacia sus semejantes con respecto al mundo y sus seres humanos, que debe cumplirse, por ejemplo, en materia del derecho internacional del ambiente o del espacio exterior. Algunos textos apuntan hacia esta responsabilidad. En todo caso, la "perspectiva cosmopolita" de I. Kant es actualmente un elemento del principio "esperanza" y del principio "responsabilidad" en el Estado constitucional. Los derechos humanos y el derecho de la humanidad van juntos[67]. El nuevo "imperativo categórico" de H. Jonas ("Actúa de tal manera que las consecuencias de tu acción sean compatibles con una futura existencia humanamente digna, es decir, con el derecho de la humanidad a subsistir por tiempo indeterminado")[68] está en camino de convertirse en un texto clásico del Estado constitucional, con referencia mundial.

[67] En el sentido de Kant (1795): "El derecho del ciudadano cosmopolita", "el ciudadano de un Estado universal del hombre" como "complemento necesario del derecho del Estado y del derecho internacional para formar el derecho público del hombre". Ver, también, la fórmula de Kant sobre "el derecho que corresponde a todo hombre en razón de su humanidad".

[68] Cfr. sus conceptos clave (Jonas, *Das Prinzip Verantwortung*): "La tecnología como vocación de la humanidad", "el primer imperativo: que haya humanidad", "la humanidad no tiene derecho al suicidio", "futuro de la humanidad y futuro de la naturaleza".

Frecuentemente, la comunidad universal de los Estados constitucionales, en la responsabilidad, puede exigirles demasiado o algo que sólo pueda cumplirse de manera puntual. La cuestión es si el Estado constitucional, en su etapa actual de desarrollo, tiene un deber de solidaridad regional; no en el sentido de una hegemonía con vistas a dominar un pedazo del mundo, esto es, una región, sino en el de una asociación en igualdad de derechos. Así lo indican, por el lado de los textos constitucionales, las cláusulas de identidad mencionadas, referidas a las regiones, y los artículos relativos a competencias transfronterizas, incluyendo las comunidades de las convenciones europea y americana sobre derechos humanos, quizá también la OSCE desde 1995. Precisamente, a partir de 1989 el Consejo de Europa ha exigido, con bastante éxito, a los países postsocialistas de Europa oriental, numerosos elementos constitucionales como condición para su adhesión (derechos humanos, protección de minorías, etcétera). Una asociación regional, políticamente vivida, de los Estados constitucionales se anuncia también con vistas a la responsabilidad, aunque asumida de manera errónea, de los Estados de la UE por los países de los Balcanes como parte de Europa. Esto se manifiesta no sólo en el intento de fomentar la paz, sino también en los "requisitos constitucionales" que se pactaron, en calidad de "convenio marco", para Bosnia-Herzegovina (1995). Allí se exigen los elementos que caracterizan al Estado constitucional, como los derechos fundamentales (libertad de tránsito, libertades de opinión y de prensa) o los derechos humanos reconocidos internacionalmente; también se pactaron las elecciones, la aplicación del principio de mayoría y la creación de un tribunal constitucional. La tarea de la "constitucionalización" de una región que así se anuncia podría convertirse en un anillo de crecimiento de las competencias y funciones, y aun de la legitimación, del Estado constitucional actual, lo que resultaría quizá más fácil de transmitir al ciudadano constitucional que un deber general, universal. Quizá sea demasiado pedirle, en "perspectiva cosmopolita", el "derecho del ciudadano cosmopolita" de I. Kant; pero quizá pueda pedírsele al menos una ciudadanía regional, porque está al alcance de la vista.

Capítulo III

TRATAMIENTO POR LA CIENCIA CULTURAL

A) Evolución de las etapas textuales en el espacio y el tiempo

§ 30. *Postulado de la tesis*

La tesis inicial postula lo siguiente: en términos generales, el análisis de etapas textuales se manifiesta fructífero en el marco de la teoría de la Constitución como disciplina jurídica y resulta sustantivamente indicado en la medida en que trabaje con las tipologías de manera consecuente y piense en el "eje del tiempo". En conjunto, tal análisis busca la variable del "cuadro textual" ("*Textbild*") de los diversos campos problemáticos de las constituciones del Estado constitucional, en la medida en que sean "escritas", y pretende convertirla en el "camino real" (*sit venia verbo*) de un examen material y científico de la realidad de su objeto[1]. Lo típico para el respectivo ámbito material puede ser captado de manera muy precisa gracias a un análisis textual sensible (en el cual resulte palpable la "realidad" a mediano plazo y de manera mediata). Más aún, sólo con auxilio de esta labor con los textos podrá la teoría

[1] En esta medida sigue debiéndose a Heller, *Staatslehre*, p. 32 y ss., 37 y ss. (la teoría del Estado como "ciencia cultural" y como "ciencia de la realidad" –trad.: *Teoría del Estado*, p. 57 y ss., 63 y siguientes–).

constitucional ser "ciencia jurídica de los textos y la cultura", y vaciar en conceptos y principios "provisionales" al tipo, evolutivamente abierto, del Estado constitucional.

Tomar los textos constitucionales positivos como punto de partida comparativo, y regresar una y otra vez a ellos, conjunta las nociones imprescindibles de un "positivismo ilustrado", es decir que toma en serio los textos jurídicos y la dimensión histórica profunda hasta la que puede penetrar una teoría de la Constitución, en tanto "ciencia cultural" que trabaje de manera comparada e histórica.

§ 31. *Función y alcances de la comparación de textos*

La comparación constitucional o, de manera más precisa, la comparación de los textos constitucionales, es "vehículo" en el desarrollo del Estado constitucional y de su observación. Sin embargo, la comparación constitucional no debe agotarse en lo textual, sino que el "*constitutional law in the books*" debe avanzar hacia un "*law in public action*". Empero, puesto que gracias a la comparación es frecuente que un "*law in action*" más antiguo adquiera forma textual en un "*law in the books*" más reciente, en la perspectiva del desarrollo histórico no son los textos sólo "superficie", sino también una pieza de la dimensión profunda del derecho constitucional viviente. Todos los esfuerzos de "reforma de los derechos fundamentales", por ejemplo, en Austria[2], o de una "revisión total" en Suiza[3], se apoyan en la comparación de textos en forma más o menos reconocible.

[2] Cfr. Rack (ed.), *Grundrechtsreform*, pássim, especialmente el anexo, p. 242 y ss.; ver, también, Wahl, R., en Rack (ed.), *Grundrechtsreform*, p. 223 y ss.; Holzinger, *Grundrechtsreform in Österreich*, *JöR*, vol. 38, 1989, p. 325 y siguientes.

[3] Ver, al respecto, *Bericht der Expertenkommission für die Vorbereitung einer Totalrevision der Bundesverfassung*; actualmente, Hangartner - Ehrenzeller (ed.), *Reform der Bundesverfassung*.

En la actualidad, de modo comparativo, todas las funciones estatales (desde el constituyente hasta el órgano que revisa la Constitución de manera puntual o total) trabajan ciertamente de manera más o menos intensa y abierta. Respecto de todas ellas cumple una especial función de proveedora la ciencia del Estado constitucional, es decir, la teoría de la Constitución. Hay, no obstante, una función estatal que en lo particular no debiera subestimarse en sus tareas y contribuciones de comparación jurídica al desarrollo del Estado constitucional: la jurisprudencia constitucional, incluyendo los votos particulares. Su labor respecto del texto constitucional concreto de un Estado constitucional implica que, donde el texto constitucional de su país no alcance, eche un "vistazo" comparativo a su alrededor. ¡En la jurisprudencia del TCFA[4] hay ejemplos, precisamente en las sentencias de principio (*Grundsatzentscheidungen*), de este proceso de labor comparativa de los textos!

La división del trabajo en el desarrollo progresivo del Estado constitucional a través de estos procesos de dar y recibir dentro de un país en lo particular, pero también por encima de sus fronteras con vistas a otros Estados constitucionales, siempre tiene que confrontarse –visto así– con un conjunto de textos constitucionales. Quizá no todo el patrimonio de ideas y realidades que un tribunal constitucional nacional o la doctrina propongan como derecho constitucional material "cuaje" en textos constitucionales, pero en la "familia" de los Estados constitucionales pueden convertirse potencialmente en tales, unas veces más temprano, otras más tarde. Así miradas las cosas, la interpretación constitucional es frecuentemente una forma previa a las etapas de desarrollo de textos constitucionales y etapas textuales que se prolongan. El derecho constitucional consuetudinario no escrito puede orientarse, aquí,

[4] Cfr. BVerfGE: 7, 198 (208); 19, 342 (348); 39, 68 (71, 73 y 74): voto particular de "Rupp-v. Brünneck/Simon"; E. 69, 315 (343 y 344).

por los textos escritos de allá[5]. Incluso el texto de los programas de los partidos políticos puede actuar a mediano plazo como "proveedor" de textos constitucionales nuevos, elaborados por el constituyente o por el poder revisor. Piénsese, por ejemplo, en los temas del Estado social o del medio ambiente, formulados primeramente por los partidos, o en las demandas de política cultural o en las aspiraciones de política de los medios.

La clave de la comparación de las etapas textuales consiste en que comprende también, de manera mediata, a la *realidad constitucional*, porque los textos de otros países que son recibidos o reelaborados convierten, entonces, en conceptos lo que la práctica (p.ej., la jurisprudencia constitucional), la doctrina y la docencia han desarrollado en otras partes. La evolución constitucional no escrita, ajena, concretamente de los Estados constitucionales occidentales, es literalmente prorrogada, por ejemplo, en las nuevas constituciones de Europa oriental. Esto no significa que los textos constitucionales de esa región, ya sean nuevos o revisados, prendan inmediatamente y creen una realidad constitucional conforme a la Constitución. Pero los nuevos textos reflejan el estadio de desarrollo de los Estados constitucionales en Occidente.

§ 32. *Conclusión*

Concretamente, no son la LF de 1949 ni la Constitución de De Gaulle de 1958 las que actúan como modelos para algunos de los Estados constitucionales en Europa

[5] La categoría de "derechos fundamentales no escritos" (como las libertades de expresión, personal, lingüística y de asamblea; de la bibliografía: Müller - Müller, *Grundrechte. Besonderer Teil*, p. 97 y 98; Müller, *Elemente einer schweizerischen Grundrechtstheorie*, p. 23 y ss.) desarrollada en el derecho federal suizo por el Tribunal Federal en Lausana, es derecho constitucional material que posee en otros Estados constitucionales forma textual desde hace tiempo. Resulta consecuente, entonces, que en el marco de las revisiones totales o parciales se pida su garantía escrita.

oriental, sino que son la LF de 1999, *vivida* en la jurisprudencia del TFC, en la doctrina y en la práctica, así como la Constitución de la Quinta República en 1999, desarrollada por el *Conseil Constitutionnel*, el *Conseil d'État* y la doctrina francesa, las que actúan como ejemplo para los jóvenes constituyentes en Europa oriental.

Ciertamente, a la larga no es suficiente la simple comparación de textos, sino que ésta constituye una primera fase de preparación científica, a la que debe seguir una fase de comparación constitucional sustantiva que proceda conforme a los métodos, la sistemática y las funciones e incluya a las fuerzas que contribuyen a determinar el *con-texto* de los textos. Tratándose precisamente de nuevos textos, la ciencia depende, por lo pronto, de la comparación textual; lo demás se produce más adelante, "en el curso del tiempo".

B) Riqueza de las especies y multiplicidad de estratos de los textos constitucionales

§ 33. *Planteamiento del problema*

Las constituciones más recientes en el mundo occidental, sobre todo en Europa a partir de 1975, han creado numerosos textos nuevos, o bien modificado los antiguos. Puesto que precisamente la teoría constitucional, entendida como ciencia cultural, debe interpretar a conciencia los textos constitucionales, resulta necesario hacer un inventario de la riqueza formal de estos textos, de sus múltiples estratos, que resultan palpables ya desde el punto de vista lingüístico, y de la diversidad de sus funciones; al respecto, el oficio y el arte de la interpretación constitucional han llenado bibliotecas en el último decenio y medio[6]. La teo-

[6] Documentados en parte en el volumen de Dreier - Schwegmann (eds.), *Probleme der Verfassungsinterpretation*; ver, además, Hesse, *Grundzüge des Ver-*

ría de la Constitución debe incluir su objeto, la diversidad de los textos, en sus planteamientos. Una mirada somera a las constituciones más recientes de los Estados constitucionales muestra hasta qué punto han "crecido" y se han diferenciado, formal y sustantivamente, frente al tipo del antiguo Estado constitucional.

§ 34. *Inventario en la selección; la diversidad de los ejemplos*

El inventario propugna por el tratamiento de los textos constitucionales bajo el criterio de la diversidad de lenguas, técnica y dogmática jurídicas, así como de funciones. Estos aspectos deben ir juntos, pero por lo pronto hay que desentrañarlos de manera separada. Hay que partir de la congruencia de las formas y los contenidos textuales. La teoría constitucional como "ciencia jurídica de los textos y la cultura" toma a los textos como punto de partida, de manera precisa, pero recurre también a los "contextos" culturales presentes (!) en el proceso de creación, a fin de extraer todo el contenido, de estratos múltiples, de los textos. Esto no constituye una relativización de ellos, sino su fundamentación. Habrá de mostrarse que las formas textuales indican el uso altamente diferenciado de contenidos, a los que hay que interpretar en consecuencia. El "microcosmos" de los diversos pasajes textuales es un elemento en el "macrocosmos" del conjunto total de la Constitución. Esto conduce a la existencia de un uso diferenciado de los métodos de interpretación constitucional. La diversidad del "ropaje" textual, sólo en apariencia externo, de los contenidos constitucionales, apunta hacia una diversidad de los contenidos y las funciones de las disposiciones constitucionales.

---

fasungsrechts der Bundesrepublik Deutschland, p. 19 y ss.; Stern, *Das Staatsrecht der Bundesrepublik Deutschland*, vol. I, 2a ed., p. 123 y ss. (trad.: *El derecho del Estado de la República Federal Alemana*).

a) *La diversidad lingüística.* Muchos textos constitucionales se distinguen de los textos del derecho ordinario por su lenguaje, además de que ofrecen un cuadro en sí altamente diferenciado. Piénsese en el "lenguaje festivo" (sobre todo en los preámbulos) y en las normas orgánicas y competenciales que se mantienen más bien técnicas y racionales (p.ej., en las Constituciones federales). Los contenidos y funciones específicos de los preámbulos (la "sintonización" de los ciudadanos, los grupos y el pueblo pluralista con la Constitución; la "elaboración" de la historia, la fundamentación del texto constitucional como "concentrado") exigen un lenguaje propio con un "timbre" específico.

La amplitud e indeterminación, incluso la "apertura" de las disposiciones constitucionales, son prácticamente un lugar común. Sin embargo, un examen más próximo muestra cuán diferente es el "carácter de cláusula general" que poseen las disposiciones constitucionales (que va incluso hasta las normas especiales con efectos técnicos) y cuánto varía el texto literal en términos de su determinación.

Desde el punto de vista lingüístico, es posible distinguir los textos constitucionales que son de contenido más bien simbólico-retórico, educativo, incluso irracional ("de fe"), de los que son más fuertemente positivistas, jurídico-dogmáticos y racionales, con todas las transiciones y las formas mixtas. Los campos en los que el constituyente trabaja de forma simbólica-retórica, incluso teatral y sugestiva, son, además de los preámbulos, otras partes de la Constitución: sobre todo los artículos relativos a la bandera, los colores nacionales, los himnos, las lenguas, los fines de la educación, incluso los días festivos, como "fuentes irracionales del consenso" (K. Eichenberger). Ejemplos de ello son el art. 131 de la Const. de Baviera de 1946-1984 ("Las escuelas no deben transmitir sólo el saber y la capacidad de hacer, sino también formar el corazón y el carácter... Los fines supremos de la educación son el temor de Dios... la apertura hacia todo lo verdadero, bueno y bello, así como la conciencia de la responsabilidad hacia la naturaleza y el ambiente"); el art. 32 de la Const. de Hesse de 1946 ("El 1º de mayo es día festivo oficial para todos los trabajadores. Este día simboliza el reconocimiento de la justicia social, el progreso, la paz, la libertad y el entendimiento de los pueblos"); el art. 139 de la Const. de la República de Weimar, actual art. 140 de la LF ("El domingo y las fiestas reconocidas por el Estado quedan protegidos por ley como días de descanso del trabajo y para la elevación espiritual"), y el art. 56 de la Const. española de 1978 ("El rey es el jefe del Estado, símbolo de su unidad y permanencia, arbitra y modera el funcionamiento regular de las instituciones"). Es posible incluso encontrar un elemento "retórico" en algunas partes de los artículos, actualmente tan refinados, sobre las (crecientes) tareas del Estado[7]. Por último, este "espíritu" y este lenguaje penetran también en las garantías de los derechos fundamentales[8]. El prototipo de un Preámbulo de lenguaje "cultivado" y rico contenido es el de la Constitución española de 1978. La Constitución de Portugal (de 1976-1992) inicia su Preámbulo con las siguientes frases grandilocuentes:

> El 25 de abril de 1974, el Movimiento de las Fuerzas Armadas derribó el régimen fascista, coronando la larga resistencia del pueblo portugués y reflejando sus sentimientos más profundos. Liberar Portugal de la dictadura, la opresión y el colonialismo

[7] Art. 29, inc. 1, de la Const. de Brandenburgo (1992): "La protección de la naturaleza, del ambiente y del paisaje cultural histórico como fundamento de la existencia actual y futura, es deber del *Land* y de todas las personas".

[8] Ejemplos: art. 22, inc. 3, de la Const. de los Países Bajos de 1983 (citado en *JöR*, vol. 32, 1982, p. 277 y ss.): "El Estado y las demás corporaciones públicas crean las condiciones para el desenvolvimiento social y cultural y para el desarrollo de la libertad". Art. 19, inc. 1, de la Const. del Cantón del Jura de 1977: "*Le droit au travail est reconnu*". Art. 25, inc. 2, de la Const. de Grecia de 1975: "El respeto y la protección de la dignidad del ser humano es obligación fundamental del Estado" (citado en *JöR*, vol. 32, 1983, p. 355 y siguientes).

supuso una transformación revolucionaria y el comienzo de un cambio histórico de la sociedad portuguesa. La Revolución restituyó a los portugueses los derechos y libertades fundamentales.

Aquí se vuelven tangibles el *pathos* y el *ethos* en el lenguaje. Es evidente la influencia de los preámbulos español y portugués en las constituciones latinoamericanas recientes: compárese, por ejemplo, el Preámbulo de la Constitución de Guatemala de 1985: "Hemos sido impulsados por los ideales de nuestros antepasados y reconocemos nuestras tradiciones y nuestro patrimonio cultural", y el de la Constitución del Perú de 1979[9].

Un Preámbulo que por su ritmo, contenido, lenguaje y forma "destinados" especialmente al ciudadano y que se "sintoniza" con él, es el logrado por la Constitución del Cantón de Basilea, de 1984:

> El pueblo de Basilea, consciente de su responsabilidad ante Dios respecto del hombre, la comunidad y el ambiente; deseoso de proteger la libertad y el derecho en el marco de su tradición y su orden democráticos; en la certidumbre de que la fuerza del pueblo se mide por el bienestar de los débiles; con el propósito de facilitar el desenvolvimiento del hombre como individuo y como miembro de la comunidad; resuelto a consolidar al Cantón como estamento soberano en la Confederación y a mantenerlo en su diversidad...

El lenguaje y la cultura festivos de los preámbulos poseen larga tradición, así que no representan una etapa evolutiva nueva del Estado constitucional. Esto lo demuestran los antiguos preámbulos en Suiza (p.ej., de la Constitución federal: "¡En nombre de Dios Omnipotente! La Confederación Suiza, queriendo afirmar el vínculo entre

[9] El Preámbulo de la Constitución del Perú de 1979 se inicia así: "Nosotros, diputados de la Asamblea Constituyente, sometidos a la protección de Dios y en ejercicio del poder soberano, que nos ha conferido el pueblo del Perú; en la convicción de la primacía de la persona humana y en que todos los hombres poseen dignidad y derechos de validez universal, anteriores al Estado y superiores a éste...".

los confederados, mantener y aumentar la unidad, la fuerza y el honor de la Nación Suiza...")[10]. Sin embargo, la cultura del preámbulo sufre en la actualidad un fuerte "empujón de crecimiento", sobre todo con vistas a los enriquecimientos valorativos, totalmente en el sentido del "pensamiento en términos de tareas" ("*Aufgabendenken*") que incluye a los derechos fundamentales.

Esto queda de manifiesto incluso en Austria[11], a pesar del trasfondo de su tradición constitucional acentuadamente "formal" y enemiga de los preámbulos (ver la Constitución federal de 1920). El Preámbulo de la Constitución de Bremen de 1947 es representativo de las tres características de los preámbulos orientados a valores de los Estados constitucionales (lenguaje festivo, "elaboración" de la historia y "anticipación" de los contenidos sustantivos de la Constitución, sobre todo de la parte relativa a los derechos fundamentales y a las funciones del Estado):

> Sacudidos por la destrucción causada por el gobierno autoritario de los nacionalsocialistas, con desprecio de la libertad humana y de la dignidad del hombre en la centenaria ciudad libre y hanseática de Bremen, los ciudadanos de este *Land* están dispuestos a crear un orden de la vida social en la que se guarden la justicia social, la humanidad y la paz, en el que el débil económico sea protegido de la explotación y a todos los dispuestos al trabajo se les asegure una existencia digna.

[10] Cfr. también el Preámbulo de la Constitución irlandesa de 1937: "En el nombre de la Santísima Trinidad, de quien proviene toda autoridad... reconociendo humildemente todas nuestras obligaciones hacia nuestro Divino Señor, Jesucristo... Recordando con gratitud su heroica [de nuestros padres] e incansable lucha por recuperar la legítima independencia de nuestra Nación, y con el propósito de promover el bien común, observando debidamente la Sabiduría, la Justicia y la Caridad, de modo que pueda quedar asegurada la dignidad y libertad del individuo...".

[11] Cfr. el Preámbulo inserto en 1980 a la Constitución del Tirol de 1953: "conscientes, de que la fidelidad a Dios y a la herencia histórica, la unidad espiritual y cultural de todo el *Land*, la libertad y la dignidad del hombre, la familia ordenada como célula básica del pueblo y el Estado son los fundamentos espirituales, políticos y sociales del *Land* del Tirol, por lo que es deber supremo del legislador y el ejecutivo del *Land* su conservación y protección...".

Bastante afortunados son también las constituciones y los preámbulos de los cinco nuevos *Länder* alemanes, de 1992-1993, el Preámbulo de la Constitución de Polonia (1997), así como el de las constituciones de Madagascar (1995) y de Togo (1992).

b) *La diversidad de técnica y dogmática jurídicas.* Las diferencias lingüísticas y la "diversidad de figuras" de las disposiciones constitucionales, que se incrementan en el curso del proceso de crecimiento del tipo del Estado constitucional a partir de 1975, no son un fin en sí mismas. Los constituyentes las han creado para los propósitos de ciertos contenidos y funciones. Ciertamente, la dogmática "desarrolla", en el marco de sus métodos y a partir de textos gruesos y todavía poco diferenciados, una diversidad de contenidos más allá y por encima del texto. Pero seguramente no hay ni una figura de la dogmática que, en la actualidad, no haya tomado forma en algún texto constitucional positivo, de tan intensa que se ha vuelto la cooperación internacional en materia del Estado constitucional.

Es posible distinguir una rica escala, que va desde la norma competencial formal, pasando por los principios constitucionales "objetivos" y el mandato constitucional, hasta el derecho fundamental subjetivo. Con frecuencia, estas dimensiones se encuentran contenidas en las mismas disposiciones constitucionales o en los mismos complejos normativos constitucionales, o bien han sido desarrolladas por la doctrina y la jurisprudencia. Piénsese en la muy citada "multidimensionalidad" de los derechos fundamentales como normas objetivas, principios, derechos públicos subjetivos, mandatos constitucionales, contenidos protegidos, derechos de participación, o en los múltiples estratos del principio del Estado social, desde la proposición programática hasta el *topos* interpretativo, desde el derecho subjetivo mínimo (a la asistencia social) hasta el mandato legislativo.

Es evidente que en la actualidad existe una tendencia a diseñar e interpretar las normas en tantos estratos como sea posible, a no desentrañar en ellas una sola dimensión de validez ("optimización")[12]. Este refinamiento, particularmente visible en Alemania y Suiza[13], es elogiable. También "el tiempo" es procesado de diversas maneras en los textos: desde la cláusula de recepción conservadora hasta el mandato constitucional dinámico. En suma, la doctrina de las "fuentes" del derecho se vuelve cuestionable desde el punto de vista conceptual-gráfico.

Desde un punto de vista "típico-ideal", pueden apreciarse dos modelos básicos. El de facultamiento y delimitación (*Ermächtigungs- und Grenzziehungsmodell*) y el de valores fundamentales (*Grundwertemodell*).

1) El primer modelo se refiere a las normas orgánicas y sustantivas clásicas, en las cuales se encuentra en primer plano el carácter de facultamiento y delimitación. Por un lado, se crean órganos estatales ("normas de creación"), se establecen competencias y se distribuyen funciones, se reconocen facultades, se fijan los procedimientos y se delimitan los ámbitos de competencia (p.ej., entre la Federación y los *Länder*, entre los diversos órganos del Estado, entre Estado e iglesias); por el otro, se separa sustantivamente del estatal el ámbito social-privado de los ciudadanos y los grupos a través de los derechos fundamentales (las "limitaciones" y "afectaciones" son excepciones). Este tipo formal y textual se ha realizado de la manera más pura en la Constitución bismarckiana de 1871, pues casi toda ella se parece a un "estatuto orgánico". Los catálogos de derechos fundamentales en el estilo de la Declaración fran-

[12] Son representativas de ello las sentencias del TCFA, en BVerfGE 6, 55 (72); 7, 198 (203 y ss.); 39, 1 (38); 95, 193 (209).

[13] Cfr., por ejemplo, la doctrina de Müller sobre los "contenidos parciales" de los derechos fundamentales (*Elemente einer schweizerischen Grundrechtstheorie*); Hesse, *Grundzüge des Verfassungsrechts der Bundesrepublik Deutschland*, p. 28 ("optimización"). Cfr. también BVerfGE 81, 278 (292): "optimización".

cesa de 1789[14] o de Bélgica (1831) representan el modelo clásico para la parte sustantiva o dogmática. El dualismo entre parte orgánica y parte de derechos fundamentales era la expresión dogmática de este estilo de normación, así como el razonamiento en términos de "afectaciones" y "limitaciones" ("*Eingriffs- und Schrankendenken*")[15], o el énfasis exagerado en lo formal y lo técnico. No hay normas que definan funciones o tareas, o sólo de manera muy aislada; así, por ejemplo, en el Preámbulo de la Constitución bismarckiana de 1871 ("unión eterna para la defensa del territorio de la Federación y del derecho vigente en el mismo, así como para promover el bienestar del pueblo alemán") o a través de los fines de la federación en el art. 2º de la Const. federal suiza de 1874 ("La Confederación tiene por objeto asegurar la independencia de la Patria frente al extranjero, mantener la tranquilidad y el orden en el interior, proteger la libertad y los derechos de los confederados y acrecer su prosperidad común")[16]. En pocas palabras, el tipo de la Constitución como "facultamiento y delimitación" puede caracterizarse a través de las partes orgánica y de derechos fundamentales, de la limitación en la relación del ciudadano hacia el Estado, pero también por la relación del segundo hacia el primero, en la cual éste delimita la libertad fundamental (en interés de los demás), así como mediante la delimitación entre el Esta-

[14] A diferencia del Preámbulo de 1789 ("declaración solemne", "sagrados derechos del hombre").

[15] Al respecto, ver la crítica de Häberle, *Die Wesensgehaltsgarantie des Art. 19 Abs. 2 GG*, 3ª ed., p. VII y VIII, 136 y siguientes. Ver también el informe de la comisión suiza de expertos, 1977, p. 14: "El Estado gendarme del siglo XIX, dirigido sólo a la defensa del Estado, podría salir adelante con las normas de facultamiento y limitación".

[16] Cfr. también la forma festiva, la estructura confesional y el contenido de la *Bill of Rights* de Virginia (1776): "I. Que todos los hombres son por naturaleza igualmente libres e independientes y que poseen ciertos derechos innatos, de los cuales no pueden privar o desposeer a sus descendientes cuando aceptan unirse en un estado; a saber, el derecho al disfrute de la vida y de la libertad".

do central y las entidades federativas (en los Estados federales)[17].

2) El segundo modelo es el de los valores fundamentales; un tipo de Constitución en cuyo texto, además de facultamientos y delimitaciones, se expresan contenidos, valores, fundamentos, pero sobre todo "tareas" ("*Aufgaben*"). La idea de Constitución de R. Smend como "estímulo y limitación" comprende ambos aspectos, pero el aspecto del "estímulo" puede manifestarse en las formas, etapas de intensidad y abstracción, así como "grados de densidad" más diversos, llegando hasta la obligación normativa. Si las constituciones francesas a partir de 1791 recorrieron esta vía del enriquecimiento sustantivo[18], las nuevas constituciones en Europa y América, a partir de 1975, siguen de manera más acentuada la tendencia hacia una "carga" material. Esto tiene un trasfondo político (partidista), ya que todos los participantes en el proceso constituyente y en los compromisos pluralistas desean introducir su parte, su política, pero también hay una razón científica. La "idea material de Constitución" empieza a influir en el redactor del texto. La fórmula de U. Scheuner sobre la Constitución como "norma y tarea"[19] ofrece una expresión concisa sobre esta tendencia evolutiva. La conducción y el procesamiento, incluso la "reivindicación" de la realidad, es ya una particularidad textualmente visible de los constituyentes modernos (son pioneros la forma y el espíritu de la segunda parte de la Constitución de Weimar de 1919, en especial los arts. 119 a 122, 139, 148, 151 y 155;

[17] La Constitución de Austria de 1920 permanece también en el contexto del positivismo jurídico de H. Kelsen, en la tradición del tipo constitucional que se encuentra más bien formal-técnica, en el sentido de un pensamiento en términos de delimitación y distribución de competencias.

[18] Compárense sus textos. Los puntos son: Constitución de 1848 (p.ej., Preámbulo y art. 13) y arts. 22 a 39 de la Const. de 1946.

[19] Scheuner, voz *Verfassung*, en "Staatslexikon", vol. 8, col. 117 (118), y *Staatstheorie und Staatsrecht*, p. 171 (172).

cfr., actualmente, respecto de la "naturaleza y el ambiente", los arts. 39 a 40, Const. de Brandenburgo de 1992).

Llama la atención el enriquecimiento material de la Constitución en todos los ámbitos problemáticos y en toda clase de normas constitucionales, si bien hay diferencias tanto entre países como en el eje temporal: unas veces se enriquece el preámbulo con tareas; otras se da a la parte competencial (no sólo en los Estados federales) la forma de tareas; en otras, los derechos fundamentales se presentan como tareas del Estado o en ropaje procesal, o bien se crean tipos de normas completamente nuevos (p.ej., en las cláusulas sobre "el espíritu" o sobre el "patrimonio cultural", o artículos de reconocimiento o normas de bases). Al respecto también hay formas mixtas.

Esta "doctrina de los modelos" tiene que relativizarse, pues, dependiendo del "estilo de codificación" –y esto quiere decir, también, de la "antigüedad" de un documento constitucional o de sus modificaciones–, tiene mayor o menor importancia (en Europa) lo formal y lo técnico; las constituciones más recientes son habitualmente más "ricas" en lo material y lo textual, sin prescindir de los textos más antiguos. Pero aun ahora hay diferencias. Así, por ejemplo, la Constitución de los Países Bajos de 1983 es más bien reservada y parca respecto de los "grandes" contenidos y programas, mientras que las nuevas constituciones de los dos países ibéricos, Portugal y España, prefieren proposiciones barrocas, materiales, que sugieren numerosas diferenciaciones. Y, en general, casi ningún tema constitucional se encuentra fijado en una sola forma textual. En los apartados orgánicos de las constituciones pueden encontrarse fuertes elementos materiales, así como puede haber elementos formales-orgánicos en la parte de los derechos fundamentales. Las partes se unifican. Finalmente, existen múltiples "formas mixtas", como normas sobre tareas casuísticas, normas sobre tareas relativas a los derechos fundamentales ("derechos fundamentales sociales y culturales"), cláusulas limitativas especiales, mandatos dirigidos únicamente al legislador (artículos programáticos).

En este sentido, los textos pueden haber sido trabajados de manera diversa. En ocasiones, el constituyente los formula como cláusulas generales abiertas; en otras, los redacta de manera especial y casuista; al respecto, constituyen una forma mixta las disposiciones constitucionales redactadas en estilo de "en particular" o "por ejemplo" (tratándose de los derechos fundamentales y sus limitaciones, o de normas generales o detalladas sobre las tareas del Estado).

La riqueza de formas se manifiesta en la utilización alternada del catálogo de ciertos derechos fundamentales o bienes constitucionales. La lista puede actuar "compresoramente", pero también puede convertirse en una sobrecarga de los textos constitucionales. Unas veces se encuentran catálogos que se pretenden abiertos, es decir, no exhaustivos, en otras se pretenden "cerrados", exhaustivos[20].

Las definiciones legales constitucionales, es decir, la definición de conceptos a nivel constitucional, son un instrumento de uso frecuente. En estos casos, la Constitución se esfuerza por lograr un máximo de precisión y los procesos de concretización de ella se simplifican. Los ejemplos los ofrecen constituciones pertenecientes a etapas evolutivas muy diversas y en ámbitos problemáticos muy distintos[21].

[20] He aquí algunos ejemplos: el art. 40, inc. 6, nº 1, de la Const. de Irlanda de 1937 lista los derechos de los ciudadanos (a la libertad de expresión, asamblea y asociación). El art. 45, inc. 2, se refiere a los fines políticos ("en particular"). Cfr. también el cap. 2, § 1, de la Const. sueca de 1974.

[21] El art. 81, inc. 1, de la Const. española de 1978: "Son leyes orgánicas las relativas al desarrollo de los derechos fundamentales y de las libertades públicas". Ver, también, art. 121 de la LF (concepto de mayoría); art. 22, inc. 1, de la Const. de Irlanda de 1937 (definición de "proyecto de ley financiera"); art. 154 de la Const. de Hesse de 1946 ("nacionales"); art. 51 de la Const. de Schleswig-Holstein de 1949 ("mayoría").

Un grupo especial de normas constitucionales lo constituyen las normas de reconocimiento (*Bekenntnis-Normen*), las cláusulas sobre símbolos y valores fundamentales, los artículos "en el espíritu" y sobre el "patrimonio cultural", las cláusulas sobre identidad, principios y primacía. Estas cláusulas son formas de expresión y vehículo de un enriquecimiento, incluso de una "carga" sustantiva y orientada a valores, de las constituciones. Se presentan en numerosos sitios, potencialmente en cualquier parte del documento constitucional; en sí mismas se encuentran diferenciadas, asumen incluso formas mixtas e impregnan con grados variables las constituciones de los distintos países. En general, en la actualidad tienden más a incrementarse que a disminuir y se proyectan hacia el grupo de las normas de tareas (p.ej., en el art. 3°, incs. 1 y 2, Const. de Baviera o en la fórmula del "Estado social de derecho" de la LF), pero siguen distinguiéndose de éstas. En las constituciones anteriores se encuentran solamente de manera muy fragmentaria, o sólo en sus comienzos, pero en las más recientes, como las de los países ibéricos, se muestran al mismo tiempo y en forma "masiva". Si se presentan al mismo tiempo con el grupo de las normas de tareas y con las relativas a los derechos fundamentales, convertidas en estratos múltiples, nos hallamos ante el prototipo de una Constitución "material".

Las "normas de reconocimiento" se encuentran en varios ámbitos. En las constituciones más recientes ocupan un lugar más prominente: por ejemplo, en los preámbulos[22], en los artículos de bases[23], en las garantías sobre los

[22] Ver el Preámbulo de la Constitución francesa de 1958: "El pueblo francés proclama solemnemente su adhesión a los derechos del hombre y a los principios de la soberanía nacional". En términos similares, la Constitución de Benín (1990).

[23] Constitución española de 1978, título preliminar, art. 1°, inc. 1; art. 1°, inc. 2, de la LF de 1949: "El pueblo alemán reconoce por tanto, que los derechos inviolables e inalienables del hombre son el fundamento de toda comunidad humana, de la paz y de la justicia en el mundo".

días festivos[24], pero también en otras partes de la Constitución[25]. La "forma del reconocimiento" es una indicación de la gran importancia de los contenidos, de su calificación como valores fundamentales, que trata de vincular el pensamiento objetivamente existente con el grado más alto de identificación del sujeto del poder constituyente, el pueblo o el individuo (casi en el sentido de artículos "confesionales"). La racionalidad y los contenidos subjetivos-irracionales establecen la vinculación más estrecha posible. El constituyente crea aquí, en realidad, una cláusula de identidad; hace una afirmación sobre su concepción de sí mismo.

Los artículos simbólicos[26] se encuentran estrechamente emparentados con las normas de reconocimiento. Un buen ejemplo es el art. 2°, párr. 2°, de la Const. francesa de 1958 (similarmente, el art. 1° de la Const. de Benín): "*L'emblème national est le drapeau tricolore, bleu, blanc, rouge. L'hymne national est 'La Marseillaise'. La devise de la République est: 'Liberté, Egalité, Fraternité'. Son principe est: gouvernment du peuple, par le peuple et pour le peuple*"[27]; pero también el juramento del presidente de la República de Irlanda (art. 12, inc. 8, Const. irlandesa). Por ello, no es casualidad que figuren la mayoría de las ve-

[24] Por ejemplo, el art. 3°, inc. 2, frase 2, de la Const. de Baden-Württemberg de 1953: "El primero de mayo tiene por propósito el reconocimiento de la justicia social, la paz, la libertad y el entendimiento de los pueblos".

[25] Por ejemplo, el art. 69, inc. 1, de la Const. de Hesse de 1946, en el apartado sobre "Vínculos internacionales": "Hesse reconoce la paz, la libertad y el entendimiento entre los pueblos". El art. 2°, inc. 3, de la Const. de Brandenburgo (1992): reconocimiento de los derechos fundamentales de la CEDH, de la Carta Social Europea, etcétera. Ver también el art. 1°, inc. 2, de la Const. de Turingia.

[26] Sobre los símbolos, por ejemplo, los "colores del Reich" (art. 3°, Const. de Weimar); Smend, *Verfassung und Verfassungsrecht* (1928), en "Staatsrechtliche Abhandlungen", p. 162, 260 y siguientes.

[27] "El emblema nacional es la bandera tricolor: azul, blanco, rojo. El himno nacional es 'La Marsellesa'. El lema de la República es: 'Libertad, igualdad, fraternidad'. Su principio es: gobierno del pueblo, por el pueblo, para el pueblo" [N. del T.].

ces en los artículos de bases de la Constitución[28]. España (Constitución de 1978) ubica sus artículos sobre las lenguas y la bandera también en el título preliminar (arts. 3° y 4°), y respecto del rey utiliza incluso, de manera expresa, el concepto de "símbolo"[29].

También se aproximan a los artículos simbólicos y de reconocimiento las cláusulas sobre valores fundamentales. Un ejemplo preciso es el art. 12, inc. 6, de la Const. de Renania del Norte-Westfalia: "En las escuelas de la comunidad se instruirá en común a los niños sobre la base de los valores culturales y formativos cristianos en apertura hacia las confesiones cristianas y hacia otras convicciones... religiosas".

Quizás el artículo de valor fundamental más conciso lo haya creado el constituyente español (1978) en su art. 1°, inc. 1: "España se constituye en un Estado social y democrático de derecho, que propugna como valores superiores de su ordenamiento jurídico la libertad, la justicia, la igualdad y el pluralismo político"[30].

Un tipo de texto constitucional, no infrecuente en la actualidad, son los artículos "en el espíritu". Se encuentran en varios campos de la regulación; así, por ejemplo,

[28] Así, en la Constitución de Italia (1947), principios fundamentales, art. 12: "La bandera de la República es la tricolor italiana". Art. 11 de la Const. de Portugal (bandera e himno); art. 5° de la Const. de Berlín de 1950: símbolos del *Land*: "La bandera, el escudo y el sello de Berlín llevarán un oso". Ver, por último, el art. 161 y ss. de la Const. de Angola (1992).

[29] Art. 56, inc. 1: "El rey es el jefe del Estado, símbolo de su unidad y permanencia". La Constitución de Japón procede de manera semejante en su art. 1° (citado en Neumann, *Änderung und Wandlung der japanischen Verfassung*, p. 185 y ss.): "El *tenno* es el símbolo de Japón y de la unidad del pueblo japonés". El art. 85 de la Const. peruana de 1979 señala a las banderas, el escudo y el himno nacional como "símbolos de la patria". Art. 11 de la Const. de Georgia (1995): "*The State symbols of Georgia are determined by organic law*". Art. 34 de la Const. de Burkina Faso (1997): "Los símbolos de la Nación".

[30] Cfr. el art. 8° de la Const. de Macedonia (1991): "*fundamental values*"; art. 3° de la Const. de Croacia (1991); "*valeurs suprêmes*", art. 1°, inc. 1, de la Const. de Guinea Ecuatorial (1991): "valores supremos".

en los preámbulos[31], en los fines de la educación (art. 133, Const. de Renania-Palatinado de 1947), en fórmulas de juramento[32] y al servicio de la descripción de la función de la jurisdicción[33]. Las cláusulas "en el espíritu"[34] reflejan el intento del constituyente de capturar y fijar lo fundamental de sus contenidos, de su estado de conciencia. La referencia a los valores fundamentales es tan evidente, como difícilmente comprensible y aplicable resulta la positividad jurídica o incluso la justiciabilidad de tales normas. Sin embargo, esta técnica de normación y (tendencialmente también) de positivización podría tomarse como importante instrumento en el arsenal de los constituyentes más recientes, dirigido hacia las tres funciones estatales y en ocasiones como obligatorios también para el ciudadano.

Las "cláusulas sobre el patrimonio" cultural son de la misma *materia y espíritu*. Se encuentran en las constituciones recientes; por ejemplo, en el Preámbulo de la Constitución de Guatemala de 1985: "somos impulsados por los ideales de nuestros antepasados y reconocemos nuestras tradiciones y nuestro patrimonio cultural"[35]. Remitimos a otros ejemplos textuales[36] (cfr. solamente el art. 34,

[31] Preámbulo de la Constitución de Hamburgo de 1952. Preámbulo de la Constitución de Brandenburgo (1992): "En el espíritu de las tradiciones de derecho, tolerancia y solidaridad...".

[32] Por ejemplo, el art. 111 de la Const. de Hesse de 1946 ("así como obedecer y defender la Constitución y las leyes en el espíritu democrático").

[33] Art. 62 de la Const. de Berlín (1950-1994): "La administración de justicia se ejercerá en el espíritu de esta Constitución y de la comprensión social".

[34] El Tribunal Constitucional Federal alemán las empleó en la célebre sentencia "Lüth": E 7, 198 (205): "toda... disposición debe ser interpretada en su espíritu [del sistema de valores]". Texto clásico es el § 112, inc. 1, de la Const. de Noruega de 1814: "espíritu de esta Constitución".

[35] Ver, también, el Preámbulo de la antigua Constitución del Perú de 1979: "así como de la herencia célebre de Sánchez Carrión, fundador de la República". También el Preámbulo de la Constitución del Tirol de 1980 ("herencia histórica"); Constitución de Níger (1996).

[36] Por ejemplo, al art. 46 de la Const. española: "Los poderes del Estado garantizarán la conservación y promoverán el enriquecimiento del patrimonio his-

inc. 2, de la Const. de Brandenburgo: "Se promueven públicamente la vida cultural en su diversidad y la transmisión del patrimonio cultural"; Preámbulo de la Constitución de Polonia de 1997: "comprometidos a transmitir a las nuevas generaciones todo lo valioso de una herencia de más de mil años").

Estas cláusulas se encuentran emparentadas con la célebre frase del maltés A. Pardo (1967) sobre el "patrimonio común de la humanidad" y constituyen un enriquecimiento del cuadro textual de las constituciones del Estado constitucional, por lo que podemos hablar de "patrimonio cultural".

Las normas sobre principios constituyen una forma paralela[37]. Así, al apartado sobre el "trabajo", la Constitución de Guatemala de 1985 le antepone la siguiente frase: "La vida laboral del país debe organizarse de conformidad con los principios de la justicia social" (art. 101, frase 2)[38]. La antigua Constitución del Perú de 1979 procede en su

---

tórico, cultural y artístico de los pueblos de España y de los bienes que lo integran...". Art. 78, inc. 2c, de la Const. de Portugal: "Fomentar y proteger el patrimonio cultural, a fin de que se convierta en un elemento renovador de la identidad cultural común". Art. 36 de la Const. del Perú: "Los sitios arqueológicos declarados como patrimonio cultural de la nación, y las ruinas, construcciones, monumentos, objetos artísticos y testimonios de valor histórico se encuentran bajo protección del Estado". Art. 61 de la Const. de Guatemala: "Protección del patrimonio cultural"; ver también el art. 60 de la misma Constitución. Cfr. el Preámbulo de la Constitución de Hamburgo: "Como ciudad portuaria cosmopolita, misión que le es atribuida por su historia y ubicación...". Quizá la descripción más amplia, que va más allá de lo jurídico, sobre el patrimonio cultural se encuentre en la Convención Europea de los Derechos Humanos de 1950: "resueltos como gobiernos de los Estados europeos, imbuidos del mismo espíritu y que poseen una herencia común de bienes espirituales, tradiciones políticas, respeto ante la libertad y el gobierno de las leyes...".

[37] Cfr. el art. 101, inc. 2, de la Const. del Sarre: "La modificación [de la Constitución] no puede contrariar los principios del Estado social y democrático de derecho". Ver también el art. 129, inc. 2, de la Const. de Renania-Palatinado, y el art. 56, inc. 3, de la Const. de Mecklemburgo-Antepomerania.

[38] El art. 118 de la misma Constitución señala: "El orden económico y social de la República de Guatemala se basa en los principios de la justicia social".

texto de manera similar (art. 110): "El orden económico de la República se funda en los principios de la justicia social"[39].

Y con toda la intención de la defensa de la Constitución se dice en el art. 277, inc. 1, de la Const. de Portugal: "Son inconstitucionales las normas que infrinjan lo dispuesto en la Constitución o los principios establecidos en ella".

En el ámbito de los fines de la educación utiliza la Constitución española de 1978 la figura de los principios[40]. La forma más amplia es la empleada por la Constitución portuguesa (1976-1992): "Portugal es una República soberana, basada en la dignidad de la persona humana y en la voluntad popular".

La teoría de H. Heller sobre los "principios del derecho" es el marco clásico para la comprensión de este tipo de artículos.

Las referencias de la Constitución a sí misma son una nueva forma característica de disposición constitucional, que se encuentra, por ejemplo, en las "cláusulas de eternidad"[41], así como en otros campos problemáticos; por ejemplo, al formular el deber de lealtad del maestro (art. 36, Const. de Renania-Palatinado de 1947). Con mucha frecuencia se trata de grupos de artículos sobre la "defensa de la Constitución" en sentido profundo y amplio. Esto se vuel-

39 Ver, también, el art. 30 de la misma Constitución: "Toda persona natural o jurídica tiene el derecho... de fundar establecimientos educativos respetando los principios constitucionales".

40 El art. 27, inc. 2, señala: "La educación tendrá por objeto el desarrollo pleno de la personalidad humana en el respeto a los principios democráticos de convivencia y a los derechos y libertades fundamentales".

41 Art. 75, inc. 1, frase 2, de la Const. de Baviera de 1946: "No se admitirán las iniciativas de reforma constitucional que contraríen los principios democráticos fundamentales de la Constitución". Art. 20, inc. 1, de la Const. de Bremen de 1947: "Son inadmisibles las modificaciones constitucionales, que violen las nociones fundamentales de los derechos universales del hombre". En forma similar, el art. 150, inc. 1, de la Const. de Hesse de 1946 ("nociones fundamentales democráticas de la Constitución"); art. 64 de la Const. de Camerún (1996).

ve especialmente claro en la Constitución de Hesse de 1946[42]. Las constituciones extranjeras aplican esta forma de artículo a ámbitos amplios, como el art. 30, párr. 3°, de la anterior Constitución del Perú de 1979[43] y el art. 39 de la Const. de Georgia de 1995, a la cláusula de desarrollo de los derechos fundamentales.

Cada vez se hacen más frecuentes los "artículos de primacía", es decir, las normas constitucionales que destacan especialmente un bien jurídico y le confieren una especial jerarquía de valor; el parentesco con las cláusulas de defensa[44] es evidente. También la jurisprudencia constitucional postula frecuentemente la "primacía"[45], un paralelismo que con seguridad no es accidental.

Ejemplos antiguos son el art. 125, inc. 1, de la Constitución de Baviera de 1946 ("Los niños sanos son el bien más preciado de un pueblo"), también el art. 12, inc. 1, de la Const. de Bremen de 1947 ("El ser humano es más valioso que la técnica y la máquina"), o el art. 24, inc. 1, frase 2, de la Const. de Renania del Norte-Westfalia de 1950 ("La protección de su fuerza de trabajo –del ser humano–

[42] Ver los arts. 146, inc. 2, y 150, inc. 1, en el marco del apartado "La defensa de la Constitución".

[43] Ver el art. 277, inc. 1, de la Const. de Portugal (1976-1982): "Son inconstitucionales las normas que infrinjan lo dispuesto en la Constitución o los principios establecidos en ella". Art. 288 de la misma Constitución: "Las leyes de revisión constitucional deberán respetar: *a*) la independencia nacional y la unidad del Estado; *b*) la forma republicana de gobierno; *c*) la separación de las Iglesias y el Estado; *d*) los derechos, libertades y garantías de los ciudadanos". En forma similar, el art. 159 de la Const. de Angola (1992).

[44] Por ejemplo, el art. 166, inc. 1, de la Const. de Baviera de 1946: "El trabajo es la fuente del bienestar del pueblo y se encuentra bajo la especial protección del Estado". Art. 40, inc. 2, frase 2, de la Const. de Brandenburgo: "En consecuencia se dará especial peso al interés público en el uso cuidadoso del suelo".

[45] Por ejemplo, BVerfGE 39, 1 (142): "La vida humana constituye un valor supremo dentro del orden de la Ley Fundamental". E 33, 23 (29): la dignidad humana como "bien supremo". Igualmente E 54, 341 (357). Ver, también, E 89, 28 (35); 95, 220 (241).

tiene primacía ante la protección de las posesiones materiales")[46]. Sobre todo las nuevas cláusulas de protección del ambiente se atreven a utilizar este estilo codificatorio, que es prueba, por un lado, de la necesidad e indispensabilidad de los procesos de ponderación en la concretización de las normas constitucionales y, por el otro, revela inseguridades o conduce a ellas. Resulta característico el art. 141 de la Constitución de Baviera: "También corresponde a las funciones primordiales del Estado, de los municipios y las corporaciones públicas, la protección del suelo, el agua y el aire como bases naturales de la vida"[47].

En el extranjero llama la atención la cláusula unilateral de primacía del art. 44, inc. 2, de la Const. de Guatemala (1985): "El interés social prima sobre el interés individual", claro está que en el contexto de un artículo sobre "los derechos naturales de la persona". Y ya en el Preámbulo hay una anticipación, aunque cae en alguna contradicción: "Nosotros, los representantes del pueblo guatemalteco... afirmamos la primacía de la persona humana como sujeto y objeto del orden social".

La problemática de tales cláusulas de primacía es evidente, pues amenazan con relativizarse o incluso anularse mutuamente, o bien caer en contradicción. Guatemala ofrece un ejemplo especial al respecto. La anterior Constitución del Perú (1979) señala en su Preámbulo: "en la creencia de la primacía de la persona humana...", y esta va-

[46] Art. 53, inc. 1, de la Const. de Renania-Palatinado de 1947: "La fuerza de trabajo humana debe protegerse contra la explotación como contribución personal y como bien económico valioso del pueblo".

[47] En forma similar, el art. 11 a, inc. 1, frase 2, de la Const. de Bremen. El art. 29 a, inc. 2, de la Const. de Renania del Norte-Westfalia ha encontrado una cláusula compensatoria ("Las obligaciones y deberes necesarios se determinan en compensación de los intereses públicos y privados de que se trate"). Art. 59, inc. 1, frase 2, de la Const. del Sarre: "Corresponde por tanto a las funciones primordiales del Estado la protección del suelo, el agua y el aire como bases naturales de la vida...".

loración se repite en un artículo de bases (art. 1º, frase 1), con las palabras: "La persona humana es el fin supremo de la sociedad y el Estado".

La Constitución de Portugal (1976-1992) recurre varias veces a la figura de la primacía: por ejemplo, en el art. 68, inc. 2 ("La maternidad y la paternidad son valores sociales eminentes"), una cláusula que provoca incertidumbres, ya que no menciona los valores concurrentes y tampoco puede hacerlo, pues las reglas de preferencia sólo pueden desarrollarse de manera paulatina en el proceso de la interpretación. Por tanto, desde el punto de vista de la política constitucional, este tipo de cláusulas debería utilizarse de manera muy reservada.

De las anteriores hay que distinguir las normas de tareas ("*Aufgaben-Normen*"). Estas normas quizá constituyen en la actualidad el campo más rico en la innovación y la fantasía, la diversidad de textos y la capacidad de diferenciación, incluso ambivalencia, de los constituyentes. Tales normas conquistan todas las partes y los campos problemáticos de la Constitución: desde el preámbulo, pasando por los derechos fundamentales, hasta la parte orgánica. Se dirigen a los destinatarios más variados (funciones del Estado, ámbitos de la sociedad o la economía) y van desde las cláusulas de "preocupación", pasando por los artículos de "protección" y "promoción", hasta el mandato constitucional justiciable o el mandato legislativo. Se conocen en la dogmática como "disposiciones sobre los fines del Estado" (U. Scheuner)[48] o como "normas estructurales del Estado"[49], y su grado de obligatoriedad normativa es variable. En el umbral inferior se encuentra la competencia o facultamiento meramente formal, incluso la garantía receptora del statu

[48] Scheuner, *Staatszielbestimmungen* (1972), reproducido más tarde en *Staatstheorie und Staatsrecht*, p. 223 y siguientes.

[49] Cfr. Stern, *Das Staatsrecht der Bundesrepublik Deutschland*, vol. I, 2ª ed., p. 551 y siguientes.

quo. Su forma más fuerte es el "mandato constitucional". Su frecuente carácter como *principio rector* la emparenta con los artículos de identidad y principios. Por su contenido, son muy diversas: van desde el "bien común" como fin amplio del Estado, hasta un fin particular (como el de protección a la familia o el ambiente).

La creciente utilización de normas de tareas es una característica de la actual etapa evolutiva del Estado constitucional y expresa una concepción diferente del Estado y de la Constitución ("Estado y Constitución como tarea", o también como "proceso"), pero por su parte también la alimentan. La figura del "mandato o encargo constitucional" ("*Verfassungsauftrag*")[50] es sólo un ejemplo, aunque el más frecuente. Ciertamente lo encontramos en diversas variantes, pues puede tener como destinatario al Estado o a alguna de sus funciones particulares, o bien a otros sujetos, como la "economía" o el individuo[51]. Llama la atención la creciente interrelación e intercambiabilidad entre los derechos fundamentales y las tareas del Estado, pues los derechos fundamentales se presentan como tales, pero también con el "ropaje" de tareas del Estado[52]. Inversamen-

[50] Ver, de la bibliografía, Lerche, *Das Bundesverfassungsgericht und die Verfassungsdirektiven*, *AöR*, vol. 90, 1965, p. 241 y siguientes.

[51] Como "deberes fundamentales", ver, por ejemplo, el art. 120, incs. 2 y 4, de la Const. de Grecia de 1975. En forma similar, el art. 10, inc. 1, frase 1, de la Const. de Sajonia (1992): "La protección del medio ambiente... es obligación de todos en el *Land*". De manera parecida, el art. 86 de la Const. de Polonia (1997); art. 50 de la Const. de Uzbekistán.

[52] Por ejemplo, el art. 9º de la Const. de Portugal: "Son misiones fundamentales del Estado:... 2) garantizar los derechos y libertades fundamentales y el respeto a los principios del Estado democrático de derecho...". Una estrecha fusión de derechos fundamentales y tareas del Estado se encuentra en la nueva Constitución del Vorarlberg de 1984: "Art. 7º. Objetivos y principios de la acción estatal. *1*) El *Land* tiene la tarea de asegurar el libre desarrollo de la personalidad del individuo, así como el desarrollo de la vida comunitaria según los principios de subsidiariedad y solidaridad de todos los grupos sociales. Se promoverán la autonomía y autoayuda de los ciudadanos. *2*) Toda acción estatal en el *Land* debe respetar la dignidad del ser humano, la igualdad ante la ley, la proporcionalidad de los medios empleados y los principios de la buena fe".

te, éstas se manifiestan como contenidos objetivados de los derechos fundamentales[53].

Ciertamente que entre las distintas naciones hay grandes diferencias en esta materia: cfr. los artículos de "preocupación" más bien reservados de la Constitución de los Países Bajos (1983), por un lado, con las numerosas normas de tareas de Portugal y España, por el otro[54]. Suiza sigue una línea intermedia en las constituciones, totalmente revisadas, de los cantones[55].

Quizás el constituyente esté retornando a la concepción clásica, conforme a la cual el Estado y todas sus competencias se encuentran situadas instrumentalmente al servicio de los derechos fundamentales, como lo estipula el art. 2° de la Declaración de los Derechos del Hombre francesa: "El fin de toda asociación política es la conservación de los derechos naturales e imprescriptibles del hombre. Estos derechos son la libertad, la propiedad, la seguridad y la resistencia a la opresión".

El Estado no posee valor propio; sus tareas son, a final de cuentas, "tareas de los derechos fundamentales"[56].

Una norma sobre los fines del Estado, audaz para Austria, lo intenta el nuevo art. 4° de la Const. de la Baja Austria de 1979 (más tarde, en forma similar, el art. 7° de la Const. del Tirol): "Condiciones de vida: El *Land* de la Baja Austria deberá ocuparse, en su ámbito de acción, de que estén garantizadas las condiciones de vida de

53 Cfr. el cap. 1, § 2, inc. 2, de la Const. de Suecia de 1974: "El bienestar personal, económico y cultural del individuo será objetivo fundamental de la actuación pública. En particular, corresponderá a la administración pública asegurar el derecho al trabajo, la vivienda y la educación, y promover la previsión y la seguridad sociales, así como un buen ambiente para la vida".

54 Por ejemplo, arts. 9° (fines fundamentales del Estado), 60, inc. 2, 63, inc. 2, y 81 de la Const. de Portugal; art. 9°, inc. 2, de la Const. española.

55 Art. 41, inc. 1, frase 1, de la Const. de Berna de 1993: "El cantón y los municipios protegen y fomentan la salud".

56 Ver, al respecto, Häberle, *Grundrechte im Leistungsstaat*, *VVDStRL*, vol. 30, 1972, p. 43, en especial, p. 103 y siguientes.

la población en las diversas regiones del *Land*, tomando en cuenta las necesidades económicas, sociales y culturales que se aprecien".

Las tareas del Estado se encuentran en la forma más concentrada posible en los preámbulos, incluso en la Constitución bismarckiana de 1871, concebida en forma tradicional y orgánica, y en la Constitución suiza de 1874, y con mayor razón en las constituciones más recientes.

Algunas constituciones escogen los artículos de bases como ubicación sistemática de las tareas del Estado o de los derechos fundamentales; así, por ejemplo, el art. 1º, inc. 1, de la Constitución de Baden-Württemberg de 1953: "El Estado tiene la misión de servir al ser humano para tal fin (el desenvolvimiento de su libertad). El Estado reúne a los seres humanos que habitan en su territorio en una comunidad ordenada, les otorga protección y estímulo y promueve a través de las leyes y los mandamientos una compensación de los derechos y deberes mutuos".

Otro ejemplo conciso es el del art. 2º, inc. 1, de la Const. de Grecia de 1975: "El respeto y la protección de la dignidad del ser humano es obligación fundamental del Estado" (el "padrinazgo" del art. 1º, inc. 1, de la LF es evidente, como también lo es respecto del art. 30 de la Const. de Polonia).

El pensamiento en términos de tareas conquista, textualmente, incluso derechos fundamentales clásicos, como la libertad de prensa[57], así como el matrimonio y la familia (art. 41, inc. 3, nº 1, Const. de Irlanda de 1973), el principio de igualdad o nuevos derechos de participación cultural[58]. Se encuentran próximos a los "deberes fundamenta-

[57] Cfr., por ejemplo, el art. 111 de la Const. bávara de 1946: "La prensa tiene la tarea de informar... sobre sucesos de la vida pública al servicio de la idea democrática". Art. 67 de la Constitución de Uzbekistán (1992): "*responsibility for trustworthiness*".

[58] Cfr. el art. 34, inc. 2, frase 2, de la Const. del Sarre: "Deberá facilitarse a todas las capas del pueblo la participación en los bienes de la cultura".

les"[59] y se hallan incluso en los fines de la educación[60]. Por la vía (el rodeo) de estos últimos, el pensamiento en términos de tareas llega incluso hasta el ser humano individual[61]. Destinatario puede ser el Estado, pero también la economía[62]. Los artículos de promoción son una variante en la evolución de la competencia puramente formal hacia la tarea (estatal)[63].

En forma paralela al terreno que han ganado los mandatos constitucionales corre la penetración de las cláusulas de defensa (*Schutzklauseln*), frecuentemente referidas a derechos fundamentales, las cuales conquistan cada vez más temas y campos problemáticos, sobre todo en relación con el medio ambiente[64], la cultura[65], el trabajo[66] y la eco-

[59] Por ejemplo, el art. 59 a, inc. 1, frase 1, de la Const. del Sarre: "La protección de las bases naturales de la vida está encomendada al cuidado especial del Estado y de cada individuo". Art. 12, inc. 3, de la Const. de Mecklemburgo-Antepomerania: "Todos están obligados a contribuir a la realización de los fines indicados en los incs. 1 y 2". Art. 82 de la Const. de Polonia (1997): "Es deber de todo ciudadano polaco la lealtad hacia la República de Polonia y la preocupación por el bien común".

[60] Art. 101, inc. 1, de la Const. de Sajonia (1992): "La juventud deberá educarse... en la conservación del ambiente, el amor a la patria...".

[61] Cfr. el art. 26 de la Const. del Sarre: "La docencia y la educación tienen el fin de formar a los jóvenes, de modo que puedan cumplir con su tarea en la familia y la sociedad".

[62] Por ejemplo, el art. 51, inc. 1, de la Const. de Renania-Palatinado: "La economía tiene la tarea...".

[63] Art. 41, inc. 3, frase 1, de la Const. de Berna (1993): "El cantón y los municipios promueven la ayuda y los cuidados en casa". Art. 34, inc. 1, de la Const. de Georgia (1995): "*The State promotes the development of culture*".

[64] Por ejemplo, el art. 9º, inc. 2, de la Const. de Italia de 1947. Art. 39, inc. 3, de la Const. de Brandenburgo de 1992: "Los animales y las plantas son respetados como seres vivos. Deben conservarse y protegerse las especies y su hábitat".

[65] Art. 9º de la Const. del Vorarlberg de 1984: "Educación y cultura. El *Land* reconoce el cultivo de la ciencia, la educación y el arte, así como de la patria. Respeta la libertad, independencia y diversidad de la vida cultural, así como el derecho de cada quien de participar en ella". Ver, también, el art. 10 de la Const. de Benín (1990).

[66] Art. 49, inc. 1, de la Const. de Bremen (1947): "El trabajo humano goza de la protección especial del Estado". Art. 40 de la Const. de Renania-Palatinado

nomía[67]. Cada vez se utiliza más al Estado al servicio de fines más detallados. Remitimos, por ello, al socorrido modo indicativo y al tiempo presente ("se encuentra bajo protección del Estado")[68]. Una categoría propia (aunque más débil) del pensamiento en términos de tareas son las cláusulas sobre el "cuidado", como el art. 21, inc. 3, de la Const. de Grecia de 1975 ("El Estado velará por la salud de los ciudadanos"; ver también el inc. 4, ahí mismo: "El otorgamiento de vivienda para las personas que carezcan de ella o vivan en condiciones inadecuadas es objeto de especial cuidado por el Estado")[69]. Se trata de un elemento estructural esencial en los textos de la Constitución de los Países Bajos de 1983[70]. Sobre todo los "derechos fundamentales sociales" (derechos de participación) se presentan en esta forma, con lo cual se debilita su conteni-

de 1947: "Protección del trabajo intelectual". En forma similar, el art. 28 de la Const. de Burkina Faso (1997).

67 Art. 45, inc. 4, nº 1, de la Const. de Irlanda: "El Estado se compromete a promover con especial cuidado los intereses económicos de los grupos económicamente más débiles...".

68 Art. 21, inc. 1, de la Const. de Grecia: "La institución de la familia, en cuanto fundamento de la preservación y mejoramiento de la Nación, así como el matrimonio, la maternidad, y la infancia, serán protegidos por el Estado". Art. 24, inc. 6, de la misma Constitución: "Los monumentos y sitios históricos serán protegidos por el Estado". Art. 40, inc. 3.2, de la Constitución de Irlanda: "El Estado protege a través de sus leyes, en particular y de la mejor manera que le sea posible, contra ataques injustos, y en el caso de que se haga injusticia, reivindicará la vida, la persona, el buen nombre, y los derechos de propiedad de cada ciudadano". Art. 30, inc. 3, de la Const. de Turingia de 1993: "El deporte goza de protección y promoción por el *Land* y sus corporaciones territoriales".

69 Ver, también, la Constitución de Luxemburgo, art. 11, inc. 5: "La ley tendrá cuidado de la seguridad social, de la protección de la salud y del descanso de los trabajadores y garantiza las libertades sindicales".

70 Art. 19, inc. 1: "La creación de empleos suficientes es objeto del cuidado de las autoridades...". Art. 20, inc. 1: "Será objeto del cuidado de las autoridades asegurar los medios de subsistencia de la población y lograr la distribución de la riqueza". Art. 21: "Será objeto del cuidado de las autoridades mantener el país habitable, así como la protección y el mejoramiento del ambiente". Art. 22, inc. 2: "Será objeto del cuidado de las autoridades la provisión de suficiente espacio para vivir".

do como derechos públicos subjetivos y son reducidos a lo objetivo, lo puramente programático. Una forma paralela la constituyen los giros desarrollados en Suiza: "El Estado adopta medidas..." (v.gr., para la promoción de la familia –cfr. el § 38 de la Const. del Cantón de Aaargau de 1980– o de los derechos sociales).

El cambio en el estilo de la normación, así como la tendencia hacia el "pensamiento en términos de tareas", puede advertirse incluso en el mismo documento constitucional, modificado en forma especialmente concisa en Suiza, aunque pueden constatarse formas mixtas entre las simples normas competenciales y las de tareas (ocasionalmente en el mismo artículo –!–). Una característica del proyecto de revisión total de la Constitución federal de 1977[71] es que el pensamiento en términos de tareas se encontraba fuertemente (¿en exceso?) en primer plano, lo que trata de corregir el nuevo proyecto de 1995.

Muchos temas que eran normados como simple competencia en las anteriores etapas evolutivas del Estado constitucional, adoptan actualmente la forma de cláusulas de tareas. La Constitución federal austríaca de 1920 es típica de la etapa textual anterior. En cambio, la Constitución de Portugal inventa un nuevo terreno para el pensamiento en términos de tareas, al formular la función de la jurisdicción[72].

Los programas clásicos y (en retrospectiva) la normatividad *unidimensional* de la Declaración de los Derechos del Hombre de 1789 se han transformado en la pluralidad y diversidad de estratos de los contenidos de los derechos fundamentales en las constituciones más recientes. Los derechos fundamentales se presentan ya en su texto no sólo como derechos públicos subjetivos, en el sen-

[71] Citado en *JöR*, vol. 34, 1985, p. 536 y siguientes.

[72] Art. 202, inc. 2: "En la administración de la justicia corresponde a los tribunales asegurar la defensa de los derechos e intereses legalmente protegidos de los ciudadanos, reprimir la violación de la legalidad democrática y dirimir los conflictos de intereses públicos y privados".

tido del "*status negativus*", sino como conjunto *pluridimensional* con múltiples "contenidos parciales" (aparte de que sus "temas" se han incrementado numéricamente hablando)[73]. La política de los derechos fundamentales es la finalidad del constituyente. En interacción con la dogmática común europea de los derechos fundamentales, que se ha diferenciado, los textos constitucionales mismos se han vuelto pluriformes, mientras que, a la inversa, los textos recientes incitan a la dogmática a un mayor refinamiento.

Es frecuente –tanto antes como ahora– que las diversas capas, dimensiones y tareas (también "temas") de los derechos fundamentales aparezcan de modo fragmentario en el texto de las constituciones, hasta que la evolución de la jurisprudencia, la dogmática y la realidad de los derechos fundamentales "lleven andando" varios años. Sin embargo, el cuadro textual es suficientemente diverso. Los derechos fundamentales, o algunos momentos de ellos en particular, se extienden a todas las partes del texto del documento constitucional: desde sus preámbulos, pasando por la parte relativa a los derechos fundamentales, hasta la parte orgánica, con lo cual ésta, en su materia, también "crece" textualmente para "encontrarse" con las tareas del Estado, o viceversa.

Subsisten grandes diferencias entre los distintos pueblos, de acuerdo con su propia cultura constitucional, pero tendencialmente puede observarse un fuerte incremento y refinamiento de los contenidos de los derechos fundamentales. El ropaje lingüístico va desde la consagración más bien simbólica de los derechos fundamentales en los preámbulos, hasta su garantía normativamente precisa como derechos

[73] Un derecho fundamental "nuevo" era y es, por ejemplo, la libertad de manifestación. Cfr. el art. 8º, lit. g, de la Const. del Cantón del Jura; el art. 45, inc. 2, de la Const. de Portugal; el art. 33 de la Const. de Guatemala; el art. 29, inc. 1, lit. d, de la Const. de Uganda (1995); el art. 32 de la Const. del Paraguay (1992), y también el derecho de "ejercer el periodismo" (art. 29, incs. 1 a 3, de esta última Constitución).

subjetivos, como "principio" o institución y como "realización" de tales derechos a través de la organización y el procedimiento. Rara vez se manifiestan textualmente en el derecho fundamental particular, al mismo tiempo, todas las capas y dimensiones posibles, pero siempre son posibles los préstamos interpretativos con el derecho fundamental vecino.

Veamos ahora lo que se refiere a la ubicación sistemática. La idea de los derechos fundamentales se ha ubicado en el "corazón" de algunas constituciones nuevas, en los preámbulos, y con ello se incrementa su valor. Encontramos varios ejemplos al hablar de los "textos funcionales". Con frecuencia, los derechos fundamentales se anticipan, en forma de principios, en los preámbulos, a pesar de que, o precisamente porque, a continuación se expone un catálogo detallado de derechos fundamentales; a menudo también son formulados de manera directa, o según su materia, en la parte sobre las competencias y tareas del Estado. En ocasiones, los derechos fundamentales son trasladados, parcial o totalmente, a la parte relativa a las bases de la Constitución[74].

Unas palabras sobre la creciente diversidad de capas, orientaciones y dimensiones: la forma del derecho clásico a la no interferencia (*Abwehrrecht*) también encuentra su lugar en los nuevos textos[75]. El estilo de normación jurídica objetivo-institucional[76] también se encuentra con fre-

[74] Por ejemplo, el art. 2º, inc. 1, de la Const. de Grecia. "El respeto y la protección de la dignidad humana constituyen una obligación fundamental del Estado".

[75] Por ejemplo, el art. 5º, inc. 3, de la Const. de Grecia: "La libertad de la persona es inviolable". Art. 45, inc. 2, de la Const. de Portugal: "Se reconoce a todos los ciudadanos el derecho de manifestación". Art. 38 de la Const. española: "Se reconoce la libertad de empresa en el marco de la economía de mercado". Art. 10, inc. 1, de la Const. de los Países Bajos: "Todos tienen derecho al respeto de su vida privada". Art. 33 de la Constitución del Paraguay: "Derecho a la privacía".

[76] Sobre la dogmática, ver Hesse, *Grundzüge des Verfassungsrecht der Bundesrepublik Deutschland*, p. 112 y ss.; Häberle, *Die Wesensgehaltsgarantie des Art. 19 Abs. 2 GG*, 3ª ed., p. 70 y ss., 332 y siguientes.

cuencia, pero unas veces se indica el elemento del derecho individual y otras se encuentran entrelazados ambos aspectos[77]. También son familiares para el constituyente los valores y los principios como forma[78]. La versión social de los contenidos de los derechos fundamentales avanza visiblemente: en forma de derechos fundamentales sociales y culturales o de derechos de participación[79]. La garantía de los derechos fundamentales bajo el "ropaje" de las tareas del Estado casi forman legión[80]. Incluso la dogmática de la realización de los derechos fundamentales "a través de la organización y el procedimiento"[81] ha dejado sus huellas en los textos[82].

[77] Así, art. 9º, inc. 1, de la Const. de Grecia: "El domicilio de toda persona es inviolable", y art. 16, inc. 1, frase 1: "El arte y la ciencia, la investigación y la docencia son libres; su desarrollo y promoción constituyen una obligación del Estado".

[78] Por ejemplo, art. 21, inc. 1, de la Const. de Grecia: "La institución de la familia, en cuanto fundamento de la preservación y mejoramiento de la Nación, así como el matrimonio, la maternidad y la infancia, serán protegidos por el Estado". Art. 1º, inc. 1, de la Const. española: "España se constituye en un Estado social y democrático de derecho, que propugna como valores superiores de su ordenamiento jurídico la libertad, la justicia, la igualdad y el pluralismo político". Art. 10, inc. 1, de la misma Constitución: "La dignidad de la persona, los derechos inviolables que le son inherentes, el libre desarrollo de la personalidad... son fundamentos del orden político y de la paz social".

[79] Por ejemplo, art. 16, inc. 4, de la Const. de Grecia: "Todos los griegos tienen derecho a educación gratuita..."; § 16 de la Const. del Cantón de Basilea-Comarca: "Todos tienen derecho a la ayuda y protección en situaciones de necesidad y a los medios necesarios para una vida humanamente digna". Art. 19, inc. 1, de la Const. de los Países Bajos: "La creación de empleos suficientes es objeto del cuidado de las autoridades...".

[80] Art. 20, inc. 2, de la Const. de los Países Bajos: "Las reglas relativas a los derechos a la seguridad social serán establecidas mediante ley del Parlamento". Art. 72, inc. 1, de la Const. de Polonia (1997): "La República de Polonia velará por la protección de los derechos del niño...".

[81] Sobre la dogmática, ver Hesse, *Grundzüge des Verfassungsrecht der Bundesrepublik Deutschland*, p. 160 y 161; Häberle, *Grundrechte im Leisitungsstaat*, *VVDStRL*, vol. 30, 1972, p. 86 y ss., 121 y siguientes.

[82] Por ejemplo, art. 38, inc. 6, de la Const. de Portugal; § 14, inc. 1, de la Const. del Cantón de Basilea-Comarca: "Los derechos fundamentales deben aplicarse a todo el orden jurídico" (igualmente, el art. 27, inc. 1, de la Const. de Berna de 1993). El art. 24 del proyecto de Constitución federal de Suiza (1977):

En ocasiones, los derechos fundamentales se incorporan textualmente en el canon de los fines de la educación[83] y la transición hacia el tema de los "deberes de protección"[84] del Estado es fluida[85].

Resulta evidente que el constituyente moderno tiene presente el rico cuadro de los contenidos de los derechos fundamentales desarrollados por la dogmática y la jurisprudencia. La mayoría de las veces norma sólo algunas dimensiones de un derecho fundamental (p.ej., en el apartado mismo de los derechos fundamentales o en el de las tareas del Estado) y con frecuencia únicamente una de ellas. Esto no impide que la subsecuente *evolución* desenvuelva otras dimensiones, ya sea por la vía de la comparación jurídica interna (analogías con los derechos fundamentales vecinos) o por la de la diversidad de ejemplos que ofrecen otros Estados constitucionales.

La realidad o, más precisamente, la transformación de los contenidos normativos en la correspondiente realidad, es un tema que fascina a las constituciones con posterioridad a la Segunda Guerra Mundial. En la medida en que la teoría del Estado ha descubierto su dimensión como

---

"Los derechos fundamentales deben aplicarse a toda la legislación, especialmente en las disposiciones orgánicas y procesales".

[83] Por ejemplo, art. 22, inc. 3, de la Const. del Perú: "Las clases sobre la Constitución y los derechos humanos son obligatorias en las instituciones educativas civiles". Art. 72, inc. 2, de la Const. de Guatemala: "El Estado tiene un interés nacional en la educación... y en la introducción sistemática a la Constitución del Estado y los derechos humanos".

[84] Sobre la dogmática, ver Hesse, *Grundzüge des Verfassungsrecht der Bundesrepublik Deutschland*, p. 155 y 156. Cfr., recientemente, BVerfGE 89, 276; 90, 145 (195); 92, 26 (46); 95, 193 (209).

[85] Por ejemplo, el art. 43, inc. 1, de la Const. española: "Se reconoce el derecho a la protección de la salud". Art. 49 de la Const. del Cantón de Uri: "El cantón y los municipios se ocupan en sus actividades de la protección del hombre, de su ambiente y de su espacio vital". Art. 7° de la Const. del Perú: "La madre tiene derecho a la protección del Estado...". Art. 3° de la Const. de Guatemala: "El Estado garantiza y protege la vida desde la concepción, así como la intangibilidad y la seguridad de la persona".

"ciencia de la realidad", sobre todo gracias a H. Heller[86], el constituyente manifiesta en sus textos que para él no es suficiente su normatividad "ideal", sino que quiere una "normalidad social" conforme con la Constitución, una realidad efectiva de los derechos fundamentales. Dos técnicas de normativización se cristalizan en la actualidad en los cuadros textuales: por un lado, los cláusulas sobre la realización de los derechos fundamentales[87] y, por el otro, los artículos en los que el constituyente pretende "reencontrar" en la realidad sus directivas normativas, sobre todo en relación con las tareas del Estado: como cláusulas de desarrollo.

Pionero en este sentido es el art. 3º, párr. 2º, de la Const. italiana de 1947:

> Es misión de la República suprimir los obstáculos de orden económico y social que, limitando de hecho la libertad y la igualdad de los ciudadanos, impidan el pleno desarrollo de la personalidad humana y la efectiva participación de todos los trabajadores en la organización política, económica y social del país.

El art. 9º, inc. 2, de la Const. española dispone:

> Corresponde a los poderes públicos promover las condiciones para que la libertad y la igualdad del individuo y de los grupos en que se integra sean reales y efectivas; remover los obstáculos que impidan o dificulten su plenitud y facilitar la participación de todos los ciudadanos en la vida política, económica, cultural y social[88].

Un antecedente de las cláusulas de realización de los derechos fundamentales es el art. 42, inc. 3, nº 2, de la

[86] Heller, *Staatslehre*, p. 63 y siguientes.

[87] Al respecto, Starck, *Europas Grundrechte im neuesten Gewand*, en "FS H. Huber", 1982, p. 467, 481 y 482.

[88] El proyecto de revisión total de la Constitución federal suiza, de 1977 (citado en *JöR*, vol. 24, 1985, p. 536 y ss.), también se guía por este estilo de razonamiento y normación orientado a la realización. Art. 24: "Realización de los derechos fundamentales. Los derechos fundamentales deben aplicarse a toda la legislación, especialmente en las disposiciones orgánicas y procesales". Lo sigue, por ejemplo, el art. 15 de la Const. del Cantón de Uri (1984), citado en *JöR*, vol. 34, 1985, p. 467 y ss.: "Realización de los derechos fundamentales".

Constitución de Irlanda de 1937 ("Sin embargo, el Estado, como guardián del bien común, debe exigir, con vistas a las condiciones existentes, que los niños reciban un cierto mínimo de educación moral, intelectual y social").

Las cláusulas de desarrollo se encuentran en el art. 15, inc. 2, de la Const. de Grecia de 1975 ("La radio y la televisión... procurarán... salvaguardar en sus emisiones, en todo caso, el nivel de calidad que resulte necesario respecto de su función social y el desarrollo cultural del país")[89] y se generaliza en el art. 25, inc. 2, de la misma Constitución ("El reconocimiento y la protección de los derechos fundamentales e inalienables del hombre por el Estado tendrá por objeto lograr el progreso social en libertad y justicia").

c) ***Procesos de diferenciación y transformación.*** La riqueza formal de los textos constitucionales y la "correlativa" diversidad dogmática de los contenidos son grandes cuando, como sucede aquí, se va más allá, de modo comparativo, de la respectiva Constitución de un pueblo, y se enriquece la diversidad de ejemplos con los provenientes de tantas democracias occidentales como sea posible.

Lo que se puede observar es una diferenciación progresiva, a la que apunta incluso la cantidad creciente de los artículos de las diversas constituciones, y esta observación se deriva con mayor razón del análisis cualitativo. Los "procesos de crecimiento" y las "etapas evolutivas" del tipo del Estado constitucional se manifiestan en un refinamiento de los medios y las posibilidades del texto. Cuando éste es insuficiente o fragmentario, la interpretación constitucional posterior asume la tarea de "hacer" una di-

[89] Art. 16, inc. 2, de la misma Constitución: "La educación constituye un objetivo fundamental del Estado y tiene por propósito la instrucción moral, intelectual, profesional y física de los griegos, el desarrollo de la conciencia nacional y religiosa, así como la formación de ciudadanos libres y responsables".

ferenciación con base en otros ejemplos textuales. Aquí una constatación: si bien el texto del art. 6º, inc. 1, de la LF está formulado como derecho objetivo, de él se han derivado tres dimensiones protectoras (BVerfGE 6, 55)[90]: "derecho fundamental clásico", "garantía institucional" y "norma fundamental valorativa". Estas dimensiones también se han manifestado en alguna medida en otros derechos fundamentales. Es en esta medida que el material textual de diferenciación del constituyente actúa potencialmente de modo universal, porque está presente para el intérprete incluso donde el constituyente (todavía) no lo ha introducido. ¡La idea de la efectivización de los derechos fundamentales ha desplegado una dinámica tal que se han desarrollado prácticamente todas las dimensiones y "estratos" imaginables!

Lo característico cs que cada vez se interrelacionan más fuertemente, en sus elementos típicos, las partes dogmática y orgánica de la Constitución, a pesar de su separación externa ("bifurcación de la Constitución"), pues los elementos formal-orgánicos se encuentran también en el apartado de los derechos fundamentales ("protección de los derechos fundamentales a través de la organización y el procedimiento"), pero en las normas sobre los fines del Estado se esconden también derechos públicos subjetivos (derechos sociales derivados de las cláusulas sobre el Estado social)[91].

Los mandatos constitucionales y los elementos programáticos se encuentran también en el apartado de los derechos fundamentales, así como hay elementos eminentemente materiales que se encuentran, asimismo, en el derecho orgánico de apariencia puramente formal. La "unidad de la Constitución" realiza también aquí su obra: ambas par-

[90] Ver, al respecto, Häberle, *Verfassungsschutz der Familie*, p. 28 y siguientes.

[91] Cfr. § 16, inc. 1, de la Const. del Cantón de Basilea-Comarca y el art. 102 de la Const. de Guatemala ("derechos sociales mínimos").

tes de la Constitución sirven en última instancia a *una sola "res publica"*. A esto se agrega la creciente juridificación. Las tareas del Estado son (nuevamente) concebidas, en última instancia, en la perspectiva de los derechos fundamentales.

Si intentamos reducir a unos cuantos términos clave la creciente riqueza formal de la evolución más reciente de los textos constitucionales, y dar nombre a las tendencias, tendremos la siguiente relación:

1) La evolución de la competencia puramente formal hacia la tarea sustantiva.

2) La utilización deliberada de normas de reconocimiento, valores fundamentales y estructurales, junto con garantías de identidad, en diversos ámbitos y variantes (p.ej., en las cláusulas "en el espíritu").

3) El incremento en las cláusulas de protección en diversas variantes (incluyendo cláusulas sobre el "patrimonio cultural" y las normas de defensa de la Constitución).

4) La incorporación de cláusulas de ponderación, jerarquía y compensación.

5) El enriquecimiento de la Constitución en todas sus partes, con numerosas normas de tareas (también e incluso en el preámbulo).

6) La ampliación de los derechos fundamentales a través de normas que establecen tareas relacionadas con ellos.

En resumen, esto conduce a una gran cantidad, ocasionalmente excesiva, de normas, valores y materiales de los nuevos textos constitucionales (p.ej., Constitución de Portugal de 1976-1992 y también la de Guatemala de 1985), lo que ya se manifiesta en el número de artículos (298 en Portugal). Las constituciones incorporan cada vez mayor número de contenidos y cada vez de manera más diferenciada, y amenazan en ocasiones con sobrecargarse y excederse en lo programático (y en lo político), dando lugar a la *"retórica constitucional"*, la cual, usada de manera moderada, tiene su razón de ser. Las constituciones "prometen" mucho (quizá demasiado) y a causa de ello se dan numerosos conflictos de objetivos. Aquí hay que hacer referencia al peligro del déficit de normatividad debido al exceso de contenidos, no en el sentido de una "vuelta" a la noción de Constitución y de Estado puramente instrumentales y formales que enfatiza su función limitativa, sino en el de una línea media del "no sólo esto, sino también lo otro", de directivas sustantivas y limitaciones más bien formales (la Constitución como "estímulo y límite" en el sentido de R. Smend), de normas que se refieren al statu quo pero que también "proyectan" ("pequeñas utopías"), de principios valorativos y delimitaciones positivistas, de llamados del constituyente a la razón y al mundo de la emoción, a la *ratio* y la *emotio* y, por tanto, al hombre y al ciudadano en plenitud. Lo evidente es de qué modo las diversas funciones de la Constitución ejercen retroalimentación sobre su forma externa y cómo hay que trabajar en forma específica para cada ámbito.

§ 35. *Consecuencias*

Cabe proponerlas desde una triple perspectiva.

a) ***En el plano de la interpretación constitucional.*** ¿Es posible entender los métodos de la interpretación constitucional de la manera tan general como se ha hecho hasta ahora? ¿Acaso no es preciso hacer una mayor diferenciación según el objeto y el ámbito de que se trate? Sin duda los preámbulos son derecho constitucional plenamente vigente (cfr. BVerfGE 36, 1, 16 y 17), pero con ello apenas comienzan los problemas. Su interpretación debe ser específica, debe desentrañar dimensiones culturales profundas, distinguirse de otros complejos de normas más formales; piénsese en las normas de competencia y en el derecho orgánico. O bien, los "programas constitucionales" como los de los deberes fundamentales[92] o los mandatos constitucionales, como el del art. 6°, inc. 5, de la LF, requieren métodos de interpretación altamente "productivos"; algo distinto sucede con las cláusulas de simple recepción, que recogen lo existente, por ejemplo, conforme al art. 68 de la Const. de Bremen ("La Ciudad Libre Hanseática de Bremen tendrá el escudo y la bandera que ha tenido hasta ahora"), o también el art. 140 de la LF. Su forma clásica, las garantías del status quo[93], no debe interpretarse en el sentido de la "teoría de la petrificación" austríaca, pero aquí podría tener particular peso el método subjetivo-histórico de interpretación. En mi opinión, es preciso hacer una mayor diferenciación según la "materia de los objetos", los que, por su parte, asumen un ropaje lingüístico distintivo. La capacidad de concretización que se requiere del intérprete es muy diferente, dependiendo del grado de abstracción de las normas.

b) *En el plano de la teoría constitucional.* El reconocimiento de la diferenciación de los textos constitucionales en cuanto a su lenguaje, contenido y funciones, bien podría servir para moderar numerosos conflictos: por ejemplo, entre una concepción "instrumental" y otra "material" de la Constitución; entre la interpretación de la Constitución como "manual fundamental formal", "*instrument of government*" (W. Hennis), y su concepción como "plan estructural normativo" para la configuración jurídica de una comunidad (A. Hollerbach)[94]; entre su calificación como simple "ordenamiento marco" y un mayor contenido y extensión de su texto; entre las posiciones del decisionis-

[92] Cfr. Hofmann, *Grundpflichten als verfassungsrechtliche Dimension*, VVD StRL, vol. 41, 1983, p. 42 (79 y 80); Luchterhand, *Grundpflichten als Verfassungsproblem in Deutschland*.

[93] Por ejemplo, el art. 150, inc. 2, de la Const. de Baviera: "Se mantienen las facultades teológicas en las escuelas superiores".

[94] Hollerbach, *Ideologie und Verfassung*, en Maihofer (ed.), "Ideologie und Recht", p. 37 (46).

mo y la del énfasis en lo normativo; entre la "limitación" y la "tarea". La solución debe buscarse en un "esto y también lo otro". En efecto, existen normas y ámbitos de la Constitución que deben interpretarse de manera más bien *instrumental*, y otros de modo más *material*; campos en los que la Constitución destaca, y así debe hacerlo, más la organización y el procedimiento, y otros en los que destaca los objetivos sustantivos; hay temas y ámbitos que la Constitución excluye (p.ej., el art. 137, inc. 3, de la Const. de Weimar –art. 140, LF–), y aquellos que integra de manera deliberada. En el debate tradicional se trata frecuentemente de la absolutización de criterios particulares. Y no es ninguna casualidad que sea Suiza la que, desde los años sesenta y luego nuevamente en los noventa, haya creado, a nivel cantonal, muchos ejemplos afortunados de buenos textos constitucionales[95], y que, en su "pragmatismo" frecuentemente citado, haya escogido numerosos tipos "mixtos" de textos, con lo cual no se fija en una *sola* concepción de Constitución. De este modo, Suiza vuelve a convertirse en un ejemplo de "compromiso".

c) *En el plano de la política constitucional.* Esta política puede sentirse animada, ya que los diversos constituyentes nacionales (locales o cantonales) han elaborado un rico tesoro, incluso una rica fábrica de formas diversas.

Algunas cosas se vuelven borrosas en los compromisos políticos, en la medida en que el proceso constituyente en las democracias pluralistas es y debe ser un proceso de compromisos. Pero debe recomendarse al constituyente, como máxima, utilizar de manera consciente la distinción, pero también el contexto, en la diversidad lingüística de sus textos, así como la pluralidad teórico-dogmática y funcional. Lo técnico-jurídico y formal, por ejemplo, en el

[95] Ver, al respecto, Häberle, *Neuere Verfassungen und Verfassungsvorhaben in der Schweiz, insbesondere auf kantonaler Ebene*, *JöR*, vol. 34, 1985, p. 303 y siguientes.

derecho parlamentario, tiene trasfondos sustantivos muy determinados. También las posibilidades irracionales del lenguaje deben utilizarse de modo muy dosificado, pero consciente. Finalmente, el político constitucional debe utilizar las modificaciones constitucionales de manera muy deliberada en su texto[96].

§ 36. *Perspectivas*

Sin importar cuántos estratos tenga una Constitución en su conjunto, o más bien la disposición constitucional particular, cuán "difusa" pueda ser ocasionalmente, qué tanta riqueza de formas y contenidos tenga, la Constitución manifiesta en esta diversidad creciente su vitalidad, su capacidad de evolucionar, su actualidad y su no disminuida fuerza vital, es decir, también, su normatividad y su proximidad a la realidad. La admonición de Georges Burdeau (de 1956), sobre "*une survivance: la notion de constitution*"[97], no se ha hecho realidad, sino que más bien aumenta a nivel mundial la fuerza de atracción del Estado constitucional, y esto significa también la *res publica* de los textos constitucionales escritos. Este Estado ha reaccionado a los nuevos procesos evolutivos en forma de una actualización y una diferenciación sensibles de sus textos, e incluso ha logrado actuar, es decir, regular la realidad. Las normas de todo tipo sobre las tareas del Estado lo demuestran, como también el catálogo de derechos funda-

[96] El tema "protección del ambiente" ha sido incorporado unas veces en los preámbulos (así, la Constitución de Hamburgo), en ocasiones como disposiciones sobre los fines del Estado (art. 3°, inc. 2, Const. de Baviera), a veces como objetivos de la educación (art. 131, inc. 2, Const. de Baviera; art. 30, Const. del Sarre). Algo similar puede decirse de las constituciones de los nuevos *Länder* (p.ej., la Constitución de Brandenburgo, el Preámbulo y el art. 28). Esto tiene "efectos lejanos" todavía no aclarados sobre otras partes de la Constitución, como los catálogos de derechos fundamentales.

[97] En *L'evolution du droit public. Etudes en l'honneur d'Achille Mestre*; también en *Der Staat*, vol. 1, p. 389 y siguientes.

mentales. El Estado constitucional ha procesado la "realidad" social (y también lo ha hecho la legislación), en textos nuevos o modificados. Sin importar que en toda democracia pluralista haya textos constitucionales que no se han cumplido en alguna medida, visto en conjunto el tipo del Estado constitucional atlántico-europeo común, en los textos constitucionales se refleja mucha realidad, configuradora y configurada. La realidad no "denuncia" a los textos, sino que los textos indican mucha realidad (constitucional). Independientemente de los déficits particulares, apenas puede sobreestimarse, en su importancia para la legitimación del Estado constitucional, la inventiva de los constituyentes en materia de diversidad de formas y riqueza de funciones, variabilidad del lenguaje y pluralidad de estratos de sus textos, así como la derivación de numerosas formas mixtas. Actualmente se espera más bien demasiado de las constituciones, aunque con matices nacionales: en la República Federal de Alemania, la Constitución es casi un "sustituto de la religión", mientras que Inglaterra posee otras posibilidades de identificación; Austria le da a la Constitución más bien poco; Suiza mantiene el medio afortunado, no en último término, gracias a su doctrina constitucional. Pero las diferencias son también prueba de la vitalidad de la Constitución y de sus textos.

C) Diversidad de funciones de los textos constitucionales

§ 37. *Planteamiento del problema*

Todas las explicaciones antiguas y nuevas sobre la noción "correcta" de Constitución, Estado, derechos fundamentales, se refieren en el fondo a la función de las disposiciones constitucionales, a pesar del nivel de generalidad en que permanecen frecuentemente: ya sea en la concepción de H. Ehmke de la Constitución como limitación y racionalización del poder y como garantía de libertad en el proceso de la vida política[98]; en la interpretación de W. Kägi de la Constitución como ordenamiento jurídico fundamental del Estado[99], o en el énfasis de H. Heller en el proceso de la interacción consciente, planeada y organizada[100]. Así como K. Hesse ha juntado aspectos particulares de esta discusión en un conjunto teórico equilibrado[101], en lo que sigue nos referiremos concisamente a las diversas especies y grupos normativos de los textos constitucionales que corresponden a las diversas concepciones de Constitución. A la inversa, el proceso de transformación de la tipología de textos elaborada de manera comparativa debería conducir a una aproximación en la controversia sobre la noción "correcta" de Constitución, por ejemplo, en relación con el enfoque culturalista[102]. La diversidad de los textos ofrece, en mi opinión, suficiente material probatorio para la correspondiente noción "mixta" de Constitución, que deje atrás las tradicionales posiciones enfrentadas.

§ 38. *Las funciones particulares de los textos en el marco de una concepción antropocéntrica de la Constitución*

Los textos clásicos, pero también los más recientes, sugieren una concepción antropocéntrica de la Constitución. Esta noción se manifiesta tanto en la función, todavía importante, de la delimitación, sobre todo en los textos

98 Ehmke, *Grenzen der Verfassungsänderung*, p. 88 y siguientes.

99 Kägi, *Die Verfassung asl rechtliche Grundordnung des Staates*, p. 40 y siguientes.

100 Heller, *Staatslehre*, p. 228 y ss. (trad.: *Teoría del Estado*, 2ª ed., p. 316 y siguientes).

101 Hesse, *Grundzüge des Verfassungsrechts der Bundesrepublik Deutschland*, 20ª ed., p. 3 y siguientes.

102 Al respecto, Häberle, *Verfassungslehre als Kulturwissenschaft*, 2ª edición.

tradicionales sobre los derechos fundamentales, como también en la plenitud de los textos constitucionales más recientes comprometidos con el pensamiento funcional, ya que, en última instancia, estas funciones se encuentran plenamente al servicio del ser humano, de su dignidad y libertad, e incluso su igualdad. El nuevo mandato protector en materia de dignidad humana (art. 1º, inc. 1, LF; § 5, Const. del Cantón de Basilea-Comarca; art. 31, Const. de Polonia), y el texto clásico de la Declaración francesa de 1789 (art. 2º: "El fin de toda asociación política es la conservación de los derechos naturales e imprescriptibles del hombre"), todos los textos constitucionales, todo el Estado constituido y limitado por éstos, todas las normas de organización y procedimiento, así como todas las tareas del Estado, están ordenados en función del ser humano. Las nuevas "cláusulas de realización de los derechos fundamentales"[103] tienen también esta intención, lo mismo que los fines de la educación (art. 26, nº 1, Const. de Bremen: "Respeto a la dignidad de todos los seres humanos"), así como todas las nuevas dimensiones y funciones de los derechos fundamentales, incluyendo las estructuras, por ejemplo, de participación, que se desarrollan bajo el ropaje de las tareas (del Estado).

El todo constituido por la función delimitadora clásica de los textos relativos a los derechos fundamentales, su nueva estructura de funciones y las competencias estatales, se encuentran al servicio del ser humano, lo mismo que las normas estructurales como la "democracia en libertad", el "Estado cultural y social de derecho". Esto es válido también, y precisamente, para los nuevos y variados textos sobre la protección del ambiente: ya que llevan a la dignidad humana, que es premisa del Estado constitucional, hacia un "antropocentrismo moderado"; en interés de

[103] Ejemplo textual: art. 3º, inc. 2, de la Const. de Italia (1947). En forma similar, el art. 9º, inc. 2, de la Const. española.

un mundo futuro humanamente digno, en la actualidad pretenden proteger el ambiente[104]. La dignidad humana es apreciada con vistas a las futuras generaciones en el horizonte del tiempo (ver el nuevo texto del art. 141, inc. 1, frase 1, Const. de Baviera: "conscientes también de su responsabilidad hacia las generaciones futuras").

En vista de la penetración de la idea de la protección del ambiente (mediada por la "naturaleza como cultura" o "la protección de la naturaleza como tarea cultural"), puede llegarse a un antropocentrismo "moderado", pero con ello no hemos encontrado todavía a un Kant "verde".

a) "**Ratio**" y "**emotio**". Si los textos constitucionales cumplen con diversas funciones al servicio del ser humano, resulta evidente que, aun cuando no puedan captar *totalmente* a este ser humano en una Constitución de la libertad y el pluralismo, sí pretendan abordar los aspectos importantes para la comunidad política, por contrastantes que éstos sean[105]. Este acercamiento al ser humano se produce, y se puede comprobar, en los textos constitucionales, sobre todo en dos campos: en el de la *ratio* y en el de la *emotio*.

Que el Estado constitucional se apoya en el ser humano como "ser racional", es un lugar común que es reconocible en muchos textos antiguos y más recientes: en el principio de la división de poderes[106], en la referencia a los mismos derechos fundamentales de los demás ("regla de

[104] Cfr. Preámbulo de la Constitución del Cantón de Aargau de 1980: "Responsabilidad ante Dios respecto de los seres humanos, la comunidad y el ambiente". Preámbulo de la Constitución de Berna de 1993: "en la que todos convivan responsablemente ante la creación"; art. 74, inc. 1, de la Const. de Polonia de 1997: "Política que garantice a la presente generación y a las futuras, seguridad ecológica".

[105] Particularidades en Häberle, *Das Menschenbild im Verfassungsstaat*.

[106] Cfr. el art. 16 de la Declaración de los Derechos del Hombre francesa de 1789: "Toda sociedad en la que la garantía de los derechos no esté asegurada, ni determinada la separación de poderes, no tiene Constitución".

oro" o "imperativo categórico" de I. Kant), incluso en la "construcción" de la "Constitución" misma, en la organización de sus procedimientos, en la "ficción" del contrato social (desde I. Kant hasta J. Rawls), y en la creación y la garantía del derecho constitucional y del Estado de derecho.

El lado de la *emotio* ha sido descuidado hasta ahora por la teoría constitucional; en todo caso, no ha sido elaborado de manera precisa y comparativa a lo largo de los textos constitucionales clásicos y más recientes. Por ejemplo, "tocan" a la estructura emocional que también tienen los seres humanos el grupo de normas constitucionales que pueden clasificarse como cláusulas de reconocimiento, simbólicas y de valores fundamentales[107]. Su función específica es captar la *conditio humana* desde el lado emocional y, por tanto, dar también más constitución a la *res publica* desde este lado. Ya sea en los preámbulos, en las garantías sobre días festivos o en los artículos relativos al idioma, la bandera y otros símbolos, los constituyentes configuran sus textos, en lenguaje y contenido, con vistas a esta función: dirigirse al ser humano desde el lado de lo irracional, de lo que "sobrepasa" a la razón, para hablar de lo importante de la Constitución, "ponerlos a tono", incluso "ganárselos".

Esta función se aprecia incluso en los artículos "en el espíritu" y en las cláusulas sobre "el patrimonio cultural" y, en general, en los textos constitucionales sobre la cultura. La *emotio* a la que nos referimos aquí no sólo se encuentra en una relación de tensión, frecuentemente fructífera,

[107] Ejemplos textuales: art. 1º, inc. 2, de la LF (1949): "Por tanto, el pueblo alemán reconoce que los derechos humanos inviolables e inalienables son el fundamento de toda comunidad humana". Preámbulo de la Constitución francesa (1946): el pueblo francés proclama, además, "como particularmente necesarios", en nuestros días, los principios políticos, económicos y sociales. Art. 1º, inc. 1, de la Const. española: "la libertad, la justicia, la igualdad y el pluralismo político como valores superiores de su ordenamiento jurídico".

con la racionalidad del Estado constitucional, sino que es capaz de darle un fundamento más profundo, en el *ciudadano como ser humano*. De ahí los textos de algunas constituciones que se refieren a "artículos de fe" y las declaraciones de derechos humanos (sobre todo en los preámbulos). El Estado constitucional democrático vive también del consenso sobre lo irracional, y no sólo del discurso o del consenso y el disenso en relación con lo racional.

b) *El "procesamiento" del tiempo.* La forma textual de las disposiciones constitucionales es tan diversa, entre otras razones, porque pretenden y deben procesar el tiempo en distintas maneras. En forma específica, se dirigen al pasado, al presente y al futuro, y aquí encuentra su fundamento la diversidad de funciones de la Constitución en general.

Ciertos textos constitucionales incluyen al pasado o se refieren de manera específica a él: las "garantías de institutos" y las "garantías institucionales" clásicas descubiertas por la dogmática de un C. Schmitt, las demás cláusulas de recepción (sobre el statu quo) de tipo antiguo, pero también las nuevas cláusulas sobre el patrimonio cultural[108].

Esto conduce al presente y al futuro como "fases" siguientes en el eje del tiempo: la diversidad de nuevas formas y tipos textuales, que son la expresión del pensamiento funcional programático, pretenden ganar el futuro para el respectivo Estado constitucional. Este aspecto y esta función se manifiestan ahí donde los textos garantizan a la Constitución como "proceso público", donde se organiza la "apertura de la Constitución" y se formulan (anticipadamente) los objetivos, proyectos, llamados, esperanzas,

[108] Por ejemplo, el art. 3°, inc. 2, de la Const. de Baviera: "El Estado protege las bases naturales de la vida y la tradición cultural", así como el art. 9°, inc. 2, de la Const. de Italia (1947).

tareas. Esto sucede de manera muy diferenciada: desde el mandato de desarrollo en materia de los derechos humanos o de las tareas del Estado, pasando por el procedimiento de la modificación constitucional (revisión parcial o total), hasta el proceso constituyente en el marco del tipo del Estado constitucional.

Así alcanza la Constitución el "medio", frecuentemente aludido como indispensable, entre duración y cambio, entre estática y dinámica, entre regulación y adaptación, entre configuración creativa y vigorosa conservación. El "esto pero también lo otro" de "procesos y contenidos" se distribuye, con acentos diversos, entre las distintas especies de disposiciones constitucionales, pero frecuentemente se encuentran en un solo complejo normativo (así, en los preámbulos o en las garantías, de múltiples estratos, de los derechos fundamentales). El presente recurre a "estímulos" y obligaciones provenientes del pasado; formula esperanzas para el futuro imaginado como abierto. Existen "garantías del statu quo cultural" del Estado constitucional, como la dignidad humana y la democracia, los derechos fundamentales (clásicos) y la división de poderes desde 1776-1789, así como textos clásicos de I. Kant o las experiencias almacenadas aquí en los textos, pero existe también un "*quantum* de utopía".

Así nos quedamos con la idea de que la Constitución es, en general, "estímulo y límite" (R. Smend), proceso público, y que es material, instrumental, valorativa, de principio y abierta. Sin embargo, los diversos textos constitucionales y los tipos de normas se distinguen más bien por ser lo uno o lo otro. Solamente su interrelación, su garantía al mismo tiempo en uno y el mismo documento constitucional de un pueblo, dicho en otras palabras, su "*mezcla*" en el Estado constitucional, es lo que les permite cumplir, en conjunto, con su función estabilizadora de ordenamiento y libertad, de crear unidad y diversidad plural, de poder actuar a la vez como fundamento y límite del poder.

c) *Consenso básico y pluralidad.* Los distintos textos constitucionales tienen la diversa función de crear, garantizar y desarrollar el consenso básico y la pluralidad en el Estado constitucional en su conjunto. Las cláusulas de reconocimiento, de valores fundamentales e identidad (p.ej., de "eternidad"), como en materia de justicia social, orden económico conforme a la dignidad humana, democracia, fijan a la Constitución en sus principios, apoyados en un consenso básico, cuya pretensión es encontrarse bajo la idea de lo "correcto"[109], es decir, realizar aspectos de la justicia y el bien común[110].

Esta tarea de las constituciones puede advertirse de manera precisa en los nuevos textos constitucionales y en sus funciones, y justamente en ellos. Las crecientes y diversificadas tareas del Estado (más recientemente en materia de protección del ambiente) son derecho constitucional que tiene como objetivo el bien común[111]. Y el tipo del "Estado constitucional" intenta renovadamente organizar los elementos de la justicia desde el lado procesal y material, en el sentido de H. Heller, mediante normas de tareas lo mismo que en los nuevos y clásicos contenidos de los derechos fundamentales (p.ej., en el "*due process*" o en las estructuras de participación).

La pluralidad, la "otra" función de garantía de los diversos principios constitucionales, lo mismo que de la Constitución en su conjunto, se encuentra detrás de las diversas "facetas" de los derechos fundamentales: de su función de

[109] Bäumlin, *Staat, Recht und Geschichte*, p. 24.

[110] Cfr. el art. 110, inc. 1, de la anterior Constitución del Perú (1979): "El orden económico de la República se apoya en los principios de la justicia social, los cuales están dirigidos hacia el trabajo digno como fuente principal de la riqueza y como medio de realización de la persona humana". En términos similares, el art. 151 de la Const. de Weimar (1919) y el art. 151 de la Const. de Baviera (1946).

[111] Un panorama de las cláusulas constitucionales sobre el bien común puede encontrarse en Häberle, *Öffentliches Interesse als juristisches Problem*, p. 39 y siguientes.

límite (aseguramiento de un proceso abierto de la vida política), pero también de su estructura funcional ("tareas relativas a los derechos fundamentales" en interés de una óptima realidad de estos derechos para todos). Los "artículos del pluralismo"[112] formulados recientemente en forma general (p.ej., en España) o especial (p.ej., respecto de la libertad de los medios de comunicación), pero también respecto de la protección de minorías, cumplen esta función de garantía de la *apertura* de la Constitución, y ello equivale a decir también *capacidad de evolución* de sus textos. Particularmente, en el Estado federal se resuelve de manera óptima el "esto pero también lo otro" de la pluralidad y el consenso básico (diversidad política, económica y cultural y cláusulas de homogeneidad).

Puede ser que las tensiones en la relación entre consenso básico y pluralidad varíen en el tiempo y el espacio; por ello, el tipo del "Estado constitucional" requiere una pluralidad de textos, que garanticen la "mezcla" de ambos, como marco para la "avenencia y tolerancia" renovadas de los ciudadanos.

d) *La función limitadora.* La función de establecer límites (incluso entre los ciudadanos, p.ej., a través de la eficacia frente a terceros de los derechos fundamentales)[113],

[112] Ejemplos textuales: art. 1°, inc. 1, de la Const. española (1978): "España se constituye en un Estado social y democrático de derecho, que propugna como valores superiores de su ordenamiento jurídico la libertad, la justicia, la igualdad y el pluralismo político"; art. 20, inc. 3, de la misma Constitución: "el acceso a dichos medios... respetando el pluralismo de la sociedad...". Ver, también, el art. 2° de la Const. de Portugal (1976-1982): "pluralismo de expresión y organización política democráticas...". Las cláusulas contra la ideología de Estado en Europa oriental (p.ej., el art. 15, inc. 2, de la Const. de Ucrania de 1996) corresponden también aquí. Ver, también, el art. 1°, inc. 2, de la Constitución del Paraguay (1992): "la democracia pluralista, la cual se funda en el reconocimiento de la dignidad humana". En forma similar, el Preámbulo de la Constitución de Gabón (1997).

[113] Cfr. § 14, incs. 2 y 3, de la Const. del Cantón de Basilea-Comarca (1984): "Quien ejerce sus derechos fundamentales debe respetar los de los de-

la limitación del poder (en la relación entre el Estado y el ciudadano), el impedir el abuso de poder (por el lado del Estado y la sociedad), sigue siendo propia de muchas disposiciones constitucionales, antiguas y nuevas, y continúa siendo, en general, irrenunciable. Y esto en nada es alterado por ningún pensamiento en términos de tareas, por ninguno de los nuevos textos constitucionales orientados a tareas en la más reciente etapa evolutiva textual. El canon de los derechos fundamentales clásicos, la división de poderes, la democracia como confianza limitada en "el gobierno temporal", la organización precisa de los procedimientos, en los cuales se lucha por el bien común y se busca la justicia, todo esto puede tomarse con mucha precisión de los diversos tipos de texto, en su literalidad y en el fondo (p.ej., las normas sobre protección de minorías). Puede ser que aquí y allá el pensamiento en términos de tareas ahogue a los textos; no obstante, la doctrina del Estado constitucional debe aferrarse a esta función de los diversos textos constitucionales, así como de la Constitución como un todo. Las tareas permanecen limitadas. Bien entendidas, detrás de las crecientes normas de tareas (p.ej., tareas estatales referidas a los derechos fundamentales) se encuentra la preocupación por una libertad real en su dimensión "clásica" de no interferencia. El pensamiento en términos de tareas no es sino un elemento de "desarrollo y garantía de la vigencia de los derechos fundamentales", por ejemplo, bajo la forma de un "*status activus processualis*".

El art. 1º, inc. 1, de la LF y el texto clásico del art. 2º de la Declaración francesa de 1789 "recuerdan" una y otra vez esta función de la fijación de límites, así como de su prórroga adecuada a la época.

---

más. Nadie puede afectar los derechos fundamentales mediante el abuso de su posición de poder". Cfr. también el art. 27, inc. 1, de la Const. de Berna (1993): "Los derechos fundamentales deben manifestarse en todo el orden jurídico".

e) *Referencia a la realidad y configuración de la realidad.* Se trata de la última función de las constituciones y de sus diversos grupos y tipos de textos, y una que ha emergido al primer plano en la época más reciente. Actualmente, la realidad no sólo es un tema principal de la ciencia jurídica (F. Wieacker), sino que también ha adquirido centralidad el campo de fuerzas de la doctrina del Estado constitucional.

Esto se manifiesta de diversas maneras: en general, por las disposiciones sobre fines del Estado y las normas fundamentales sobre el Estado social de derecho, sobre la justicia social; en los textos sobre las tareas especiales del Estado, que pretenden hacer efectivos algunos o todos los derechos fundamentales (en el sentido de "libertades reales"); pero también en las nuevas dimensiones de los contenidos de los derechos fundamentales que se han vuelto complejos, ya sea gracias a la técnica de los mandatos de promoción y protección (p.ej., art. 6°, inc. 5, LF; § 25, Const. del Cantón de Aargau; art. 42, inc. 2, Const. de Berna), a través de la dinamización del principio de igualdad ("igualdad de oportunidades"), o a través de otros textos constitucionales que se encuentran al servicio de la "optimización de los derechos fundamentales", como son las cláusulas relativas a su realización y desarrollo, o a su "protección a través de la organización y el procedimiento".

El Estado constitucional pretende que sus textos se hagan realidad, que se cumplan "socialmente"; "reivindica" la realidad para sí: su "normatividad" debe convertirse en "normalidad". Dicho Estado pretende regular y configurar la realidad en el sentido de sus textos, pero también guiarse por éstos. Los diversos grupos de artículos y tipos de textos constitucionales tienen esta función como propia, con intensidad variable, pero en conjunto, la tendencia de las constituciones se dirige en dirección a una "mayor cantidad de realidad".

D) La relevancia potencial de los proyectos de Constitución

§ 39. *El modelo suizo*

Un "doble diagnóstico empírico" y dos ejemplos de la Europa de nuestros días, demuestran lo productivos que pueden ser los proyectos para la teoría constitucional comparativa, porque han sido "eficaces" tarde o temprano y porque influyen en textos posteriores o en su "traducción" en la realidad constitucional. Un ejemplo proviene de Suiza, donde el impulso lo han dado el proyecto del basilense Max Imboden de 1959, con el título "La Constitución federal como podría ser", y el proyecto de Constitución de 1977 de la Comisión de expertos para la preparación de la revisión total de la Constitución federal[114]. A pesar de toda la crítica que se les pueda hacer, podemos decir ahora, en lo particular, que dichos proyectos han influido mucho más allá de la comunidad científica de lengua alemana, en la formulación de problemas y en las variantes textuales, gracias a lo cual podrían ser de auxilio práctico para los constituyentes de Europa oriental (junto con las nuevas constituciones cantonales de Nidwalden hasta Solothurn, Berna y Appenzell A. Rh.)[115].

§ 40. *Criterio de valoración*

Los proyectos de Constitución merecen también interés científico con toda independencia de que sean "exito-

[114] Imboden, *Die Bundesverfassung, wie sie sein könnte*, en "Staat und Recht", p. 219 y ss.; *Bericht der Expertenkommission für die Vorbereitung einer Totalrevision der Bundesverfassung*.

[115] Todo esto está documentado (hasta 1985) en Häberle, *Neuere Verfassungen und Verfassungsvorhaben in der Schweiz, insbesondere auf kantonaler Ebene*, *JöR*, vol. 34, 1985, p. 303 y siguientes. Por último, ver *JöR*, vol. 47, 1999, p. 149 y siguientes.

sos". Lo merecen incluso cuando pueden considerarse como "fracaso" político y también cuando lo son, pero deberían ser examinados científicamente por la doctrina del derecho del Estado, y no sólo por la historia constitucional, pues en sus textos se objetivizan y cristalizan, de manera singular, contenidos y procedimientos, ideas y realidad, esperanzas y deseos, así como la elaboración del pasado, pues el imperativo de tener que vaciar lo imaginado en formas textuales normativamente obligatorias induce a una labor de condensación que confiere contornos más claros al material difuso del que provienen. A pesar de que, en lo particular, sus autores manifiesten diversos grados de creatividad, los proyectos de Constitución reciben y combinan, ante todo, elementos muy dispersos y bastante heterogéneos: por ejemplo, sentencias constitucionales y prácticas del Estado, construcciones doctrinales y resoluciones judiciales, pero también elementos transformados en texto en otras partes, como los pactos regionales y universales de derechos humanos, incluso los programas de los partidos políticos, para no hablar de los modelos textuales que pueden hallarse en las constituciones de otros países y Estados o en las constituciones de la historia propia. Los textos, sobre todo los constitucionales, ejercen una fascinación peculiar, afín a las religiones del Libro, incluso cuando son "superadas" por la historia o cuando ellas mismas no han "alcanzado" a la historia.

E) Problemas de las fuentes del derecho en el Estado constitucional: un pluralismo de lo escrito y lo no escrito de múltiples espacios y etapas

§ 41. *El cuestionamiento de la metáfora de la "fuente"*

Tan cierto como que la doctrina de las fuentes del derecho –en la actualidad debido a los textos constitucionales positivos– debe constituir un capítulo central de toda teoría constitucional comparada, igualmente cuestionable parece la metáfora de la "fuente del derecho", porque sugiere que el derecho se deriva, más o menos "acabado", "presente" y dado, de una causa. Esto toma muy poco en cuenta que el derecho es "*law in action*" (J. Esser) y que *deviene* derecho apenas en y a través de la interpretación[116]. La "metáfora de la fuente" difícilmente puede expresar la importancia constitutiva de la "sociedad abierta de los intérpretes de la Constitución". La metáfora "fuente del derecho" es criticada o corregida aquí y allá en la doctrina, pero no se cuestiona en forma radical[117]. En mi opinión, en la actualidad sólo es posible utilizar el concepto de "fuente del derecho", si acaso, con muchos signos de interrogación y entre comillas, tan productivos son los intérpretes, tan plurívocos son los conceptos jurídicos que han de interpretarse, y tan abierto es el canon de posibles "fuentes del derecho" en el Estado constitucional. Esto no impide que ciertas afirmaciones sobre las "fuentes del derecho" aquí sistematizadas, se encuentren ya en los textos constitucionales. Su buen orden corresponde incluso a una Constitución escrita. Pero esto no puede ni pretende poner en cuestión la apertura y pluralidad de las fuentes del derecho en el Estado constitucional, en el que no hay un númerus clausus de "fuentes del derecho", sino que su listado solamente puede ser ejemplificativo.

116 Ya clásica es BVerfGE 75, 223 (243 y 244): "así como no puede haber duda de que los Estados miembros desean dotar de un tribunal a la Comunidad, ante el cual estarán abiertas las vías jurisdiccionales tal como han surgido a través de las centurias en la tradición y la cultura jurídicas europeas comunes. El juez nunca fue en Europa simplemente *la bouche qui prononce les paroles de la loi*, el derecho romano, el *common law* inglés, el derecho común, eran en buena medida una creación judicial... Los tratados comunitarios deben entenderse también a la luz de la tradición y la cultura jurídica común europea".

117 Sin embargo, cfr. Michael, *Der allgemeine Gleichheitssatz als Methodennorm komparativer Systeme*, p. 21 y siguientes.

Por otra parte, es más que dudoso que pueda sostenerse la distinción habitual entre "fuentes formales del derecho" y "fuentes de conocimiento del derecho". El "derecho de los jueces" se ha establecido desde hace tiempo "entre" estas categorías. En el tipo del Estado constitucional la antigua alternativa entre derecho legislado y derecho de creación judicial se convierte en "tanto esto como lo otro" en las "fuentes del derecho".

§ 42. Apertura y pluralidad de las fuentes del derecho en el Estado constitucional

La comparación constitucional permite atreverse a hablar de la pluralidad y la apertura de las "fuentes del derecho". Nada menos que J. Esser se adelantó a esto cuando hablaba del "carácter pluralista (no la mera 'estructura escalonada') de nuestras fuentes del derecho" y cuando andaba en busca de una doctrina "realista" de las fuentes del derecho que superara el estatismo[118]. Es cierto que en la actualidad las constituciones nombran crecientemente determinadas fuentes del derecho, pero tampoco se fijan en un canon cerrado, sino que incorporan siempre fuentes abiertas, como los derechos humanos (internacionales), los principios generales del derecho, incluso las referencias generales al derecho. Esto no es sólo un diagnóstico, sino que puede justificarse filosóficamente. El término clave "tiempo y Constitución" o "tiempo y cultura constitucional" apunta al trasfondo: la apertura y la pluralidad de las fuentes del derecho es un instrumento y un procedimiento, entre otros (desde la revisión parcial o total de las constituciones pasando por las cláusulas legislativas experimentales, hasta los votos particulares de los jueces constitucionales) que permiten al Estado constitucional mantener el equilibrio, en el tiempo, entre continuidad y cambio,

[118] Esser, *Grundsatz und Norm*, p. 120 y ss., 241 y ss., 287 y siguientes.

entre estabilidad y flexibilidad. Precisamente las "mezclas" flexibles, tanto de los métodos de interpretación como de las "fuentes del derecho", permiten la conservación del Estado constitucional "en el curso del tiempo".

§ 43. *En particular sobre las "nuevas" fuentes del derecho*

Los nuevos constituyentes se caracterizan, entre otras cosas, porque se muestran, literalmente, "abiertos" hacia las nuevas fuentes del derecho. En parte lo que hacen es dar forma nueva a las "viejas" fuentes; por ejemplo, a través de cláusulas de primacía claramente expresas a favor de la Constitución; en parte nombran con mayor precisión las antiguas o las nuevas fuentes del derecho: a saber, principios generales del derecho, derechos humanos reconocidos de modo internacional, otros derechos fundamentales distintos de los existentes por escrito (cláusulas de desarrollo de los derechos fundamentales), ocasionalmente el derecho natural. Estas "nuevas" fuentes del derecho constituyen un enriquecimiento de los procesos de determinación del derecho; pero ciertamente también lo hacen más "complicado". Hacia afuera, acomodan al Estado constitucional en contextos regionales o universales de una "sociedad mundial" o de la humanidad, y hacia el interior, permiten un refinamiento de los procesos de creación de derecho y así también una mayor medida de justicia. Además, permiten utilizar las experiencias jurídicas de otras comunidades, en particular de otros Estados constitucionales (vecinos), del mismo modo como puede ser una ganancia la comparación jurídica. Hay que elogiar a los constituyentes nacionales por haberse atrevido a llamar por su nombre y a integrar a la paleta de posibles fuentes del derecho, con lo cual han quebrado no sólo las doctrinas "clásicas" de la soberanía, sino también la idea simplista de la construcción escalonada del orden jurídico.

§ 44. *Influencias recíprocas en lugar de la supra o subordinación de las fuentes del derecho*

Un aspecto más de la revisión de la doctrina clásica de las fuentes del derecho que proponemos se advierte menos en la evolución de etapas textuales de lo que puede observarse en la práctica. A él haremos al menos alusión aquí. Si bien es muy frecuente que los constituyentes más recientes, como se ha mostrado, normen la "supremacía de la Constitución"[119], con ello no pretenden, ni pueden impedir, que la multicitada "construcción escalonada del orden jurídico" de la Escuela de Viena no sea sino sólo un aspecto de la acción de las "fuentes del derecho". En la práctica de la aplicación del derecho, en el "negocio hermenéutico de la intepretación", se producen frecuentemente la interacción creativa y la colaboración múltiple de los diversos planos, lo que no es posible reducir a la imagen de la "jerarquía". Así, los principios constitucionales y las normas legislativas interactúan de múltiples maneras en el ámbito de los derechos fundamentales, de modo que se produce no sólo la interpretación de las leyes conforme a la Constitución, sino también la "interpretación de la Constitución conforme a las leyes"[120]. Tampoco puede captarse mediante la imagen de la "jerarquía" la influencia de los "principios generales del derecho" que trascienden al Estado constitucional nacional, por ejemplo, en el sentido del derecho europeo. Lo mismo vale para la eficacia, interna o de otro tipo, de los derechos fundamentales, pues su "universalismo" relativiza su nacionalismo.

[119] En el mundo de habla inglesa son típicas frases como "*Constitution to be supreme law*" (cfr. art. 6°, Const. de Malta de 1964/92) o "*this Constitution shall be the supreme law of Namibia*" (art. 1°, inc. 6, Const. de Namibia de 1990).

[120] Al respecto, Hesse, *Grundzüge des Verfassungsrecht der Bundesrepublik Deutschland*, p. 33.

§ 45. *Despedida del estatismo nacional de la doctrina de las fuentes del derecho; la europeización de las fuentes del derecho*

Las reflexiones hechas hasta el momento sugieren, en el contexto de los enunciados textuales de las constituciones recientes, despedirse declaradamente del estatismo nacional de las doctrinas tradicionales sobre las fuentes del derecho. Esta idea cruza la obra pionera de J. Esser, "*Grundsatz und Norm*" ("Principio y norma"), en el campo del derecho civil, pero puede y debe ser un modelo también para la teoría constitucional. Aquí ofrecemos solamente unas cuantas palabras clave. La penetración de la categoría de los "principios generales del derecho" quiebra el carácter estatal de las fuentes del derecho lo mismo que lo hacen las referencias, expresas de manera más o menos clara, a los principios del derecho "preestatales" o "pre-positivos", en la forma que sea: como "derechos humanos universales", como "derecho", por la vía de las "cláusulas de realización de los derechos fundamentales", etcétera. Sobre todo resultan relevantes aquí los procesos que, por ejemplo, permiten pensar en el surgimiento de un derecho común en Europa. En la medida en que la teoría constitucional nacional y la jurisdicción constitucional se "europeícen", se enriquecerá el *corpus iuris* nacional, se pluralizarán las fuentes nacionales del derecho, se abrirá el canon interno hacia "afuera". En lo particular, todos los procesos evolutivos que permiten calificar a la comparación jurídica como "quinto" método de interpretación, además de los cuatro clásicos de F. C. von Savigny, constituyen una despedida, o al menos una decisiva relativización, del estatismo nacional en la doctrina sobre las fuentes del derecho. Este proceso evolutivo caracteriza al Estado constitucional en su actual etapa textual, la que no ha permanecido sólo en el "papel", sino que también impregna la realidad constitucional.

Capítulo IV

PROCESO CONSTITUYENTE. MODIFICACIÓN E INTERPRETACIÓN DE LA CONSTITUCIÓN. JURISDICCIÓN CONSTITUCIONAL

A) Proceso constituyente

§ 46. *Un catálogo de problemas, preguntas y respuestas*

El Estado constitucional democrático de la actualidad se entiende y se vive a partir del poder constituyente del pueblo. Por un lado, este poder se deriva expresamente como tal de los textos constitucionales (en la historia constitucional del tipo del Estado constitucional ha prevalecido unas veces de manera "revolucionaria" y otras de modo evolutivo –sobre todo en contra del poder constituyente del monarca–); por el otro, dicho poder fue desarrollado de manera "no escrita" por la doctrina y la práctica, vaciado en conceptos, refinado y traducido, de manera parcial o plena, en textos constitucionales. Lo característico en "materia de proceso constituyente" (*Verfassunggebung*) para el Estado constitucional se deduce, como no ocurre con casi ningún otro aspecto, de un conjunto y un "paralelogramo de las fuerzas" compuesto por ideas políticas, doctrinas científicas, textos constitucionales escritos y prácticas no escritas. Sin importar qué tan grandes sean, también en la actualidad, las diferencias entre países –como consecuencia de su historia constitucional nacional–, se ha desarrollado un concentrado de "doctrinas" y de práctica relativas al poder constituyente del pueblo, el cual, a pesar de las "variaciones", permite identificar un tipo básico. Este tipo debe ser desentrañado primordialmente a partir de los textos constitucionales, cambiantes en la historia y diversos entre las naciones según su estadio cultural, pero para tal fin se requiere tomar en cuenta la historia (constitucional) de las "doctrinas políticas" (sin que éstas puedan ser expuestas en lo particular); porque han conducido a determinados textos constitucionales y los han desarrollado, del mismo modo como, a la inversa, estos textos han actuado, y deberían actuar, en cuanto material y desafío para la subsecuente elaboración de teorías. De manera particular, en la Alemania del siglo XIX se produjeron, además, formas de "pacto" entre los sujetos que influían en el proceso constituyente (monarca y estamentos o pueblo) que recuerdan a la idea, nuevamente de actualidad, de la "Constitución como contrato"[1].

a) ***El catálogo de problemas: cinco conjuntos de cuestiones como "continuum" en la transformación de los textos constitucionales.*** En lo particular, se deducen tipológicamente cinco conjuntos de cuestiones, fundados en el examen histórico y actual de los textos constitucionales. Estos conjuntos permiten reconocer, por un lado, lo típico en materia de "poder constituyente del pueblo" en el Estado constitucional; por el otro, también el amplio espectro de posibles soluciones político-constitucionales:

¿En qué lugares o apartados abordan los diversos textos constitucionales, desde el punto de vista de la sistemática textual, el problema del poder constituyente del pueblo?

[1] Sobre el particular, ver Saladin, *Verfassungsreform und Verfassungsverständnis*, *AöR*, vol. 104, 1979, p. 345 y ss.; Häberle, *Kommentierte Verfassungsrechtsprechung*, p. 438 y siguientes.

¿Ya en el preámbulo (cfr. la LF), en las disposiciones de bases o bien en las finales (así, en el art. 146, LF y en el art. 115, Const. de Brandenburgo), o este problema no es abordado en absoluto (es decir, que se presupone y se practica como "inmanente al sistema", orientándose por la doctrina desarrollada a partir de 1789 –Sieyès–, la cual gira alrededor de un tipo básico en nuevas variantes textuales)?

¿Quién y en cuáles procedimientos interviene como "sujeto" en los procesos constituyentes? En este pluralismo actúan actualmente los partidos, asociaciones, iglesias, personajes (como N. Mandela en Sudáfrica), la doctrina (en España y Portugal de los años setenta; en Turquía de los años ochenta [también] los militares)[2]. En Brandenburgo (1992), fueron las "ciudadanas y los ciudadanos del *Land*", es decir, no el pueblo, los que se dieron "esta Constitución" (Preámbulo; ver también el Preámbulo de la Constitución de Mecklemburgo-Antepomerania de 1993).

En la historia constitucional de Alemania, y esto puede leerse en el espejo de los textos constitucionales, los príncipes y los estamentos o las asambleas populares lucharon por ser "sujetos" del proceso constituyente. Las constituciones otorgadas (como la prusiana de 1848) fueron expresión del poder constituyente del monarca; las pactadas (como la Constitución prusiana revisada de 1850) constituyeron un pacto o compromiso entre el príncipe y los estamentos y el pueblo al que éstos representaban. Fue hasta más tarde, es decir, a partir de 1918, que en Alemania se reconoció al pueblo como único "sujeto" en materia de poder constituyente[3].

2 Sobre el papel de las fuerzas armadas, cfr. los preámbulos de las Constituciones de Portugal (1976-1982) y de Turquía (1982); en este último país, las fuerzas armadas volvieron a intervenir en 1997.

3 Stern, *Das Staatsrecht der Bundesrepublik Deutschland*, p. 147, constata que la doctrina del *pouvoir constituant* constituye la más importante aplicación de la idea de la soberanía popular, y que resulta evidente en el Estado constitucional democrático, pero que "el camino para llegar a ella estuvo lleno de espinas".

¿El poder constituyente del pueblo es fijado en el texto en determinados procedimientos o no? ¿Existen determinadas variantes procesales expresas en el texto? Por ejemplo: elecciones para una asamblea constituyente, con o sin referéndum subsecuente. O bien, ¿son requeridas éstas de modo inmanente por el tipo del Estado constitucional? También es posible la falta de toda legitimación democrática directa, *ex ante*, del constituyente (así para la LF de 1949). Suiza ha avanzado bastante en la "procesalización" del proceso constituyente, al haber desarrollado un canon fijo de reglas procesales escritas para la "revisión total", las cuales podrían pertenecer ya a la "sustancia" de este Estado constitucional, en el plano federal tanto como en el cantonal (por último, en el art. 129 de la Const. de Berna de 1993, y en los arts. 83 a 90 del proyecto de Constitución de Tessin de 1995).

El poder constituyente del pueblo, ¿se encuentra incorporado textualmente en un contexto de determinados contenidos normativos (como la dignidad humana, la justicia, los sucesos históricos), por ejemplo, y de manera especial, en los preámbulos o en los artículos de "reconocimiento"?, o bien, ¿aparece como poder desvinculado, libre, que decide "normativamente a partir de la nada"?

En relación con lo anterior: ¿existen límites escritos o no escritos ("autoimpuestos" o culturalmente puestos) del poder constituyente del pueblo? Ya sea deducidos de los textos constitucionales (especialmente en los preámbulos), de las sentencias de los tribunales constitucionales (BVerfGE 1, 14, 61 y 62: ¡primera sentencia sobre la reorganización territorial!), o desarrollados por la doctrina, la cual, por su parte, se orienta por los textos y por el concentrado del tipo del Estado constitucional en materia de proceso constituyente.

b) ***Respuestas***. Una teoría que trabaje a la luz de las etapas de evolución textual y que "ofrezca" alternativas de regulación tomadas de la historia y del presente, es capaz de resolver el problema del poder constituyente del pueblo con mayor cercanía a la realidad de lo que son capaces muchas ideologías. De este modo, el tipo del Estado constitucional democrático puede llevar su reflexión un poco más allá de la respectiva Constitución concreta de un pueblo en particular, así como elaborar alternativas de acción que permitan la evolución abierta de esa Constitución concreta. Pero, en última instancia, no puede descartarse que, al hacerlo, también evolucione el tipo del "Estado constitucional" mismo. Piénsese solamente en los catálogos de valores fundamentales en los que se enmarcan crecientemente, a partir de 1945, el Estado constitucional y el constituyente: se trata de una nueva etapa textual y de una ganancia para el Estado constitucional, como lo son también los instrumentos procesales suizos bajo el concepto de "revisión total" o la "revisión de conjunto" austríaca o el "modelo español". Tan pronto como una Constitución se hace realidad y continúa su desarrollo sobre los "rieles" del tipo del Estado constitucional, no puede haber sino procesos constituyentes evolutivos, precisamente porque una teoría de la Constitución de cuño culturalista elabora, más allá de los textos positivos, contenidos y procedimientos que abren la vía hacia una nueva *Constitución ejemplar* concreta. La teoría de la Constitución fracasa tan pronto como se producen revoluciones (culturales) que se apartan y se vuelven contra el Estado constitucional (bajo el signo del pensamiento del Estado totalitario, de derecha o de izquierda). El "gran salto" hacia atrás (mejor dicho, hacia adelante), hacia el tipo del Estado constitucional, puede realizarse solamente a través de la argumentación desarrollada, esto es, renuncia excepcional a elecciones previas para una asamblea nacional, pero elecciones o referéndums posteriores indispensables, porque el nuevo estadio se encuentra más "próximo" al tipo del Estado constitucional que el anterior (p.ej., la LF de Alemania de 1949 y la Constitución turca de 1982)[4].

La tesis sobre el pueblo como "sujeto único" en los procedimientos materialmente preelaborados y normativos preestructurados de su poder constituyente no es contrariada por la sustitución de la tradicional "unidad de la voluntad popular" por el actual pluralismo del pueblo[5]. El derecho del pueblo, típico del Estado constitucional, a ser único sujeto o titular del poder constituyente, no hace incorrecta la idea de que el pueblo es una magnitud pluralista. En el Estado constitucional moderno contribuyen una diversidad de "factores" o "participantes" pluralistas en el consenso básico sobre el cual se construye, en última instancia, la Constitución. Ya sea que se hable de un *pluralismo "de los" constituyentes*, de un compromiso o entendimiento de todos con todos, actualmente "el pueblo" se encuentra presente y actúa a través de estos procesos y de estos participantes. El renacimiento de la idea de la Constitución pactada corresponde mejor al pluralismo de los contenidos y los participantes en el proceso constituyente que la *ideología* de la (ilimitada) *voluntad del constituyente*, el cual "se da" la Constitución. En todo caso, esta idea no significa un "retroceso" a las épocas del dualismo alemán entre príncipe y estamentos, así como tampoco un falso camino hacia el "Estado estamental", sin importar cuántos textos constitucionales se encuentren todavía impregnados por la ideología del constituyente.

Como consecuencia de lo dicho hasta ahora, se deducen también respuestas para la quinta cuestión del catálogo de problemas arriba citado, en relación con los posibles límites, escritos o no escritos, derivados del tipo del Esta-

[4] En analogía con BVerfGE 4, 157 (169 y 170): "más próximo a la Ley Fundamental".

[5] Al respecto, Hesse, *Grundzüge des Verfassungsrechts der Bundesrepublik Deutschland*, p. 5 y ss., y 62.

do constitucional o de cultura, al poder constituyente del pueblo. Tales consecuencias se deducen de que el proceso constituyente tiene que referirse a la Constitución de un ejemplo concreto respecto del tipo, más abstracto, del Estado constitucional: de otro modo, el término y el concepto de "proceso constituyente" serían engañosos y triviales, un mero acto formal. Por razones que todavía resultan convincentes, el art. 16 de la Declaración francesa de los Derechos del Hombre y el Ciudadano de 1789 (la que se integró a la Constitución de 1791 y que todavía está vigente en Francia por obra del Preámbulo de la Constitución de 1958) formula y dispone lo siguiente: "Toda sociedad en la que la garantía de los derechos no esté asegurada, ni determinada la división de poderes no tiene Constitución". Éste es un enunciado válido de derecho constitucional en la Francia actual y, desde el punto de vista de la historia de la cultura, es también un "texto clásico" cultural del tipo del Estado constitucional. Los pueblos cuyo poder constituyente ha podido establecer una Constitución de este tipo se han decidido, cuando menos y de manera inmanente, en favor de este enunciado básico de 1789.

c) *Los dos planos: el proceso constituyente en el tipo del Estado constitucional y en un pueblo concreto en el contexto de su individualidad e identidad culturales.* Es preciso trabajar siempre en dos planos que deben distinguirse entre sí (aunque en la evolución histórica influyan mutuamente uno en el otro): en el plano más abstracto del tipo del Estado constitucional, y en el más concreto de un pueblo constituido y que se constituye de manera individual concreta. Así, el principio del Estado federal no es (¿todavía?) parte inmanente de todo proceso constituyente del pueblo adecuado al tipo, porque existen grandes Estados constitucionales con tradición, como Inglaterra y Francia, que no son Estados federales, pero que han desarrollado formas previas (¡regiones!), pero también se encuentran algunos Estados constitucionales, como los Estados Unidos de América y Suiza, en los cuales el principio federativo constituye un principio estructural de toda especie de proceso constituyente o de revisión constitucional total por parte del pueblo, desde que dicho pueblo se encuentra constituido: lo que se presenta jurídicamente (como en Suiza) como límite de la revisión total o del proceso constituyente es, en el fondo, mucho más: una manifestación viva y concreta de la "Constitución como estadio cultural", la cual no puede ser superada sin revolución ni pérdida cultural. Y en este estadio cultural, ni la nación ni el pueblo se encuentran en estado de naturaleza o de excepción, en el sentido de las doctrinas que van de Sieyès hasta C. Schmitt[6]. Algo similar se aplica a la alternativa entre monarquía parlamentaria (España) o república (Francia, la LF alemana), en la medida en que ambos Estados constitucionales solamente pueden ser monarquías o repúblicas constitucionales, de conformidad con su actual etapa de desarrollo cultural y constitucional.

d) *La normativización y constitucionalización del poder constituyente del pueblo.* La teoría y la práctica de la normativización y la constitucionalización, aquí propugnadas, del poder constituyente del pueblo[7] sobre la hoja de los artículos de reconocimiento que lo rodean como contexto en materia de valores fundamentales y sus textos clásicos de 1789 y 1776-1787, así como los textos suizos sobre las máximas procesales para la "revisión total", no pueden ser descalificadas con el argumento de que se trata sólo de una "autoobligación" (frente al trasfondo de un "poder ili-

[6] Cfr. Schmitt, *Verfassungslehre*, p. 79: "El poder constituyente es siempre estado de naturaleza, cuando se presenta en esta calidad inalienable".

[7] Kriele, *Einführung in die Staatslehre*, ofrece un impresionante esbozo del Estado constitucional democrático. Sin embargo, en última instancia elimina la soberanía popular y el poder constituyente del pueblo mediante las siguientes frases (p. 226): "La soberanía popular aparece al principio o al final del Estado constitucional, cuando es constituido o cuando es suprimido... La soberanía democrática descansa, mientras subsiste el Estado constitucional".

mitado por principio") del respectivo constituyente concreto y no de la normalidad y la normatividad de un principio constitucional inmanente al tipo del Estado constitucional. Sólo desde la perspectiva externa y formal se obligan "a sí mismos" el constituyente o el pueblo (pluralista): en el fondo, y desde la óptica de la historia cultural, vota a favor de contenidos y procedimientos que están dados e impuestos de manera bastante más objetiva de lo que quiere reconocer un decisionismo ahistórico[8]. La vinculación a un determinado estadio de desarrollo cultural crea "realidades" e "idealidades" para las que no resulta adecuada la teoría de la mera "autoobligación" subjetiva y la "autolimitación" voluntarista. La internalización intensiva de determinados valores fundamentales como los derechos humanos, la paz, etc., que se revela en los elementos textuales de los preámbulos como el "propósito", la "conciencia", "animados por la voluntad", se convierte en algo objetivo, en determinantes culturales.

§ 47. *Consideraciones de política constitucional*

Las reflexiones teóricas esbozadas hasta el momento y los análisis comparativos de los textos constitucionales, así como de la práctica del poder constituyente del pueblo, que los acompañan, quedarían a medias si no desembocaran en consecuencias de política constitucional, ya que la teoría de la Constitución no excluye, sino que, en un "último paso", incluye la dimensión de la política constitucional. La ciencia puede y debe ofrecer a los futuros constituyentes apoyos prácticos en la elaboración de sus textos, y donde sea posible, también en el sentido de alternati-

[8] Ver, también, Stern, *Das Staatsrecht der Bundesrepublik Deutschland*, p. 149: "Un elemento básico de esta idea (es decir, del proceso constituyente europeo-atlántico) posee una objetividad que se puede fundamentar racional e históricamente: derechos humanos, orden fundamental de libertad y democracia, Estado de derecho".

vas, como las que se han hecho habituales, como "variantes", en los proyectos de revisión total en Suiza[9].

Frente a este trasfondo, se recomienda lo siguiente:

a) Los constituyentes nacionales (o en el ámbito de entidades federativas, provincias o cantones) deberían abordar como tal la competencia constituyente del pueblo, tanto en los preámbulos como en los artículos finales[10], dando –en cierto modo– un marco a su obra constitucional. Al hacerlo, debe describirse el proceso histórico-cultural constituyente, en el sentido del postulado de la verdad y claridad del texto constitucional, como se haya producido en la realidad, incluso cuando "instancias en realidad no competentes", como las fuerzas armadas y las potencias de ocupación (así, en Portugal en 1976, en Turquía en 1982 o en Alemania Occidental en 1949), hayan intervenido y se hayan apropiado dc un pedazo de la competencia que reside exclusivamente en el pueblo.

b) El poder constituyente del pueblo, de conformidad con el tipo del Estado constitucional, debería enriquecerse en el texto constitucional desde dos ángulos: por una parte, desde el lado sustantivo de los valores fundamentales (ejemplo de ello son las constituciones de los *Länder* alemanes a partir de 1945, pero también las constituciones de Portugal de 1976 y España de 1978), es decir, a través de "artículos de reconocimiento" o de "conciencia" o mediante elementos de los preámbulos; por la otra, desde el lado procesal (ejemplos de ello son las disposiciones suizas, austríacas y españolas sobre la "revisión total" o "general").

[9] Cfr. las "variantes" en el proyecto de revisión total de la Constitución federal (1977), así como para las Constituciones cantonales de Solothurn (1985) y Glarus (1977), reproducidos en *JöR*, vol. 24, 1985, p. 536 y ss., 497 y ss., 480 y ss., respectivamente.

[10] Así se dice en el Preámbulo de la Constitución francesa de 1946: *"le peuple français proclame à nouveau... Il réaffirme solennellement les droit et les libertés"*; al final, en el art. 106: *"La présente Constitution, déliberée et adoptée par l'Assemblée nationale constituante, approuvée par le peuple français..."*. Se cita según Godechot (ed.), *Les constitutions de la France depuis 1789*, p. 389 y 410.

c) También son recomendables los apartados propios sobre la revisión total o general de la Constitución (en lo posible, en "tres tiempos" procesales: iniciativa del pueblo, votación en los parlamentos y promulgación por el pueblo; el pueblo debería tener después, ya sea a través de elecciones o de un referéndum, la palabra final). Desde el punto de vista de la redacción, pueden ubicarse junto con las disposiciones relativas a la revisión total y la reforma constitucional bajo el "techo" de uno y el mismo apartado (hay ejemplos en Suiza a nivel federal y cantonal). Con ello se da a entender textualmente que la "revisión total" es plenamente un proceso posible y normal (del proceso constituyente) junto con la mera revisión parcial o la "modificación constitucional". De este modo, también se manifiesta que el poder constituyente del pueblo tendencialmente se ha normalizado, normativizado y constitucionalizado en el tipo del Estado constitucional en la etapa evolutiva actual[11].

d) No es necesario suprimir ni despedirse del concepto de "proceso constituyente" o de poder o competencia constituyentes del pueblo en los textos constitucionales ni en la teoría, tan sugestivo es el efecto de los textos clásicos de 1776-1778 y 1789-1791-1792 que lo soportan culturalmente hasta la actualidad. Sin embargo, tendría que imponerse el reconocimiento de que el "proceso constituyente por el pueblo" y la "revisión total" o "general" por el pueblo en el tipo del Estado constitucional son idénticos entre sí. Las constituciones que hablan de "proceso constituyente" en los preámbulos o en los artículos finales deberían ser consecuentes terminológicamente e intitular a un posible apartado sobre la "revisión general" también textualmente como proceso constituyente. Para poner en claro que en la aproximación, típica del Estado constitucional, entre modificación de la Constitución (revisión parcial) y proceso constituyente (revisión

[11] Cfr., también, el art. 196 de la Const. de Costa Rica: "La reforma general de esta Constitución, sólo podrá hacerse por una Asamblea Constituyente convocada al efecto".

total), es recomendable reunir ambos tipos de reforma constitucional en lo sistemático bajo un solo "techo" o apartado.

§ 48. *El proceso constituyente como proceso pluralista, normación de lo "políticamente significativo"*

Finalmente, el enfoque jurídico tradicional tampoco es suficiente en el campo del proceso constituyente, ya que aquí no hay todavía un texto positivo "vigente". Solamente un enfoque más amplio y profundo, de tipo cultural, es capaz de tematizar y conceptualizar determinados movimientos, sus promotores y actores. Los procesos constituyentes recientes de Portugal (1976), Grecia (1975) y España (1978), pero también de Canadá (1981), así como la discusión suiza alrededor de la "revisión total" de la Constitución federal (proyecto de 1977, reintroducido posteriormente en 1995), no pueden describirse y explicarse únicamente en términos económicos y políticos, es decir, sin tomar en cuenta el trasfondo cultural.

Antes de la elaboración textual, existe "en la plaza" una pluralidad de elementos diversos de construcción para la nueva Constitución. Los textos de los clásicos, los programas de partidos y asociaciones, los conocimientos de la ciencia, fragmentos de textos constitucionales antiguos, pero también los logros de algunos personajes (p.ej., N. Mandela), luchan sustantivamente entre sí. Las esperanzas y experiencias políticas penetran en los procesos constituyentes tanto como los elementos provenientes de constituciones extranjeras en cuanto ejemplos del tipo del Estado constitucional. De este modo, los modelos alemanes de Estado federal y de jurisdicción constitucional, pero también de la relación entre Estado e iglesias, así como el catálogo de derechos fundamentales, influyen de manera creciente en algunas nuevas constituciones de Europa. Los procesos de recepción cultural, como, por ejemplo, de la garantía del contenido esencial del art. 19, inc. 2, de la LF, pueden reconocerse no sólo con vistas a la revisión total en Suiza, sino incluso hasta África del Sur (anteriormente hasta Bophuthatswana, hoy Sudáfrica). Pero antes de que todo esto "cuaje" en un texto constitucional, hay mucha lucha, mucha toma de partido y mucha defensa de intereses.

Vale la pena echar una mirada a la *normación de lo "políticamente significativo"*.

La primera función de los constituyentes consiste en traducir, de manera formalizada en un texto constitucional, lo que para ellos sea "políticamente significativo" en la dimensión del tiempo, es decir, en el pasado, el presente y el futuro (carácter de la Constitución como *ordenamiento fundamental*). Lo que en la experiencia histórica ha dado resultado hay que unirlo con el "espíritu del tiempo", en particular, con la realidad, de tal modo que también al respecto se expresen en el texto constitucional esperanzas hacia el futuro, posibilidades de conformarlo y criterios (objetivos). Lo específico en este sentido es el momento de la *duración* y ello legitima la normación de una idea jurídica, una institución o un procedimiento a nivel constitucional. En otras palabras: un tema debe parecerle suficientemente duradero al constituyente para hacerlo objeto de regulación textual en la nueva Constitución. No cualquier cosa que se encuentre en la evolución social y estatal respectiva merece la distinción de contener un proceso de desarrollo constitucional, sino que debería dar buen resultado esta vinculación entre tradición y apertura hacia el futuro, entre estabilidad y dinámica, entre reproducción de lo existente y orientación prospectiva, entre recepción y producción.

Lo que el constituyente considere como "políticamente significativo" e incorpore en su texto varía en el tiempo y el espacio, de país en país. Pero se plantea la pregunta sobre cuáles criterios debería poner a su disposición la doctrina en funciones de asesoría, a fin de describir temáticamente y traducir de modo jurídico, de manera óptima, lo políticamente significativo. Estos criterios deben obtenerse de un panorama empírico de las constituciones más importantes de la actualidad (*inventario de lo que es típico-real*), complementado por los requerimientos *ideales* que hasta ahora no pertenecen, de facto, al contenido típico, pero que merecen ser tomados en cuenta por tantas constituciones como sea posible (*requisitos del deber ser típico-ideales*). En este sentido, el punto de orientación es la buena Constitución del Estado constitucional. La política constitucional y la doctrina del derecho del Estado deben colaborar, a pesar de lo inevitables que sean los elementos decisionistas, en la decisión sobre lo "políticamente significativo".

B) Modificación de la Constitución

§ 49. *Preguntas iniciales*

La institución clásica para formalizar lo nuevo y darle entrada directa en la Constitución es la modificación constitucional (*Verfassungsänderung*), es decir, la modificación del texto constitucional, a través de determinados procedimientos y mediante una mayoría casi siempre calificada que amplíe la base del consenso (cfr. art. 79, inc. 2, LF). Todos los Estados constitucionales que poseen un documento constitucional conocen esta posibilidad de ajustarse también textualmente al cambio en el tiempo, aunque en lo particular puedan ser diferentes los supuestos (p.ej., la magnitud de la mayoría).

Las modificaciones constitucionales pueden servir para adaptarse a procesos evolutivos que ya se han producido en los hechos, pero también pueden pretender inducir tales procesos. Deben distinguirse, pues, la "modificación de adaptación" y la "modificación de creación". En principio, la duración y la estabilidad parecen hablar en contra de la modificación de la Constitución, pero esta modificación también puede ser útil para la duración y estabilidad de una comunidad, cuando son "oportunas". Que esto sea así, sólo puede decirse en el caso particular y en ámbitos específicos.

§ 50. *Un catálogo de problemas de política constitucional en materia de modificación de la Constitución*

La modificación constitucional es el procedimiento institucionalizado para la adaptación de la Constitución al cambio cultural y para la iniciación activa de medidas para dicho cambio. Por razones derivadas del principio del Estado democrático de derecho, dicha modificación sólo es parcialmente sustituible o intercambiable con la "mutación constitucional" (G. Jellinek), es decir, con la modificación del contenido constitucional sin cambio del texto constitucional, por sorprendente que resulte la diferencia entre cuarenta y tres modificaciones de la LF en sólo cuarenta y siete años (1949 a 1996), por un lado, y sólo seis modificaciones de la Constitución bávara en cincuenta años, de 1946 a 1996, o las veintiocho enmiendas a la Constitución federal de los Estados Unidos de América (gracias también a la *"broad interpretation"*) desde 1787. En su idea, la modificación constitucional es expresión de los procesos normales de crecimiento y desarrollo de una Constitución y en algunos casos incluso puede ser necesaria a favor de la idea de Constitución misma. No es un "accidente de trabajo", sino que constituye más bien un sector dentro del tema más amplio de "tiempo y cultura constitucional" y "el Estado constitucional desde la perspectiva de la evolución histórica".

En lo que sigue se señalarán tipológicamente los ámbitos problemáticos que el constituyente de la actualidad tiene que tomar en cuenta al normativizar los procesos de modificación de la Constitución, y los que de hecho sigue, de acuerdo con la observación de muchos años de la práctica comparada en el tiempo y el espacio. En este sentido, llama la atención que la problemática de la modificación constitucional se caracterice por numerosas variantes y diferenciaciones progresivas (sobre todo en dirección a criterios materiales, pero también temporales). En la medida en que la teoría de la Constitución sea también una teoría de la *"buena" Constitución* y que pueda, e incluso deba, incorporar de entrada y de manera consecuente las cuestiones de la política constitucional en su horizonte de análisis, es posible distinguir los siguientes ámbitos problemáticos.

a) La cuestión de quién es "sujeto" de la competencia o la función modificatoria de la Constitución. Por ejemplo, solamente los cuerpos parlamentarios, como en la LF (art. 79), o también (adicionalmente) el pueblo (cfr. art. 75, inc. 2, frase 2, Const. de Baviera; art. 46, inc. 2, Const. de Irlanda; art. 51, inc. 2, Const. de la República de Guinea de 1991, así como las constituciones suizas, tanto a nivel federal como cantonal; cfr. art. 135, Const. del Cantón del Jura de 1977; ver además el referéndum requerido por el art. 168, inc. 3, de la Const. española, así como el art. 152 de la Const. de Azerbaiyán de 1995). El art. 138 de la Const. de Italia (1947-1993) contiene disposiciones particulares para la intervención del pueblo; el art. 89, incs. 2 y 3, de la Const. de Francia de 1958-1996 prevé alternativas.

b) La cuestión de la naturaleza y el alcance de los obstáculos procesales a las modificaciones constitucionales (p.ej., mayoría de dos tercios en el Parlamento y el Consejo federales de Alemania, conforme al art. 79, inc. 2, LF), llamando la atención las disposiciones en cuyo marco son posibles mayorías especiales adicionales, con consecuencias particulares (disolución de las cámaras) respecto de modificaciones constitucionales especiales desde el punto de vista de su contenido (así, art. 168, inc. 1, Const. española de 1978-1992)[12].

[12] Cfr., también, el art. 79, inc. 1, frase 1, de la Const. de Islandia (1944-1968). En un sistema presidencial puede ser también conveniente prever límites

c) La cuestión de si existen disposiciones formales adicionales, por ejemplo, el mandato de modificación expresa del texto de la Constitución, como lo establece el art. 79, inc. 1, frase 1, de la LF, esto es, la documentación y visibilidad de la modificación constitucional[13], un principio que es manifestación del carácter público formalizado de la Constitución. La carencia de una disposición como la del art. 79, inc. 1, frase 1, de la LF ha provocado, por ejemplo, que la Constitución federal de Austria se haya deformado hasta la "ruina"[14].

d) La cuestión de otros límites (v.gr., de carácter temporal) impuestos al procedimiento. Así, el art. 110, inc. 6, de la Const. de Grecia de 1975 regula la prohibición de toda modificación constitucional "antes del transcurso de un período de cinco años a partir de la conclusión de la precedente revisión", lo que es manifestación de la idea de la Constitución como orden *fundamental*. Un límite temporal análogo se encuentra en el art. 284, inc. 1, de la Const. de Portugal. Así, el art. 88 de la Const. de Dinamarca (1953) exige, en su caso, una nueva elección del *Folketing*, cuando éste haya llevado a cabo previamente una nueva votación constitucional. También el capítulo 8, 15 de la Constitución de Suecia (1975-1980) exige una segunda resolución que confirme las modificaciones de la Ley Fundamental, lo cual solamente puede realizarse cuando previamente se hayan llevado a cabo elecciones al Parlamento "en todo el reino". El art. 114,

especiales en materia de reelección o prolongación del mandato del presidente en funciones (así, en el art. 129, inc. 2, de la Const. de Corea del Sur de 1980, citada en *JöR*, vol. 35, 1986, p. 604 y siguientes).

[13] Ver, al respecto, Stern, *Das Staatsrecht der Bundesrepublik Deutschland*, vol. I, 2ª ed., p. 159.

[14] Ver, al respecto, Österreichische Parlamentarische Gesellschaft (ed.), 75 *Jahre Bundesverfassung*, pássim, por ejemplo, p. 12 y 13, 160, y 195 y siguientes. También la prohibición del "quebrantamiento de la Constitución" ("*Verfassungsdurchbrechung*") en el art. 64, inc. 4, de la Const. de Baden-Württemberg de 1953.

inc. 2, de la Const. de Luxemburgo (1868-1996) declara disuelta de iure la Cámara cuando ésta se haya pronunciado previamente a favor de una modificación constitucional.

e) Límites de la modificación constitucional mediante "cláusulas de eternidad" (como las que contienen, recientemente, el art. 56, inc. 3, Const. de Mecklemburgo-Antepomerania de 1993, el art. 78, inc. 3, Const. de Sajonia-Anhalt de 1993, el art. 83, inc. 3, Const. de Turingia de 1993).

f) La cuestión de si en determinadas épocas, como en tiempos de guerra o situaciones de emergencia, no están permitidas las modificaciones constitucionales (cfr. art. 289, Const. de Portugal, y art. 169, Const. española; ver también art. 115 e, inc. 1, frase 1, LF; art. 196, Const. de Bélgica de 1994; art. 148, inc. 3, Const. de Rusia de 1993). La contestación afirmativa de esta cuestión debería convertirse, en mi opinión, en elemento independiente de toda reflexión sobre las modificaciones constitucionales y donde no esté regulada expresamente, deberá fundamentarse de manera no escrita ("inmanente") mediante la interpretación constitucional (comparada).

g) Desde el punto de vista de la política constitucional se plantea la cuestión de la "ubicación" de la regulación de la modificación constitucional por el constituyente: por ejemplo, solamente en las disposiciones finales o transitorias, como en el § 95 de la Const. de Finlandia (1991-1995), en el art. 152, incs. 1 y 2, de la Const. de la República Eslovaca de 1992; ver también el art. 116 de la Const. de Turkmenistán de 1992, así como la Parte Séptima de la Constitución de Turquía de 1982 (art. 175) o, por el contrario, en el apartado de las "disposiciones de bases" (así, en el art. 9º de la Const. de la República Checa de 1992), en el apartado sobre la legislación federal, como en Austria (art. 44, Const. federal de 1920-1994) o en apartados propios (como el art. 110, Const.

de Grecia de 1975; el art. 46, Const. de Irlanda de 1937-1992), o la "legislación" (como en Brandenburgo, según el art. 79, Const. de 1992, o el art. 74, Const. de Sudáfrica de 1996), o en el contexto del proceso constituyente como procedimiento más fuerte, pero próximo (así, en el cap. IX de la Const. de Bulgaria de 1991; cfr. especialmente el art. 158). Las transiciones entre (varias) revisiones parciales y (una) revisión total (proceso constituyente) pueden ser fluidas. El art. 44 de la Constitución federal austríaca distingue entre modificación de conjunto y modificación parcial[15]. Hay bastantes elementos que hablan a favor de que ambos procedimientos se regulen en un solo apartado conjunto (así, el cap. XIII, Const. de Nicaragua de 1986[16] y el tít. X, Const. de Venezuela de 1961).

Particularmente lograda parece ser la vinculación de la revisión de la Constitución con un apartado sobre "vigilancia de la constitucionalidad" (en una parte común, "Garantía de la Constitución y revisión": así, en los arts. 277 a 289, Const. de Portugal de 1976-1992), porque de este modo se pone de manifiesto que se toma en serio a la Constitución, que su garantía se puede manifestar también en una (prudente) revisión. El término "defensa de la Constitución", tal como aparece en la Constitución de Renania-Palatinado de 1947-1993, no es entonces un eufemismo, pues así se indican claramente determinados obstáculos procesales y materiales.

En general, no es recomendable regular la modificación de la Constitución "sólo" en las disposiciones transito-

[15] De la bibliografía, ver al respecto: Huber, *Die Gesamtänderung der Verfassung*, en "FS Scheuner", 1973, p. 183 y siguientes.

[16] De manera similar, ya el tít. XVII de la Const. de Costa Rica de 1949, con normas desusadamente detalladas en el art. 195 y la "reforma general de la Constitución", que presupone una asamblea constituyente (art. 196). También el art. 373 y ss. de la Const. de Honduras de 1982 hablan de la "reforma de la Constitución". Igualmente, el tít. XIII de la Const. de Colombia de 1991.

rias, por importantes que éstas puedan ser. También hay que discutir si es preciso escoger el concepto de "reforma constitucional" que recientemente se utiliza (así, el art. 138, Const. de los Países Bajos de 1983; similarmente, los arts. 191 a 195, Const. de Nicaragua de 1986); o bien, si hay que prevenirse de utilizar la distinción entre "modificación" y "adición" de la Constitución (así, empero, la Constitución de Azerbaiyán de 1995, arts. 162 y ss., 156 y siguientes).

§ 51. *Los límites a la modificación de la Constitución: las cláusulas de eternidad como garantías de la identidad del Estado constitucional*

En lo que sigue es posible solamente bosquejar una teoría en materia de "cláusulas de eternidad", en el sentido de una propuesta teórica, referida al Estado constitucional como tipo. Así como varían ampliamente las cláusulas de eternidad que pueden identificarse en el derecho positivo, tanto en la historia como en el presente, también es evidente que muchas constituciones quieren y pueden arreglárselas sin tales cláusulas (p.ej., ¡Suiza en la actualidad!): en la medida en que se logre decir algo "típico" en relación con los diversos temas, principios y procedimientos del Estado constitucional, también debe ser posible elaborar algo de "principio" sobre un elemento muy tradicional y no infrecuente de tal Estado constitucional, la cláusula de eternidad, y –a saber– en el foro de una teoría constitucional (comparada). Ciertamente, la diversidad en el cuadro de presentación de las "cláusulas de eternidad", que en lo particular son muy diversas, hace difícil decir algo general y, al mismo tiempo, hacer justicia a la individualidad de los Estados constitucionales particulares. Así, existe el peligro de que la teoría de la Constitución se haga tan abstracta en sus métodos y contenidos, que en última instancia permanezca como formal. Sin embargo, con ello se le haría un flaco servicio, especialmente en la época actual, en la que el tipo del Estado constitucional se ve desafiado a escala mundial y, por ejemplo, los derechos humanos, en cuanto elemento clásico y vivo del tipo del Estado constitucional, se han convertido, al menos verbalmente, en una prueba universal de legitimidad. La teoría de la Constitución debe más bien intentar desarrollar métodos y contenidos que, no obstante la lucha por el tipo del Estado constitucional, dejen margen de configuración para lo "histórico-individual" de los diversos ejemplos de este tipo: el concepto de "cultura constitucional" y el método de la teoría constitucional como ciencia cultural pueden llenar de manera positiva este margen.

La perspectiva teórico-constitucional sobre las cláusulas de eternidad aquí esbozada da por sentados numerosos resultados de la discusión científica hasta la actualidad, sin examinarlos en lo particular. Lo que hay que enfatizar, más de lo que lo hace la doctrina tradicional, es la tarea de la integración del material normativo, ejemplar y textual, de las cláusulas de eternidad que pueden identificarse hasta ahora en la historia y en el presente. Estos textos son "teóricamente" mucho más fructíferos para la clasificación científica y la configuración político-constitucional de las cláusulas de eternidad de lo que hasta ahora se ha "hecho" de ellas. Sin embargo, no se desconoce que estas cláusulas son, por su parte y en alguna medida, el resultado de discusiones científicas precedentes y altamente productivas[17].

Las siguientes consideraciones constituyen criterios de solución de la cuestión teórico-constitucional de la noción de "cláusulas de eternidad" en este sentido:

[17] Ejemplos de ello son la distinción francesa entre contenidos constitucionales básicos y de otro tipo, las ideas de Schmitt, *Verfassungslehre* (trad: *Teoría de la Constitución*) y su influencia en las constituciones de los *Länder* alemanes después de 1945 y en la LF de 1949.

a) Las cláusulas de eternidad son parte integrante inmanente, escrita o incluso no escrita, de las constituciones del Estado constitucional, en la medida en que sean interpretadas desde un enfoque material[18].

b) Tales cláusulas son de naturaleza declarativa, en la medida en que definan, total o parcialmente, elementos de la "sustancia" de estas constituciones.

Esta sustancia de las constituciones comprende, tipológicamente hablando, los siguientes contenidos: los derechos fundamentales, con la dignidad humana en su vértice, porque ésta constituye la base antropológica; la democracia y la división de poderes[19]. La cláusula republicana (entendida sólo formalmente como "no monarquía") ya no es considerada, a partir del tipo del Estado constitucional, una "característica esencial" necesaria (p.ej., ¡Suecia, Noruega, Dinamarca!); lo mismo puede decirse de la estructura federativa (p.ej., ¡el Estado unitario francés!). Esto no impide que, dentro del margen que deja abierto el tipo del Estado constitucional para ejemplos particulares de este Estado, se convierta la cláusula republicana (Francia) y la fórmula federativa (Suiza), con base en la cultura constitucional particular, en "elemento sustancial" individual de una cláusula de eternidad escrita o no escrita, o interpretarla como tal (por la doctrina o incluso pretorianamente).

c) Las cláusulas de eternidad deben desentrañarse en el sentido de un pensamiento positivo, de contenido esencial o de identidad[20] y solamente a partir de este marco, también en el sentido del "pensamiento en términos de li-

[18] Sobre este enfoque ver, sobre todo, Ehmke, *Grenzen der Verfassungsänderung*, p. 99, 100, 136 y siguientes.

[19] Cfr. Hesse, *Grundzüge des Verfassungsrechts der Bundesrepublik Deutschland*, p. 293. Cfr. también el art. 17 de la Const. de Gabón de 1994.

[20] Sobre la identidad de la Constitución como límite para su modificación, ver Bryde, *Verfassungsentwicklung*, p. 232, 233 y 236.

mitaciones" ("*Schrankendenken*"). En la medida en que se encuentren normadas por el derecho positivo, no ofrecen per se indicios exhaustivos de lo que es "esencial" en una Constitución concreta y esta "sustancia", que es históricamente variable, se aprehende mediante una interpretación integral.

Esta noción de las cláusulas escritas y no escritas de eternidad vive de un panorama de las formas típicas en que hasta ahora se han presentado tales cláusulas en los textos constitucionales y de aquello que ha elaborado la doctrina: en especial, deben verse en conjunto las cláusulas clásicas "en el espíritu de esta Constitución", según el modelo noruego (1814) y la "cláusula fundamental" emparentada con aquélla (p.ej., el art. 75, inc. 1, frase 2, Const. de Baviera de 1946), así como el "pensamiento sustancial" de C. Schmitt, junto con los contenidos típicos que el Estado constitucional ha producido paulatinamente en las diversas naciones en los distintos "empujones de crecimiento".

d) Contenidos típicos del Estado constitucional común constituyen en particular: la dignidad humana y los derechos humanos; el principio democrático, la división de poderes (cfr. el art. 16, Declaración francesa de 1789), el Estado social de derecho. Este panorama significa prácticamente que los Estados constitucionales que cuentan con cláusulas simples y no especificadas sobre el "espíritu", los "principios" o las "ideas fundamentales" de su Constitución, pueden y deben ser enriquecidos en cuanto a su contenido con los "elementos indispensables de una (!) Constitución democrática" (en el afortunado giro lingüístico del art. 92, inc. 3, Const. de Baden de 1947), tal como se encuentran, de manera ejemplar pero no exhaustiva, en otras constituciones. A la inversa, los ejemplos expresos en éstas ofrecen indicios de lo que consideran una ilustración del tipo del Estado constitucional, como parte de su "identidad". Esto no tiene que ser exhaustivo, puesto que el "espíritu" de una Constitución es intangible per se para el legislador constitucional; siempre habrá que examinar si a la Constitución concreta, en correspondencia precisamente con su espíritu particular, a su individualidad histórica concreta, hay que agregar elementos adicionales (como el Estado federal en la República Federal Alemana o el pacifismo en Japón) como parte de su "sustancia". Nuevamente se demuestra qué tanto puede lograr la interpretación, cuando se trata de la comprensión "general" y "especial" de las cláusulas de eternidad.

Así visto, el desentrañamiento de las cláusulas de eternidad, escritas y no escritas, constituye una prueba de rendimiento y un "*hic Rhodus hic salta*" de la teoría de la Constitución, tanto en su pretensión de circunscribir un tipo, como también en su función de hacer justicia a la individualidad respectiva de un Estado constitucional concreto.

Este enfoque muestra la proximidad específica de las cláusulas de eternidad, escritas y no escritas, con lo que está contenido en los preámbulos, los que en múltiples ocasiones esbozan, como una especie de "Constitución de la Constitución", los principios sustantivos de ella. Y no es accidente, sino una demostración jurídico-positiva de esta idea, que algunas cláusulas de eternidad positivas incluyan, en todo o en parte, a los preámbulos[21]. En otras palabras: al lograr el desentrañamiento interpretativo de las cláusulas de eternidad escritas y no escritas deben tomarse en cuenta, integralmente, los posibles contenidos del preámbulo de la Constitución concreta y los contenidos esenciales típicos de los preámbulos de las constituciones del Estado constitucional.

[21] Así, probablemente, el art. 176, inc. 1, en relación con el art. 4º, de la Const. de Turquía (1982); de manera clara, el art. 129 de la Const. de Renania-Palatinado (1947).

C) LA SOCIEDAD ABIERTA DE LOS INTÉRPRETES DE LA CONSTITUCIÓN

§ 52. *TESIS BÁSICA. ESTADO DE LA CUESTIÓN*

Entendemos por "estado de la cuestión" la situación actual y los nuevos planteos.

a) *EL PLANTEAMIENTO DE LA TEORÍA DE LA INTERPRETACIÓN CONSTITUCIONAL HASTA EL MOMENTO.* Hasta ahora, la teoría de la interpretación constitucional se ha planteado, en lo esencial, las siguientes cuestiones:

1) La de las funciones y los objetivos de la interpretación constitucional.

2) La de los métodos (procedimientos) de la interpretación constitucional (reglas de interpretación).

En cambio, se ha descuidado el problema de la ubicación sistemática en que se encuentra la tercera (y nueva) cuestión de los participantes en la interpretación constitucional, pregunta provocada por la práctica: un diagnóstico da por resultado un círculo muy amplio, pluralista, incluso difuso, de participantes; éste es motivo suficiente para que la teoría tematice de manera explícita y central esta cuestión, sobre todo desde la perspectiva de la teoría de la ciencia y de la democracia. La teoría de la interpretación constitucional estaba demasiado centrada en la "sociedad cerrada" de los intérpretes jurídicos de la Constitución, y su ángulo de visión se estrechaba todavía más, porque observaba primordialmente la interpretación por el juez constitucional y el procedimiento formalizado.

Si una teoría de la interpretación constitucional pretende tomar en serio el tema "Constitución y realidad constitucional" (piénsese aquí en la exigencia de la inclusión de las ciencias sociales en las ya conocidas teorías jurídicas funcionalistas[22], así como en los métodos más recientes de la interpretación referida al espacio público y al bien común) entonces hay que plantear de manera más decidida la cuestión de quién configura la realidad constitucional.

b) *Nuevo planteamiento y tesis.* En este sentido, se plantea ahora la cuestión de los participantes, es decir, la cuestión de quiénes intervienen en la interpretación de la Constitución bajo la siguiente fórmula clave: de la sociedad cerrada de los intérpretes constitucionales hacia la interpretación *por* y *para* la sociedad abierta.

La tesis es la siguiente: en los procesos de la interpretación constitucional están incluidos potencialmente todos los órganos del Estado, todos los poderes públicos, todos los ciudadanos y los grupos. ¡No hay un númerus clausus de intérpretes de la Constitución! Hasta ahora, la interpretación constitucional ha sido en exceso, de manera consciente y menos *realiter*, un asunto de una "sociedad cerrada": la de los intérpretes constitucionales jurídicos y de quienes participan formalmente en el proceso constitucional; pero en la realidad es más un asunto de una sociedad abierta, es decir, la de todos los poderes públicos en tanto participen materialmente, porque la interpretación constitucional participa una y otra vez en la constitución de esta sociedad abierta y es constituida por ésta. Sus criterios serán tan abiertos como pluralista sea la sociedad.

c) *Explicación de la tesis. Concepto de interpretación.* El concepto de interpretación aquí utilizado requiere una explicación. Dicho concepto dice que quien "vive" la norma, también la interpreta. Toda actualización de la Constitución (por cualquiera) es, cuando menos, un pedazo de interpretación constitucional anticipada. Tradicio-

[22] Al respecto, Ehmke, *Prinzipen der Verfassungsinterpretation*, *VVDStRL*, vol. 20, 1963, p. 53 (73 y 74); Hesse, *Grundzüge de Verfassungsrechts der Bundesrepublik Deutschland*, p. 31 y siguientes.

nalmente se entiende por "interpretación" una actividad que está encaminada, consciente e intencionalmente, a la comprensión y explicación de una norma (un texto). La utilización de un concepto de interpretación así definido también tiene sentido, ya que la cuestión del método, por ejemplo, solamente puede plantearse ahí donde se interpreta de manera consciente. Sin embargo, un examen realista del surgimiento de la interpretación constitucional puede requerir un concepto de interpretación más amplio, para el cual los ciudadanos y los grupos, los órganos del Estado y la opinión pública (*Öffentlichkeit*) son "fuerzas productivas de la interpretación", es decir, intérpretes de la Constitución en sentido amplio. Estos intérpretes actúan al menos como "intérpretes previos" ("*Vorinterpreten*"); la responsabilidad permanece en la jurisdicción constitucional como intérprete de "última instancia" (a reserva de la fuerza normativa de los votos de minoría). Si se quiere, se trata de la democratización de la interpretación constitucional, en la medida en que la teoría de la interpretación tenga que obtener respaldo en la teoría democrática y viceversa. No hay interpretación de la Constitución sin los ciudadanos activos y los poderes públicos citados.

Todo el que vive en y con las situaciones de hecho reguladas por la norma es intérprete de ella de manera indirecta, e incluso directa. El destinatario de las normas participa más vigorosamente en el proceso interpretativo de lo que comúnmente se acepta. Puesto que no sólo los intérpretes jurídicos de la Constitución viven las normas, tampoco son los únicos y ni siquiera los intérpretes primarios.

d) *La sociedad abierta de los intérpretes de la Constitución.* Esta relevancia del concepto de sí mismos de los individuos y los grupos, así como de su correspondiente actuación, pero también el de los órganos estatales, es una destacada y fructífera forma de la vinculación de la interpretación constitucional en sentido amplio y en sentido estricto. La concepción de sí mismo (*Selbstverständnis*) se convierte, así, en un "elemento material iusfundamental"[23]. Aquí pertenece también la función *realiter* cointerpretadora del experto y del perito en los procedimientos legislativo y judicial. Esta colaboración de los intérpretes en sentido amplio y en sentido estricto no sólo se realiza donde ésta ya se encuentra institucionalizada, como en la inclusión de los representantes de trabajadores y empresarios en los tribunales laborales del Estado. Expertos e interesados provenientes de la sociedad pluralista se convierten en intérpretes del derecho estatal. Esto se pone en evidencia no sólo en el proceso de creación, modernamente también en el ulterior desarrollo en forma pluralista: la teoría de la ciencia, de la democracia y de la interpretación (constitucional) conducen aquí a una mediación específica entre Estado y sociedad.

§ 53. *Los participantes en la interpretación constitucional*

Los expondremos a tenor de un cuadro sistemático y su explicación.

a) *Cuadro sistemático.* El intento de lograr una presentación sistemática de los participantes en la interpretación constitucional ofrece la siguiente relación provisional.

1) Las funciones estatales:

a) Decisión de última instancia: el Tribunal Constitucional Federal alemán (claro está que "relativizada" y, por lo tanto, "abierta" por el voto minoritario).

b) Sujetos llamados por la LF a producir decisiones obligatorias, pero revisables: la jurisdicción, el legislador (en medida variable, según la materia), el ejecutivo, sobre todo en la formulación (previa) de los intereses públicos.

[23] Sobre el concepto de concepción de sí mismo o de sí propio, ver BVerfGE 83, 341 (356).

2) Los participantes, no necesariamente de carácter estatal, en los procedimientos de las decisiones a que se refieren *1*, *a*, y *2*, es decir:

a) Peticionario y contraparte, recurrente (p.ej., en el recurso constitucional), demandante y demandado, que fundamentan su instancia y obligan al tribunal a adoptar una posición ("diálogo jurídico").

b) Otros participantes en el procedimiento, legitimados para pronunciarse o adherirse conforme a la Ley del Tribunal Constitucional Federal alemán (BVerfGG: p.ej., § 77, 85, inc. 2, 94, incs. 1 a 4, así como los § 65, 82, inc. 2, 83, inc. 2; § 88 y 94, inc. 5) o que son "convocados" por el Tribunal (p.ej., § 82, inc. 4, de la ley citada).

c) Dictaminadores (p.ej., de las comisiones parlamentarias; § 73 del reglamento interior del Parlamento Federal alemán).

d) Expertos y representantes de intereses en las audiencias (§ 73, inc. 3, del reglamento interior del Parlamento Federal alemán; § 40, inc. 3, del reglamento interior del Consejo Federal alemán), peritos judiciales, asociaciones (anexo 1a del reglamento interior del Parlamento Federal alemán: registro de asociaciones y de sus representantes), partidos políticos (sus fracciones), participan también, especialmente a través del "brazo largo" de la designación de los jueces.

e) Cabilderos, "delegaciones" (§ 10 del reglamento interior del Gobierno Federal alemán).

f) Participantes en procedimientos administrativos, configurados de modo participativo.

3) El espacio público democrático-pluralista, el proceso político como "*gran excitador*": medios de comunicación (prensa, radio, televisión) que no participan en procedimientos en sentido estricto; por un lado, el periodismo profesional, expectativas y cartas de los lectores; por el otro, iniciativas ciudadanas (*Bürgerinitiativen*), asocia-

ciones, partidos políticos fuera de su participación orgánica (cfr. 2 d), iglesias, teatros, casas editoriales, instituciones de extensión cultural (*Volkshochschulen*), pedagogos, asociaciones de padres de familia.

4) La teoría del derecho constitucional (la que debe incorporarse entre los aps. *a* a *c*, de un modo todavía por aclararse); esta teoría ocupa un lugar especial, porque tematiza la participación de las demás fuerzas y ella misma participa también en los diversos planos.

b) *Explicación del cuadro sistemático*. En este panorama queda de manifiesto que la interpretación constitucional no es, ni en la teoría ni en la práctica, un proceso de naturaleza exclusivamente estatal, sino que de manera potencial tienen acceso a él todas las fuerzas de la comunidad política. El ciudadano que interpone un recurso constitucional es tan intérprete de la Constitución como el partido político que plantea una acción orgánica (*Organklage*)[24] o contra el cual se inicia un procedimiento de prohibición (*Parteiverbotsverfahren*). Hasta ahora ha dominado un estrechamiento demasiado fuerte de la interpretación constitucional en los órganos estatales o en los participantes procesales inmediatos, una fijación en el "oficio" de la interpretación constitucional, en la colaboración de las funciones del Estado, por importantes que éstas sean. Sin embargo, la interpretación es un "negocio" que interesa potencialmente a cada uno y a todos. Los citados grupos, individuos, etc., pueden ser denominados intérpretes "mediatos" o a largo plazo de la Constitución. La configuración de la realidad de la Constitución se convierte en un pedazo de la interpretación de las respectivas normas constitucionales.

El multicitado "proceso político", el cual es mencionado *sub specie* su libertad frente a la interpretación constitucional, es, *de constitutione lata* y *de facto*, mucho más

[24] En el sentido de BVerfGE 4, 27 (30); 20, 56 (113 y 114); 73, 40 (65 y ss.), jurisprudencia constante.

un pedazo de interpretación constitucional de lo que comúnmente se piensa (la "política como interpretación constitucional"). Este proceso no se encuentra excluido por la Constitución, sino que constituye uno de sus ámbitos vitales y funcionales más esenciales, es el "corazón", en el sentido auténtico del término, comparable a una bomba. Aquí se producen movimientos, innovaciones, cambios, pero también "confirmaciones", que son más que un mero "material objetivo" para la interpretación constitucional (futura); son un pedazo de interpretación de la Constitución, porque en su marco se crea una realidad pública y en ocasiones se modifica inadvertidamente. La libertad creadora de que goza el legislador, en cuanto intérprete de la Constitución, se distingue de manera cualitativa del margen interpretativo que corresponde al juez constitucional, porque el margen respectivo se delimita técnicamente de modo muy diferente. Empero, esto no significa que también deba haber una considerable diferencia cuantitativa.

El proceso político no es un espacio exento de la Constitución; este proceso formula criterios, inicia procesos que también son constitucionalmente relevantes allá, cuando el juez constitucional dice que es asunto del legislador decidir así o de otro modo en el marco de las alternativas que sean conformes a la Constitución[25].

§ 54. Valoración del inventario. Posibles objeciones. Crítica

Una objeción podría ser la siguiente: la interpretación constitucional se "disuelve" tanto en una multiplicidad de

[25] Sobre la figura argumentativa de la "alternativa" en el proceso de la interpretación: Esser, *Vorverständnis und Methodenwahl*, p. 65 y 66, 132 y 151 (con referencia a Popper); de manera más general, BVerfGE 24, 300 (348). Entre las funciones de los partidos políticos se encuentra la de "ofrecer alternativas políticas a todos los ámbitos vitales susceptibles de configuración por parte del Estado"; ver también el caso especial respecto de la "alternativa": interpretación judicial-proyecto de ley (¿deber de espera?), BVerfGE 34, 269 (291 y 292).

diversas interpretaciones como de intérpretes, dependiendo de la función que esté actuando. Precisamente, una teoría de la Constitución que considere como misión la creación de unidad política y que enfatice el principio de la unidad de la Constitución tiene que enfrentar esta crítica, aunque no ahí donde "solamente" intente un inventario realista. Las objeciones tienen que ser examinadas en el marco de una valoración diferenciada, la cual debe preguntarse primariamente por la legitimación de los diversos intérpretes de la Constitución.

La cuestión de la legitimación se plantea respecto de todas las fuerzas que no han sido "designadas formal u oficialmente" o en "virtud de su competencia" como intérpretes de la Constitución. Poseen competencia formal a través de la Constitución sólo los órganos (cargos) que están "sujetos" a la Constitución y que deben "hacerla cumplir" en un procedimiento reglado (legitimación a través del procedimiento –constitucional–[26], es decir, los órganos del Estado –art. 20, incs. 2 y 3, de la LF: sujeción al orden constitucional, a la ley y al derecho–). Pero también los diputados (art. 38, inc. 1, LF) están sujetos a la Constitución, en tanto no pretendan modificarla. Asimismo, están sujetos a la Constitución los partidos políticos, los grupos y los ciudadanos, aunque en distinta medida y de manera más o menos "directa"; la mayoría de las veces dando un rodeo por el poder estatal sancionador. Aquí parece que una medida más reducida de sujeción corresponde, por lo pronto, a una medida más reducida de legitimación.

a) *Legitimación proveniente de los criterios de la teoría del derecho, de la norma y de la interpretación.* Sin embargo, la relación de correspondencia entre sujeción (a la Constitución) y legitimación (de la interpretación constitu-

[26] Tanto el concepto de "legitimación" como el de "procedimiento" deben ser entendidos en un sentido más material del que emplea Luhmann, *Legitimation durch Verfahren*.

cional) pierde fuerza expresiva cuanto más se tomen en cuenta las nuevas ideas de la teoría de la interpretación: la interpretación es un proceso abierto, no una sumisión pasiva, ni la aceptación de una orden[27], sino que conoce posibilidades alternativas. La sujeción se convierte en libertad en la medida en que una concepción más nueva de la interpretación ha refutado la ideología de la subsunción.

La ampliación del círculo de los intérpretes aquí postulada no es sino consecuencia de la inclusión, propuesta desde todos lados, de la realidad en el proceso de la interpretación, ya que los intérpretes en un sentido amplio constituyen una parte de esta realidad pluralista. Tan pronto como se reconoce que la norma no es un dato previo, simple, terminado, se plantea la cuestión de quiénes participan personal y funcionalmente en su desarrollo, de las fuerzas activas del "*law in public action*" (personalización y pluralización de la interpretación constitucional).

La sujeción del juez solamente a la ley, y su independencia personal y material, no pueden ocultar el hecho de que los jueces interpretan dentro de la publicidad y la realidad de la Constitución. Sería erróneo considerar las influencias, las expectativas, los "imperativos" sociales, a los que se ven expuestos los jueces sólo bajo el aspecto de los riesgos que corre su independencia. Estas influencias contienen también una porción de legitimación e impiden la arbitrariedad en la interpretación judicial. La garantía de la independencia judicial solamente es soportable, porque otras funciones estatales y el espacio público pluralista proveen material "para" la ley.

b) *Legitimación proveniente de consideraciones de teoría constitucional.* La legitimación básica téorico-consti-

[27] Ver, al respecto, sobre todo la discusión de la interpretación iniciada por Esser, *Vorverständnis und Methodenwahl*, pero anteriormente ya en *Grundsatz und Norm*; Ehmke, *Prinzipen der Verfassungsinterpretation*, *VVDStRL*, vol. 20, 1963, p. 53 y siguientes.

tucional de la participación más o menos intensa de todas las fuerzas pluralistas en el "negocio" de la interpretación constitucional reside en el hecho de que estas fuerzas constituyen un fragmento del espacio público y de la realidad de la Constitución misma, no como "hecho aceptado", como *factum brutum*, sino en el marco de la Constitución: la inclusión mediata, al menos, de la *res publica* en la interpretación constitucional en conjunto es expresión y consecuencia de la concepción amplia de Constitución aquí defendida, abierta, puesta en el campo de tensión de lo posible, lo real y lo necesario. Una Constitución que no sólo estructura al Estado en sentido estricto, sino también al espacio público, y que constituye a la sociedad, incluyendo de manera inmediata el ámbito de lo privado, no puede hacer esto sólo de manera pasiva, esto es, tratar a las fuerzas sociales y a las privadas únicamente como *objeto*, sino que también debe incorporarlos activamente en tanto *sujetos*.

Pensado desde la realidad y el espacio público constituidos en los que el "pueblo" actúa de diversos modos, de manera difusa en el punto de partida, pero "concertadamente" en el punto final, todas las fuerzas relevantes poseen también de hecho relevancia teórica para la interpretación constitucional. La práctica se convierte aquí en legitimación de la teoría y no a la inversa. Puesto que estas fuerzas constituyen una parte de la realidad y del espacio público constitucional, ¡participan también en la interpretación de la realidad y el espacio público de la Constitución! Incluso cuando son excluidas, como los partidos políticos prohibidos por el Tribunal Constitucional Federal alemán.

Estas fuerzas obligan precisamente a la reflexión sobre el contenido de la Constitución y, en virtud de su existencia, influyen en el desarrollo de la concepción de sí misma de la comunidad en libertad y democracia. Limitar la interpretación constitucional a los intérpretes constitucionales legitimados "gremialmente" y por el derecho funcional, significaría empobrecimiento y autoengaño, sobre todo porque una noción experimental de la ciencia del derecho constitucional como ciencia normativa y de la realidad no puede renunciar a la fantasía y a la fuerza creativa de los intérpretes "no gremiales" en el proceso de la interpretación constitucional.

La Constitución es, en este sentido, espejo del espacio público y de la realidad. Pero no es sólo espejo, sino también fuente de luz, si se nos permite esta comparación más bien plástica. Tiene función orientadora.

Una cuestión particular se refiere a la legitimación de la ciencia del derecho constitucional, la cual posee una función de catalizador e influye en grado especial en todos los ámbitos de la interpretación, debido a que reflexiona metódica y públicamente sobre la interpretación constitucional y, al mismo tiempo, configura la formación de los intérpretes "en razón de su cargo". ¿En qué podría fundarse una posible legitimación? Por la vía del art. 5º, inc. 3, de la propia LF. La Constitución como objeto es (también) asunto de la ciencia. El ámbito de la ciencia debe ser considerado, en virtud del art. 5º, inc. 3, como parte integrante e independiente de la comunidad política.

c) *En particular: consideraciones de teoría democrática como legitimación.* En el Estado constitucional democrático debe plantearse nuevamente de manera especial la cuestión de la legitimación conforme a criterios democráticos (de teoría de la democracia). Ni la ciencia del derecho constitucional, ni las llamadas ciencias de la realidad que son sus "proveedoras", ni los ciudadanos o los grupos, poseen una legitimación democrática, entendida en sentido tradicional, para la interpretación constitucional. Sin embargo, la democracia no se desenvuelve solamente a través de la relación de delegación y responsabilidad formalizada, canalizada, en sentido estricto, entre el pueblo y los órganos del Estado (legitimación a través de las elecciones) hasta el último intérprete "competente" de la Constitución, el TCF, sino que en una comunidad abierta se desenvuelve también en las formas mediatizadas, más "finas", del proceso público pluralista de la política y la práctica cotidianas, en especial, en la realización de los derechos fundamentales, frecuentemente abordada desde el "aspecto democrático" de estos derechos: a través de las controversias sobre las alternativas, las posibilidades y las necesidades de la realidad y mediante el "concierto" científico sobre las cuestiones constitucionales, en las que apenas hay "pausas" y "fermatas" y no hay director ni debe haberlo.

El pueblo no es una magnitud uniforme que (sólo) "emana" el día de las elecciones, las cuales trasmiten legitimación democrática como tales. En tanto magnitud pluralista, el pueblo no se encuentra menos presente ni es menos legitimador en las interpretaciones del proceso constitucional: como partido político, opinión científica, grupo de interés, o bien como ciudadanos, ¡su competencia material para la interpretación constitucional es un derecho ciudadano en el sentido del art. 33, inc. 1, de la LF! Así vistos, los derechos fundamentales son una pieza de la base legitimadora democrática para la interpretación constitucional que está abierta no sólo en cuanto a sus resultados, sino también respecto del círculo de los que participan en ella[28]. ¡En la democracia liberal el ciudadano es intérprete de la Constitución! Por ello se vuelven más importantes las medidas de garantía de la libertad real: política de bienestar, libertad de opinión, constitucionalización de la sociedad, por ejemplo, mediante una estructuración de división de poderes en el ámbito público y particularmente en el económico.

[28] Sobre la interpretación constitucional abierta: Häberle, *Zeit und Verfassung*, *ZfP*, vol. 21, 1974, p. 111, 121 y ss.; Höfling, *Offene Grundrechtsinterpretation*.

Esto no significa el "destronamiento" del pueblo o, en todo caso, lo sería solamente a partir de una concepción rousseauniana de la soberanía popular, en la que el pueblo se considera como absoluto y casi divino. El pueblo como *magnitud constituida* actúa "hacia todos lados", de manera universal, en múltiples planos, a partir de numerosos motivos y en muchas formas, incluso a través de la realización cotidiana de los derechos fundamentales. No se debe olvidar que el pueblo es, sobre todo, una reunión de ciudadanos. La democracia es el "gobierno de los ciudadanos", no del pueblo en el sentido rousseauniano. No hay vuelta hacia J. J. Rousseau. La *democracia ciudadana* es más realista que la democracia del pueblo.

§ 55. *Consecuencias para la interpretación jurídica de la Constitución*

Se resumen en las siguientes.

a) ***Relativización de la interpretación jurídica; nueva noción de sus funciones.*** Las reflexiones anteriores conducen a la relativización de la interpretación jurídica de la Constitución, en razón de lo siguiente:

1) El juez constitucional no es el "único" intérprete en el proceso constitucional: en el procedimiento hay varios participantes y las formas de participación se amplían.

2) En el "campo previo" a la interpretación jurídica de la Constitución por los jueces hay numerosos intérpretes, es decir, potencialmente todas las fuerzas públicas pluralistas. En este sentido se relativiza el concepto de los "participantes en el proceso constitucional", en la medida en que se amplían los círculos de los participantes en la interpretación constitucional. El espacio público pluralista despliega fuerza normativa y el tribunal constitucional debe interpretar más tarde, en correspondencia con ese espacio actual.

3) Muchos círculos problemáticos y ámbitos de la Constitución material no llegan al juez constitucional, por falta de competencia judicial o por ausencia de instancias ante el tribunal. Sin embargo, la Constitución material "vive" también aquí: sin interpretación constitucional por el juez (¡piénsese en los principios de los reglamentos parlamentarios!). Los participantes e intérpretes en sentido amplio desarrollan independientemente un derecho constitucional material. El derecho procesal constitucional no es el único acceso al procedimiento de la interpretación constitucional.

Visto en el tiempo, las instancias de la interpretación constitucional se prolongan hasta el infinito: el constitucionalista no es más que un sujeto intermediario. Los resultados de su interpretación están sujetos a la reserva de su éxito, la que en el caso particular se puede concretizar en el éxito, en "justificación de múltiples alternativas"[29] o para su modificación mediante alternativas razonables. El procedimiento de la interpretación constitucional debe ser extendido hacia delante y mucho más allá del proceso constitucional concreto mismo; el radio de interpretación de la norma se amplía gracias a todos los "intérpretes de la Constitución de la sociedad abierta". Se trata de participantes esenciales en el proceso de "ensayo y error" que es el proceso de determinación del derecho (*Rechtsfindungsprozess*)[30]. La sociedad se hace libre y abierta en virtud de las aportaciones que todos pueden hacer, potencial o actualmente, a la interpretación constitucional. La interpretación jurídica de la Constitución transmite (solamente) el espacio público y la realidad pluralistas, las necesidades y posibilidades de la comunidad que se encuentran ante, en y detrás de los textos constitucionales. Las doctrinas de la interpretación sobreestiman siempre la importancia del texto.

[29] Expresión que se encuentra en Habermas, *Legitimationsprobleme im Spätkapitalismus*, p. 148 (trad.: *Problemas de legitimación en el capitalismo tardío*, 1975).

[30] Al respecto, ver Esser, *Vorverständnis und Methodenwahl*, p. 23, 151 y 152.

b) *De la extensión e intensidad del control judicial, en particular; diferenciación en vista del grado de participación.* Una teoría de la interpretación constitucional que reúna en un contexto sistemático la cuestión de los objetivos y métodos con la cuestión de los participantes, debe sacar de ahí conclusiones concretas para el método de la interpretación constitucional.

Un tribunal como el TCFA, el cual revisa la interpretación constitucional de otros órganos, debe emplear métodos diversos, según quién haya intervenido en la primera interpretación, la que será revisada. Esto ya había sido advertido, inicialmente, por el pensamiento jurídico-funcional, señalando que en la revisión de las decisiones del legislador democrático los tribunales deben ejercer especial reserva, y algo similar se aplica a la revisión del derecho local (*Landesrecht*) por el Tribunal Constitucional Federal. En prosecución de este enfoque, habría que considerar que hay leyes (leyes de educación superior, reformas al Código Penal, como el § 218, relativo al aborto, leyes que establecen los horarios comerciales) en las cuales la opinión pública muestra un enorme interés, que se encuentran permanentemente a discusión y que se han aprobado con amplia participación y bajo un control alerta de la opinión pública pluralista. Al revisar una ley de esta especie, el TCFA debería tomar en consideración que esta ley se encuentra especialmente legitimada, porque fueron particularmente muchos los que participaron en el proceso democrático de la interpretación constitucional. Tratándose de leyes que no son impugnadas en lo fundamental, esto significaría que éstas no deben revisarse con excesivo rigor, a diferencia de las leyes que se encuentran menos expuestas a la discusión pública, porque aparentemente no son interesantes (p.ej., regulaciones de oportunidad técnicas) o ya se han olvidado.

c) *Consecuencias para la configuración y aplicación del derecho procesal constitucional.* De ello derivan consecuencias para la configuración y aplicación del derecho procesal constitucional: los instrumentos de información del juez constitucional[31] deben ampliarse y refinarse, no a pesar sino en razón (!) de la sujeción a la ley, en especial las formas y posibilidades escalonadas de participación en el proceso constitucional mismo (sobre todo "audiencia" y "participación"); deben desarrollarse nuevas formas de participación de las potencias públicas (*öffentliche Potenzen*) como intérpretes de la Constitución en sentido amplio. El derecho procesal constitucional se vuelve un fragmento del derecho de la participación democrática. La interpretación de la Constitución por el juez constitucional se puede volver correlativamente elástica y expansiva, sin que se llegue, ni se deba llegar, a una identidad con el legislador. También debe hacerse flexible la aplicación concreta del derecho procesal constitucional por el TCFA, de acuerdo con las cuestiones materiales planteadas y los participantes materiales (interesados). Aquí se manifiesta también la vinculación intensiva entre Constitución material y derecho procesal constitucional.

D) La comparación jurídica como quinto método de interpretación y como comparación cultural

§ 56. *Planteo de la cuestión*

Sin importar lo que se piense de la sucesión de los métodos tradicionales de la interpretación, en el Estado constitucional de nuestra etapa evolutiva la *comparación*

[31] Resulta ejemplar el instrumento de información del § 82, inc. 4, de la ley del TCFA, así como la oportunidad que el Tribunal otorga a las "dependencias y organizaciones" interesadas de manifestarse, la mayoría de las veces en los "grandes" procesos: E 35, 202 (213 y 214); 35, 78 (100 y ss.); 33, 265 (322 y 323); 31, 306 (307, ap. 4); 30, 227 (238 y 239); 89, 214 (223 y ss.); 92, 53 (64 y ss.); 95, 267 (293). Esta oportunidad transmite una porción de "representación social" pluralista hacia el proceso constitucional.

de los derechos fundamentales se convierte en "quinto" e indispensable método de la interpretación. Como se sabe, la LF no contiene reglas de interpretación. Sin embargo, debe considerarse si, en el fondo, no resulta posible trasladar el § 1 del Cód. Civil suizo de 1911, que es la gran obra de Eugen Huber (en parte, en el espíritu de Aristóteles), a la interpretación de la Constitución y de los derechos fundamentales[32].

En todo caso, la comparación jurídica debe ser incorporada de manera decidida y abierta en la interpretación de los derechos fundamentales. El TCFA trabaja sin duda, solitariamente, en esta dirección[33]. Son dos las razones que animan este postulado: por un lado, la doctrina y la práctica del Tribunal de Justicia europeo en Luxemburgo sobre los derechos fundamentales, obtenidos de "una comparación jurídica valorativa", como "principios generales del derecho"[34]; por el otro lado, existen algunas nuevas constituciones en cuyas garantías de los derechos fundamentales se hace remisión expresa a algunos de los grandes textos de ellos. El art. 10, inc. 2, de la Const. española dispone: "Las normas relativas a los derechos fundamentales y a las libertades que la Constitución reconoce se interpretarán de conformidad con la Declaración Universal de Derechos Humanos y los tratados y acuerdos internacionales sobre las mismas materias ratificados por España"[35]. Cuando en

32 El § 1 del Cód. Civil suizo (ZGB) dispone: "La ley se aplica a todas las cuestiones jurídicas para las cuales contenga una disposición según el texto o la interpretación. Si no es posible obtener ningún precepto de la ley, el juez debe resolver conforme al derecho consuetudinario, y si tampoco éste existe, debe resolver conforme a la regla que establecería si fuera el legislador. En tal sentido deberá seguir la doctrina y la tradición probadas".

33 Referencias en Häberle, *Die Wesensgehaltgarantie des Art. 19 Abs. 2 GG*, 3ª ed., p. 408 y siguientes.

34 Al respecto, ver Bleckmann, *Europarecht*, 4ª ed., p. 104 y siguientes.

35 Ver, también, el art. 16, inc. 2, de la Const. de Portugal; además, el Preámbulo de la Constitución del Cantón del Jura (1977), citada en *JöR*, vol. 34, 1985, p. 425 y ss.: "*Le peuple jurassien s'inspire de la Déclaration des Droits de*

Suiza la Convención Europea de Derechos Humanos ha adquirido jerarquía *constitucional* gracias a la *interpretación* constitucional (!)[36], esto no es sino un signo de la integración entre Estado constitucional y derechos humanos.

Lo que se dispone expresamente en estos textos puede reclamar vigencia general. En la "Internacional del Estado constitucional", en la "familia" de los Estados constitucionales, el intérprete de los derechos fundamentales tiene que tomar en consideración siempre los textos universales y regionales sobre los derechos humanos. La apertura de los contenidos y las dimensiones de los derechos fundamentales "hacia afuera" es consecuencia de la evolución hacia el "Estado constitucional cooperativo". De este modo, surge una "comunidad de interpretación de los derechos fundamentales". O bien: *la sociedad abierta de los intérpretes de los derechos fundamentales se hace internacional*, y se diferencia, incluso de acuerdo con las convenciones regionales de derechos humanos (como la CEDH y la CE) y la afinidad cultural, por ejemplo, en los espacios europeo, latinoamericano o africano. La pretensión universal de las Naciones Unidas también actúa en materia de derechos fundamentales (Declaración Universal de 1948, Pactos de 1966). Es motivo de ánimo la orientación más reciente de los Estados orientales y socialistas hacia las garantías de los derechos fundamentales del tipo del Estado constitucional (piénsese en la nueva y vieja libertad de asociación en Polonia y Hungría, en otros derechos fundamentales políticos de reciente reforzamiento, desde la libertad de manifestación hasta las formas previas de derechos electorales que conocen alternativas).

l'Homme de 1789, de la Déclaration Universelle des Nations Unies proclamée en 1948 et de la Convention Européenne des Droits de l'Homme de 1950".

36 Ver, al respecto, Müller, *Elemente einer scheweizerischen Grundrechtstheorie*, p. 177. También es notable el art. 46 de la Const. de Guatemala de 1985: "Se establece el principio general de que en materia de derechos humanos, los tratados y convenciones aceptados y ratificados por Guatemala, tienen preeminencia sobre el derecho interno".

§ 57. Nuestra opinión

Considero que la "canonización" de la comparación jurídica como quinto método de la interpretación, al menos en el derecho constitucional del tipo del Estado constitucional, no sería sino consecuente con la historia de la doctrina de la interpretación jurídica. En el sistema de F. C. v. Savigny, como fundador de la "escuela histórica del derecho", era natural que tuviera un lugar preeminente la interpretación *histórica*. En el marco de una teoría sobre el *tipo* del Estado constitucional, le toca ahora a la comparación constitucional un lugar "paralelamente" importante. Llevado más adelante, de la dimensión *histórica* se deriva, aquí y ahora, la comparación de la dimensión *contemporánea*: la "comparatística constitucional". En todo caso, la comparación constitucional es la vía mediante la cual pueden "comunicarse" entre sí las diversas constituciones. De este modo, adquiere la más alta eficacia la fuerza conformadora del *único* tipo del Estado constitucional. Aunque a la "escuela histórica del derecho" pudiera parecerle que la interpretación histórica era importante e incluso el primer método clásico, en la doctrina de la interpretación del Estado constitucional actual el método comparativo debe ocupar, cuando menos y en todo caso de manera tendencial, un quinto lugar, si no el preeminente.

§ 58. Conclusión

En resumen, los procesos de creación y recepción no se realizan por sí solos. Se requiere que los receptores (mejor dicho, los actores) en el procedimiento de recepción "busquen" de manera abierta y sensible, observando y elaborando lo típico y lo individual propio del Estado constitucional "vecino" en sentido estricto o amplio; "adquirir para poseer". De este modo, surge o se confirma el "derecho constitucional común europeo" o, con mayor alcance, el derecho constitucional común europeo-atlántico, y en parte también el derecho "emparentado". En otras palabras, los procesos de recepción requieren comparación jurídica, la cual solamente puede tener éxito como comparación cultural. En la comparación, los receptores laboran en parte en la política jurídica (como constituyentes o legisladores), en parte de manera interpretativa, aunque los límites pueden ser fluidos: en la interpretación por los jueces constitucionales o por la doctrina del derecho constitucional; por esta razón, y en el campo de fuerzas del Estado constitucional, corresponde a la comparación jurídica el rango de un quinto método de la interpretación, al lado de los cuatro métodos clásicos de Savigny[37].

E) Incurso: jurisdicción constitucional institucionalizada en el Estado constitucional

§ 59. *El Tribunal Constitucional Federal alemán como "tribunal constitucional", como "tribunal social" de naturaleza propia*

Desde la perspectiva formal, el Tribunal Constitucional Federal alemán (TCFA) posee todas las características de un tribunal "estatal", dicho en su propia terminología (al respecto, E 18, 241), es decir, se funda en una ley estatal y el Estado regula e influye en la designación de los jueces. Sin embargo, es mucho más que eso: es un tribunal constitucional, es decir, tiene competencia respecto de una lista enumerativa de controversias constitucionales materiales. El peso pleno de esta afirmación se ilustra primeramente a partir de una aclaración del concepto de Constitución. La "Constitución" es el orden jurídico fundamental del Estado y la sociedad; no es sólo limitación

[37] Al respecto, Häberle, *Grundrechtsgeltung und Grundrechtsinterpretation im Verfassungsstaat*, *JZ*, 1989, p. 913 y siguientes.

del poder del Estado, sino que también autoriza a dicho poder. La Constitución abarca al Estado y a la sociedad y, por ello, la jurisdicción constitucional como fuerza política actúa de entrada más allá del dogma de la separación entre Estado y sociedad.

Que el TCFA sea "tribunal constitucional" de *toda* la *res publica* tiene efectos concretos en cuestiones de detalle, por ejemplo, en la recusación de los jueces [al respecto, BVerfGE 35, 171 (246); 89, 28]; tiene además la consecuencia de que el tribunal no puede fijarse en una teoría o "escuela", sino que debe esforzarse por lograr la integración pragmática de elementos téoricos. Por ello, los jueces constitucionales de origen académico deberían evitar fijar en sus resoluciones sus teorías.

Esta referencia constitucional material de la jurisdicción constitucional tiene implicaciones materiales y procesales, por ejemplo, en el compromiso con el modelo del pluralismo y en la exigencia de desarrollo del derecho procesal constitucional con vistas a los instrumentos pluralistas de información y participación.

En este contexto debe verse la creciente política de obtención de información pluralista por parte del TCFA. La selección de los jueces constitucionales a partir del espectro de todos los partidos políticos, y esperemos que en el futuro todavía más allá de ellos, incorpora de manera efectiva el pluralismo en el procedimiento constitucional (e influye en él). Éste es un supuesto para la orientación de la sociedad por el tribunal constitucional y su derecho. Aquí se produce una *interacción*: cuanto más interviene el TCFA en los procesos de orientación de la sociedad abierta, tanto más se dirige esta sociedad hacia él, también quiere que la "oigan en Karlsruhe"[38]. Qué tanto esto es así se demuestra por la audiencia en materia de codeterminación (de los trabajadores en las empresas) en

[38] Ciudad alemana que es sede del TCFA [N. del T.].

1978: en la sala de sesiones del tribunal se podían percibir auténticamente las líneas de fuerza de la opinión pública.

Este enfoque conduce a una nueva etapa. El TCFA debe verse en su relación intensiva con la sociedad entera, pues se trata de un "tribunal social" de naturaleza propia y en un sentido amplio. A través de su jurisprudencia se abre hacia la diversidad de ideas e intereses y los incorpora; a la inversa, dirige a la sociedad. En vista de la designación de los jueces, de la aplicación del derecho procesal constitucional y de los resultados materiales de la interpretación [p.ej., en la estructuración de algunos aspectos de la sociedad a través de la "eficacia frente a terceros" de los derechos fundamentales; más recientemente, E 95, 28 (37)], se trata más de un tribunal de toda la sociedad que de un tribunal estatal. ¡Esto tiene consecuencias en un plano más alto, incluso para las labores cotidianas del tribunal!

§ 60. La jurisdicción constitucional en el contrato social: el TCFA como regulador en los procesos continuos de la garantía y el desarrollo de la Constitución como contrato social

La tesis estipula: el TCFA posee una responsabilidad plena en la garantía y desarrollo de la Constitución como contrato social; participa en la orientación de sus procesos continuos; al hacerlo, está comprometido con el principio del pluralismo.

El modelo del contrato social, como clásico patrimonio común europeo, es –en el sentido aquí empleado– un modelo intelectual, un principio heurístico para fines de la consagración de la libertad personal y la justicia pública. No se trata, sin duda, de una "horma" dentro de la cual hubiera que acomodar a la realidad completa de una Constitución como proceso público; pero puede ofrecer auxilio para la solución adecuada de algunas cuestiones básicas políticas y jurídico-constitucionales, libre de las "ideologías" unilaterales. Tan antiguo como es el modelo contractual, tan relativamente joven es la jurisdicción constitucional (independizada). Quizá todavía (y por ello) no han sido puestos en relación el uno con la otra. Ésta puede ser una oportunidad que debe ser aprovechada. La doctrina clásica del contrato social ha servido en el curso de la historia, y en los contextos más diversos, como modelo de explicación y de justificación (desde J. Locke hasta J. J. Rousseau, desde I. Kant hasta la discusión en torno al consenso básico). ¿Por qué no habría de poseer aún validez para nuestros problemas, para las cuestiones de la jurisdicción constitucional, para el desarrollo progresivo de la Constitución?

§ 61. *Posibilidades y límites de la capacidad de acción del TCFA. El TCFA en el marco de la cultura política del orden fundamental de libertad y democracia de la LF*

En última instancia, ¡la jurisdicción constitucional no es un seguro de vida jurídico o político! Su desarrollada concepción política y pluralista está ligada a la cultura general de nuestra república. Esto le transmite funciones positivas, pero también conduce a límites (un límite de la jurisdicción constitucional se deriva también del hecho de que solamente actúa a petición de parte, no de oficio; debe ser impulsada por el ciudadano o por las fuerzas políticas).

La función de la jurisdicción constitucional consiste en la limitación, la racionalización y el control del poder estatal y social; se trata de una colaboración sustantiva con el consenso básico; reside en la nueva protección de las minorías y los débiles, en la reacción oportuna a los nuevos peligros para la dignidad humana, en su carácter no impolítico de orientación y respuesta.

§ 62. *POLÍTICA CONSTITUCIONAL EN MATERIA DE JURISDICCIÓN CONSTITUCIONAL*

La marcha triunfal de la jurisdicción constitucional tiene actualmente alcance mundial. A partir de la obra pionera de Austria y de Hans Kelsen (1920), esta jurisdicción forma parte de los elementos del Estado constitucional que, en numerosas ocasiones, han sido recibidos, desarrollados, también modificados y probados una y otra vez. La Suprema Corte de los Estados Unidos de América actúa también, a su modo, como ejemplo, ya sea en la política jurídica, en la medida, por ejemplo, en que en Alemania se está examinando actualmente (1997-1998) la posibilidad de adoptar un procedimiento discrecional para la admisión de los recursos constitucionales, a fin de evitar la sobrecarga del TCFA, ya sea a través de la discusión permanente de sus doctrinas (p.ej., la doctrina de la "*preferred freedom*").

Resulta evidente que no se pueden adoptar simplemente los modelos ni los textos ajenos. La cultura constitucional particular de un país se ha desarrollado de manera "individual" y su "autonomía" debe ser respetada. Así, Francia no podría simplemente adoptar el modelo de los Estados Unidos de América; su *Conseil Constitutionnel* ya hace bastante a favor de la prudente ampliación de sus competencias. Del mismo modo, hay que exhortar a la precaución en Europa oriental, pues la era constitucional que ahí emerge, que es también, al mismo tiempo, época de una nueva jurisdicción constitucional (a la que Polonia ya había precedido antes del cambio de 1989)[39], sigue siendo precaria. Por otro lado, resulta satisfactorio oír que en 1996 los jueces sudafricanos buscaron asesoría en Karlsruhe con el TFCA y que incluso se incorporó al Tribunal Cons-

[39] Al respecto, ver Garlicki, *Vier Jahre Verfassungsgerichtsbarkeit in Polen (1985-1989)*, *JöR*, vol. 39, 1990, p. 285 y siguientes.

titucional africano al proceso constituyente, a fin de insistir en el cumplimiento de todos los "*constitutional principles*" de la Constitución provisional de 1993 en la definitiva de 1996 (cfr. cap. 5°, art. 66, incs. 2 a 4).

Capítulo V

MANIFESTACIONES PARTICULARES

§ 63. *La dignidad humana como premisa antropológico-cultural del Estado constitucional*

A pesar de la gran tradición jurisprudencial del Tribunal Constitucional Federal alemán[1], no se advierte ninguna fórmula que pueda considerarse suficiente, "manuable", de lo que es la dignidad humana. De las diversas cláusulas sobre la dignidad humana de las constituciones se llega a percibir, "entre líneas", que aquéllas están referidas a una concepción culturalmente específica de la dignidad humana. Esto plantea la cuestión de la dependencia cultural (y, sobre todo, de la dependencia religiosa) de las concepciones de la dignidad humana[2]. Así, por ejemplo, la posición de la mujer en el Islam, ¿es contraria a un contenido de la dignidad humana válido en todo el mundo ("universal") e irrenunciable? ¿O más bien se aplica la famosa frase: "*The mores can make anything right*" (William G. Sumner)?

[1] Referencias en Häberle, *Die Menschenwürde als Grundlage der staatlichen Gemeinschaft*, en *HdBStR*, vol. I, 1987; 2ª ed., 1995, p. 815 (820 y ss.); Dreier, en *Grundgesetz-Kommentar*, vol. I, art. 1º, inc. 1, nº marg. 81 a 86. Por último, BVerfGE 89, 28 (35); 93, 266, en relación con la protección del honor personal. Ver, también, E 94, 12 (24); 95, 96 (130); 97, 391 (399 y 400).

[2] Cfr. BVerfGE 12, 1 (4): "actuales pueblos civilizados", "piso de ciertas concepciones morales básicas coincidentes en el curso de la evolución histórica"; cfr., también, BVerfGE 23, 236 (246).

¿Existe un *núcleo* de la dignidad humana que sea independiente del ámbito cultural?

Esta pregunta solamente puede responderse en forma específica respecto de los derechos fundamentales[3]. Hay que partir de la tesis de que el conjunto de los derechos de tipo personal, por un lado, y los deberes, por el otro, le deben permitir al ser humano llegar a ser persona[4], serlo y seguir siéndolo. En esta garantía jurídica, específica de los ámbitos vitales, del *ser persona*, de la identidad, encuentra la dignidad humana su lugar central: el cómo es que el ser humano llega a ser persona nos ofrece indicios de lo que sea la "dignidad humana". Aquí deben distinguirse dos cuestiones: cómo se forma la identidad humana en una sociedad y en qué medida puede partirse de un concepto de identidad válido *entre culturas* (y, por tanto, universal).

a) *Algunas consecuencias.* Si se observan los conceptos de identidad psicológicos y científico-sociales, se advierte una similitud material (no terminológica): la identidad parece realizarse en una libertad contenida por un marco determinado; dicho marco es, en parte, también la "superestructura" jurídica de la sociedad, y en él el principio de la dignidad humana transmite al individuo determinadas "concepciones normativas de la persona", las cuales se hallan marcadas por la cultura en la que han surgido[5].

Sin embargo, la dignidad humana no sólo es analizable en términos culturalmente específicos. Una mirada a los conceptos de identidad válidos entre culturas muestra que ciertos componentes fundamentales de la personalidad

[3] Véase ya BVerfGE 12, 45 (50 y 51); más tarde, E 54, 341 (357).

[4] Así, Wintrich, *Zur Problematik der Grundrechte*, especialmente p. 6: le corresponde al ser humano su dignidad, porque "en esencia es" persona.

[5] Ver, también, Zippelius, *Bonner Kommentar (Zweitbearbeitung)*, art. 4o de la LF, no marg. 4: "El segundo concepto capital de las concepciones vivientes en nuestra comunidad cultural (!) sobre la dignidad humana es la autonomía moral".

humana deben ser tomados en cuenta en todas las culturas, con lo cual se convierten en contenido de un concepto de dignidad humana que no sea reductible a una cultura específica.

Más allá de lo anterior, no es estático en lo absoluto el marco de orientación frente al cual llega a ser persona el ser humano, desenvolviéndose de manera libre pero orientada. Las posibilidades garantizadas, es decir, socialmente aceptadas, de desenvolvimiento y comunicación, por ejemplo, en forma de roles estabilizados, como los "modelos" de una profesión, se convierten en parte del marco de orientación (que no es sólo jurídico); la especificidad cultural de las concepciones sobre la dignidad humana se convierte, así, en especificidad cultural en el tiempo, y el marco de orientación se hace más flexible y diferenciado gracias al creciente número de sus posibilidades de orientación[6], por lo que se vuelve difícil, si no imposible, el regreso a las tradicionales concepciones estáticas.

Dicho en otras palabras: la fórmula del *objeto* de Dürig se convierte en fórmula del *sujeto*; el Estado constitucional realiza la dignidad humana haciendo a los ciudadanos *sujetos* de su actuación[7]. En este sentido, la dignidad humana es la biografía desarrollada y en desarrollo de la relación entre el ciudadano y el Estado[8] (y con la desaparición de la separación entre Estado y sociedad, de la relación Estado/sociedad-ciudadanos). Aquí reside la justificación (parcial) de destacar a la dignidad humana como

6 Por lo tanto, también es funcionalmente "correcto" normar un derecho fundamental "residual" o general ("*Auffang-Grundrecht*"), como el art. 2o, inc. 2, de la LF, que en unión con el art. 1o, inc. 1, puede actuar hacia el futuro.

7 De manera clara, BVerfGE 38, 105 (114 y 115); 9, 89 (95); E 87, 209 (228); ver, también, E 89, 28 (en especial, p. 35). Es fundamental el trabajo de Dürig, *Der Grundrechtssatz von der Menschenwürde*, recogido más tarde en *Gesammelte Schriften*, p. 127 y siguientes.

8 El art. 79, inc. 3, de la LF no se refiere tanto a conceptos abstractos ético-filosóficos de dignidad, sino más bien a la biografía desarrollada de la relación Estado-(sociedad) ciudadanos.

autopresentación exitosa de una persona constituida en individuo y, por tanto, como logro propio de cada ser humano en lo individual[9], la que, por ejemplo, resulta evidente, en términos prácticos, como "derecho a la autodeterminación informacional"[10]. El concepto (de la percepción y el logro) de la identidad se entiende aquí, en virtud de la apertura de aquel marco orientador para la dignidad humana, en un sentido amplio que incluye las condiciones de posibilidad sociales y jurídicas[11].

b) *La dignidad humana en relación con el "tú" y en la solidaridad de las generaciones.* Los conceptos científico-sociales de la identidad comprueban, además, otra idea jurídica: en la dignidad humana se concibe de entrada también la relación con el "tú". El reconocimiento de la "igual dignidad humana del otro"[12] constituye el puente dogmático hacia la adecuación relativa al "tú" de la dignidad humana "del uno", tal como lo han "concretizado" de manera especial la jurisprudencia del Tribunal Constitucional Federal sobre la imagen del hombre[13] o el catálogo de los derechos fundamentales, en particular los arts. 6º y 140, 9º y 21, o el art. 28, inc. 2, de la LF[14]. La referencia al "otro", al "prójimo", al "tú" y al "hermano" (en el sentido de la fraternidad de 1789), actualmente también a

[9] Luhmann, *Grundrechte als Institution*, 2ª ed., p. 68 y ss.; Podlech, *GG AK*, 2ª ed., vol. I, art. 1º, inc. 1, nº marg. 11.

[10] Cfr. BVerfGE 65, 1 (41 y siguientes). Badura, *Staatsrecht*, 2ª ed., p. 112 y siguientes.

[11] Un concepto más estricto en Podlech, *GG AK*, art. 1º, inc. 1, nº marg. 34 y siguientes.

[12] Cfr., sobre los derechos de igualdad: *HdBStR*, vol. V, 1992, p. 837 y ss. (en especial, Kirchhof, P.); Hesse, *Der Gleichheitssatz in der neuen Rechtsprechung des Bundesverfassungsgerichts*, en "FS Lerche", 1993, p. 121 y siguientes.

[13] Al respecto, ver Häberle, *Das Menschenbild im Verfassungsstaat*, p. 44 y siguientes. De la bibliografía: Bergmann, *Das Menschenbild der Europäischen Menschenrechtskonvention*.

[14] Sobre el *status corporativus*, Häberle, *Die Wesensgehaltsgarantie des Art. 19 Abs. 2 GG*, 3ª ed., p. 376 y siguientes.

la "hermana", es una parte integral del principio jurídico-fundamental de la dignidad humana.

c) *La dignidad humana en el cambio cultural.* El enunciado constitucional sobre la dignidad humana trae consigo un grado mínimo de capacidad de desarrollo y, con ello, también de transformación de la dignidad humana, que es "absoluta" en apariencia. De este modo, los peligros en el campo ambiental apenas entran recientemente en la conciencia general, o bien, sólo en época próxima se tiene percepción de algún grupo social marginal (como el de los transexuales): las cláusulas sobre la dignidad humana se encuentran en el contexto de la cultura constitucional, la cual apunta más allá de lo jurídico en la Constitución, hacia lo cultural, es decir, hacia los textos clásicos lo mismo que hacia utopías concretas (p.ej., la de los ecologistas), hacia las experiencias de un pueblo (p.ej., con las tiranías), así como hacia las esperanzas (hasta 1990, la unidad de Alemania; actualmente, la de Europa).

d) *La vinculación entre dignidad humana y democracia.* Analizaremos seguidamente la evolución del contexto.

1) *El pensamiento clásico de la separación y su crítica.* El fundamento del Estado constitucional es doble: la soberanía del pueblo y la dignidad humana. En la historia de las ideas, la soberanía popular y la dignidad humana fueron concebidas y "organizadas", la mayoría de las veces, en forma separada. La soberanía popular era la contrapartida político-polémica de la soberanía del príncipe o monarca[15]. Su concepción clásica en la tradición de Rousseau ("toda la soberanía dimana del pueblo") impregna los textos constitucionales escritos y la tradición científica hasta la fecha. Su fuerza de convicción es tanta que las correcciones se toman en cuenta de manera periférica, los

[15] Sobre la soberanía, cfr. la exposición básica de Dagtoglou, voz "Souveränität", *EvStL*, 1966, cols. 2321 y ss. (3ª ed., cols. 3155 y siguientes).

cuestionamientos fundamentales casi no lo son y muy rara vez se perciben las variantes sustanciales de los textos constitucionales. En la frase de Dolf Sternberger, "no todo el poder del Estado dimana del pueblo", reside todavía una inclinación involuntaria frente a la posición de J. J. Rousseau que se está combatiendo. En el postulado de la democracia con división de poderes o del Estado de derecho[16] radica, asimismo, tanto una corrección de las doctrinas "absolutas" de la soberanía popular como una indicación de la fragmentación pluralista de la voluntad del pueblo[17]. Sin embargo, sigue siendo una tarea pendiente la de desprender a la soberanía popular de su origen histórico-polémico, para verla en vinculación con la dignidad humana.

2) *Cambios en los textos constitucionales.* Una comparación de los textos constitucionales muestra, en el caso de las constituciones más antiguas, al pueblo como elemento primario de la doctrina de los tres elementos de las teorías generales del Estado. Ocasionalmente se degrada al ciudadano a la calidad de "objeto" del poder estatal de manera textual, por un lado, en la tradición de la doctrina de la soberanía popular, es decir, según la fórmula "todo el poder del Estado dimana del pueblo"; por otro lado, llama la atención la figura codificadora del Estado nacional: el pueblo es postulado como unidad "nacional" (frente a las minorías étnicas), en el sentido de "pueblo alemán" y similares.

Algunos textos constitucionales más recientes recorren, casi sin que se advierta, una vía distinta[18], ya sea modifi-

16 Bäumlin, *Die rechtsstaatliche Demokratie.*

17 Hesse, *Der Gleichheitssatz in der neuen Rechtsprechung des Bundesverfassungsgerichts*, en "FS Lerche", 1993, p. 61 y siguientes.

18 De manera puntual se indica la relación entre pueblo y derechos humanos, por ejemplo, en el art. 130 de la Const. de la Iglesia de San Pablo (1849); ver, también, el art. 1º, frase 2, de la Const. federal austríaca (1920): "Su derecho proviene del pueblo". El encabezado del apartado de derechos fundamentales de la Constitución de Japón (1946) dice: "Los derechos y deberes del pueblo" (citado en Neumann, *Änderung und Wandlung der japanischen Verfassung*, p. 187).

cando la cláusula de la soberanía popular[19], o bien construyendo la parte de los derechos fundamentales de manera tan evidente a partir de la garantía de la dignidad humana, que esto no puede quedar sin efectos sobre la concepción de la tradicional cláusula de la soberanía popular; así, por ejemplo, en el art. 1º de la LF, que "corrige" al art. 20, inc. 2. Si de acuerdo con el proyecto constitucional de Herrenchiemsee de 1948 (art. 1º, inc. 1), "el Estado se encuentra al servicio del ser humano" (y no a la inversa), entonces bien puede ser que todo el poder del Estado dimane del pueblo, pero este enunciado ¡encuentra ya su "premisa primaria" en la dignidad humana! Es el "punto de referencia arquimédico" de todas las derivaciones y contextos del gobierno y de las "cadenas de legitimidad", que también son necesarias en el Estado constitucional. El "gobierno del pueblo" (por el pueblo y para el pueblo) es concebido apenas en una segunda etapa del razonamiento. Como principio jurídico, la protección de la dignidad humana (¡y también su irradiación hacia los derechos fundamentales en lo particular!) es anterior al Estado y al pueblo y también a todas las derivaciones del gobierno y las vinculaciones de legitimación del pueblo hacia los órganos del Estado [cfr., al respecto, BverfGE 93, 37 (67 y 68)].

Un paralelismo entre dignidad humana y soberanía popular se advierte claramente en los arts. 1º y 2º de la Const. de Grecia (1975). El art. 1º, inc. 2, dice: "La soberanía del pueblo es el fundamento sobre el que descansa la forma de gobierno"; el inc. 3: "Todos los poderes emanan del pueblo, existen para su beneficio...", etcétera. Cuando el art. 2º, inc. 1, norma la "obligación fundamental" del Estado de respetar y proteger la dignidad humana, de entrada se encuentran vinculados la soberanía popular y el concepto de la dignidad humana, pero el art. 1º de la

19 Cfr. el art. 1º, inc. 2, de la Const. del Burgenland: "El Burgenland se funda en la libertad y la dignidad del ser humano".

Const. de Portugal (1976-1992) formula aun mejor esta vinculación[20].

e) *Los derechos humanos fundamentales en el Estado constitucional. Progresiva constitucionalización de los derechos humanos como positivización.* Un primer conocimiento sobre la relación entre derechos humanos[21] y Estado constitucional puede obtenerse de una comparación espacio-temporal de los propios textos constitucionales. La teoría de la Constitución, entendida como "ciencia jurídica de los textos y la cultura", toma los textos constitucionales positivos como punto de partida, los sitúa en sus contextos culturales y de este modo es capaz de reconstruir la evolución del tipo del Estado constitucional, porque los constituyentes de todos los tiempos y naciones se encuentran en un proceso intensivo de producción y recepción. De este modo, ha surgido en la actualidad un espacio público mundial del Estado constitucional. Puesto que el constituyente más reciente no sólo "copia" los textos antiguos de los otros, sino que retoma en parte también la jurisprudencia y la doctrina constitucionales ajenas y las vacía en textos, y en virtud de que además de que trata de dar forma de tex-

[20] "Portugal es una República soberana, basada en la dignidad de la persona humana y en la voluntad popular, y empeñada en la construcción de una sociedad libre, justa y solidaria".

[21] La bibliografía ya es inabarcable: por ejemplo, Schwartländer (ed.), *Menschenrechte: Aspekte ihrer Begründung und Verwirklichung* y *Menschenrechte und Demokratie*; Kühnhardt, *Die Universalität der Menschenrechte*; Mensen (ed.), *Grundrechte und Menschenrechte in verschiedenen Kulturen*; Maier, *Überlegungen zu einer Geschichte der Menschenrechte*, en "FS Lerche", 1993, p. 43 y ss., y *Wie universal sind die Menschenrechte?* De la bibliografía estadounidense sobre los derechos fundamentales: Abernathy - Perry, *Civil liberties under the Constitution*, 6ª ed.; Dworkin, *Taking rights seriously* (trad.: *Los derechos en serio*); Vieira, *Civil rights in a nutshell*, 2ª ed.; ver, también, Brugger, *Grundrechte und Verfassungsgerichtsbarkeit in den Vereinigten Staaten*. Sobre Francia: Itin, *Grundrechte in Frankreich*; Gicquel, *Droit constitutionnel et institutions politiques*, 11ª ed., p. 87 y siguientes. Sobre Italia: Pace, *Problematica delle libertà costituzionali*, 2 partes, 2ª ed.; Ridola, *Diritti di libertà e costituzionalismo*; Modegna, *"Nuovi diritti" nella giurisprudenza costituzionale*.

to nuevo en parte a la realidad constitucional ajena y plenamente, de su lado, a la "Constitución no escrita", el Estado constitucional se vuelve tangible, como tipo ideal y real, en el "curso del tiempo", a través de la "evolución de etapas textuales". Independientemente de todas las variantes nacionales y de las diferencias contextuales de las diversas constituciones, gracias al paradigma de las etapas textuales es posible dar un nombre y vaciar en conceptos lo dinámico y lo estático, lo común y lo distinto, lo nuevo y lo viejo, del tipo del Estado constitucional y sus temas. Por ejemplo, los dos países ibéricos y el contexto cultural especial en que se encuentran con América latina, para gran utilidad de toda Europa (hay que mencionar el gran arco que va de la Constitución de Cádiz de 1812 a la nueva Constitución de Colombia de 1991), abre perspectivas especiales a la teoría comparada de la Constitución.

1) *Los derechos humanos como parte integrante de las cláusulas generales de reconocimiento.* Un elemento textual ya clásico lo constituyen las cláusulas generales de reconocimiento de los derechos humanos, ya sea en los preámbulos o en los artículos de bases. Su modelo estilístico es el Preámbulo de la Declaración de los Derechos del Hombre y el Ciudadano francesa de 1789 ("derechos naturales, inalienables y sagrados del hombre"); ya la Declaración de Derechos de Virginia (1776) contiene la frase (en I) de que "todos los hombres son por naturaleza igualmente libres e independientes". Más tarde dice el Preámbulo de la Constitución francesa (1958-1976): "El pueblo francés declara solemnemente su adhesión a los derechos del hombre... tal como fueron definidos por la Declaración de 1789..."[22]. Quizás el giro lingüísticamente más bello sea el logrado por el Preámbulo de la Constitución del

[22] Por ejemplo, se dice en el Preámbulo de la Constitución de Baden-Württemberg (1953): "en reconocimiento solemne de los derechos inviolables e inalienables del hombre y de los derechos fundamentales de los alemanes...".

Cantón suizo del Jura (1977): "*Le peuple jurassien s'inspire de la Déclaration des Droits de l'Homme de 1789, de la Déclaration Universelle des Nations Unies proclamée en 1948 et de la Convention Européenne des Droits de l'Homme de 1950*"[23]. El Preámbulo de la Constitución del Perú de 1979 se manifiesta resuelto a fundar un Estado democrático que "garantice, a través de instituciones estables y legítimas, la plena vigencia de los derechos humanos".

En el art. 2º de los principios fundamentales de la Constitución de Italia (1947) se dice: "La República reconoce y garantiza los derechos inviolables del hombre, ya sea como individuo, ya sea en las formaciones sociales". De acuerdo con el Preámbulo de la Constitución española (1978), la nación española proclama su voluntad de proteger "a todos los españoles y pueblos de España en el ejercicio de los derechos humanos". Aquí podemos remitirnos a otros ejemplos[24]. El art. 7º, inc. 1, de la Const. de Sudáfrica (1996-1997) dispone plásticamente: "*This Bill of Rights is a cornerstone of democracy in South Africa*".

[23] "El pueblo del Jura se inspira en la Declaración de los Derechos del Hombre de 1789, en la Declaración Universal de Naciones Unidas proclamada en 1948, y en la Convención Europea de los Derechos del Hombre de 1950". Este texto es retomado por el art. 2º, inc. 2, de la Const. de Brandenburgo (1992): "El pueblo del *Land* de Brandenburgo reconoce los derechos fundamentales consagrados en la Ley Fundamental de la República Federal de Alemania, en la Convención Europea para la Protección de los Derechos Humanos y las Libertades Fundamentales, en la Carta Social Europea y en los Pactos Internacionales de Derechos Humanos".

[24] El art. 2º de la Const. de Turquía (1982): respeto de los derechos humanos. El art. 1º de la Const. de Baden (1947) pone los derechos humanos "inalienables y sagrados" bajo la protección de la Constitución. Ver, también, el art. 1º de la Const. de la República Checa de 1992 (citado en *JöR*, vol. 44, 1996, p. 458 y ss.): "La República Checa es un Estado de derecho soberano, unitario y democrático fundado en el respeto de los derechos y las libertades del hombre y del ciudadano". Preámbulo de la Constitución de Bulgaria de 1991: "*érigeant en principe suprême les droits de l'individu, sa dignité et sa securité...*". Art. 12, inc. 1, de la Const. de la República Eslovaca de 1992 (citado en *JöR*, vol. 44, 1996, p. 478 y ss.): "*People are free and equal in their dignity and rights*". Preámbulo de la Constitución de Georgia (1995): "*The citizens of Georgia... guarantee universally recognized human rights*".

2) *Los derechos humanos como fines de la educación.* Al vincularse con los fines de la educación (*Erziehungsziele*), los derechos humanos establecen un vínculo bastante "nuevo" con temas constitucionales internos. El Estado constitucional "internaliza" los derechos humanos de un modo específico, porque –y en la medida en que– los convierte en tema de los fines de la educación. En el fondo, pretende educar a sus ciudadanos, desde la juventud, como "ciudadanos del mundo"; aquí se puede recordar el espíritu misionero de los Estados Unidos de América, quizá también el *pathos* universal de 1789 y el idealismo alemán.

El art. 27, inc. 2, de la Const. española es pionero en este sentido[25]: "La educación tendrá por objeto el pleno desarrollo de la personalidad humana en el respeto a los principios democráticos de convivencia y a los derechos y libertades fundamentales". Esta idea es recibida en el art. 22, párr. 3°, de la Const. peruana de 1979: "La enseñanza sistemática de la Constitución y de los derechos humanos es obligatoria en los centros de educación civiles y militares y en todos sus niveles". Más tarde, y en forma mejorada, el art. 72, párr. 2°, de la Const. de Guatemala (1985) dice: "Se declaran de interés nacional la educación, la instrucción, formación social y la enseñanza sistemática de la Constitución de la República y de los derechos humanos".

§ 64. *Aspectos de filosofía de las imágenes: imagen del hombre, del Estado, del pueblo, de Dios, del mundo*

La teoría de la Constitución, entendida como ciencia jurídica de los textos y la cultura, puede asociarse con una

[25] Una formulación más temprana podría ser la de la Constitución de Mecklemburgo-Antepomerania de 1947, cuando exige que se eduque a la juventud en la "verdadera humanidad", o el art. 131, inc. 2, de la Const. de Baviera (1946), que eleva el respeto de la dignidad del hombre a la categoría de fin de la educación (cfr. también el art. 28 de la Const. de Brandenburgo de 1992).

"filosofía de las imágenes", ya que la teoría del derecho del Estado trabaja desde hace tiempo (siguiendo la jurisprudencia respectiva del TCFA) con la categoría de la "imagen del hombre" (*Menschenbild*)[26], la cual es un aspecto de una tríada, junto con la "imagen del Estado" y la "imagen del mundo". El hombre, el Estado constitucional y el mundo denotan cosas que van juntas, también, y precisamente, para el jurista, el cual, por cierto, tratándose de este tema, tiene todo el motivo de abrirse ampliamente a las otras disciplinas, ya que éstas participan en la constitución del "mundo" –al menos en la (re)construcción a través del ser humano–; piénsese en el "*ethos* mundial" entre los pueblos que propone el teólogo H. Küng, el cual pretende ser al mismo tiempo proyecto y patrimonio cultural. La teoría del Estado constitucional podría tener actualmente razones especiales para cuestionar sus competencias y funciones con vistas al mundo (no sólo porque la mayoría de los Estados sean Estados constitucionales o quieran serlo), ya que asume toda clase de responsabilidades que se refieren al mundo y es sujeto en forma especial del derecho internacional en desarrollo, en el plano universal en el marco de las Naciones Unidas, como también regionalmente por la vía de la ayuda al desarrollo, por ejemplo, para África, o también en forma de exigencias e intervenciones, como la de la Unión Europea en los Balcanes.

Ciertamente son otras ciencias y las artes las que, mucho antes que la teoría constitucional, han escogido como su objeto al "mundo" o, desde el punto de vista humano, a la "humanidad". Así, tenemos la gran obra de J. G. Herder, *Ideas para una historia de la filosofía de la humanidad* (1785), o las *Ideas para una historia universal en clave cosmopolita* de Kant (1775-1795); también conocemos las "reflexiones sobre la historia universal" de J. Burck-

26 Ver, al respecto, Häberle, *Das Menschenbild im Verfassungsstaat*, p. 12 y ss., donde se aborda por primera vez la cuestión de la "imagen del mundo".

hardt (1905)[27]. Antes que ellos ya hablaba G. W. F Hegel del "espíritu universal" y del "juicio universal" (1821). La ciencia histórica ha intentado siempre escribir una "historia universal". Así, A. Heuss no deseaba estudiar sino altas culturas que poseyeran una cierta "vocación universal" ("*Welthaftigkeit*"), que durante cierto tiempo hubieran ejercido una influencia en el mundo. Esta "vocación universal" podría atribuírseles a las altas culturas china, hindú, árabe-musulmana y, sobre todo, a la europea. Es esta última la que actualmente marca a la humanidad, contra la creciente resistencia del "mundo" islámico, por ejemplo, en materia de derechos humanos, democracia y economía social de mercado. De este modo, podríamos considerar, con H. Freyer, que la historia universal del siglo XX ha sido una "historia universal de Europa"[28], pero ciertamente no sería cinismo constatar que las primeras "guerras mundiales" calificadas como tales, empezaron en Europa. Ciertamente, a la búsqueda de la "imagen del mundo" europea, tendremos particular éxito en encontrarla en las artes (plásticas), por ejemplo, de la Edad Media y después de 1492. Y J. W. v. Goethe hizo su aportación anticipada en el verso: "De Dios es el Oriente, de Dios es el Occidente, en la paz de sus manos descansan las tierras del norte y del septentrión".

¿Cómo se constituye este mundo único, esta "sociedad mundial" (N. Luhmann) desde la perspectiva de la teoría comparada de la Constitución? ¿Acaso no se excede en vista de la diversidad de culturas y del "choque de las civilizaciones"? ¿O no tendrá más bien que ocuparse de elementos de su imagen del mundo precisamente a causa de su derecho constitucional, altamente desarrollado, de la tolerancia y en virtud del derecho internacional de la coexis-

27 Cfr. Burckhardt, *La cultura del Renacimiento en Italia*, parte cuarta: "El descubrimiento del mundo y del hombre".

28 Freyer, *Weltgeschichte Europas*, 3ª ed.; Heuss, *Zur Theorie des Weltgeschichte*.

tencia y la cooperación? Aquí le corresponde un lugar al proyecto de J. Habermas[29]:

> Sólo una ciudadanía democrática que no se cierre en términos particularistas puede, por lo demás, preparar el camino para un *estatus de ciudadano del mundo* o una *cosmociudadanía*, que hoy empieza ya a cobrar forma en las comunicaciones políticas que tienen un alcance mundial.

Y:

> El Estado cosmopolita ya ha dejado de ser un simple fantasma, aun cuando nos encontremos todavía bien lejos de él. El ser ciudadano de un Estado y el ser ciudadano del mundo constituyen un *continuum* cuyos perfiles empiezan ya al menos a dibujarse.

En el idioma alemán, la palabra "mundo" (*Welt*) aparece también en aquella palabra o término que se desarrolla vertiginosamente como "derecho ambiental" (*Umweltrecht*), incluyendo el "derecho ambiental internacional" (*Umweltvölkerrecht*). Podrá haber controversia sobre la "imagen del mundo" antropocéntrica o fisiocéntrica, pero el entorno (*Umwelt*) es un pedazo del "mundo" (*Welt*) y en la suma constituyen al mundo en su conjunto. El mandato de orden, protección y configuración con vistas al ambiente exige plantear la cuestión de la "imagen del mundo" del Estado constitucional.

§ 65. *Libertad cultural, libertad a partir de la cultura, los derechos humanos fundamentales en el Estado constitucional*

En la dimensión cultural es preciso considerar a la libertad fundamental, así como a la democracia en la libertad (y la cultura), también a partir de sus resultados. Tan arbitrario como puede y debe ser lo que el individuo hace

[29] Habermas, *Faktizität und Geltung*, p. 659, 138 y ss.: "supuesta república de los ciudadanos del mundo" (trad.: *Facticidad y validez*, p. 643).

(o no) con o de su libertad, así estará orientada al resultado, vista en conjunto, la garantía de la libertad de todos y como tal.

a) *Libertad cultural.* Considerada en el eje del tiempo, es una conquista de muchas generaciones; vista en un "corte transversal", es el producto de diversos círculos y grupos de un pueblo o de los intérpretes constitucionales. A partir de la estatura individual de un pueblo, se garantiza esencialmente la libertad en función de sus "objetivaciones" y "materializaciones", es decir, de los *resultados* que su ejercicio particular pueda producir; las luchas por lograr formas culturales alternativas y su consecuente reconocimiento (p.ej., The Beatles) confirman la vinculación entre cultura y libertad.

El concepto de "libertad cultural" pretende, pues, enriquecer la libertad a partir del objeto, no en el sentido de un requisito normativo obligatorio, sino a partir del resultado esperado, aunque éste sea frecuentemente erróneo. Así vista, toda libertad es "libertad cultural": como libertad que, conforme a una apreciación realista, está incorporada en una red de fines educativos y valores orientadores, parámetros culturales y obligaciones materiales, en suma, que tiene literalmente a la cultura como objeto, incluso como función. En esta forma, la cultura es objeto tanto de la libertad *del* individuo y *en lo particular*, como también de la libertad como *situación global* de un pueblo. Esta libertad "cuaja" o se objetiva en elementos culturales; se producen cristalizaciones culturales sobre las cuales puede construirse más tarde el ejercicio individual y el colectivo de la libertad. Los procesos de crecimiento cultural se desenvuelven a través del juego recíproco que va desde la libertad "potencial", pasando por la libertad "realizada" y los resultados culturales de la libertad, hasta las obras a partir de las cuales es posible, pero también es necesaria e incluso debe arriesgarse (con la posibilidad del fracaso), la nueva libertad individual: la libertad de opinión y de prensa conducen a opiniones y obras impresas que benefician al proceso cultural y político; la libertad del arte y de la ciencia conduce a obras científicas y artísticas, incluyendo a la teoría del derecho constitucional como ciencia y como literatura, las cuales pueden ser de auxilio en futuros procesos interpretativos; la libertad de credo religioso conduce a contenidos y orientaciones religiosos que pueden influir en el concepto de sí mismos de los grupos religiosos; algo similar puede decirse de todos los aspectos corporativos de las libertades fundamentales. Los derechos fundamentales son normados, configurados y desarrollados en beneficio de estos "resultados globales" individuales y colectivos. Y lo que su ejercicio produce en lo político, lo económico y lo cultural influye también a largo plazo en los derechos fundamentales, en su configuración normativa y en las vías de su realización. Los citados procesos de producción y recepción toman precisamente el camino que pasa "a través" de los derechos fundamentales.

b) ***En particular: los derechos fundamentales. Distinción entre derechos humanos y derechos ciudadanos. El "status mundialis hominis".*** Los derechos fundamentales (*"Grund-Rechte"*) constituyen en la actualidad el concepto que engloba a los derechos humanos universales y los derechos ciudadanos nacionales. Ambas clases de derechos fundamentales[30] son, aunque con diversa intensidad, parte integrante necesaria de la cultura jurídica de todo Estado constitucional que merezca tal nombre.

El marco teórico de los derechos fundamentales, fundado en la doctrina del contrato social (en el sentido de J. Locke, enfocado a la libertad y la propiedad; con base en T. Hobbes: la vida y la seguridad) y el que actualmente ha

[30] Ya la bibliografía alemana sobre la dogmática de los derechos fundamentales resulta inabarcable; aquí sólo unas cuantas referencias: Hesse, *Grundzüge des Verfassungsrechts der Bundesrepublik Deutschland*, p. 125 y ss.; Lerche, *Übermass und Verfassungsrechts*; Dürig, *Gesammelte Aufsätze*.

de entenderse como "contrato constitucional", debe extenderse del nivel nacional al universal: al lado de la sociedad particular de cada Estado y su *status civilis*, surge de manera complementaria la "sociedad mundial", con la consecuencia de un *status mundialis* fundamental de cada ser humano; en su campo de fuerzas debe "imaginarse" un "contrato social mundial", cuando menos como ficción en el sentido de I. Kant. No sólo en el interior de los Estados ha logrado el ser humano la transición del *status naturalis* al *status civilis*; también a nivel mundial, visto globalmente, se ha producido, al menos de manera ficticia, el paso del *status naturalis* al *status civilis*: los contratantes son todos los seres humanos, todos los Estados constitucionales y todos los pueblos, incluso hasta llegar a la perspectiva de las generaciones futuras. Todos ellos se garantizan mutuamente los derechos humanos de cada uno. Puede ser que la ciencia del derecho internacional todavía se encuentre algo atrasada en el reconocimiento de los derechos humanos, así como de la capacidad internacional de los seres humanos; sin embargo, es asunto de la teoría constitucional fundar una teoría de los derechos humanos mediante figuras intelectuales, como la del contrato social, que sean generales y se proyecten con un parámetro mundial. La tradición del idealismo alemán nos proporciona las palabras clave necesarias ("en clave cosmopolita", la "paz perpetua" de Kant en 1795, etc.), y el pensamiento anglosajón que va desde el *Bill of Rights* de Virginia (1776) hasta la Declaración Universal de los Derechos Humanos de las Naciones Unidas (1948) y la política de los derechos humanos de J. Carter, ofrecen la necesaria práctica de la teoría.

Los derechos humanos, entendidos como derechos de todo ser humano de todas las naciones, incluyendo los llamados "apátridas", tienen su raíz al mismo tiempo en el Estado constitucional nacional de la actual etapa evolutiva y en la *humanidad universal*. Los elementos textuales se encuentran ya en la formulación del Preámbulo de la Declaración Universal de los Derechos Humanos de la ONU (1948): "Considerando que la libertad, la justicia y la paz en el mundo tienen por base el reconocimiento de la dignidad intrínseca y de los derechos iguales e inalienables de todos los miembros de la familia humana"; más adelante se habla de la "conciencia de la humanidad". También ahí se hace referencia a la "fe" de los pueblos de las Naciones Unidas en los "derechos fundamentales del hombre". La Ley Fundamental de 1949 se atrevió ya a disponer en su art. 1º, inc. 2: "El pueblo alemán reconoce por tanto los derechos inviolables e inalienables del hombre como fundamento de toda (!) comunidad humana, de la paz y de la justicia en el mundo". De manera congenial, se dice en el Preámbulo de la Convención Europea de Derechos Humanos de 1950: "Reafirmando su profundo apego a estas libertades fundamentales, que constituyen las bases mismas de la justicia y de la paz en el mundo". Y en el Preámbulo de la Convención Americana sobre Derechos Humanos (1969) se encuentra la siguiente frase: "Reconociendo que los derechos esenciales del hombre no nacen del hecho de ser nacional de determinado Estado, sino que tienen como fundamento los atributos de la persona humana..."[31]. Es asunto de la teoría de la Constitución, como doctrina del tipo del Estado constitucional, desarrollar más los elementos teóricos y textuales (p.ej., apartados propios sobre "derechos fundamentales de los extranjeros" o artículos que mejoren su posición, según el modelo del art. 13, inc. 1, de la Const. española; esto tendría que ser parte de la revisión de la LF alemana).

Así como hay derechos humanos "en" el Estado constitucional (p.ej., para los extranjeros, pero también para los

[31] En el Preámbulo del Pacto Internacional de Derechos Civiles y Políticos se dice: "Considerando que... la libertad, la justicia y la paz en el mundo, tienen por base el reconocimiento de la dignidad inherente a todos los miembros de la familia humana y de sus derechos iguales e inalienables".

nacionales, en virtud de su naturaleza humana), así también hay elementos de un derecho humano a la nacionalidad: una prueba de la vinculación ideal, aquí propugnada, entre los derechos humanos y los derechos ciudadanos como "dos manifestaciones" de los derechos fundamentales; la palabra "fundamento" debe ser agotada, se refiere a lo preestatal, a lo "pre-positivo", a lo que está antes del derecho secundario, justamente a lo "fundamental". También se puede formular de la siguiente manera: el ser humano posee ciertos derechos "por naturaleza" y, al mismo tiempo, es justo el Estado constitucional (como cultura) el que le asegura, como tal, precisamente, estos derechos humanos y ciudadanos ("derechos culturales"). De manera significativa se dice en el art. 15 de la Declaración Universal (1948): "Toda persona tiene derecho a una nacionalidad. A nadie se privará arbitrariamente de su nacionalidad ni del derecho a cambiar de nacionalidad"[32]. La dificultad teórica reside en el intento de concebir al Estado, que resulta indispensable para los derechos fundamentales, dentro del campo preestatal de los derechos humanos, si se quiere: en el *status naturalis*, para lo cual, en última instancia, sólo puede auxiliarnos el enfoque culturalista. Esto quiere decir: si bien la libertad como derecho humano existe "por naturaleza", es "innata" (el art. 1º de la Declaración Universal dispone: "Todos los seres humanos nacen libres e iguales en dignidad y derechos..."), en última instancia se "cumple" culturalmente, es un *derecho cultural*. La cadena del razonamiento va del *status naturalis* hacia el *status civilis* como *status culturalis* (cfr. el art. 58 de la Const. de Guatemala de 1985: derecho a la identidad cultural). Esto se manifiesta en el art. 26, inc. 2, de la misma Declaración: "La educación tendrá por objeto el pleno desarrollo de la personalidad humana y el

[32] Cfr., también, el art. 24, inc. 3, del Pacto Internacional de Derechos Civiles: "Todo niño tiene derecho a adquirir una nacionalidad".

fortalecimiento del respeto a los derechos humanos y a las libertades fundamentales...". La educación y la formación deben entenderse como "segundo nacimiento" del hombre (Hegel), los derechos humanos y fundamentales como fines educativos, aun cuando actualmente (1996-1997) se reconozca con cuánta rapidez amenaza la recaída en el *status naturalis* de T. Hobbes (la ex Yugoslavia, atentados contra extranjeros en Alemania, Italia y Francia). Dicho de otro modo, los derechos humanos universales son actualmente los elementos de la "cultura universal" como sociedad mundial, ¡pero sin un Estado mundial! A su lado permanece, empero, la identidad nacional o regional como cultura. La cultura es aquí la "otra", la "segunda" creación, la de los seres humanos.

Enseguida veremos los principios que varían el tema de la "buena disposición hacia los derechos humanos" ("*Menschenrechtsfreundlichkeit*"). Dicho en otros términos: los catálogos nacionales de derechos fundamentales, y precisamente también donde garantizan derechos humanos y derechos ciudadanos, deben ser interpretados de conformidad con los derechos humanos. Un ejemplo de ello se encuentra en el art. 10, inc. 2, de la Const. española[33]. Algunas nuevas constituciones y proyectos constitucionales en Europa oriental contienen sorprendentes "continuaciones" (p.ej., el art. 10 de la Const. de la República Checa de 1992: "Los tratados internacionales sobre derechos humanos y libertades fundamentales ratificados y promulgados que sean obligatorios para la República Checa, son directamente eficaces y tienen primacía frente a la ley").

Si hasta ahora se hablaba, sobre todo gracias a Suiza, de la "interpretación conforme a la Constitución" de las le-

[33] "Las normas relativas a los derechos fundamentales y a las libertades que la Constitución reconoce se interpretarán de conformidad con la Declaración Universal de Derechos Humanos y los tratados y acuerdos internacionales sobre las mismas materias ratificados por España".

yes ordinarias[34], en la actualidad nos encontramos ante el mandato de la "interpretación de los derechos fundamentales conforme a los derechos humanos" y del principio "en formación" de la buena disposición hacia los derechos humanos[35].

La etapa "más alta" de desarrollo sería el enunciado: "los derechos humanos internacionales prevalecen sobre los derechos fundamentales nacionales", cuando estos últimos se encuentren por debajo del estándar global de los derechos humanos (cfr. el art. 142, LF). Aquí se manifiesta cuán confusa es todavía la terminología. Desde el punto de vista constitucional interno, la expresión "derechos fundamentales" se refiere siempre a las dos manifestaciones: los derechos humanos y los derechos ciudadanos. Es del todo concebible que un Estado constitucional nacional otorgue muy pocos derechos fundamentales a sus ciudadanos, lo cual puede corregirse, en la medida en que pueda compensarse a través de la interpretación, por las garantías internacionales de los derechos humanos (y, en su caso, también los regionales). Dicho en términos de la teoría de los derechos fundamentales: el *status mundialis hominis* (universal) de los derechos fundamentales irradia hacia el *status civilis* y *culturalis*. Al respecto, ya hay ejemplos textuales. El marco teórico hay que crearlo de la manera sugerida, del mismo modo como actualmente, en absoluto, en la "hora mundial" del Estado constitucional, surge la tarea de que las teorías de los derechos fundamentales desarrolladas en el marco nacional se continúen desenvolviendo en términos de la teoría de los derechos humanos y, viceversa, que los derechos humanos universales se incorporen a las teorías nacionales de los derechos fundamentales. Resulta evidente, pues, que

34 Al respecto, ver Hesse, *Grundzüge de Verfassungsrechts der Bundesrepublik Deutschland*, p. 30 y siguientes.

35 Cfr. el art. 12, inc. 2, de la Const. de Angola (1992) y el art. 29 de la Const. de Guinea-Bissau.

esto sólo es posible en forma de un "concierto" multinacional y multicultural de muchas, incluso todas, las culturas y dogmáticas nacionales de los derechos fundamentales[36]. El postulado de la comparación de los derechos fundamentales como "quinto método de la interpretación" encuentra aquí su lugar, con motivo del art. 10, inc. 2, de la Const. española y disposiciones equivalentes, pues solamente a través de la comparación, que vaya de las garantías de los derechos fundamentales nacionales hacia las *universales* y que regrese enriquecida de aquí hacia allá, es posible lograr esta obra[37]. A la inversa, se requiere una teoría universal de los derechos humanos que, según parece, no existe hasta ahora, que dé fundamento, brazo a brazo, con las doctrinas de los derechos fundamentales del Estado constitucional nacional. Este último, por su lado, ya no puede ver, crear, interpretar y desarrollar los "derechos fundamentales propios" sin los derechos humanos universales. El conflicto con la declaración musulmana "particular" de los derechos humanos de El Cairo (1990) es grave y con ello se cuestiona la imagen universal del hombre[38].

El derecho de asilo para los perseguidos políticos y la configuración efectiva de su estatus conforme a los derechos humanos (es conocido el debate alemán en torno al art. 16 de la LF, su europeización, es decir, su limitación según el art. 16a), en forma especial en favor de los perseguidos por causa de la idea de los derechos fundamentales (cfr. el art. 105 de la Const. de Baviera de 1946), es una

[36] No se niegan las dificultades de la comprensión intercultural de los conceptos de "dignidad humana", "igualdad", "libertad".

[37] Sobre la comparación jurídica como quinto método de la interpretación: Häberle, *Grundrechtsgeltung und Grundrechtsinterpretation in Verfassunstaat*, *JZ*, 1989, p. 913 y siguientes.

[38] Cfr. la Declaración de El Cairo sobre los derechos humanos en el Islam (1990), en "Gewissen und Freiheit", vol. 19, 1991, p. 93 y siguientes. De la bibliografía: Bielefeldt, *Menschenrechte und Menschenrechtsverständnis im Islam*, *EuGRZ*, 1990, p. 489 y siguientes.

forma más, muy general, del *pathos* de los derechos fundamentales, que radica en la garantía incondicional que le dieron los "padres" y las "madres" de la LF, que se encuentra en peligro en vista del actual abuso de este derecho fundamental por los refugiados económicos. El art. 14, inc. 1, de la Declaración Universal dispone: "En caso de persecución, toda persona tiene derecho a buscar asilo, y a disfrutar de él, en cualquier país". Tengamos presentes los ejemplos constitucionales que este derecho humano ha encontrado mientras tanto en diversos países y sus constituciones: art. 10, inc. 3, de la Const. italiana (1947); art. 33, inc. 6, de la Const. de Portugal (1976); art. 56 de la Const. de Polonia (1997).

§ 66. *Fines de la educación y valores orientadores*

Los fines educativos y los valores orientadores tienen una función específica como texto constitucional en sentido amplio[39], pues se trata de elementos formadores de consenso en el Estado constitucional y constituyen un fragmento de su identidad cultural y su vida pública.

a) *Como elementos formadores.* En el sentido antedicho, son fines de la educación, por ejemplo, la tolerancia y la dignidad humana (o también la "imagen del ser humano"), la legalidad, la honestidad y la aceptación de la responsabilidad, la apertura hacia el mundo y el sentido del deber (deberes fundamentales): cfr. los arts. 131, 136, inc. 1, de la Const. de Baviera; el art. 26 de la Const. de Bremen, y también los arts. 1º y 20, inc. 1 ("república"), o el 12 de la LF (libertad de profesión, el "trabajo" o el "*ethos* del trabajo" como fin educativo), interpretados desde "su otra cara": dicha "interpretación constitucional pedagógica" es fructífera, por ejemplo, para la ética social en los ar-

[39] Al respecto, ver de manera detallada Häberle, *Erziehungsziele und Orientierungswerte im Verfassungsstaat*.

tículos económicos de las constituciones de los *Länder* alemanes (v.gr., arts. 27, 30, 38, Const. de Hesse de 1946; arts. 51 a 56, Const. de Renania-Palatinado de 1947), por ejemplo, como deberes fundamentales de los empresarios. Los fines de la educación constituyen condiciones de base para la Constitución de la libertad; se trata de derecho constitucional material y dentro del pluralismo de los sujetos de la educación son interpretados y realizados en parte de manera privada por los padres, por el Estado a través de las escuelas, así como de manera pública por la sociedad. Los fines de la educación constituyen una especie de "profesión de fe" cultural del Estado constitucional.

En algunos Estados constitucionales de Europa, pero también más allá de ellos, entre los países en desarrollo, se encuentran significativos procesos de crecimiento y evolución a través del medio de la recepción. Alemania se encuentra en primer plano (también Portugal y España), y países en desarrollo como el Perú (antigua Constitución) y Guatemala. No es reconocible (¿todavía?) un inventario común europeo de fines de la educación en textos constitucionales; en este sentido, este tema es tratado también como ejemplo de que hay campos en el Estado constitucional como tipo en el cual hay "carencia total", mientras que algunos miembros de su "familia" han desarrollado elementos estructurales muy intensos y consecuentes en sí. Es un "texto clásico" en materia de fines de la educación el art. 148, incs. 1 y 2, de la Const. de Weimar de 1919:

> En todas las escuelas se buscará la instrucción moral, la conciencia ciudadana, la capacidad personal y profesional en el espíritu del pueblo alemán y de la reconciliación de los pueblos. La docencia en las escuelas públicas tendrá cuidado de que no se ofendan los sentimientos de quienes piensen de manera diferente.

b) *Los fines de la educación como condiciones de base de la Constitución del pluralismo.* Los fines de la educación se constituyen en condiciones de base de la Constitución del pluralismo y de la libertad. La Constitución de la libertad depende de que se pongan al descubierto los contenidos de la educación, ya que la apertura de la sociedad y la Constitución solamente pueden sostenerse frente al trasfondo de sustancias educativas y culturales. Ambos se condicionan mutuamente, así como la libertad y la obligación se corresponden. Las democracias en libertad requieren de un "soporte" interno material, a través de fines educativos fundamentales, que se orientan por los derechos humanos, la tolerancia, la solidaridad, la responsabilidad, la humanidad, el trabajo, etcétera. Éstos permanecen precarios, "formales" y, por tanto, están amenazados, si solamente se ven constituidos jurídicamente en sentido tradicional y si no provocan, en la práctica pedagógica, la profundidad y amplitud de la "internalización en la libertad" de sus contenidos fundamentales, que prefiguran jurídicamente sus constituciones y no se viven de manera cotidiana en su trasfondo cultural.

En primer término, la Constitución debe educar para ella misma. La "voluntad de Constitución" (K. Hesse) exige contribuciones educativas en la escuela, por ejemplo, comprensión de la Constitución, conocimientos cívicos mínimos, criterios de valoración. Las "condiciones de base" para el pluralismo deben ser transmitidas a cada nueva generación.

Con ello no se espera de todos los ciudadanos la "fidelidad constitucional", en el sentido de una *religion civile*, pues transferir a todos las exigencias que se imponen a los servidores públicos sería contrario al sistema. La sociedad abierta de los intérpretes constitucionales libres, que también es la sociedad abierta de los constituyentes, se cerraría; el pensamiento de las posibilidades como razonamiento alternativo pluralista se convertiría en vía de un solo sentido y en callejón sin salida; el ciudadano perdería su libertad.

La Constitución del pluralismo trae consigo los límites mismos del mandato educativo del Estado. Sus fines educativos están limitados tanto en su contenido como en los medios para su realización, pues las dictaduras educativas que se presumen en posesión de la verdad absoluta son contrarias a la Constitución. Incluso un fin educativo básico, como el de la tolerancia, normado en los "artículos sobre la tolerancia" de las constituciones de los *Länder*, tiene sus límites, como los que se derivan de los "artículos del pluralismo"[40]; la Constitución debe (poder) ser autocrítica respecto de sus propios fines educativos.

c) *Como medios para una "pedagogía constitucional"*. El mandato constitucional de la LF exige no tanto la transmisión de conocimientos jurídicos teóricos, pues esto es cosa del "gremio" de los juristas. Se trata más bien de comunicar a la Constitución como marco y afirmación de los ideales de la educación: la Constitución es texto escolar y docente. Su *realidad* comienza en los salones de clase: ¡la escuela de la Constitución es la escuela! Lo que ésta logre beneficia a la cultura constitucional.

Esta vía pedagógica hacia la LF como Constitución vivida no puede ser sobreestimada en su relevancia jurídica mediata y su eficacia a largo plazo. La escuela y la universidad, las escuelas profesionales y la enseñanza para los adultos, forman a los intérpretes constitucionales en sentido amplio, pues en la medida en que éstos adquieran conciencia de sí, pueden convertirse en intérpretes constitucionales activos. La relación entre los planes de estudio y la Constitución se hace lo más estrecha posible; en sentido amplio, se trata de "clases de Constitución".

Los "principios constitucionales como fines de la educación" son menos una obligación jurídica que un man-

[40] Por último, el art. 2° de la Const. de Angola (1992), el art. 1° de la Constitución de Guinea Ecuatorial (1991), los preámbulos de las constituciones de Benín (1990) y Chad (1996), así como el art. 15 de la Const. de Ucrania (1996).

dato educativo: la *Constitución como ética social* ("pedagogía constitucional"). La Constitución debe ser desentrañada en su significado para los pedagogos y sus tareas, lo cual también beneficia a los juristas. Esta concepción "pedagógica" de la Constitución es una consecuencia de la teoría de los intérpretes constitucionales en sentido amplio: una característica de la sociedad abierta y de sus fundamentos de ética social. La Constitución no es sólo un ordenamiento jurídico para los juristas (y los políticos), sino que en lo esencial es también una "guía" para los no juristas, los ciudadanos.

d) *La educación de la juventud: un mandato de la "Constitución como contrato"*. La educación de la juventud es un mandato constitucional, el cual se lleva a cabo mediante la división del trabajo entre los padres, el Estado y la escuela, así como otros sujetos de la educación en forma optativa (como las iglesias), y también es ejercido de manera diversa en cuanto a sus objetivos sustantivos. La Constitución no puede sustraerse a estas funciones diferenciadas de la educación para los niños hasta la enseñanza de los adultos, sino que las norma en favor de su propia permanencia. Se garantiza a sí misma como comunidad libre en la sucesión de las generaciones, de la "Constitución como contrato", a través de sus fines educativos, en llamados a la juventud como nuevo socio contractual. Los objetivos como la tolerancia, la democracia, la dignidad humana, la reconciliación de los pueblos o el "espíritu de la democracia", son directivas abiertas para un proceso en el que siempre debe ser posible un entendimiento mutuo y siempre renovado entre las generaciones: ¡la educación no es una calle de sentido único! Sólo de este modo es posible amortiguar el cambio general de los valores. Los fines de la educación son de cierto modo "objetivos contractuales", con vistas al contrato de las generaciones entre jóvenes y viejos. El educador debe comprender que una generación joven tiene que buscar primero su propio futuro, y tiene que hacer plausible que este futuro se encuentra también en el patrimonio cultural del pasado, encarnado en los correspondientes fines educativos. Al mismo tiempo, los fines educativos son en mucho un proyecto anticipado del ser humano, que habrá de vivir y configurar la Constitución en el porvenir. Así vista, la Constitución se reencuentra en los fines educativos. ¡Su presente se encuentra con su futuro en forma pedagógica!

e) *Valores orientadores. Caracterización.* Los valores orientadores son, por ejemplo, concepciones morales, los programas de los partidos políticos o de los sindicatos, los estatutos de una asociación, los modelos familiares y otros modelos y ejemplos sociales (p.ej., los textos clásicos de F. Schiller o B. Brecht, J. Locke o Montesquieu, las concepciones de sí mismas y las memorias de las iglesias y las comunidades religiosas). Éstas son realizadas, desarrolladas pero también incumplidas, en el Estado constitucional, por el *ciudadano capaz*. Así tendría pleno sentido en la LF alemana (Preámbulo), como se propone ocasionalmente, el valor orientador de la "solidaridad y el sentido de comunidad". El fracaso de la reforma constitucional plantea de manera tanto más urgente la cuestión: "¿qué tanto sentido de comunidad requiere la sociedad liberal?" (A. Hirschmann).

Los fines educativos y los valores orientadores se distinguen entre sí, pero también se encuentran en una interrelación que genera cambios. Muchos valores orientadores no se encuentran formulados en los textos jurídicos, ni siquiera en calidad de esbozo. Lo son parcialmente en los fines educativos y, por ello, su fuerza y validez son sólo limitadas. En cambio, los fines educativos esenciales se encuentran al menos formulados como principios en los textos constitucionales y otros textos jurídicos culturales. Su fijación jurídica es necesaria, aunque sea solamente como *soft law* del derecho constitucional de la cultura, ya que habrán de ser transmitidos mediante la educación al ciudadano adolescente en el estatus especial de la "escuela". Los valores orientadores son "pluralistas", incluso antagonistas; se contradicen, compiten entre sí, en parte son excluyentes. Entre ellos puede escoger libremente el ciudadano adulto; pueden hacerse jurídicamente obligatorios de manera muy limitada, su realización apenas puede ser forzada por el Estado. Otra cosa sucede con los fines educativos, pues caracterizan obligatoriamente a la enseñanza que imparte el Estado en las escuelas. Aquí el pluralismo es un "objetivo de aprendizaje", vía la tolerancia. Aquí se trasmiten los valores y los textos de la época clásica y de la moderna, se exponen los derechos y los deberes, se enseña la dignidad humana y la tolerancia, la libertad y la igualdad. Esta diferencia (más bien formal) en el grado de su obligatoriedad jurídica corresponde a una diferencia de contenido: los fines educativos se incorporan en última instancia en un todo equilibrado: la dignidad humana y la tolerancia se corresponden, así como la honestidad, la legalidad y la responsabilidad, la educación para el acceso o la participación en los bienes de la cultura, la protección del ambiente, por un lado, y la apertura al mundo, la "paz en la coexistencia de las culturas y los pueblos" (art. 22, inc. 1, Const. de Turingia), por el otro (cfr. el art. 26, Const. de Bremen), aunque haya algunas tensiones en lo individual. Los valores orientadores son muy diferentes: lo que se "ofrece" en la sociedad abierta se excluye entre sí de muchas maneras y, en todo caso, no se encuentra en una relación tendencialmente equilibrada. Los partidos políticos buscan atraer al ciudadano capaz a través de programas encontrados, las iglesias y las comunidades ideológicas se excluyen mutuamente; las "tablas de valores" de muchos grupos plurales viven precisamente del conflicto entre ellos. Por lo demás, los valores orientadores transmiten aquello que se ha formado en la evolución cultural, religiones, sistemas de la moral, patrimonio cultural, etcétera.

§ 67. LA DEMOCRACIA COMO CONSECUENCIA ORGANIZATIVA DE LA DIGNIDAD HUMANA

En el Estado constitucional, el principio organizativo fundamental es la división de poderes, el cual se deriva directamente, en la actual etapa evolutiva del Estado constitucional, de la garantía de la dignidad humana. Se trata de una *premisa* antropológico-cultural, cuya *consecuencia* organizativa es la democracia. Sin embargo, no resulta evidente esta vinculación *interna* entre democracia y dignidad humana, ni entre aquélla y los derechos humanos que derivan de ésta. En Alemania se acostumbra hacer una distinción entre la garantía "no política" de la dignidad humana y la democracia política. En realidad, el núcleo del ser humano como ciudadano se ve afectado si no tiene la posibilidad de ejercer en la práctica su derecho al voto o de utilizar efectivamente su libertad de opinión y de manifestación también para fines políticos ("democracia de los ciudadanos").

a) VARIANTES DE LA DEMOCRACIA. En la actualidad, se considera a la democracia, casi en todo el mundo, como quintaesencia de un "buen" ordenamiento estatal, con lo cual se olvida frecuentemente que se requiere una caracterización más próxima: como democracia "con división de poderes", "vinculada a valores", "en libertad", "pluralista". Con ello se desechan todas las formas de democracia "totalitaria", como las llamadas "democracias populares" en los regímenes socialistas, como el vigente en Alemania oriental hasta 1989. Al mismo tiempo, en ello se manifiesta que existen numerosas variantes de la democracia entre las diversas naciones, que existen igualmente ante el foro del Estado constitucional como *tipo*. La concepción de la democracia también cambia en el curso de la historia (constitucional), así como en el espacio y el tiempo. La democracia del Estado constitucional requiere constantemente de reformas, por ejemplo, por medio del mejoramiento de la protección de minorías, mediante el fortalecimiento de los derechos de la oposición en la democracia parlamentaria, por medio del impedimento de que un poder económico muy grande se transforme en poder político, o mediante la limitación del financiamiento público a los partidos, así como por el desarrollo de competencias de control de la jurisdicción constitucional.

Estas variantes de la democracia se reflejan en la distinción entre democracia presidencial y parlamentaria (como entre los Estados Unidos de América y Francia, por un lado, y Gran Bretaña y Alemania, por el otro), o en la diferencia entre democracia representativa (indirecta) y directa (plebiscito, referéndum, iniciativa popular) y sus formas mixtas. Así, la Ley Fundamental alemana de 1949 se decidió, por principio, en favor de la democracia representativa, apartándose conscientemente de las formas de democracia directa ("plebiscitaria") de la Constitución de Weimar de 1919. El pueblo alemán ni siquiera participó, vía referéndum, en la expedición de la LF, así como tampoco en el marco de la reunificación en 1990. Esta "exclusión del pueblo" se encuentra en notorio contraste con los elementos de democracia directa en varias de las constituciones de los *Länder* alemanes después de 1945 (p.ej., la Constitución de Hesse de 1946, en su art. 124); también resulta difícilmente comprensible en vista del lema victorioso de la revolución pacífica de octubre de 1989 en el ocaso de la RDA: "*nosotros* somos el pueblo". Consecuentemente, todas las constituciones de los nuevos *Länder* han incorporado elementos de democracia directa (p.ej., los arts. 76 a 78, Const. de Brandenburgo de 1992; los arts. 71 a 73, Const. de Sajonia de 1992). Suiza puede enorgullecerse de practicar una democracia "semidirecta", tanto en el ámbito federal como cantonal, la cual mantiene a raya algunas de las manifestaciones negativas de la "democracia de partidos". También otros Estados constitucionales, como los Estados Unidos de América, conocen, por ejemplo, en

California, *formas mixtas* afortunadas de las ya clásicas variantes de la democracia.

Textos de los clásicos sobre la democracia hay muchos, pero la frase de mayor impacto ha sido de Rousseau: "Todo el poder del Estado dimana del pueblo", la cual se encuentra tanto en constituciones antiguas como recientes (p.ej., el art. 20, inc. 2, LF de 1949; el cap. 1, § 1, Const. de Suecia de 1975; el art. 3°, inc. 1, Const. francesa de 1958; los arts. 1° a 3°, Const. de Portugal de 1976; el art. 6°, inc. 1, Const. de Ruanda de 1991-1996). El poeta B. Brecht sigue preguntando irónicamente: "pero ¿hacia dónde va?", lo que equivale sobre todo a una invitación a los juristas para preguntarse constantemente por las zonas de peligro del poder fundado democráticamente. También la frase de D. Sternberger, "no todo el poder del Estado dimana del pueblo", puede recordarnos los límites de la democracia. Por último, siempre hay que agregar, a la respectiva configuración jurídica positiva de la "democracia" en un Estado constitucional concreto, una parte del pensamiento de Montesquieu, es decir, su imagen escéptica pero "realista" del ser humano, la cual lo llevó a la idea de la división de poderes. Dicho en otras palabras: la soberanía popular "pura" ha sido sustituida en el Estado constitucional de la actualidad por la competencia, jurídicamente definida, del pueblo.

En lo que sigue se ilustrará, mediante ejemplos, la pluralidad de posibles enunciados sobre la democracia concretizados en los textos constitucionales; después se expondrán los elementos de la democracia en libertad, también llamada "burguesa", tal como han sido desarrollados por la doctrina y la jurisprudencia de muchas naciones. Muchos de ellos resuenan cuando en la actualidad se invoca, en casi todo el mundo, la idea del Estado "ideal" bajo los términos clave de los "derechos humanos y la democracia".

Las siguientes *constituciones*, antiguas y recientes, pero también textos sobre derechos humanos (como la Convención Europea), pretenden captar en sus textos la democracia, o pueden caracterizarse como "artículos sobre la democracia":

1) Las cláusulas sobre la forma de Estado (p.ej., art. 1º, Const. de Austria de 1920; el art. 2º, Const. de Angola de 1992).

2) En el contexto de los derechos fundamentales (p.ej., el art. 21, Const. de Brandenburgo de 1992; el art. 6º, Const. de la República de São Tomé y Príncipe de 1990).

3) Los artículos sobre los partidos (p.ej., el art. 21, LF; el art. 4º, Const. de Francia).

4) Los fines de la educación (p.ej., el art. 131, Const. de Baviera de 1946).

5) Los artículos sobre la oposición (p.ej., el art. 23 a, inc. 1, Const. de Hamburgo de 1952-1972)[41].

6) Otras formas (p.ej., el cap. 1, § 2, inc. 3, Const. de Suecia de 1975; el art. 14, Const. de Guinea de 1991).

[41] "La oposición es parte integrante esencial de la democracia política". El trabajo preparatorio para el "artículo de la oposición" en la Constitución de Hamburgo (art. 23a) lo realizaron varios, sobre todo la jurisprudencia constitucional [cfr. BVerfGE 2, 1 (13): "Derecho, conforme a la Constitución, de crear y ejercer la oposición"; E 5, 85 (199): "Crítica de la minoría opositora"] y la doctrina del derecho del Estado (de la bibliografía: Schneider, *Die parlamentarische Opposition im Verfassungsrecht der Bundesrepublik Deutschland*, vol. I; Haberland, *Die verfassungsrechtliche Stellung der Opposition nach dem Grundgesetz*). Quizá la constitucionalización más temprana de la oposición en el plano textual se encuentre (respecto de los partidos) en el art. 120, inc. 3, frase 1, de la Const. de Baden de 1947: "Cuando se encuentren [los partidos] en oposición al gobierno, tendrán la obligación de dar seguimiento a la actividad del gobierno y de los partidos que en él participen, y en caso necesario, de ejercer la crítica". En el Estado constitucional, como tipo, y en la República Federal de Alemania, la oposición es ciertamente parte del derecho constitucional material, independientemente del documento constitucional formal. Pero ha llegado a serlo gracias a la colaboración de muchos elementos: desde la "adelantada" Constitución local (Baden), pasando por la jurisprudencia y la doctrina, hasta llegar al poder revisor de la Constitución que va "detrás" (Hamburgo: art. 23a). Cfr., por último, el art. 26 de la Const. de Mecklemburgo-Antepomerania.

Permítanseles al autor también algunas destacadas descripciones tomadas de la jurisprudencia del TCFA. En el procedimiento para la prohibición del partido SRP[42], el TCFA desarrolló (E 2, 1) los principios de mayoría, de la soberanía popular y de la pluralidad de los partidos y de la oposición como elementos del orden fundamental de libertad y democracia en el sentido del art. 21, inc. 2, de la LF, relativo a los partidos y, por tanto, como "valores fundamentales supremos del Estado constitucional y democrático" [E, 2, 1 (12)]. Para su realización se requieren también principios democráticos en el orden interno de los partidos (ibídem, p. 14). En la sentencia sobre el Partido Comunista Alemán, el TCFA declara que el consenso fundamental de todos los partidos en relación con estos principios es un presupuesto del "tipo de democracia" establecido en la LF [E 5, 85 (141)].

Con vistas al desarrollo del procedimiento electoral (art. 38, inc. 3, LF), el TCFA le reconoce al legislador un margen de desarrollo amplio, aunque cuestionado en lo particular [BVerfGE 95, 335 (349, por un lado; 367 y ss., por el otro]. El sufragio y la cláusula del umbral del 5% no están sujetos a parámetros estáticos, sino que tienen que adaptarse siempre a las condiciones políticas concretas [BVerfGE 6, 84 (89 y ss.), por un lado, y E 82, 322 (337 y ss.) por el otro].

En la dogmática del derecho constitucional, puede contarse con los siguientes elementos como "lineamientos" del orden democrático del Estado constitucional[43]:

1) *El pluralismo*. Significa diversidad de intereses e ideas. Se trata de un "dato" en el Estado constitucional, es decir, existe previamente, su historia constitucional lo

[42] Partido de tendencia neonazi [N. del T.].

[43] Sobre lo que sigue, en relación con la LF alemana: Hesse, *Grundzüge des Verfassungsrechts der Bundesrepublik Deutschland*, p. 63 y ss.; ver, también, Badura, *Staatsrecht*, p. 230 y siguientes.

ha generado, pero también le plantea *tareas*, por ejemplo, para fines del éxito de las "leyes del pluralismo" (como las leyes sobre fusión de medios impresos o las leyes sobre cárteles) o la preocupación por las estructuras pluralistas en los medios de masas como la radio y la televisión ["pluralismo interno y externo"; cfr. BVerfGE 57, 295 (325 y 326)]. La filosofía del pluralismo es la concepción de la "sociedad abierta" (la filosofía del "espíritu abierto"), en oposición a la sociedad cerrada, que esbozó *sir* Karl Popper en su crítica a Marx, Hegel y Platón[44]. De manera congenial también adoptan estas ideas algunas constituciones recientes (p.ej., la anterior Constitución peruana de 1979) y la misma idea se encuentra después de 1989 bajo la forma de cláusulas contra las ideologías de Estado en las constituciones de Europa oriental, como la de Ucrania (art. 15, incs. 1 y 2) o Rusia (art. 13). Una forma de expresión del pluralismo es también la *tolerancia* como *principio constitucional* y como fin de la educación (p.ej., el art. 131, Const. de Baviera). Ciertamente, hay límites para el pluralismo en el Estado constitucional (los cuales residen en sus valores fundamentales irrenunciables), pero en principio constituye su elixir de la vida. El Estado constitucional desarrolla sus propias fuerzas a partir del paralelogramo de las fuerzas que resulta de numerosas ideas e intereses. La consecuencia es una "teoría pluralista del bien común", así como el reconocimiento de los grupos de interés y las asociaciones, religiones, iglesias y partidos pluralistas.

La idea del pluralismo nos recuerda que el Estado constitucional no es una "asociación de dominación" que flota por "encima" de los ciudadanos, sino que se constituye una y otra vez a partir de los ciudadanos y los grupos, y que se encuentra a su servicio. La Constitución escrita y no escrita es, a tal efecto, un "ordenamiento marco", con as-

[44] Popper, *La sociedad abierta y sus enemigos*.

pectos "inductores" y limitantes, como ya se ha demostrado. La diversidad de ideas e intereses en lugar de la unidad "por decreto" es lo que hace al Estado constitucional superior frente a todas las formas de dominio totalitario, como ha quedado nuevamente de manifiesto en 1989. El pluralismo es expresión y condición de la libertad tanto individual como colectiva de los ciudadanos y los seres humanos.

2) *El principio de mayoría.* Éste se encuentra en una tensa relación con la *protección de las minorías*. Algunas constituciones prevén expresamente el principio de mayoría (como el art. 121 de la LF), pero al mismo tiempo regulan múltiples formas de protección a las minorías (p.ej., bajo la forma de derechos de petición de la oposición parlamentaria para la instalación de una comisión investigadora, según el art. 44 de la LF, o mediante el acceso al TCFA, conforme al art. 93, inc. 1, sub. 2, de la LF). El arma contundente del principio de mayoría es, en general, "tolerable", porque existe una protección (escalonada) de las minorías (primordialmente a través de la "supremacía de la Constitución" y la protección de los derechos fundamentales). La justificación interna de la democracia como "gobierno de la mayoría"[45] es difícil: se puede lograr gracias a la idea de la libertad y la igualdad y de la necesidad de llegar a una decisión funcional. El principio de mayoría siempre ha encontrado sus ("contra") clásicos, por ejemplo, en la frase de F. Schiller: "la mayoría de los votos no es la prueba del derecho", *Demetrius*). En el Estado constitucional actual llama la atención el inteligente escalonamiento de las mayorías: por ejemplo, mayorías de dos tercios o mayorías todavía más amplias para las reformas constitucionales; un cuarto de la mayoría para las comisiones de investigación, etcétera. Tan cierto como es que el

[45] Ver, al respecto, Scheuner, *Das Mehrheitsprinzip in der Demokratie*; Häberle, *Das Mehrheitsprinzip als Strukturelement der freiheitlich-demokratischen Grundordnung*, en "Verfassung als öffentlicher Prozeß", 3ª ed., p. 565 y siguientes.

arte del proceso político cotidiano radica en encontrar y configurar mayorías en la publicidad del parlamento, igualmente evidente resulta también recordar una y otra vez los límites constitucionales del principio de mayoría. Estos límites se encuentran, por ejemplo, bajo la forma de "cláusulas de eternidad", en las garantías de identidad del Estado constitucional[46]. Por lo demás, debe existir la *posibilidad* de relaciones de mayoría diversas y cambiantes, de modo que los perdedores en una decisión tengan la *oportunidad igual y real* de ganar la mayoría en una oportunidad futura[47]. La interacción entre mayoría y minoría presupone un *consenso fundamental* que permite a la parte perdedora ad hoc reconocer el voto de la mayoría. La posibilidad del voto particular en algunos tribunales constitucionales (Estados Unidos de América, Alemania, España) es la forma más sutil de la protección de la minoría, detrás de la cual se hace visible un pedazo de "publicidad de la Constitución", pues el voto particular de hoy puede ser el voto mayoritario de mañana [así en los casos de BVerfGE 32, 129 (141 y ss.) "casos austríacos", y E 53, 257 (289 y ss.), "compensación alimentaria en 'matrimonios antiguos'"].

En el Estado constitucional es preciso recordar siempre los *límites de la democracia*. A pesar de que es indispensable la disposición del ciudadano a participar "activamente" como tal, también es legítima la posición del ciudadano no político en el sentido del "sin mí", del ciudadano que, por ejemplo, no acude a votar (por ello, resulta cuestionable la obligatoriedad del sufragio en algunos países, como Bélgica). El "comportamiento no político" está garantizado constitucionalmente de varias maneras: a través del *status negativus* fundamental del ciudadano y los grupos, a través de la protección de la vida privada, el cual

[46] Al respecto, ver Häberle, *Verfassungslehre als Kulturwissenschaft*, 2ª ed., p. 267 y siguientes.

[47] Así, Hesse, *Grundzüge des Verfassungsrechts der Bundesrepublik Deutschland*, p. 64.

limita dialécticamente el principio democrático de la publicidad, y por el simple conocimiento de la naturaleza del ser humano, el que no vive nada más de la democracia y que también quiere que lo "dejen en paz". En el Estado constitucional, la democracia no es la única forma de vida del ser humano.

La necesidad de los límites de la democracia puede ilustrarse mediante *ejemplos negativos*: el lema del movimiento del '68 sobre la "democratización" de todos los ámbitos vitales, incluso la economía, ha llevado a manifestaciones totalitarias; por ejemplo, en Alemania se propagó la "codeterminación" del personal no científico en la docencia y la investigación (ver, por el contrario, los límites marcados por el TCFA, en E 35, 79). También la irrenunciable autonomía del arte (hasta llegar a la "anarquía" de muchos artistas) se pierde cuando sus ámbitos vitales son "democratizados" o son hechos públicos. La votación democrática prácticamente no es secreta en los Estados totalitarios. Los niveles de participación electoral del 99% despiertan dudas sobre la libertad de un régimen político. Por lo demás, algunos Estados constitucionales establecen límites jurídicos positivos a la democracia, por ejemplo, al institucionalizar la prohibición de los partidos políticos contrarios a la Constitución (art. 21, inc. 2, LF) y cuando recuerdan, mediante el concepto de la democracia "sujeta a valores", "dispuesta a la defensa", los valores fundamentales previos al Estado que también obligan al pueblo activo políticamente (como los derechos humanos).

b) *Reflexiones de teoría democrática como legitimación*. Tal como se expuso en el § 54, c, en el Estado constitucional democrático es preciso plantear de manera especial la cuestión de la legitimación conforme a criterios democráticos (esto es, de la teoría democrática). La ciencia del derecho constitucional, las llamadas ciencias de la realidad que son sus "proveedores", los ciudadanos y los grupos, no tienen una legitimación democrática, entendida en sentido tradicional, para la interpretación constitucional. Pero precisamente la democracia no se desenvuelve sólo a través de la relación de delegación y responsabilidad formalizada, canalizada y constituida en sentido estricto, del pueblo hacia los órganos del Estado (legitimación a través de las elecciones)[48], hasta llegar al intérprete constitucional "competente" en última instancia, el TCFA. En una comunidad abierta se desenvuelve también a través de las formas mediatizadas "más finas" del proceso público pluralista de la política y la práctica cotidianas, en especial mediante la realización de los derechos fundamentales, la que se aborda frecuentemente en la "faceta democrática" de tales derechos: a través de las controversias sobre las alternativas, las posibilidades y necesidades de la realidad, y también mediante el "concierto" científico sobre cuestiones constitucionales, en el cual apenas hay "pausas" y "fermatas" y no hay directores ni debe haberlos.

El pueblo –se reitera– no es una magnitud unitaria que "emana" (solamente) el día de las elecciones y que, como tal, otorgue legitimación democrática[49]. Como magnitud pluralista, no se encuentra menos presente respecto de las interpretaciones en el proceso constitucional ni tampoco es menos legitimador: como partido político[50], como opinión científica, como grupo de intereses, como ciudadano; ¡su competencia material para participar en la interpretación constitucional es un derecho ciudadano en el

[48] Cfr., también, BverfGE 33, 125 (158) –sentencia sobre los médicos especialistas–; por último, E 93, 37 (67 y siguientes).

[49] Sobre la relación entre democracia e independencia judicial, cfr. Eichenberger, *Die richterliche Unabhängigkeit als staatsrechtliches Problem*, p. 103 y siguientes.

[50] En este sentido, hay coincidencia con la doctrina del Estado de partidos de Leibholz (*Strukturprobleme der modernen Demokratie*, 3ª ed., especialmente p. 78 y ss.): el pueblo adquiere capacidad de actuación y articulación solamente en determinadas formas de organización. Pero esto no autoriza la identificación entre pueblo y partidos (populares), pues la comunidad pluralista se encuentra mucho más diferenciada.

sentido del art. 33 de la LF! Así vistos, los derechos fundamentales son una pieza de la base de la legitimación democrática para la interpretación constitucional, que es abierta no sólo por sus resultados sino también por el círculo de sus participantes. ¡En la democracia en libertad el ciudadano es intérprete de la Constitución! Tanto más importantes se hacen las medidas para la garantía de la libertad real: política de derechos fundamentales prestacionales[51], libertad en la formación de la opinión, constitucionalización de la sociedad, por ejemplo, a través de la separación estructural de poderes en el ámbito público y, en particular, en el económico.

No se trata –como se dijo– de "destronar" al pueblo; pues lo sería solamente a partir de una concepción rousseauniana de la soberanía popular, en la cual el pueblo es absoluto y divino. El pueblo como *magnitud constituida* actúa "omnidireccionalmente", de manera universal, en numerosos planos, a partir de múltiples motivos y en muchas formas, e incluso a través de la realización cotidiana de los derechos fundamentales. No se debe olvidar que el pueblo es ante todo una reunión de ciudadanos. La democracia es el "gobierno de los ciudadanos", no del pueblo en sentido rousseauniano. No hay vuelta hacia J. J. Rousseau. La *democracia ciudadana* es más realista que la democracia popular.

La democracia ciudadana se encuentra próxima a un pensamiento que concibe la democracia a partir de los derechos fundamentales, no de concepciones en las que el pueblo, como soberano, simplemente ha ocupado el lugar del monarca. ¡Esta perspectiva es consecuencia de la relativización del concepto, fácilmente malentendido, del pueblo a partir de los ciudadanos! La libertad fundamental (el pluralismo), no el "pueblo", se convierte en punto de referencia

[51] Véase, al respecto, Häberle, *Grundrechte im Leistungsstaat*, *VVDStRL*, vol. 30, 1972, p. 43 y ss. (69 y siguientes).

para la Constitución democrática. Esta *capitis diminutio* de la concepción criptomonárquica del pueblo se encuentra bajo el signo de la libertad ciudadana y del pluralismo.

Una vez que uno se ha liberado del pensamiento lineal y "eruptivo" de las concepciones tradicionales de democracia, se advierten numerosas formas de legitimación democrática, entendida en este sentido amplio. A través del desarrollo interpretativo de la norma constitucional se llega hacia un pedazo de democracia ciudadana[52]. La posibilidad y la realidad de la libre discusión de los individuos y los grupos "sobre" y "por debajo" de las normas constitucionales y su acción pluralista "en" ellos se introduce de manera múltiple en el proceso de la interpretación (hay que hacer notar expresamente que este proceso, *realiter*, también se ve amenazado con frecuencia desde adentro, y que nuestro orden fundamental de libertad y democracia muestra, en realidad, déficit respecto del tipo ideal). La teoría de la democracia y la teoría de la interpretación se convierten en consecuencia de la teoría de la ciencia. La sociedad es libre y abierta en la medida en que se abra el círculo de los intérpretes de la Constitución en sentido amplio.

§ 68. *La división de poderes*

El principio de la división de poderes es tanto "texto clásico" desde Montesquieu (1748), como también princi-

[52] No es posible exponer aquí las particularidades de la concepción de democracia de Popper y el contexto que la justifica (!) a través de su teoría de la ciencia y el conocimiento (referencias a la democracia en: *Die offene Gesellschaft und ihre Feinde*, vol. I, en especial, p. 25, 156 y ss., 170 y ss.; vol. II, p. 157, 159 y ss., 186, 187, 293 y 294). Baste decir que el concepto de ciencia de Popper es fructífero para la teoría de la democracia y que el concepto de democracia pluralista, basado en la división de poderes, la Constitución y la libertad ciudadana, que se sostiene en el texto, puede remitirse a Popper en la medida en que éste desarrolla su teoría de la democracia sin –e incluso contra– los dogmas "clásicos" de la soberanía popular.

pio constitutivo en la tríada del Legislativo, el Ejecutivo y el Judicial del *tipo* del Estado constitucional, y viene a ser derecho constitucional positivo en todos los ejemplos y variantes nacionales. Entre los tres planos y formas de manifestación hay múltiples traslapes y fecundaciones mutuas. El derecho constitucional positivo de muchos países ha creado en la actualidad algunos órganos constitucionales nuevos (como el comisionado ciudadano o el *ombudsman*), que deben ser incorporados en el cuadro conjunto del equilibrio de poderes, del mismo modo que la jurisdicción constitucional, que se ha fortalecido, ha encontrado paulatinamente su "lugar correcto" en el cuadro conjunto de un Estado constitucional. El texto clásico inspirador sigue siendo la obra de Montesquieu, *De l'esprit des lois*, en cuyo libro XI, cap. 4, se lee: "La experiencia eterna enseña, sin embargo, que todo hombre que tiene poder se ve impulsado a abusar de él".

Esta imagen realista del ser humano en relación con el agudo peligro permanente de que los hombres abusen del poder, no sólo en los cargos políticos o del Estado, conduce actualmente a la lucha constitucional por una división óptima de los poderes, y el renovado retorno creador al "texto original" de Montesquieu (y de J. Locke) puede reconocer y combatir nuevas zonas de peligro del abuso de poder. Dicho en otras palabras: la división de poderes es un *principio relativamente abierto*, con constantes y variantes.

a) *La división de poderes en sentido amplio y en sentido estricto.* Mientras que el peligro del abuso de poder permanece constante, porque el ser humano y el ciudadano al que se refiere el Estado constitucional siguen siendo quizás "el mismo" en todas las épocas y todos los espacios (en sus fortalezas y debilidades), varían las manifestaciones particulares de la división de poderes entre épocas y países. En este sentido, hay que distinguir entre división de poderes en sentido *estricto* y en sentido *amplio*. La división de poderes en sentido *estricto* significa la división de los poderes estatales; en sentido *amplio* se refiere además a todo el ámbito social. Así, por ejemplo, en Alemania se habla de una "división de los poderes comunicativa" entre la prensa privada y la radio y la televisión públicas; por ejemplo, también hay que respetar un equilibrio de poderes entre las partes en las negociaciones colectivas laborales (sindicatos y asociaciones de empresarios)[53]. En el caso particular esto es cuestión, sobre todo, de los tribunales constitucionales, pero también, en última instancia, del proceso social en su conjunto y del proceso político. Incluso en el derecho privado puede ser de utilidad la imagen del equilibrio, por ejemplo, entre las partes de un contrato; en especial hay que tomarla en cuenta en los contratos de arrendamiento (cfr. BVerfGE 89, 1) y en las garantías de deudas civiles (cfr. BVerfGE 89, 214). El derecho de la competencia económica también está fundamentalmente al servicio de la idea del equilibrio de poderes en el mercado "abierto", y algún desequilibrio grave es eliminado, por ejemplo, por las cláusulas generales del derecho civil (prohibición de negocios jurídicos contrarios a las buenas costumbres o al principio de la buena fe). También debe pensarse en la relación de fuerzas entre los trabajadores y los empleadores dentro de la empresa, que de manera significativa se regula en la ley alemana de las empresas ("*Betriebverfassungsgesetz*").

A continuación se desarrollará con más detalle la división de poderes en sentido estricto, es decir, la que se refiere al *Estado*. Hay que distinguir aquí entre la división *horizontal* de poderes y la *vertical*. La división *horizontal* de poderes se refiere, de manera clásica, a los tres poderes: Legislativo, Ejecutivo y Judicial; referida a los órganos, alude al Parlamento, el Gobierno y la Administración, y los tribunales (cfr. el art. 20, inc. 2, frase 2, LF).

[53] Cfr. Badura, *Staatsrecht*, p. 268.

Debe hacerse notar que se ha multiplicado el número de poderes en el marco de los procesos sociales de crecimiento del Estado social. Así, en numerosos Estados constitucionales hay tribunales de cuentas[54] (también el Banco Federal Alemán, actualmente el Banco Central Europeo), que se aproximan a los tribunales en su estatus independiente (cfr. el art. 100, incs. 1 y 2, Const. de Italia); así se han desarrollado "*ombudsman*" o formas próximas, como los comisionados para las fuerzas armadas (*Wehrbeauftragte*; art. 45 b, LF), comisionados para la protección de datos personales (p.ej., el art. 21 b, Const. de Berlín de 1950-1994) o los "comisionados para los derechos de los niños" (art. 72, inc. 4, Const. de Polonia de 1997). El que en ocasiones se llame a la prensa el "cuarto poder" indica que la división de poderes en sentido estricto y en sentido amplio deben ser conceptuadas de manera conjunta.

Dicho en otras palabras: el canon de los poderes y de las funciones que ejercen está abierto, como la propia historia evolutiva del Estado constitucional.

En el ámbito estatal debe distinguirse la división de poderes *vertical* respecto de la horizontal. En el Estado federal aquélla corresponde a la división de poderes entre la Federación y las entidades federativas. Desde la perspectiva alemana, dicha división garantiza adicionalmente (junto con los derechos fundamentales) la libertad política y justifica de manera especial al federalismo. Pero también los Estados constitucionales que "solamente" se han decidido en favor del regionalismo (desde Italia hasta España) o que se encuentran en vías de hacerlo (en Gran Bretaña, como "*devolution*" para Escocia y Gales, y desde 1998 también en Irlanda del Norte) aprovechan igualmente, en lo fundamental, la idea de la división vertical de los

[54] Al respecto, Schulze-Fielitz, *Kontrolle der Verwaltung durch Rechnungshöfe*, *VVDStRL*, vol. 55, 1996, p. 231 y siguientes.

poderes; con mayor razón cuando se concibe al regionalismo como variante independiente del tipo del Estado constitucional, pero asimismo como "hermano menor" del federalismo.

Las *variantes nacionales* del "principio de la división de poderes" son grandes. La Constitución federal de los Estados Unidos de América de 1787 desarrolló el sistema de "*checks and balances*", el cual enfatiza la *separación* de los poderes, mientras que las democracias con sistemas de gobierno parlamentarios, en los cuales el gobierno depende de la *confianza* del Parlamento, conocen elementos de múltiples intersecciones entre el primero y el segundo poder (entrecruzamiento de los poderes). Claro está que en ellos la jurisdicción independiente se encuentra fuertemente separada y es autónoma, si bien también hay aquí influencias (p.ej., elección o nombramiento de los jueces, ya sea por el Parlamento o por los gobiernos). Como quiera que se encuentre constituida una democracia nacional con división de poderes, lo determinante es que quede garantizada la idea fundamental de la división de poderes, el impedimento al abuso de poder.

En este sentido, hay que tomar en cuenta la regulación de las incompatibilidades (cfr. los arts. 94, inc. 1, frase 3; 137, inc. 1, y 55, inc. 1, LF, así como el § 2 del reglamento interior del Consejo Federal)[55]. Así, desde 1998 Francia se empeña en expedir una ley de incompatibilidades, la que, por ejemplo, impedirá la membresía en el Parlamento al mismo tiempo que se desempeña el cargo de alcalde. A la idea de la separación de poderes hay que agregarle el equilibrio de poderes, del control y limitación mutuos[56].

[55] Ver, al respecto, Hesse, *Grundzüge des Verfassungsrechts der Bundesrepublik Deutschland*, p. 212, nº marg. 489; sobre lo último, Tsatsos, *Die Unzulässigkeit der Kumulation von Bundestags-und Bundesratsmandat*.

[56] Hesse, *Grundzüge des Verfassungsrechts der Bundesrepublik Deutschland*, p. 207, nº marg. 476.

Visto desde el punto de vista histórico y comparativo, la *acumulación de poderes* ("concentración de poderes") es el temido *modelo contrario*: se ha practicado tanto en el marxismo-leninismo y su ideología del centralismo socialista ("legalidad socialista"), también en la "parcialidad del derecho", como en el nacionalsocialismo alemán ("principio del *Führer*", el "mandato secreto del *Führer*" como fuente suprema del derecho).

También el gobierno del SED (Partido Socialista Unificado) en la República Democrática Alemana produjo perversiones aleccionadoras bajo la forma de la orden de disparar (secreta) junto al "muro" o la frontera alemana interna hasta 1989.

De modo que no es ningún accidente que los numerosos Estados reformados de Europa oriental hayan recurrido nuevamente a la división de poderes como principio constitutivo director después del *annus mirabilis* de 1989 (p.ej., el art. 10, inc. 1, Const. de Polonia de 1997: "El sistema de gobierno de la República de Polonia se fundará en la separación y el equilibrio entre los poderes Legislativo, Ejecutivo y Judicial"). También las constituciones de ultramar reconocen la división de poderes y realizan, así, parte de Montesquieu en su Constitución (p.ej., el Preámbulo de la de Madagascar de 1992-1995). Montesquieu es, en la actualidad, un texto clásico universal de la *única* humanidad de nuestro "planeta azul la Tierra".

El Tribunal Constitucional Federal alemán ha desarrollado de manera constante el principio de la división de poderes en una dogmática finamente cincelada y definida. El texto de la LF, incluido el art. 20, inc. 2, frase 2, no contiene un reconocimiento unívoco y expreso de la división o la separación de poderes, como tampoco del equilibrio de poderes[57], sino que únicamente está implícita la

[57] Hesse, *Grundzüge des Verfassungsrechts der Bundesrepublik Deutschland*, p. 207, nº marg. 477.

distribución de poderes, su articulación[58]. Pero detrás de la parca formulación se encuentra el patrimonio intelectual suprapositivo de los clásicos Montesquieu y Locke. De acuerdo con la jurisprudencia del TFCA, la división de poderes es un principio de organización en que se sustenta la LF [E 3, 225 (247); jurisprudencia constante; por último, 95, 1 (15)]. Si queremos interpretar esto en la LF, también hay que tomar en cuenta que la LF "en ninguna parte ha realizado de manera pura", en su configuración particular, el principio de la división de poderes [BVerfGE 3, 225 (247); jurisprudencia constante; por último, E 95, 1 (15)].

Este enfoque diferenciador ha llevado al TCFA a una jurisprudencia casuística específica para cada ámbito y cada caso, la cual se encuentra marcada, metódicamente hablando, por tres ideas. En primer lugar, el tribunal argumenta de modo teleológico, al referirse al fin de la división de poderes, a saber, "el control mutuo de los órganos del Estado y con ello la moderación del gobierno del Estado" [E 95, 1 (15); jurisprudencia constante, con mayores referencias]. En segundo lugar, el TCFA propone reflexiones funcionales en el sentido de que "las decisiones estatales deben ser correctas en lo posible, es decir, ser adoptadas por los órganos que por su organización, composición, función y modo de proceder cuenten con las mejores condiciones" [E 68, 1 (86); por último E 95, 1 (15)]. En tercer término, el Tribunal recurre a la idea del "contenido esencial", el cual puede apoyarse dogmáticamente en el art. 79, inc. 3, de la LF[59], al declarar como inmodificable un núcleo de cada poder y que protege las "funciones que típicamente" le confiere la LF [E 34, 52 (59); por último, E 95, 1 (15)]. Por ejemplo, esto no impide la planeación estatal a través de una ley federal, en todo caso

[58] Schmidt-Aßmann, *Der Rechtsstaat*, *HdBStR*, vol. I, 2ª ed., 24 RN 47, p. 1010.

[59] Schmidt-Aßmann, *Der Rechtsstaat*, *HdBStR*, vol. I, 2ª ed., nº marg. 56, p. 1016.

cuando "existan buenas razones para tal efecto en el caso particular", es decir, razones para el "bien común" [E 95, 1 (15)]. Por tanto, el TCFA considera a la división de poderes no sólo como un mecanismo protector negativo contra el abuso de poder, sino también, positivamente, como elemento constitutivo del poder estatal, como elemento de optimización funcional y de "responsabilidad de los poderes"[60].

Las necesidades de otros países en relación con la división de poderes pueden ser distintas. Lo que importa es solamente que se impida de manera *efectiva* el abuso de poder. En conjunto, la división de poderes se muestra como pieza central de todo Estado constitucional. Se trata de una de las más felices "invenciones" de la historia del espíritu y la cultura y es equivalente a los diez mandamientos de la Biblia, junto con la dignidad humana y la democracia, los derechos humanos y el Estado social y ecológico de derecho, también el Estado de cultura, el federalismo y el regionalismo, la protección jurídica por tribunales independientes y la jurisdicción constitucional. Quizá podría hablarse incluso de un "derecho fundamental a la división de poderes", ya que en última instancia ésta se encuentra al servicio de los derechos humanos, de la protección de la "libertad del individuo" [BVerfGE 9, 268 (279)]. El art. 16 de la Declaración de los Derechos del Hombre y el Ciudadano, expedida por la Asamblea Nacional francesa en 1789, menciona conjuntamente dichos derechos con la división de poderes y señala que ambos elementos son sencillamente constitutivos: "Toda sociedad en la que la garantía de los derechos no esté asegurada, ni determinada la separación de los poderes, no tiene Constitución". De este modo, la división de poderes pertenece a los elementos capitales del Estado constitucional moderno[61].

[60] Schmidt-Aßmann, *Der Rechtsstaat*, *HdBStR*, vol. I, 2ª ed., nº marg. 50, p. 1012.

[61] Cfr. Badura, *Staatsrecht*, p. 267.

b) *Constitución de los órganos y división de funciones en interés del cumplimiento de las tareas estatales.* La división de poderes en el Estado constitucional se refiere, en su sentido estricto, a determinados órganos del Estado, órganos constitucionales o instituciones, entre los cuales se distribuyen equilibradamente las *funciones* estatales en cuanto cometidos. En esta exposición podríamos comenzar con estos órganos, porque se encuentran articulados entre sí por la división de poderes. Sin embargo, en el Estado constitucional todos los "órganos" están constituidos por la Constitución y el principio transtemporal, el texto clásico que "divide" a todo Estado constituido, que equilibra y articula entre sí sus formas de manifestación, es precisamente la división de poderes de Montesquieu. La división de poderes es "de inicio constitución de poderes diversos"[62] y se encuentra intelectualmente próxima a la doctrina clásica de la "Constitución mixta" el "principio organizativo fundamental de la Constitución" (K. Hesse).

Las tres *funciones* clásicas de la legislación, la ejecución de las leyes y la jurisdicción, así como las tareas que se encuentran detrás de ellas, resultado de los derechos fundamentales, de los llamados objetivos del Estado y de las tareas del bien común, por un lado, y los órganos y las competencias, por el otro, deben ser concebidos conjuntamente e interrelacionados desde el inicio, aunque en esta exposición tengan que ser examinados por separado.

En este caso también se trabaja comparativamente en el tiempo y el espacio, y ponemos atención a los textos constitucionales positivos y a su evolución por etapas. De conformidad con el programa de la teoría de la Constitución como "ciencia cultural", hay que agregar siempre los contextos culturales, la cultura política, aquello que la

[62] Hesse, *Grundzüge des Verfassungsrechts der Bundesrepublik Deutschland*, p. 210.

doctrina y la jurisprudencia han "hecho" de los textos, el cómo la viven en la práctica. Resulta evidente que esto sólo puede lograrse de forma muy fragmentaria y puntual, en vista del sinnúmero de constituciones de todo el mundo que habría que analizar, e independientemente de que en la actualidad ningún estudioso tiene ya el panorama de todos los textos y los contextos. Esto quizá lo podría lograr sólo un Aristóteles o un Montesquieu de nuestros tiempos.

A continuación se tratan primero las tres "típicas" *funciones* clásicas del Estado, después los *órganos* estatales típicos, a saber, el Parlamento (y, en su caso, también las segundas cámaras), el jefe de Estado (presidente o monarca), el Ejecutivo (es decir, el Gobierno y la Administración), así como los tribunales, en especial la jurisdicción constitucional; las instancias independientes relacionadas, como los tribunales de cuentas o los comisionados parlamentarios, sólo pueden ser "puntos" a tomar en cuenta.

En un apartado propio se tratarán los "fines del Estado", los cuales, en cuanto *bien común* o *tareas del Estado*, tienen una denominación más bien abstracta, pero que en los diversos Estados nacionales se hacen concretos a través de los principios como el del "Estado social y económico de derecho", el "Estado de cultura" y también a través de los derechos del hombre y el ciudadano. Así como los órganos estatales o constitucionales adquieren su perfil a partir de las funciones, también hay que entender a los órganos y sus funciones a partir del cumplimiento de ciertos objetivos de bien común o tareas del Estado.

Las tres típicas funciones del Estado están al *servicio* de ciertas tareas fijadas en la Constitución de manera sustantiva o procesal. Por su parte, son *instrumentos* del Estado constitucional sometidos al cambio histórico. A pesar de la diversidad nacional y de la multiplicación de tareas, la que ciertamente en la actualidad se pretende reducir a través de la *privatización*, es posible distinguir, antes como ahora, tres funciones del Estado: legislación, ejecución de las leyes y jurisdicción.

La constitución de ciertos "órganos", así como el establecimiento de competencias, se produce en el Estado constitucional en función de ciertas tareas delimitadas. La *primacía del derecho*, la función de la Constitución como "orden jurídico fundamental" del Estado y la sociedad, se manifiesta en que los órganos del Estado solamente pueden actuar con un fundamento jurídico. Aquí también actúa la división de poderes como sistema de control en el sentido de *checks and balances*. Ningún órgano del Estado posee "plenos poderes en blanco", en el sentido de las doctrinas absolutistas tardías o postabsolutistas. La diversidad de modelos es amplia en la comparación temporal y espacial, por lo que la teoría constitucional solamente puede proceder aquí de manera *tipificadora*.

1) *El Parlamento.* En el Estado constitucional democrático se encuentra en primer lugar el Parlamento, ya que se trata del "principal órgano" legitimado democráticamente de manera directa. Incluso en una democracia presidencial le corresponde una especial legitimación, ya que "representa"[63] la *diversidad* de un pueblo dividido pluralistamente y en cierto modo es un "espejo", un foro amplio de la nación, aun con un sistema electoral "puro" de mayoría (merecen preferencia los sistemas electorales "mixtos", con elementos de elección por mayoría y de representación proporcional, como en Alemania y también Italia, debido a su amplia "representatividad")[64]. Que el Parlamento como órgano y la legislación como función estatal no se corresponden plenamente, lo demuestra la distinción entre ley formal y ley material, conforme a la cual no todas las normas generales abstractas que son expedidas por el Par-

[63] Sobre la representación, cfr. Hoffmann, *Repräsentation.*

[64] De la literatura, Stern, *Das Staatsrecht der Bundesrepublik Deutschland*, vol. I, 2ª ed., p. 301.

lamento y no todas las leyes parlamentarias son normas jurídicas[65].

Sigue siendo clásica hasta nuestros días la distinción de Bagehot[66]. Las tareas del Parlamento residen en su función "electiva" ("*elective*"), "expresiva" ("*expressive*"), "educativa" ("*teaching*") e "informativa" ("*informing*"), así como en la "función legislativa" ("*function of legislation*"). Los diversos países toman muy diversas vías. Algunos poseen un verdadero sistema bicamaral (en los Estados Unidos de América, Cámara de Representantes y Senado), lo cual está condicionado de manera primaria por el federalismo (ver también el Parlamento y el Consejo federales en Alemania). Pero hay también Estados centralistas que poseen un Senado (República Checa, Eslovenia, Polonia). En la medida en que avanza el regionalismo, se llega también a la representación de las regiones en cámaras propias, o por lo menos en parlamentos regionales. En la LF le corresponden al Parlamento Federal alemán (*Bundestag*) al menos las siguientes funciones: la competencia legislativa (art. 77, inc. 1), incluyendo la aprobación del presupuesto (art. 110, inc. 2, frase 1, LF), así como los asuntos europeos (art. 23, incs. 2 y 3, LF) y exteriores (arts. 52, inc. 2, 115 a, inc. 1, 115 1, LF), la dirección política a través de la elección del canciller (art. 63) y el control (p.ej., arts. 43, inc. 1, y 44). Entre las demás funciones[67] mencionamos aquí solamente la elección de la mitad de los miembros del TCFA (art. 94, inc. 1, frase 2). A las funciones típicas pueden agregarse, conforme a la jurisprudencia del TCFA, también en el caso particular, funciones atípicas, como la planeación legal (E 95, 1).

65 Hesse, *Grundzüge des Verfassungsrechts der Bundesrepublik Deutschland*, p. 216.

66 Bagehot, *The English Constitution*, 1928, p. 117 y siguientes.

67 Al respecto Hesse, *Grundzüge des Verfassungsrechts des Bundesrepublik Deutschland*, p. 252 y siguientes.

Aunque sin duda existen algunas *manifestaciones de crisis* en relación con los parlamentos[68], las que pueden resolverse paulatinamente sólo a través de "reformas parlamentarias" (p.ej., mediante la introducción de la facultad de autodisolución, de los derechos de minoría de la oposición frente al gobierno, de mejoramiento del régimen de las comisiones investigadoras, v.gr., mediante votos particulares públicos), siguen siendo el sitio representativo de las controversias políticas abiertas, por las cuales tienen que responsabilizarse los partidos políticos. A partir del Parlamento, precisamente, se crea parte de la "publicidad de la Constitución". Las elecciones parlamentarias aún son un *proceso unificador* esencial para un pueblo, sobre todo cuando la democracia, como en la LF alemana, existe como democracia indirecta, no directa (como en Suiza: "democracia semidirecta"). Precisamente se manifiesta aquí la intensiva relación de determinados derechos fundamentales con la democracia, pues las libertades de información, opinión y prensa son la "base funcional de la democracia". El ciudadano que se informa sobre la labor del Parlamento para evaluarla crea un pedazo de publicidad parlamentaria. Aun cuando se incremente el peso de las funciones de gobierno y administración, incluso en la Unión Europea (Comisión en Bruselas), la *opinión pública*[69] que se forma en los parlamentos o sobre ellos resulta indispensable para un Estado constitucional, pues actúa como un elixir, del mismo modo como la opinión pública es el "oxígeno de la democracia" (G. Heinemann).

Unas palabras sobre las *segundas cámaras*, aun cuando (como en varias naciones) tengan solamente una posición débil (sobre todo, de tipo consultivo): en el sentido de la doctrina de la "Constitución mixta" pueden otorgarle

[68] Al respecto, Schneider - Zeh (eds.), *Parlamentsrecht und Parlamentspraxis in der Bundesrepublik Deutschland*.

[69] De la literatura: Kloepfer, *Öffentliche Meinung, Massenmedien*, en *HdBStR*, vol. II, 1987, p. 171 y siguientes.

a la democracia un elemento aristocrático; en todo caso, son un elemento de la división de poderes en el sentido apuntado. Lo que parece perderse en "eficiencia" se revela en conjunto como ganancia para la libertad ciudadana y la pluralidad política.

El *derecho parlamentario*, muchas veces regulado de manera formal sólo en los reglamentos internos, es, en sus principios, derecho constitucional material[70]: así de fundamental e importante es para la *res publica* en conjunto. De él forman parte también la división interna en fracciones ("partidos en el Parlamento") y las comisiones.

Precisamente aquí se muestra, empero, que los parlamentos no son "órganos del Estado" en el sentido estricto del término o, en todo caso, no lo son solamente, ya que penetran también en el ámbito social-público, representan el pluralismo de la sociedad abierta; su organización como un fragmento del Estado constituido es un efecto secundario. En cierto modo son "el pueblo" como conjunto de los ciudadanos y grupos. También los representantes en lo individual, que poseen un estatus de libertad, igualdad y publicidad[71], están referidos al bienestar de *todo* el pueblo y sujetos sólo a su conciencia (cfr. art. 38, inc. 1, LF). Del mismo modo, en el Estado constitucional los partidos políticos no son "instituciones estatales", como en los Estados monopartidistas, sino "formaciones" sociales libres, a pesar del poder que pretendan o puedan acumular, de que influyan en el Estado, es decir, la legislación y el gobierno, y de que posean estructuras imperativas, que solamente puedan distenderse parcialmente por la democracia interna (cfr. art. 21, inc. 1, frase 3, LF); quizás una ventaja de

[70] Achterberg, *Parlamentsrecht*, p. 39; Pietzker, *Schichten des Parlamentsrechts*, en Schneider - Zeh (eds.), "Parlamentsrecht und Parlamentspraxis in der Bundesrepublik Deutschland", p. 333 y ss.; en p. 354 se habla de derecho constitucional secundario.

[71] Al respecto, Häberle, *Freiheit, Gleichheit und Öffentlichkeit des Abgeordnetenstatus*, *NJW*, 1976, p. 537 y siguientes.

la democracia "semidirecta" en Suiza sea la de crear un contrapeso contra la "arrogancia del poder" de los partidos políticos. El unilateral "repudio a los partidos", que con frecuencia se escucha en Alemania[72] –palabra clave: el "Estado como botín" de los partidos–, reconoce la indispensable función positiva de los partidos políticos, tal como se manifiesta en el derecho alemán: art. 21, inc. 1, frase 1, de la LF (participación en la formación de la voluntad política del pueblo), § 1 de la ley de partidos ("elemento constitucional necesario del orden fundamental de libertad y democracia"). Aunque los países se distingan por su estructura o cultura partidaria (grupos más bien laxos en los Estados Unidos de América, más bien orientados ideológicamente en Alemania), el Estado constitucional pone de manifiesto cuán indispensable es su actuación en numerosos artículos sobre los partidos de las constituciones recientes (p.ej., art. 11, Const. de Polonia; art. 19, inc. 1, Const. de Sudáfrica; art. 4º, Const. de Angola de 1992; art. 138 c, Tratado de Maastricht). Debe hacerse notar de manera autocrítica que siempre existe necesidad de hacer *reformas* (debido al "patronazgo de los cargos", la acumulación de cargos, las incompatibilidades, la reducción de su influencia en los cuerpos de la radio y la televisión).

Por lo demás, hay que apostar al contrapeso que se obtiene a través de *otros grupos plurales*, como los medios de comunicación masiva, las iglesias y las asociaciones. Su "competencia" crea aquella pluralidad del Estado constitucional que establece la comunidad de la libertad en conjunto. De manera aislada las nuevas constituciones se ocupan novedosamente de esta diversidad. Así, encontramos crecientemente frases sobre los medios de masas (art. 38, Const. de Portugal; art. 20, Const. de España; arts. 183 a 187, Const. del Chad de 1996), sobre las asociaciones (p.ej.,

[72] De la literatura: von Arnim, *Der Staat als Beute*; ver, también, Huber - Möble - Stock (eds.), *Zur Lage der parlamentarischen Demokratie*.

art. 40, inc. 1, Const. de Portugal); las religiones y los cultos son tomados en cuenta en una rica diversidad de formas por las constituciones nacionales ("derecho constitucional de la religión", ver § 75). Las asociaciones y personas jurídicas son garantizadas por el lado de los derechos fundamentales (art. 9º, LF)[73], y protegidos en su capacidad como titulares de tales derechos (art. 19, inc. 3, LF de 1949; art. 3º, Const. peruana de 1979). Pero también han sido tomados en cuenta en otros contextos (p.ej., § 29 de la ley federal alemana de protección a la naturaleza). Por ello se puede hablar en el tipo del Estado constitucional de un "*status corporativus*" que corrige, en algunos aspectos, la orientación individualista unilateral de los catálogos clásicos de los derechos fundamentales[74]. En cuanto "grupos de presión", que sin duda *también* lo son, las asociaciones no deberían ser evaluadas sólo de manera negativa, pues en una Constitución del pluralismo son tan indispensables para el ser humano en lo individual, que se "comunitariza" en lo pequeño como en lo grande. No es sino una consecuencia de esto que el derecho parlamentario trate de crear publicidad y transparencia, entre otras medidas, mediante "listas de cabilderos"[75] y similares (para exponer los contratos de asesoría de los representantes)[76].

2) *Excurso. El jefe de Estado: presidente o monarca.* Una pieza esencial del Estado constituido, con funciones casi indispensables de *integración* y *representación*, es en

[73] Ver, al respecto, BVerwGE (Sentencias del Tribunal Administrativo Federal) 1, 184.

[74] Al respecto, Häberle, *Verfassungslehre als Kulturwissenschaft*, 2ª ed., p. 965.

[75] Regulado en el anexo 2 del reglamento interior del Parlamento Federal; cfr., al respecto, Steinberg, *Parlament und organisierte Interessen*, en Schneider - Zeh (eds.), "Palamentsrecht und Parlamentspraxis in der Bundesrepublik Deutschland", p. 217, ss., y 256.

[76] Regulado en el § 1, inc. 2, nº 5 y 6, del anexo 1 al reglamento interior del Parlamento Federal.

el Estado constitucional el llamado "jefe de Estado". Mientras que en la historia constitucional se destacaba frecuentemente por su plenitud de competencias absolutas, el Estado constitucional de la más reciente etapa de desarrollo textual ofrece una imagen distinta: los presidentes –y en las monarquías constitucionales de Europa, que son todas democracias, los monarcas– poseen competencias jurídicamente limitadas, aunque su alcance sea diverso: piénsese en la posición fuerte del presidente de los Estados Unidos de América, o en la débil posición de los monarcas escandinavos (Suecia, Noruega y Dinamarca). Se trata de un "cargo" en la estructura de las funciones estatales, cumple con determinadas tareas y constituye una pieza en la diversidad de la división de poderes del Estado constitucional.

Los textos constitucionales han inventado formulaciones muy diversas para caracterizar al presidente o monarca (la Constitución de Japón, de 1946, habla del *tenno* como símbolo de Japón y de la "unidad del pueblo japonés").

El art. 5º de la Const. de De Gaulle de 1958 dispone: "El presidente de la República vela por el cumplimiento de la Constitución... Es el garante de la independencia nacional", un ejemplo que se encuentra nuevamente en algunas constituciones reformadas de Europa oriental que tienen estructura presidencial, y también en África (p.ej., art. 58, Const. de Togo de 1992). En Italia, el debate sobre la reforma constitucional gira actualmente en torno a la posición del presidente (¿electo por el pueblo?, semipresidencialismo). Alemania ha recorrido diversas variantes en su historia constitucional, pues mientras que la Constitución de Weimar instituyó al presidente del "Reich", electo directamente por el pueblo, casi como "heredero" del monarca constitucional de la Constitución bismarckiana de 1871, creando así un dualismo frente al Parlamento (*"Reichstag"*), en cambio resultan modestas las competencias del presidente federal actual, electo por un cuerpo parlamentario ("Asamblea Federal": art. 54, LF), pues no tiene participación independiente en la "dirección suprema del Estado"[77] (nuevamente se demuestra hasta qué punto las constituciones son "reacciones" a las constituciones que las precedieron y hasta qué grado la teoría constitucional es una ciencia de la experiencia). Sin embargo, el presidente federal, en cuanto instancia "separada" de los partidos políticos y de sus actividades cotidianas, puede, sobre todo a través de la palabra, del discurso, "promover" algunas cosas, también criticar e impulsar reformas. Si bien no se trata de un "*pouvoir neutre*" en el sentido de B. Constant, satisface la necesidad humana de contar temporalmente, en el Estado constitucional, con una instancia lo más independiente, junto con los tribunales.

Al diseñarse una nueva Constitución, sobre todo en el proceso de "*nation building*" y "*Constitution making*", como en Sudáfrica, pero también en las nuevas constituciones de Europa oriental, hay que poner atención a la vinculación entre *procedimiento electoral* y *competencias* del jefe de Estado. Mientras más amplias sean las competencias del presidente, tanto más hay que pensar en una elección popular directa (cfr., p.ej., art. 59, Const. de Togo; art. 61, Const. del Chad de 1996). Si bien esto no es forzoso (cfr. la Constitución de la República Eslovaca), un presidente puede ejercer mejor competencias más amplias cuando cuenta con una legitimidad democrática directa (v. gr., los Estados Unidos de América). Si bien esto puede conducir a "fricciones" frente al Parlamento, incluso a situaciones de bloqueo, también puede significar una saludable pieza de los "*checks and balances*".

En cuanto institución del Estado constitucional, la monarquía no es una forma deficiente o una variante "de-

[77] Cfr. Hesse, *Grundzüge des Verfassungsrechts der Bundesrepublik Deutschland*, p. 274.

generada" frente al presidente de una República ("monarquía constitucional"). El carácter hereditario del cargo mezcla, en el plano nacional, un elemento monárquico-aristocrático con el tipo del Estado constitucional. Los ejemplos actuales de Bélgica (rey Balduino) o España muestran con cuánta intensidad pueden desempeñar funciones de integración y representación los jefes de Estado monárquicos respecto de "pueblos" que se encuentran divididos. En relación con el rey de España, don Juan Carlos I, se ha hablado también de que se trata del "rey de la República Española". Esto no es una *contradictio in adjecto*, si se hace referencia a la "República" mediante conceptos como los de "libertad", "democracia", en la tradición de Cicerón con la *res publica* y la *salus publica res populi*. Por lo demás, muchos ciudadanos se sienten más alentados en su *emotio* por la "tradición" de las "casas reinantes" que por la *ratio* en el caso de los presidentes temporales. Ambos caracterizan al ser humano –*ratio* y *emotio*– y el Estado constitucional hace bien en aprovechar también las fuentes irracionales del consenso, por ejemplo, bajo la figura de los llamados símbolos patrios o las festividades públicas o los días constitucionales (como el 14 de julio en Francia o el 4 de julio en los Estados Unidos de América) o, por ejemplo, en su nuevo día de "Martin Luther King".

En algunas nuevas constituciones se encuentran notables catálogos de tareas, incluso en la delimitación respecto de las tareas del Parlamento y el gobierno (cfr. el art. 106, nº 1 a 30, Const. de Ucrania, y los arts. 84 y 85, Const. de Sudáfrica).

3) *El gobierno.* En sentido institucional, "gobierno" significa, en el Estado constitucional, la institución que, en principio, está encargada de la específica "función de gobierno" y que se compone del primer ministro y de los ministros. Si bien el concepto angloamericano de "*government*" es más amplio, porque se refiere al conjunto de las

actividades del Estado, el concepto europeo continental de "gobierno" es más reducido: se refiere a la dirección política del Estado como liderazgo responsable del conjunto de la política interna y exterior[78]. Con ello, sin duda, se producen intersecciones con las tareas y modos de actuación del presidente, por un lado (p.ej., en el sistema presidencial francés), y del Parlamento, por el otro (así en la Ley Fundamental de Bonn, la cual vincula estrechamente la función de gobierno con la función legislativa). Sin embargo, es posible desentrañar en el sentido funcional e institucional la relación específica de la función *política* del Estado constitucional –a diferencia de la *función jurídica* encarnada sobre todo por el Poder Judicial– respecto del Gobierno: se hallan en primer término elementos de la dinámica y la actividad creativas, de la actividad por propia iniciativa, de la libertad flexible de configuración, del "conducir". Pero, sin duda, gobernar *también* significa ejercicio del poder; sin embargo, en el Estado constitucional dicho ejercicio se produce en función de ciertas tareas (del bien común) descriptas en términos materiales y procesales por la *Constitución*. El Gobierno controla hacia "abajo", o hacia lo interno, a la "Administración"; hacia afuera intenta influir, mediante su política de información, a la opinión pública, la cual, por su parte, controla al mismo tiempo al Gobierno. En el Parlamento debe obtener mayoría y debatir con la oposición.

Las constituciones harán bien si, en el texto, regulan en lo general, en sentido funcional e institucional, al Gobierno y dejan todo el resto al proceso político. De este modo, la Constitución no debería señalar el número y tipo de los ministerios, ya que, por ejemplo, en los gobiernos de coalición en los sistemas parlamentarios debe haber sitio para el "*bargaining*"; mucho depende de las personas y los

[78] Hesse, *Grundzüge des Verfassungsrechts der Bundesrepublik Deutschland*, p. 226 y 227, con referencia a Scheuner, *Der Bereich der Regierung*, en "Staatstheorie und Staatsrecht", p. 455 y siguientes.

partidos participantes. Un constituyente difícilmente puede prever todas las nuevas necesidades a las que debe enfrentarse rápidamente y de manera ad hoc un Gobierno. Así, por ejemplo, en Baviera se creó en 1970 un Ministerio del Ambiente, mucho antes de que la Constitución bávara, a través de una reforma, reconociera la protección del ambiente como objetivo del Estado (1984).

Ciertamente, llama la atención que las constituciones recientes normen amplios catálogos de funciones en materia de gobierno, los que en ocasiones se vuelven muy detallados (v.gr., arts. 40 y 41, Const. de Sudáfrica de 1996; art. 116, Const. de Ucrania de 1995; ver también el art. 146, inc. 4, Const. de Polonia de 1997).

Es de suponerse que dichas "tablas de tareas" no solamente sirven de "incitación" sino también como *limitación*: en Sudáfrica, el Estado del *apartheid* había abusado de la función de gobierno; en Europa del Este, el todopoderoso Estado socialista, convertido en poder de gobierno sin límites, había degradado a los ciudadanos para convertirlos en súbditos. De esta manera quizá puedan explicarse las nuevas etapas textuales, tanto aquí como allá; sin embargo, hay que recordar que los catálogos de tareas referidos al Gobierno no deben ser excesivos y "barrocos".

4) *La Administración.* La Administración, en el sentido institucional y funcional, no es menos importante en el Estado constitucional. Esto queda de manifiesto en la frase que califica al derecho administrativo como "derecho constitucional concretizado" (F. Werner), pero también en una mirada a la normalidad de la vida cotidiana. Los altos fines del Estado señalados en la Constitución tienen que ser realizados, de manera *práctica*, en cada "lugar". Con razón se habla, desde hace tiempo, del "arte de administrar" y, desde hace poco, de la "cultura administrativa"[79].

[79] Häberle, *Verfassungslehre als Kulturwissenschaft*, 1ª ed., p. 20, nota 25; 2ª ed., p. 1079 y 1344.

Las diversas naciones se distinguen con bastante precisión en este aspecto: así, en Francia (que es un país centralista) se reconoce ampliamente la formación que otorgan las escuelas superiores de Administración; la Administración bávara goza de especial prestigio, en contraposición a algunos *Länder* del norte de Alemania. Los métodos del *new public management*, así como la tendencia a la privatización, indican de momento una "reestructuración" de la Administración, la cual enfrenta a todo Estado constitucional a grandes desafíos[80]. En los Estados federales y regionales se introduce también algo de la división de poderes garante de la libertad en la institución y la función Administrativa, puesto que ésta se encuentra dividida en planos verticales. Por lo demás, en el Estado constitucional la Administración se caracteriza por la "realización de las funciones estatales en lo particular y en especial por su vinculación a normas jurídicas"[81]. En lo particular, resultan útiles los siguientes caracteres: la Administración como actividad "dirigida", con la función de la "concretización" en el caso particular, en la que se requiere saber técnico y profesional. Sin embargo, en la realidad actual del Estado constitucional no puede describirse adecuadamente a la Administración mediante el concepto de "ejecución dependiente" y la imagen de la "técnica avalorativa", ya que la sujeción al derecho es diferenciada: la Administración pública tiene mayor margen de libertad en la aplicación de los conceptos constitucionales abiertos como "Estado social", "Estado ambiental" o "Estado de cultura", pero también en el ámbito de los conceptos jurídicos indetermi-

[80] Mastronardi - Schedler, *New public management*. Cfr., también, Schuppert, *Die Erfüllung öffentlicher Aufgaben durch verselbständigte Verwaltungseinheiten*, p. 24 y ss., sobre las "*public corporations*".

[81] Hesse, *Grundzüge des Verfassungsrechts der Bundesrepublik Deutschland*, p. 229 y ss., sobre lo que sigue. El art. 195 de la Const. de Sudáfrica de 1996 fija expresamente los objetivos de la Administración, por ejemplo, "*high standard of professional ethics*", "*transparency*", "*good human-resource management*".

nados, como el "bien común" o el "interés público", o también en el campo de la planeación y la prestación de servicios por la Administración, así como en el ámbito discrecional. Pero siempre es directamente constitucional; tiene un mandato constitucional *independiente* [cfr. BverfGE 49, 89 (125 y ss.), sentencia "Kalkar"], le corresponden en sus campos nucleares una reserva de la Administración protegida constitucionalmente[82]. Por ejemplo, también tiene un mandato directo de proteger los derechos fundamentales y "contribuir" a su realización. Es en esta medida que la Administración se afirma como poder o, mejor, como "función" independiente en el conjunto del Estado constitucional, a pesar de que sea "dirigida" por el gobierno político. Una función especial del Estado constitucional que se encuentra frecuentemente amenazada consiste en la configuración de *garantías conexas* de esta Administración para el bien común sujeta al derecho. Aquí pertenece en época reciente, cada vez más, el principio de la *publicidad de la Administración* (v.gr., bajo la forma de un derecho a la información ambiental, visible, p.ej., en el art. 74, inc. 3, Const. de Polonia de 1997); ya son clásicos los postulados, ligados al funcionariado profesional, de la "imparcialidad" y de la estricta "objetividad" (cfr. el art. 130, inc. 1, Const. de Weimar: no "servidores de un partido"), los cuales se encuentran amenazados en varias democracias europeas por el patronazgo de los cargos.

Al segundo poder y a la Administración les corresponde también la *autonomía administrativa municipal* (*kommunale Serbstverwaltung*), la cual muestra una especial vinculación con la democracia y el desarrollo de los derechos fundamentales en el Estado constitucional[83], lo que

[82] De la bibliografía, ver al respecto: Schmidt - Bartelsperger, *Organisierte Einwirkungen auf die Verwaltung*, *VVDStRL*, vol. 33, p. 183 y ss., y p. 306 (intervención de Häberle); cfr., también, Schröder, *Die Bereiche der Regierung und der Verwaltung*, en *HdBStR*, vol. III, 1988, 67, nº marg. 22 y siguientes.

[83] Cfr. Häberle, *Verfassungslehre als Kulturwissenschaft*, 2ª ed., p. 751.

comenzó en Alemania con la reforma del Freiherr von Stein (1808). En este sentido, es un texto constitucional afortunado el art. 11, inc. 4, de la Const. bávara de 1946: "La autonomía administrativa de los municipios sirve a la construcción de la democracia en Baviera de abajo hacia arriba". Ideas análogas se encuentran en la Carta Europea de la Autonomía Municipal de 1985 y en los nuevos textos constitucionales después de 1989 (p.ej., art. 3°, inc. 2, Const. de Mecklemburgo-Antepomerania de 1993).

También corresponde al segundo poder la "defensa militar", si bien ésta tiene sus rasgos propios en relación con las demás funciones de la Administración. Para el Estado constitucional resulta determinante la construcción de controles suficientemente efectivos respecto de la defensa y las fuerzas armadas, para que no se independicen y se conviertan en un "Estado dentro del Estado" (como en la República de Weimar). En este sentido, hay necesidad de un control funcional mediante una opinión pública pluralista, pero también a través de mecanismos jurídicos de control: aquí se sitúa la pregunta de *quién* ejerce el poder de mando sobre las fuerzas armadas (frecuentemente corresponde al jefe de Estado, como el presidente de los Estados Unidos de América o el presidente de Francia –ver también el art. 106.16, Const. de Ucrania, y el art. 134, inc. 1, Const. de Polonia– o al monarca –cfr. el art. 62, literal h, Const. española de 1978–, en ocasiones al ministro de defensa y, en caso de guerra, al jefe de Gobierno –cfr. art. 65 a, 115 b, LF–); aquí corresponde la creación de instituciones efectivas de *control parlamentario* (p.ej., un "comisionado parlamentario para la defensa": art. 45 b, LF)[84]. En los sistemas de seguridad colectiva, como la OTAN, se atribuye una competencia decisoria considerable a las instancias de la alianza, aunque en Alemania el TCFA creó una así llamada "reserva parlamenta-

[84] Cfr., al respecto, Hartenstein, *Der Wehrbeauftragte des Deutschen Bundestages*.

ria" (cfr. E 90, 286). En el fondo, nos encontramos aquí ante fenómenos de acción cooperativa de los Estados constitucionales que hacen cuestionables conceptos guía tradicionales como el de "soberanía". Esto es aplicable con mayor razón en la Unión Europea, donde ha surgido un "derecho administrativo europeo" (J. Schwarze).

Que las fuerzas armadas posean en algunas democracias una "función de guardianes" propia (así en Turquía, por el Consejo Nacional de Seguridad; cfr. también el Preámbulo y los arts. 118 y transitorio 15, Const. de 1982) o que lo ejerzan en la práctica (como, p.ej., en las Filipinas o en Indonesia) es una prueba de que estos países no son todavía Estados constitucionales plenamente "desarrollados".

5) *La jurisdicción.* La jurisdicción ha experimentado, como institución y como función en el Estado constitucional actual, una *apreciación* incomparable, lo cual se relaciona con las experiencias negativas en los Estados tiránicos socialistas y nacionalsocialistas, pero podría ser convergente con la destacada posición independiente de los jueces en los sistemas jurídicos angloamericanos (en la LF alemana, el art. 97, inc. 1). A esto se agrega que con frecuencia la "coronación" de la protección jurídica y el Estado de derecho se ve en una jurisdicción constitucional propia, la cual puede mostrar una historia de éxito sin paralelo, desde Austria (1920) hasta la lejana Sudáfrica (1996-1997), desde Italia, Francia, Portugal y España hasta el TFC alemán (entre los Estados constitucionales clásicos, solamente Grecia carece de una jurisdicción constitucional propia). A esto se agrega el modelo de la Suprema Corte de los Estados Unidos de América y el desarrollo de los "tribunales constitucionales europeos", como el Tribunal de Justicia Europeo y la Corte Europea de Derechos Humanos; también la actividad del tribunal constitucional interamericano y el de los países del Pacto Andino. No obstante las diferencias que pueda haber por la cultura jurídica en su

desarrollo histórico, en todas partes el Estado constitucional se ha despedido de la idea de Montesquieu de que el juez es solamente la "*bouche de la loi*". Si bien se ha exagerado la imagen del "Estado judicial" (R. Marcic), crece cada vez más el reconocimiento de la función "pretoriana" del tercer poder, de que sus tareas también son creativas; la sola "defensa del derecho" (cfr. art. 164, Tratado de la Comunidad Europea)[85] no es suficiente; también se trata de un prudente desarrollo del derecho hasta llegar al *derecho judicial* como "fuente del derecho" propia. En los Estados Unidos de América se habla plásticamente del "*law in action*", lo que hay que complementar con una palabra que designe lo público: "*law in public action*". Por cierto, la *legitimación democrática de los jueces* es muy diversa en los países en lo particular: en Suiza, se elige directamente a los jueces en el ámbito de los cantones, como asimismo en algunos Estados de los Estados Unidos de América; en Alemania son elegidos por los comités de selección judicial en unión de los gobiernos de los *Länder*. También hay que mencionar las reglas especiales que rigen para los jueces constitucionales, ya que algunos de ellos son nombrados por el presidente o por otros órganos (cfr. art. 135, Const. de Italia; art. 147, Const. de Bulgaria de 1991). Ya que, si bien el "tercer poder" se ha apreciado en el Estado constitucional actual, no es más que *parte* de las funciones estatales y permanece articulado en el sistema conjunto de la división de poderes y debe respetar el principio de los límites jurídico-funcionales de la actividad jurisdiccional, aunque éstos puedan variar en el tiempo, en el espacio y entre países ("*judicial activism*"-"*judicial restraint*").

El Estado constitucional haría bien en crear numerosas *garantías conexas* para la protección de la independen-

[85] Al respecto, ver I. Pernice, en Grabitz - Hilf (eds.), *Kommentar der Europäischen Union*, sobre el art. 164, nº marg. 7 a 19.

cia personal y material de los jueces, en beneficio de la gran confianza que en casi todas partes se muestra al tercer poder. Su inamovilidad e intransferibilidad, su libertad frente a instrucciones, así como otras garantías desarrolladas como "derechos fundamentales judiciales", como el derecho de audiencia, la protección judicial efectiva, la prohibición de los tribunales especiales, los principios de "*nulla pœna sine lege*" y "*ne bis in idem*", así como el de publicidad, son elementos indispensables para hacer realidad al Estado constitucional como tal. Por cierto, existen siempre problemas con la "independencia interna" de los jueces, los que tienen que reconocer su "pre-juicio" cultural, mantenerse en lo posible libres de influencias partidistas y trabajar con ayuda de un canon de métodos racionalmente asegurado (a partir de F. C. von Savigny, 1840), pero susceptible de ampliación (¡derecho comparado!), que permita orientar al resultado así obtenido mediante criterios de justicia "últimos" y "penúltimos". En ocasiones, es necesario recurrir a un derecho natural preestatal (como en el juicio sobre la punibilidad de los "tiradores en el muro" en la frontera entre las dos Alemanias; cfr., sobre la punibilidad de sus instigadores, BVerfGE 95, 96). Tanto en relación con las mencionadas garantías conexas como respecto de la "aplicación" y el desarrollo del derecho, existe actualmente un estándar de reglas y procedimientos que caracterizan al Estado constitucional como tipo y con el cual tienen que trabajar todas las constituciones nacionales. El TCFA [E 34, 269 (286), sentencia "Soraya"] ha fundado la función de desarrollo del derecho por los tribunales en la renuncia consciente de la LF al positivismo legalista, en su art. 20, inc. 3.

Si frente a este trasfondo nos preguntamos por el "tipo fundamental" de la jurisdicción, hay que hacer referencia, por un lado, a su amplia separación respecto de las demás funciones del Estado y, por el otro, a sus tareas de resolución "autoritativa, y por tanto, obligatoria e independiente, en los casos de derechos controvertidos o violados"[86]. En virtud de la "supremacía de la Constitución" que caracteriza al Estado constitucional (p.ej., art. 8º, inc. 1, Const. de Polonia de 1997; art. 3º, inc. 2, Const. de Benín de 1990), en particular de la sujeción de todos los poderes del Estado a la Constitución, son todos los tribunales, en un sentido más profundo y amplio, "tribunales constitucionales".

§ 69. *El Estado social de derecho*

Haber resumido en un principio constitucional único la fórmula del "Estado social de derecho" (cfr. art. 28, inc. 1, frase 1, LF) es una conquista colectiva de la ciencia jurídica y la práctica constitucional alemanas. Sus clásicos son F. J. Stahl y R. v. Mohl, por un lado, en la medida en que fueron precursores científicos de la idea del Estado de derecho en el siglo XIX[87], y H. Heller, por otro lado, porque propagó al "Estado social" en general y con vistas a la Constitución de Weimar[88]. Nadie menos que Carlo Schmid, uno de los más influyentes "padres" de la Ley Fundamental de Bonn, hacía remontar expresamente, en los debates constituyentes, esta fórmula de H. Heller, propuesta por H. von Mangoldt[89], al "*pathos* social de la tradición republicana"[90]. Bien visto, el *Estado social de derecho* es una

[86] Así las opiniones en la doctrina alemana que resume Hesse, *Grundzüge des Verfassungsrechts der Bundesrepublik Deutschland*, p. 234 y 235.

[87] De la bibliografía, ver Stern, *Das Staatsrecht der Bundesrepublik Deutschland*, vol. I, 2ª ed., p. 882.

[88] Cfr. Heller, *Rechtsstaat oder Diktatur*, p. 11; ver, al respecto, de la bibliografía, Schluchter, *Entscheidung für den sozialen Rechtsstaat. Hermann Heller und die staatstheoretische Diskussion in der Weimarer Republik*; Denhard, *Dimensionen staatlichen Handelns*, p. 33 y siguientes.

[89] Cfr. Stern, *Das Staatsrecht der Bundesrepublik Deutschland*, vol. I, 2ª ed., p. 878.

[90] Consejo Parlamentario, informe estenográfico, p. 172; al respecto, Stern, *Das Staatsrecht der Bundesrepublik Deutschland*, vol. I, 2ª ed., p. 880.

"prórroga" congenial, para el siglo xx, del antiguo concepto de Estado de derecho, y actualmente cabe preguntarse si no requiere una nueva prórroga, tomando en cuenta que el Estado constitucional es responsable también por las futuras generaciones y, en tal medida, se encuentra obligado a la protección del ambiente ("Estado constitucional o de derecho ecológico"). En todo caso, en la actualidad el Estado social de derecho es un elemento esencial[91] en el conjunto del Estado constitucional, y su evolución de etapas textuales da testimonio de ello. Así se encuentran ejemplos de textos en la mayoría de las constituciones recientes, ya sea en lo Estados reformados de Europa oriental (art. 1o, inc. 1, Const. de Macedonia de 1991: "*social state*"; art. 2o, Const. de Polonia de 1997: "Estado democrático de derecho que realiza los principios de la justicia social"; art. 1o, Const. de Ucrania de 1996: "*social, law-based state*") o en África (art. 1o, inc. 1, Const. de Guinea Ecuatorial de 1991: "Estado social y democrático"; Preámbulo de la Constitución de Madagascar de 1995: "Estado de derecho"; asimismo, art. 8o, inc. 1, Const. de Níger de 1996: "Estado de derecho").

Las fórmulas varían, pero en el fondo quieren decir lo mismo: el Estado constitucional comprometido con la *justicia social*. Cierto es que ésta es una fórmula demasiado general y abstracta, por lo que es susceptible, y requiere, de una configuración (política) y de interpretación múltiple. En la comparación jurídica se producen ciertos "principios parciales" que son comunes a todos los Estados constitucionales. A ellos pertenecen, desde el lado *formal*, la "supremacía de la Constitución"[92], la sujeción a la ley (entre otros, la legalidad de la administración); por el lado *material*, un estándar europeo común de derechos humanos, la división de poderes, la responsabilidad del

[91] Schmid habla también del "contenido esencial".

[92] Cfr. Wahl, *Der Vorrang der Verfassung*, "Der Staat", vol. 20, 1981, p. 485 y siguientes.

Estado, la protección jurídica por jueces imparciales, etcétera. Si la LF ya manifiesta, en su art. 20, inc. 3, la tensión entre "ley y derecho" y mediante la positividad intermedia y la valoración, entonces el atributo "social" significa con mayor razón un recurso directo (*Durchgriff*) a los elementos de justicia (preestatales) como la compensación social, la ayuda para los débiles y su protección ("seguridad social"). Si la legislación social de Bismarck de 1881 inició tempranamente, en la práctica, un sistema de seguridad social, cuya "reestructuración" quizá esté pendiente en la actualidad, así también la cláusula del Estado social fue una vía para la *integración de la clase trabajadora* en el Estado constitucional y el sistema parlamentario. Lo que en el mundo angloamericano se discute como "*Welfare State*", y que quizá resulte demasiado débil en los Estados Unidos de América, es actualmente patrimonio común de los Estados constitucionales europeos (si bien la controversia actual sobre una "Carta Social Europea" de la UE permite apreciar que hay diferencias). Así, las constituciones de Europa expedidas después de la Segunda Guerra Mundial se caracterizan por fórmulas más o menos refinadas que se refieren en el fondo al "Estado social de derecho", por ejemplo, en Italia (arts. 35, 36 y 38, Const. de 1947), pero también en Grecia (arts. 21 a 23, Const. de 1975), España y la Constitución de Portugal de 1976 (art. 1º: "sociedad libre, justa y solidaria"; art. 63, inc. 1: "Todos tienen derecho a la seguridad social"). También las constituciones cantonales suizas contienen una rica paleta de textos normativos comprometidos con la idea del Estado social; así, la Constitución del Cantón del Aargau de 1980 (§ 25, inc. 1: "El Estado promueve el bienestar general y la seguridad social"); por último la Constitución de Berna de 1993 (art. 29: "Derechos sociales"; art. 30: "Objetivos sociales").

Solamente en las constituciones, como la de los Países Bajos de 1983, que son, en el conjunto de su programa regulador, más bien parcas y reservadas, es que se encuentran meros indicios (p.ej., art. 20, inc. 2: "Las reglas sobre los derechos a la seguridad social serán establecidas en ley del Parlamento"). Una mirada a Sudamérica y América Central es, por el contrario, muy productiva, llegando incluso hasta los esfuerzos excesivos en la materia, por ejemplo, en la Constitución del Brasil (1988) y en parte, también, la anterior Constitución del Perú (1979). Buena parte del Estado social es creada apenas en el proceso político por la vía de la legislación ordinaria; sin embargo, se requieren textos constitucionales "inductores". Dicho óptimo (o mínimo) de regulación de la justicia social corresponde en la actualidad al estándar del *tipo* del Estado constitucional, por ejemplo, mediante derechos justiciables a un mínimo económico existencial, a la protección de la salud, a la protección de la familia y a la garantía de condiciones de trabajo humanas.

Una teoría constitucional comparativa, que –como la aquí esbozada– debe ser breve, sólo puede presentar algunas líneas de los contenidos del principio del "Estado social de derecho". En lo que sigue dichas líneas serán esbozadas basadas en la doctrina y la jurisprudencia alemanas y requieren, naturalmente, de complementación por los estudiosos de otras culturas jurídicas, como la italiana. También tienen que examinarse las divergencias y las convergencias entre el Estado de derecho europeo continental y el "*rule of law*" angloamericano. Bajo las anteriores reservas se expone lo siguiente:

La configuración del *principio del Estado de derecho* en la ley fundamental alemana se compone de una multiplicidad de elementos que han encontrado precipitación textual distribuida en toda la LF: esto va desde los derechos fundamentales[93] (arts. 1o a 19), incluyendo la reserva

[93] Hesse, *Grundzüge des Verfassungsrechts der Bundesrepublik Deutschland*, p. 83.

de ley[94], del principio de proporcionalidad[95] y de la garantía de la protección judicial[96] (art. 19, inc. 4), pasando por la división de poderes (cfr. art. 20, inc. 2, frase 2), la primacía del derecho[97], la legalidad de la Administración y la supremacía de la Constitución[98] (art. 20, inc. 3), la responsabilidad del Estado[99] (art. 34) y el derecho de revisión judicial[100], hasta llegar a las garantías de la justicia en el art. 101 y siguientes.

Sin embargo, de acuerdo con la jurisprudencia del TCFA, el principio del Estado de derecho "se encuentra definido en la Constitución solamente de manera parcial", por ello, el concepto del Estado de derecho se desarrolla en el derecho constitucional alemán a partir de su uso en la cláusula general del art. 28, inc. 1, de la LF; el topos del Estado de derecho así utilizado "requiere de concretización dependiendo de las situaciones objetivas"[101] y la doctrina y la jurisprudencia los han definido de manera diferenciada en múltiples ocasiones.

Pero en el centro de la discusión se encuentra siempre la seguridad jurídica[102]. Bajo este concepto caen los siguientes subaspectos del problema de la retroactividad

[94] Badura, *Staatsrecht*, p. 276.

[95] BVerfGE 23, 127 (133), con mayores referencias; cfr. Lerche, *Übermaß und Verfassungsrecht*, p. 61 y ss.; de manera diferenciada sobre ésta y otras derivaciones del principio de proporcionalidad, Michael, *Der allgemeine Gleichheitssatz als Methodennorm komparativer Systeme*, p. 267 y 268.

[96] Schmidt-Aßmann, en Maunz - Dürig, *Kommentar zum Grundgesetz*, sobre el art. 19 IV, de la LF, Rz. 15 y siguientes.

[97] Hesse, *Grundzüge des Verfassungsrechts der Bundesrepublik Deutschland*, p. 86 y siguientes.

[98] Hesse, *Grundzüge des Verfassungsrechts der Bundesrepublik Deutschland*, p. 88; Badura, *Staatsrecht*, p. 271 y siguientes.

[99] Badura, *Staatsrecht*, p. 282 y siguientes.

[100] Badura, *Staatsrecht*, p. 271.

[101] BVerfGE 65, 283 (290).

[102] Cfr. Schmidt-Aßmann, *Der Rechsstaat*, en *HdBStR*, vol. I, 2ª ed., p. 1030; Kunig, *Das Rechtssaatsprinzip*, p. 90 y siguientes.

de las leyes[103], la cuestión de la certidumbre de las normas, la validez de los actos administrativos y la cosa juzgada de las sentencias, la autosujeción de la Administración y los requisitos de publicidad[104]. Lo que estos aspectos tienen en común es la función estabilizadora del principio del Estado de derecho, como "forma de producción de continuidad"[105].

El origen de todas estas garantías es la idea de la protección de la confianza, incluso –en última instancia– la "idea de la justicia"[106].

Desde el punto de vista metódico es notable el hecho de que el principio del Estado de derecho reúna en sí aspectos que en ocasiones son contradictorios[107], sobre todo en la oposición entre justicia formal y justicia material. Por ello se ha hablado de que el principio es como la "cabeza de Jano"[108].

El *principio del Estado social* (cfr. el art. 20, inc. 1) es mencionado en la LF de manera conjunta con el principio del Estado de derecho (el art. 28, inc. 1, frase 1, habla de los principios del "Estado social de derecho"). Esto plantea la cuestión de la relación de ambos principios entre sí. Así como el principio del Estado de derecho incorpora en sí antinomias, también es frecuente que el principio del Estado de derecho y del Estado social hayan sido entendidos como un par opuesto. Sin embargo, la doctrina ha refutado o matizado[109] poco a poco la incompatibilidad en-

[103] Cfr., al respecto, BVerfGE 13, 261 (272), jurisprudencia constante; por último, v.gr., E 88, 384, 403 y siguientes.

[104] Kunig, *Das Rechtssaatsprinzip*, p. 394 y siguientes.

[105] Hesse, *Grundzüge des Verfassungsrechts der Bundesrepublik Deutschland*, p. 85.

[106] BVerfGE 33, 367 (383), con mayores referencias.

[107] BVerfGE 65, 283 (290).

[108] Kunig, *Das Rechtssaatsprinzip*, p. 378.

[109] Hesse, *Grundzüge des Verfassungsrechts der Bundesrepublik Deutschland*, p. 95, habla del Estado de derecho como límite del Estado social.

tre ambos que afirmaba E. Forsthoff[110]. Pero con ello la idea del Estado social se ha convertido en un objetivo, sumamente indeterminado, del Estado ("norma en blanco")[111], para cuyo desarrollo el TFCA le ha conferido al legislador un "amplio margen para su libre configuración"[112]. En todo caso, la garantía del mínimo existencial se ha fundado en el principio del Estado social en relación con el art. 1º, inc. 1, de la LF (dignidad humana)[113]. Además de lo anterior, el principio del Estado social desempeña un papel como *topos* argumentativo en el marco del principio general de igualdad, de diversos derechos de libertad e incluso del principio de la democracia[114].

§ 70. *Estado de cultura y derecho constitucional de la cultura: el concepto abierto de cultura*

Un primer acceso a la relación entre Constitución y cultura lo da el derecho constitucional cultural como suma de las normas constitucionales que abarcan los asuntos culturales en sentido estricto en las constituciones federal y de los *Länder*.

a) *Ámbitos materiales en Alemania.* Al igual que para el derecho administrativo de la cultura, nos referimos por lo pronto a los tres principales ámbitos materiales ya mencionados: educación (art. 12, en relación con los . 3º y 20, inc. 1, LF; incluyendo la educación de los adultos, el art. 139, Const. de Baviera, y la libertad de las escuelas

110 Forsthoff, *Begriff und Wesen des sozialen Rechtsstaates*, *VVDStRL*, vol. 12, 1954, p. 8 y ss., y 13.

111 Stern, *Das Staatsrecht der Bundesrepublik Deutschland*, vol. I, 2ª ed., p. 914.

112 BVerfGE 18, 257 (273).

113 Cfr. BVerfGE 1, 97 (104), por un lado, y E 40, 121 (133), por el otro; recientemente E 82, 60 (85). Una resolución temprana en BVerfGE 1, 159.

114 Zacher, *Das soziale Staatsziel*, en *HdBstR*, vol. I, 2ª ed., p. 1068, 1070, 1096 y siguientes.

privadas, art. 30, Const. de Renania-Palatinado), el arte y la ciencia (art. 5º, inc. 3, LF; art. 18, Const. de Renania del Norte-Westfalia). Los elementos comunes constitutivos de estos ámbitos culturales, que hablan en favor de la oportunidad del concepto de "Constitución cultural", son un particular grado de autonomía, de libertad y distancia hacia el poder coactivo del Estado, con la consecuencia de que la imagen propia de los participantes en el proceso cultural adquiere una particular importancia para la interpretación de la Constitución cultural[115]; por esta razón, es posible considerar al derecho eclesiástico del Estado (art. 140, LF; arts. 132 y 150, Const. de Baviera; arts. 41 a 48, Const. de Renania-Palatinado; arts. 39 a 41, Const. de Turingia), o mejor dicho, al "derecho constitucional de la religión", como derecho constitucional "especial" de la cultura. Los elementos comunes surgen de que el derecho constitucional de la cultura se refiere al mencionado concepto general cotidiano de la cultura en sentido estricto.

b) *Formas técnico-jurídicas de manifestación.* Vale su estudio en los distintos contextos.

1) *Diversidad técnico-jurídica de las normas constitucionales de la cultura en los "viejos" Estados constitucionales.* Desde el punto de vista técnico-jurídico nos encontramos con que las normas constitucionales de la cultura en los "viejos" Estados constitucionales asumen formas diversas:

a) En las cláusulas generales o especiales sobre el Estado de cultura (p.ej., art. 3º, Const. de Baviera: Baviera es un "Estado de cultura", y art. 139: mandato de educación de los adultos; art. 1º, frase 2, Const. de Sajonia de 1992:

[115] Sobre la relevancia de la imagen propia, cfr. BVerfGE 24, 236 (247 y 248). Ver, también, BVerfGE 54, 148 (155 y 156), caso "Eppler". En forma general Morlok, *Selbstverständnis als Rechtskriterium*.

"Estado de derecho comprometido con la cultura"; art. 24, inc. 2, frase 1, Const. de Brandenburgo de 1992: "La vida cultural en su diversidad y la trasmisión del patrimonio cultural son promovidos por el poder público"; ver también el art. 29, inc. 1, frase 2, LF: "contextos culturales").

b) En los fines de la enseñanza y la educación (p.ej., art. 56, inc. 3, 4, Const. de Hesse: tolerancia; art. 27, inc. 1, Const. de Sajonia-Anhalt de 1992: "asumir responsabilidad frente a las generaciones futuras").

c) En catálogos de competencias (normas de tareas) de la Federación (arts. 74, numeral 57 13, y 75, numeral 1 a, LF) o de un *Land* (art. 141, Const. de Baviera; art. 30, Const. de Turingia de 1993).

d) En la consagración de derechos fundamentales (palabra clave: libertades –de no interferencia– culturales y su promoción por el Estado –concepto de derechos fundamentales en términos del derecho constitucional de la cultura, p.ej., art. 5º, inc. 3, LF; art. 7º, Const. de Mecklemburgo-Antepomerania–).

e) En los preámbulos, así como en fórmulas juramentales y garantías de los días festivos.

f) En el llamado "derecho constitucional municipal de la cultura"[116] como parte del pluralismo de sujetos culturales (cfr. los arts. 10, inc. 4, 83, inc. 1, y 140, Const. de Baviera; art. 36, Const. de Sajonia-Anhalt).

Por lo demás, se puede estructurar el derecho constitucional de la cultura a través de la distinción entre derecho constitucional individual de la cultura (p.ej., libertad de artistas y científicos: art. 5º, inc. 3, LF; art. 10, Const. de Hesse; derecho a la educación: art. 27, Const. de Bremen; art. 29, inc. 1, Const. de Brandenburgo), derecho constitucional de la cultura objetivo-institucional (p.ej., ins-

[116] De manera detallada, Häberle, *Kulturpolitik in der Stadt ein Verfassungsauftrag*, p. 21 y siguientes.

tituciones para la educación continua y de los adultos: art. 32, Const. del Sarre; art. 17, Const. de Renania del Norte-Westfalia; protección de los días festivos: art. 22, Const. de Berlín; atención espiritual en centros de reclusión: art. 54, Const. de Hesse; promoción del arte: art. 7º, Const. de Schleswig-Holstein) y derecho constitucional de la cultura corporativo, como la garantía de la actividad de asociaciones socioculturales (p.ej., art. 37, Const. de Renania del Norte-Westfalia), sobre todo de las iglesias y asociaciones religiosas (art. 51, Const. de Hesse; art. 137, Const. de Weimar, en relación con el art. 140, LF), así como derecho constitucional de la cultura de participación (p.ej., art. 11, inc. 1, Const. de Sajonia: "La participación en la cultura en su diversidad y en el deporte debe ser posible para todo el pueblo"). Naturalmente, hay aquí numerosas formas mixtas e intermedias, al igual que relaciones de complementariedad.

2) *Los países en desarrollo en el campo del derecho constitucional de la cultura.* Este campo se carateriza por una especial densidad, alta diferenciación, mucha fantasía y algunas innovaciones, sin negar la pertenencia al tipo del Estado constitucional. Esto no resulta sorprendente, ya que la cultura es el ámbito en el que los Estados de ultramar deben encontrar, afirmar, proteger y desarrollar su identidad nacional. Sin querer subestimar el derecho constitucional económico como base económica, "material" para el proceso del desarrollo nacional de estos países, en vista del objetivo de la "nivelación" económica de los Estados bajo el término clave "desarrollo del bienestar", en la actualidad un país en particular sólo puede encontrar su individualidad, perfil e identidad, en lo cultural y a partir de lo cultural, a pesar de la "cultura intercontinental de la compensación" de nuestros días (H. G. Gadamer). Proteger y desarrollar al mismo tiempo lo propio con apertura hacia la cultura mundial (resultan ejemplares en tal sentido los fines educativos del art. 73 de la Const. de Guate-

mala) es la "cuestión existencial" de los países en desarrollo. Por esta razón, el derecho constitucional de la cultura debe producir diferenciaciones textuales propias. El desarrollo puede ser "sostenido" por una nación en lo individual y por sus ciudadanos si, por un lado, se conserva retrospectivamente el patrimonio cultural, a través de las correspondientes cláusulas de protección e identidad (p.ej., de los bienes culturales nacionales) y también por los artículos sobre la lengua; por el otro lado, de modo prospectivo, si se trabaja en el desarrollo (continuo) de lo cultural, a través de fines educativos, derechos de acceso y participación en la cultura, empezando con la eliminación del analfabetismo y terminando con un proyecto pluralista de cultura. ¡Aquí es donde puede y debe ponerse a prueba la tentativa de una teoría constitucional que se presenta como "ciencia de los textos y la cultura jurídicos"!

a) Cláusulas sobre patrimonio e identidad culturales en textos generales y especiales. Las cláusulas de patrimonio e identidad culturales son una característica de los países en desarrollo. Dichas cláusulas deben proteger de manera expresa lo que las naciones de los viejos Estados constitucionales toman de manera natural y no escrita como fundamento de su identidad y lo que en Europa puede considerarse "cultura constitucional" y que está conformado en el marco de la "unidad del orden jurídico" en muchos campos especiales del derecho ordinario. La riqueza de las variantes textuales es grande y merece nuestro respeto. Sin duda, el art. 48 de la Carta de la OEA actúa como norma de reconocimiento y estímulo: "Los Estados miembros... se considerarán individual y solidariamente comprometidos a preservar y enriquecer el patrimonio cultural de los pueblos americanos". La anterior Constitución del Perú de 1979 disponía ya en su Preámbulo: "Animados por el propósito de mantener y consolidar la personalidad histórica de la Patria, síntesis de los valores egregios de múltiple origen que le han dado nacimiento;

de defender su patrimonio cultural; y de asegurar el dominio y preservación de sus recursos naturales".

Las cláusulas especiales de protección se refieren a las "culturas nativas", al folclore nacional, al arte popular y a la artesanía (art. 34), a "patrimonio cultural de la Nación" (art. 36). Hay que agregar el art. 100 sobre la integración: "El Perú promueve la integración económica, política, social y cultural de los pueblos de América latina", así como el servicio y colaboración de los medios sociales y privados de comunicación en favor de la "educación y la cultura" (art. 37).

La Constitución de Guatemala de 1985 recorre esta vía más lejos, al inventar alguna variante, por ejemplo, en el Preámbulo: "inspirados en los ideales de nuestros antepasados y recogiendo nuestras tradiciones y herencia cultural".

Y en el art. 58 sobre la "identidad cultural": "Se reconoce el derecho de las personas y de las comunidades a su identidad cultural de acuerdo a sus valores, su lengua y sus costumbres", así como otras normas sobre la protección de la "cultura nacional" (art. 59), del "patrimonio cultural de la Nación" (art. 60, pero ver también el art. 61) y de los "grupos étnicos" (art. 66).

La Constitución del Brasil (1988) formula una cláusula de protección en relación con "las manifestaciones de las culturas popular, indígenas y afrobrasileñas, así como las de los demás grupos que participan en el proceso civilizatorio brasileño" (art. 215 1). El "patrimonio cultural brasileño" es protegido de manera muy detallada (art. 216): desde las "formas de expresión", pasando por las formas de crear, hacer y vivir, hasta "otros espacios destinados a las manifestaciones artísticas y culturales". Lo último puede verse fácilmente como contribución a la controversia en torno al concepto de arte y cultura.

b) Artículos sobre la lengua. Los Estados nacionales clásicos, en cuanto Estados constitucionales, tienen dificultades con la libertad lingüística, por ejemplo, en el sentido de la tradición y el presente ejemplares de Suiza[117]. Tanta mayor atención merecen, entonces, algunos países en desarrollo. Aunque fijen una o varias lenguas como oficiales, permanecen preocupados por otras lenguas de sus ciudadanos, quizás en la conciencia de que las "lenguas indígenas" son un elemento esencial de su patrimonio "cultural" y "multicultural". Mientras más reconocen su patrimonio cultural, tanto más tienen que poner atención en la conservación y promoción de la diversidad de lenguas. Esto puede mostrarse con el ejemplo del Perú, cuya Constitución de 1979 disponía en su art. 35: "El Estado promueve el estudio y conocimiento de las lenguas aborígenes. Garantiza el derecho de las comunidades quechua, aimara y demás comunidades nativas a recibir educación primaria también en su propio idioma o lengua".

Una correspondencia interna similar entre cláusulas sobre patrimonio cultural y sensibilidad a la diversidad de lenguas es la que logra la Constitución de Guatemala (1985). Sus ejemplares cláusulas sobre la identidad cultural en el art. 58 (derecho de las "personas y de las comunidades a su identidad cultural de acuerdo con sus valores, su lengua y sus costumbres") encuentran su continuación en las palabras del art. 66: "El Estado reconoce, respeta y promueve sus formas de vida" (de los diversos grupos étnicos), el uso de sus "idiomas y dialectos", así como en el art. 76, párr. 2°: "En las escuelas establecidas en zonas de predominante población indígena, la enseñanza deberá impartirse preferentemente en forma bilingüe".

Francia, el país de los derechos del hombre, podría aprender bastante de los países en desarrollo, por ejemplo, en relación con su política lingüística en Alsacia. Todavía en 1981 decía François Mitterrand, como candidato presidencial,

[117] Ver las particularidades en Häberle, *Sprachen-Artikel und Sprachenprobleme im Verfassungsstaat*, en "FS Pedrazzini", 1990 p. 105 y siguientes.

en el sur de Bretaña: "Ha llegado el momento para un estatuto de las lenguas y las culturas en Francia que les conceda a éstas verdadera viabilidad. Ha llegado el momento de abrirles ampliamente las puertas en la escuela, la radio y la televisión, para que encuentren en la vida pública el espacio que requieren y que les corresponde". Francia debería "dejar de ser por fin el último país de Europa que niega a sus pueblos derechos culturales elementales". ¡Hasta ahora Francia se ha mantenido en su tradición jacobina!

El respeto a la identidad cultural de los ciudadanos le vendría bien en la actualidad a todo Estado constitucional. Aunque haya quedado anclado en la anterior etapa del Estado nacional "egocéntrico", podría recuperar en el ámbito subconstitucional (mediante normas legislativas y administrativas) lo que hasta ahora se ha perdido. En este sentido, los países en desarrollo se encuentran más "adelantados" en su etapa de desarrollo textual, y sus ejemplares constituciones podrían otorgar "ayuda al desarrollo" a algunos Estados constitucionales europeos, pues éstos se encuentran subdesarrollados en materia de libertad e identidad culturales de los ciudadanos dentro del campo de las lenguas. Ellos, los Estados constitucionales clásicos, deben volverse receptores, pues los países en desarrollo han creado "condiciones" altamente productivas. Pero en qué medida se ajustan a su realidad constitucional es una cuestión que queda abierta.

c) Fines educativos. "Artículo guía" de las posteriores codificaciones constitucionales culturales de los fines educativos (quizá también en los países en desarrollo) es el art. 148 de la Const. de Weimar:

> En todas las escuelas debe lograrse educación moral, convicción ciudadana, capacidad personal y profesional en el espíritu del puebo alemán y de la reconciliación de los pueblos.
>
> En las clases en escuelas públicas debe tomarse en cuenta que no sean lesionados los sentimientos de quienes piensan de manera diferente.

El civismo y la clase de trabajo son materias de las escuelas. Cada alumno recibirá un ejemplar de la Constitución al terminar la educación obligatoria.

Las constituciones de los *Länder* de Alemania occidental impulsaron fuertemente, después de 1945, la etapa de desarrollo textual de los fines constitucionales de la educación, en disposiciones como: "Respeto de la convicción religiosa y de la dignidad del ser humano" (art. 131, inc. 2, Const. de Baviera), preparación para "el servicio independiente y responsable al pueblo y la humanidad a través del respeto y el amor al prójimo" (art. 56, inc. 4, Const. de Hesse) y sobre todo a través del art. 26, numeral 4, de la Const. de Bremen: "La educación para la participación en la vida cultural del pueblo propio y de los pueblos ajenos".

Qué tan fuertemente se encuentran integrados los objetivos educativos en la dinámica del desarrollo del tipo del Estado constitucional se muestra, por último, en que las constituciones de los *Länder* alemanes occidentales han incorporado en tiempos recientes modificaciones en materia de la protección jurídica del medio ambiente (arts. 3º, inc. 2, y 141, Const. de Baviera; art. 11 a, Const. de Bremen), a la que han "igualado" pedagógicamente en el "*soft law*" de los objetivos educativos (cfr. el art. 131, inc. 2, nuevo texto, Const. de Baviera: "Conciencia de la responsabilidad por la naturaleza y el ambiente", así como el art. 26, inc. 5, Const. de Bremen: "La educación para la responsabilidad por la naturaleza y el ambiente"). Todas las constituciones de Alemania oriental han producido textos de "afinidad electiva" en 1992-1993.

Esta doble línea interna de desarrollo del Estado constitucional, es decir, apoyada jurídica y pedagógicamente, encuentra su contrapartida en elementos textuales de los convenios internacionales de derechos humanos, en la medida en que tematizan la educación en favor de dichos derechos. El "artículo guía" pionero es el art. 26, inc. 2, de la Declaración Universal de los Derechos Humanos de la Naciones Unidas de 1948:

> La educación tendrá por objeto el pleno desarrollo de la personalidad humana y el fortalecimiento del respeto a los derechos humanos y a las libertades fundamentales; favorecerá la comprensión, la tolerancia y la amistad entre todas las naciones y todos los grupos étnicos o religiosos; y promoverá el desarrollo de las actividades de las Naciones Unidas para el mantenimiento de la paz.

En el art. 1°, inc. 1, de sus estatutos de 1945, la Unesco creó igualmente una base textual para la educación de los derechos humanos y persigue este objetivo, entre otras formas, mediante la proclamación de un "día de los derechos humanos".

Es la contribución específica de los países en desarrollo haber creado recientemente una diferenciación en la etapa textual que combina los fines educativos constitucionales del tipo descripto con los textos internacionales sobre derechos humanos, en el sentido de una educación para la Constitución, así como para los derechos humanos y fundamentales. Los trasfondos son evidentes: los países en desarrollo deben fundarse también como Estados constitucionales a través de la socialización cultural y la educación; asimismo, la protección jurídica de los derechos humanos requiere urgentemente de un "flanqueo" mediante lo pedagógico. Los procesos de aprendizaje que duran generaciones, por ejemplo, en Francia desde 1789, deben ser recuperados de la manera más rápida posible a través de la educación.

La Constitución del Perú de 1979 logró todo esto en los siguientes puntos textuales: "La educación... [se] inspira en los principios de la democracia social" (art. 21, párr. 2°). "Promueve la integración nacional y latinoamericana, así como la solidaridad internacional" (art. 22, párr. 1°) y: "La enseñanza sistemática de la Constitución y de los derechos humanos es obligatoria en los centros de educación civiles y militares y en todos sus niveles" (párr. 3º).

Igualmente enfático es el art. 72 de la Const. de Guatemala:

> La educación tiene como fin primordial el desarrollo integral de la persona humana, el conocimiento de la realidad y cultura nacional y universal.
>
> Se declaran de interés nacional la educación, la instrucción, formación social y la enseñanza sistemática de la Constitución de la República y de los derechos humanos.

Pensar las constituciones del Estado constitucional, así como los derechos fundamentales y humanos como fines educativos –lo que la doctrina alemana ha desarrollado hasta ahora bajo el término clave "principios constitucionales como fines educativos"–, posee ahora, gracias a los países en desarrollo, una base textual de argumentación. A esto se agrega el compromiso en favor de la promoción de la idea de los derechos humanos, conforme al art. 25 de la Carta africana de Banjul de 1982 ("comprometidos a promover a través de la enseñanza, la instrucción y las publicaciones el respeto frente a los derechos y libertades contenidos en esta Carta... además velar por que las libertades y los derechos, así como las correspondientes obligaciones, sean comprendidos"). Futuras modificaciones constitucionales o procesos constituyentes en los Estados "desarrollados" deberían aprender de esto. ¡Piénsese en las nuevas constituciones de Europa oriental, que han debido asegurar de manera doble en sus textos el estándar de derechos humanos que pretenden recuperar: jurídicamente, a través de la protección de los derechos fundamentales, y pedagógicamente, a través de los textos constitucionales (o, por lo menos, mediante leyes ordinarias) sobre los derechos fundamentales y humanos "como" fines educativos! Quizá podríamos atrevernos a decir "educación del género humano para el Estado constitucional".

d) *Derechos fundamentales culturales.* La fundación de los países en desarrollo a partir de su cultura no excluye, sino que, por el contrario, incluye, en la actual etapa de la vida del Estado constitucional, los derechos fundamentales culturales. Mientras que en Alemania el derecho constitucional de la cultura se ha "explorado" sistemáticamente sólo desde finales de los setenta, es posible encontrar en las constituciones recientes de los países en desarrollo elementos textuales que constituyen un gran enriquecimiento en el marco de una teoría del derecho constitucional de la cultura. Desde el punto de vista temático, hay que distinguir entre derechos fundamentales culturales nuevos y desarrollados y refinamientos de la dimensión de las libertades culturales (junto a los derechos de no interferencia, los objetivos y los prestacionales). He aquí algunos ejemplos:

Para empezar, en el art. 21, párr. 1º, de la Const. del Perú de 1979 se encuentra una cláusula general sobre el Estado de cultura en la figura de un derecho fundamental subjetivo: "El derecho a la educación y a la cultura es inherente a la persona humana". Una ejemplar precisión de los derechos fundamentales a la educación es la que logra el segundo párrafo del mismo artículo mediante las siguientes palabras: "La educación tiene como fin el desarrollo integral de la personalidad. Se inspira en los principios de la democracia social. El Estado reconoce y garantiza la libertad de enseñanza".

Los contenidos educativos en el art. 22 ("conocimiento y la práctica de las humanidades, el arte, la ciencia y la técnica") no podrían ser formulados de manera más exacta en una Constitución europea. El derecho fundamental "congenial" a la identidad cultural en el art. 58 de la Const. de Guatemala ("Se reconoce el derecho de las personas y de las comunidades a su identidad cultural de acuerdo con sus valores, su lengua y sus costumbres") ya fue valorado. También resulta una precisión temática el art. 2º, inc. 4, de la Const. del Perú citada: "Los derechos de informar y opinar comprenden los de fundar medios de comunicación".

Una palabra sobre las diversas dimensiones de los derechos fundamentales culturales. Los jurídico-objetivos ya los encontramos en el contexto del análisis de las tareas culturales del Estado, debiéndose mencionar el art. 63 de la Const. de Guatemala ("El Estado garantiza la libre expresión creadora, apoya y estimula al científico, al intelectual y al artista nacional, promoviendo su formación y superación profesional y económica") o el art. 34 de la Const. del Perú de 1979 ("El Estado preserva y estimula las manifestaciones de las culturas nativas"; art. 38: "El Estado promueve la educación física y el deporte") y también el art. 26 ("La erradicación del analfabetismo es tarea primordial del Estado").

La participación en los derechos prestacionales se condensa en el art. 57 de la Const. de Guatemala, en un texto constitucional que se encuentra plenamente a la altura de la dogmática europea, pero que contiene un componente típico de los países en desarrollo: "Toda persona tiene derecho a participar libremente en la vida cultural y artística de la comunidad, así como beneficiarse del progreso científico y tecnológico de la Nación".

El art. 215 de la Const. del Brasil de 1988 dispone: "El Estado garantiza a las personas el pleno ejercicio de sus derechos culturales, así como el acceso a las fuentes de la cultura nacional; y apoya y promueve la apreciación y difusión de las manifestaciones culturales".

Sin duda, no estaremos escatimando el logro de los países en desarrollo si recordamos los textos ejemplares de los instrumentos internacionales sobre derechos humanos; por ejemplo, el art. 27, numeral 1, de la Declaración Universal de los Derechos Humanos de Naciones Unidas de 1948 ("Toda persona tiene derecho a tomar parte libremente en la vida cultural de la comunidad, a gozar de las artes y a participar en el progreso científico y en los beneficios que de él resulten"). Ya la positivización jurídica y la consecuente integración en la sistemática y la forma típica de la propia Constitución individual es una contribución que merece respeto, con independencia de los refinamientos en contenidos y las adaptaciones a la biografía histórica de la propia nación. Por último, hay que recordar que los principios nacionales e internacionales sobre los derechos fundamentales trabajan de manera común e igualmente intensiva en las etapas evolutivas del tipo del Estado constitucional. De este modo, el Estado constitucional –o, al menos, sus elementos textuales particulares– se transforma verdaderamente en un proyecto universal de la comunidad de los pueblos, y los derechos humanos se convierten en la "religión civil universal" de nuestro tiempo.

e) Cláusulas sobre el pluralismo cultural. Ya la normación de las libertades culturales introduce el indispensable momento de la apertura en el derecho constitucional de la cultura de los países en desarrollo. Y la constatación del compromiso con el "patrimonio cultural" sería una infructuosa garantía historicizante del statu quo si no se tomara en cuenta el aspecto de la diversidad de lo cultural en el pasado y el futuro. Desde el punto de vista de los textos constitucionales, los países en desarrollo recorren aquí el camino correcto entre la elaboración de la propia historia cultural y la apertura hacia lo novedoso. La expresión clave del "concepto abierto de cultura"[118], de la "concepción pluralista de cultura", también puede mostrarse en relación con los países en desarrollo, aunque éstos tienen que luchar muy intensamente por su identidad cultural. He aquí algunos ejemplos textuales:

En su texto, el art. 34 de la Const. del Perú (de 1979) se basa en la diversidad cultural (protección de las "cul-

[118] Häberle, examinado por primera vez en *Kulturpolitik in der Stadt ein Verfassungsauftrag*, p. 22, 34 y siguientes.

turas nativas"), pues la cultura aparece varias veces en plural. La pluralidad de los fines educativos está condensada de la mejor manera posible en el art. 72, párr. 1º, de la Const. de Guatemala ("La educación tiene como fin primordial... el conocimiento de la realidad y cultura nacional y universal"). Notable es el pluralismo de sujetos culturales que se abre paso en varios pasajes textuales, por ejemplo, en el art. 85 de la misma Constitución (reconocimiento de las universidades privadas con el propósito de contribuir a la "investigación científica, a la difusión de la cultura y al estudio y solución de los problemas nacionales"), o bajo la figura del mandato constitucional para la promoción de la "iniciativa privada en el campo de la educación" (art. 80, Const. de Costa Rica). En lo demás, las cláusulas sobre el pluralismo consagran, en general, el pluralismo también en el campo cultural, a la manera de la Constitución del Perú (Preámbulo: "sociedad abierta"; en forma similar, el Preámbulo de la Const. del Brasil: "sociedad civil, pluralista y libre de prejuicios"; ver también el art. 1º, fracción V, de la misma Constitución: "pluralismo político").

Un texto "inspirador" puede verse en el art. 3º, inc. *m*, de la Carta de la OEA: "La unidad espiritual del Continente se basa en el respeto de la personalidad cultural de los países americanos y demanda su estrecha cooperación en las altas finalidades de la cultura humana".

Por último, recordemos una cláusula de Estado de cultura de tipo propio, que incluye a los países en desarrollo, pero también a los individuos. El art. 17 de la Carta de la OEA dispone: "Cada Estado tiene el derecho de desenvolver libre y espontáneamente su vida cultural, política y económica. En este libre desenvolvimiento el Estado respetará los derechos de la persona humana y los principios de la moral universal".

3) *El concepto abierto de cultura como fundamento.* Independientemente de un concepto estricto en sí de cultura, el fundamento de los ámbitos materiales del derecho

constitucional de la cultura es un concepto abierto de ella, el que toma en serio (apartándose de una concepción –meramente– ilustrada de cultura) la "cultura para todos" (H. Hoffmann)[119] y la "cultura de todos" como magnitud empírica y como lineamiento normativo. El concepto amplio, diverso y abierto de cultura abarca la cultura de la tradición y la ilustración burguesas, así como la cultura "popular" y de masas, tanto como las culturas alternativas, las subculturas y las "contraculturas". La cultura y el concepto de cultura aquí sostenido actúan también en la vida diaria profesional, además de su tradicional situación que debe conservarse en el ámbito del tiempo libre. La convivencia, el intercambio y la competencia entre alta cultura, cultura popular y subcultura, de la cultura de consumo y la cultura activa, es una garantía de la diversidad cultural. Ésta vive del derecho constitucional de la cultura desarrollado "en" el Estado federal, con sus elementos de la libertad cultural, del pluralismo cultural, de la división cultural de los poderes: este concepto abierto de cultura es consecuencia de la estructura pluralista de la comunidad política.

Lo determinante sigue siendo el enfoque antropológico: el ser humano tiene distintas necesidades culturales, a las cuales debe dar un marco óptimo el derecho constitucional. En este sentido, el derecho, incluso el derecho constitucional de la cultura en el Estado federal, ¡es sólo un instrumento! El ser humano no vive sólo de ella, pero esencialmente vive hacia ella y de la cultura de generaciones pasadas y presentes (en el sentido de un contrato cultural de las generaciones, que en sí es una conquista cultural). La cultura es, y crea, la posibilidad y la realidad de dar sentido en una historia que se concibe abierta. Dicho en palabras de A. Gehlen: el ser humano es "por naturaleza un ser cultural".

[119] Hoffmann, *Kultur für alle*.

4) *La relación con la teoría constitucional como ciencia cultural.* Lo que "norma" el derecho constitucional de la cultura no son sino sectores del objeto cultura. El texto constitucional los aborda de manera directa, sin "mediación", en la medida en que esto es posible, en general, en este sensible campo. Aquí se encuentran los sectores de la cultura en sentido estricto, como la ciencia y el arte, la educación y la formación; también los objetivos educativos, días festivos, política cultural abierta y el deporte, en la relación más estrecha posible con el derecho. Se llega a una "simbiosis" entre derecho y cultura; se habla, con razón, de un "derecho de la cultura".

La relación entre Constitución y cultura en sentido más amplio, por el contrario, se encuentra mediatizada, aunque ello no la hace menos importante. Incluso son "cultura" el derecho constitucional económico, también la vida política, las actitudes valorativas de un pueblo, como objeto de investigaciones sobre su "cultura política". Mientras el derecho constitucional de la cultura en sentido más estricto puede ser captado jurídicamente, una concepción de la teoría constitucional como ciencia cultural requiere muchos eslabones intermedios y la contribución de muchos científicos.

§ 71. *Bien común y tareas del Estado (el enfoque material y procesal)*

El legislador, el Gobierno, los funcionarios de la Administración y los jueces tienen que trabajar día a día con el concepto de bien común; por ello no es posible evadirse hacia la "tesis de la fórmula vacía" en boga. En la democracia pluralista, el bien común –idéntico al interés público– es indispensable, aunque haya que desentrañarlo de modo diferenciado. La aportación parcial de la ciencia jurídica como ciencia práctica es labor previa para un foro de diálogo interdisciplinario.

a) *Bien común*. Éste se encuentra en todos los planos de la jerarquía de las normas y en todos los ámbitos del derecho, pero también en el contexto de todas las funciones del Estado, como principio, norma y *topos* jurídicos. A partir del material jurídico que en un primer momento aparece como difuso, es posible elaborar, en el plano de la legislación y la jurisprudencia, ciertas tipologías, es decir, constelaciones en las que el interés público cumple con determinadas funciones. A ellas pertenece, por ejemplo, el bien común como fundamento competencial y como título que limita los derechos fundamentales y crea obligaciones, como cláusula de excepción y título para los secretos del Estado (no publicidad). Pero de manera creciente se dibujan diferenciaciones e interrelaciones: el bien común se determina también a partir de intereses privados, entra en colisión con otros intereses públicos –plurales– ("conflictos en sí"); la libertad fundamental se convierte en parte integrante del interés público: así, la libertad de opinión, prensa e información abre la vía para la "actualización de la publicidad y la concretización del bien común" en la *res publica*. El tercer poder se convierte, en la "jurisprudencia del bien común", gracias a sus sutiles técnicas pretorianas, en la concretización de los intereses públicos. Para la Administración y la legislación, el bien común es, por su parte, un concepto guía abierto al desarrollo.

En el ámbito de lo social-público, los partidos políticos y otros grupos plurales –como las partes en las negociaciones laborales colectivas– formulan intereses públicos que, en la democracia pluralista, han perdido su referencia estatal y su carácter de previamente dados (más allá de las directivas constitucionales). La democracia, el pluralismo, la apertura y los derechos fundamentales, dan perfil sustantivo y procesal al bien común, el cual se encuentra situado en el marco de las instituciones jurídicas –al igual que en el de la acción colectiva, como la de las asociaciones de protección del ambiente o la fauna– y bajo la responsabilidad del jurista.

La historia y la discusión teóricas –tangible en los textos de los clásicos lo mismo que en la vida diaria política– oscilan entre la hipostación acrítica del bien común en el concepto "supremo", no cuestionado, sino "creído", "ontológico" ("*bonum commune*", "razón de Estado", "máxima arcana"), en cuyo nombre se han eliminado, e incluso reprimido, los intereses privados, como en las "sociedades cerradas", por un lado ("la utilidad común prevalece sobre la utilidad propia", y similares), y la degradación hacia una simple "fórmula vacía", hacia un mero instrumento de poder, encubierto ideológicamente, por el otro. Por el contrario, en las sociedades abiertas (en el sentido de Popper) el bien común se revela como una fórmula que constituye la convivencia humana. Sus contenidos históricamente cambiantes remiten a contextos de legitimación últimos o penúltimos, como la concepción del Estado y la forma de gobierno ("república", "democracia"), la ética social y la justicia, y tiene que ser transformado en la práctica en el caso particular del derecho positivo, a pesar de la tensión que pueda haber entre el bien común como postulado ideal y su realidad (no pocas veces deficiente).

En el Estado constitucional democrático de tipo occidental (con la dignidad humana como premisa, con legitimación democrática, derechos fundamentales y división de poderes, esfera pública pluralista y los "objetivos" del Estado social y cultural de derecho) es posible y necesaria una teoría jurídica del bien común. La Constitución, entendida como orden jurídico fundamental del Estado y la sociedad, ofrece directivas sustantivas para el bien común; también abre una diversidad de procedimientos para su concretización y revisión.

Las palabras clave son "*salus publica ex constitutione*", "*salus publica ex processu*". El bien común republicano, en el marco de la LF, es menos un dato previo que una tarea conferida concretamente. Es el resultado de complejos procesos en la combinación de muchos miembros de las funciones estatales y los procesos públicos.

Numerosos impulsos para el bien común provienen, en el Estado constitucional, tanto de la sociedad abierta como de la constituida. Grupos plurales de todo tipo formulan, de manera agresiva o defensiva, de modo puntual o sectorial, aspectos del bien común que tratan de introducir en la determinación estatal del bien común.

A pesar de –o quizá debido a– sus manifestaciones jurídicas, el bien común requiere de investigación interdisciplinaria. Siendo desde la antigüedad una categoría del hombre que reflexiona sobre su *res publica*, y que actúa en y para ella, el bien común se encuentra en un contexto cultural concreto. Los conceptos jurídicos básicos como el bien común no viven de sí mismos, sino que surgen de numerosos logros integradores de la cultura de un pueblo. El "bien común" debe ser determinado concretamente y, en tal medida, es "relativo", pero también está dotado con contenidos y procedimientos clásicos; es un catalizador.

La Constitución del pluralismo descansa en contextos que en última instancia sólo pueden ser desentrañados por la ciencia cultural y que el jurista no puede desentrañar solo (ver también los fines educativos). Su consenso mínimo y básico (p.ej., de respeto al procedimiento del bien común, de la protección de las minorías, la prohibición de la violencia y la tolerancia) enraiza en estos ámbitos. En vista de crisis y peligros especiales, el actual concepto de "bien común" se ve sometido aquí a prueba.

Mientras que el concepto de bien común en el Estado constitucional debe elaborar cada vez más nuevos instrumentos y procedimientos, para impedir los déficits del bien común (consumidores, contribuyentes, minorías de las minorías, acciones colectivas), la discusión interdisciplinaria del bien común tiene que prepararse para los enormes desafíos de tipo ideal y material (p.ej., en materia de "desarrollo sustentable"). La concepción abierta del bien común surge y cae con la Constitución del pluralismo y con la fertilidad del diálogo entre las disciplinas particulares.

b) *Tareas del Estado.* A continuación se esbozará una teoría constitucional de las tareas del Estado[120]. Dicha teoría se intersecta en parte con la cuestión del bien común, aun cuando los textos constitucionales recientes hablan menos frecuentemente de "bien común". Mientras que las "tareas del Estado" (*Staatsaufgaben*)[121] tienen un referente estatal directo, el bien común tiene un alcance más amplio, por ejemplo, que incluye a los ciudadanos y los grupos.

Una doctrina de las tareas del Estado constitucional debería adoptar de entrada un punto de vista interdisciplinario: la filosofía, la ciencia política, la economía política, la sociología e incluso la teología, están llamadas a manifestar sus contribuciones (limitadas y que deben ser limitadas) que desde hace tiempo hacen en materia de "tareas del Estado". La teoría constitucional tiene que integrarlas, del mismo modo que en otras ocasiones actúa como foro para las ciencias particulares. Así, hay que mezclar lo mismo los textos clásicos de la teoría del Estado que los

120 Sobre lo que sigue, antecedentes en Häberle, *Verfassungsstaatliche Staatsaufgabenlehre*, *AöR*, vol. 111, 1986, p. 595 y ss.; también, Isensee, *Gemeinwohl und Staatsaufgaben im Verfassungsstaat*, *HdBStR*, vol. III, 1988, p. 3 y ss.; Hebeisen, *Staatszwecke, Staatsziele, Staatsaufgaben.* El concepto de "*public interest*" se encuentra crecientemente en Europa oriental; por ejemplo, art. 20, inc. 2, frase 1, de la Const. eslovaca de 1992; art. 59, inc. 3, de la Const. de Polonia (1997), la cual utiliza de manera destacada la idea del bien común en su Preámbulo ("*common good of Poland*").

121 Aunque el término *Staatsaufgaben* podría traducirse como "funciones del Estado", hemos preferido el concepto de "tarea" que, si bien resulta menos usual en el contexto de la teoría constitucional, permite distinguir la actuación concreta del Estado frente al desempeño de funciones genéricas como la legislación, la Administración, el Gobierno y la jurisdicción, denominadas explícitamente como "funciones del Estado" por el autor (ver § 68, b) [N. del T.].

de la economía política[122], o la doctrina social católica, la antigua tradición de la doctrina de los fines del Estado[123], la historia y el presente de las discusiones sobre el bien común, al igual que su perversión; así, el régimen nazi[124] (forma ejemplar de Estado totalitario) puede servir también como material de enseñanza, a partir de lo negativo, para el tipo del Estado constitucional.

Las "tareas del Estado" tienen que ser concebidas, desde el inicio, a partir del tipo del Estado constitucional, es decir, sobre todo a partir de la comunidad política constituida por la Constitución. Este tipo debe ser desentrañado en la comparación histórica y contemporánea de textos constitucionales; también en su cambio. Esto significa concretamente un adiós a todos los "préstamos" abiertos o encubiertos al Estado por la "teoría general del Estado". Sobre todo, no hay que adoptar el concepto de las tareas "natas", "nucleares" o "primarias", como tampoco el del "Estado industrial de regulación intensiva" (R. Zippelius). Se debe rechazar este último concepto porque encubre la diferencia fundamental entre el tipo del Estado totalitario y el Estado constitucional. Tampoco debe hablarse de tareas "natas" o "primarias", porque de este modo se desvalorizan indebidamente las nuevas tareas del Estado constitucional que lo legitiman en su actual etapa evolutiva y textual (tal como se manifiesta en las cláusulas sobre el Estado de cultura o social, así como en los artículos sobre el medio ambiente). Las tareas "clásicas" del Estado son también resultado de una evolución histórica; incluso las más recientes, en la fase evolutiva más próxima, han "nacido" y pueden modificarse en su desarrollo futuro. Cuando se introducen estas distinciones se manejan (inconsciente-

122 Atinadamente, al respecto, Starbatty, *Die englischen Klassiker der Nationalökonomie*.

123 Al respecto, Hespe, *Zur Entwicklung der Staatszwecklehre in der deutschen Staatsrechtswissenschaft des 19. Jahrhunderts*.

124 Al respecto, Stolleis, *Gemeinwohlformeln im nationalsozialistischen Recht*.

mente) categorías de la teoría general del Estado surgidas del "Estado" (absoluto). Sobre todo, en última instancia no se toma en serio la idea de que el Estado constitucional es constituido en todo por la Constitución, también en sus tareas. El Estado constitucional se distingue tanto del "Estado absoluto" como del totalitario en la concepción de las tareas estatales. De hecho, hay que trabajar primariamente en "el taller de la Constitución y no en el del Estado" (K. Stern), y contra él hay que llevar a término este enfoque en la "división" de las tareas del Estado. Las funciones clásicas del Estado se legitiman también por la Constitución y no por el "Estado". El Estado constitucional no se divide en un "nacimiento" o "naturaleza" estatal (o en tareas "natas" del Estado) y en historia o cultura jurídico-constitucionales ("tareas condicionadas a la situación"). En su concepción actual, es un "resultado intermedio" o una etapa evolutiva, que reclama respeto, de los procesos culturales. En particular hay que desentrañar, mediante el pensamiento de las necesidades, cuáles tareas del Estado son "necesarias" y también "posibles". Al hacerlo hay que argumentar tanto a partir del tipo del Estado constitucional como de los ejemplos nacionales particulares.

Los contenidos, las divisiones y los límites de las tareas del Estado constitucional se desentrañan, por un lado, a través de la comparación de las etapas textuales de constituciones antiguas y recientes. Por el otro lado, son necesarios los inventarios empíricos de lo que realmente se realiza. Por lo que toca a la comparación de textos constitucionales, aquí se presentan procesos de desarrollo notables. Las constituciones recientes en Suiza, Portugal (1976-1992)[125] y España (1978) se inclinan por normar de

[125] Cfr. el art. 9º de la Const. de Portugal: "Son misiones fundamentales del Estado: *1*) garantizar la independencia nacional y crear las condiciones políticas, económicas, sociales y culturales que la promuevan; *2*) garantizar los derechos y libertades fundamentales...; *3*) defender la democracia política...; *4*) promover el bienestar y la calidad de vida del pueblo y la igualdad real entre los portu-

manera expresa una multiplicidad de "objetivos", "fines", etc., del Estado; se desconfía evidentemente de los "plenos poderes" o "poderes en blanco" (post)absolutistas en el sentido de H. Krüger. Dicho en otras palabras, se muestran procesos intensivos de crecimiento en materia de tareas del Estado; y puesto que éstas están fijadas o desarrolladas en los textos constitucionales, se trata al mismo tiempo de un proceso de normativización o constitucionalización del tema de las tareas de Estado.

Los catálogos de tareas del Estado se extienden, tanto en lo textual como en lo científico, hacia los apartados sobre derechos fundamentales[126], pero también a la inversa. En otros términos: ya no se puede sostener el terco dualismo entre tareas del Estado, por un lado, y derechos fundamentales, por el otro. Así, en los catálogos de tareas del Estado se encuentran en ocasiones temas típicos de los derechos fundamentales (p.ej., art. 2º, inc. 2, proyecto constitucional suizo de 1977: "El Estado protege los derechos y libertades del ser humano y crea las bases necesarias para su realización"); así, hay "teorías generales de los derechos fundamentales" que no solamente los entienden como "límite" (lo que no dejan de ser), sino también como tareas[127], es decir, las tareas del Estado y los derechos fundamentales se han "aproximado" también en el más antiguo tipo de Estado ("solamente liberal")[128].

---

gueses, así como la efectividad de los derechos económicos, sociales, culturales...; 5) proteger y valorizar el patrimonio cultural del pueblo portugués, defender la naturaleza y el medio ambiente, preservar los recursos naturales". Otro catálogo de tareas en el art. 5º de la Const. de Guinea Ecuatorial.

126 Por ejemplo, el art. 19, inc. 1, de la Const. de los Países Bajos de 1983: "La creación de suficientes plazas de trabajo es objeto de cuidado por las autoridades". Inc. 3 del mismo artículo: "Se reconoce el derecho de todos los ciudadanos de los Países Bajos a la libre elección del trabajo".

127 Sobre las "funciones de los derechos fundamentales" así entendidas, ver mi ponencia presentada en Ratisbona [Häberle, *Grundrechte in Leistungsstaat*, *VVDStRL*, vol. 30, 1972, p. 43 (103 y siguientes)].

128 Especialmente visible es la vinculación en la Constitución de Suecia (1974-1976): "Principios básicos", 2: "El poder público se ejercerá con respeto al

Desde lo dogmático se requiere tanto un "pensamiento de los límites" como de las "tareas". Antes y ahora, los derechos fundamentales norman los límites y "tareas" del Estado constitucional, pero describen también de manera positiva tareas que le corresponden ("pensamiento competencial orientado a los derechos fundamentales").

Las clasificaciones de las tareas del Estado constitucional son recomendables por el lado temático: por ejemplo, la seguridad interior y exterior[129], la economía (p.ej., art. 40, inc. 1, Const. española) la cultura[130], la naturaleza y el medio ambiente[131], la salud y el deporte[132]. Puesto que muchos de estos temas afectan ámbitos de los derechos fundamentales, se dan algunas intersecciones (p.ej., el mandato cultural del Estado y las libertades culturales de los ciudadanos y grupos –v.gr., arts. 73 y 79, Const. de Portugal–). Los conflictos de objetivos son palmarios: por ejemplo, entre economía y ecología[133].

---

igual valor de todos y a favor de la libertad y la dignidad del individuo. El bienestar personal, económico y cultural del individuo será objetivo fundamental de la actuación pública; corresponderá a la Administración pública asegurar el derecho al trabajo, la vivienda y la educación, y promover la previsión y la seguridad sociales, así como un sano ambiente para vivir".

129 Por ejemplo: art. 2° de la Const. federal suiza: "La Confederación tiene por objeto asegurar la independencia de la Patria frente al extranjero, mantener la tranquilidad y el orden en el interior, proteger la libertad y los derechos de los confederados y acrecer su prosperidad común".

130 Por ejemplo, el art. 44, inc. 1, de la Const. española: "Los poderes públicos promoverán y tutelarán el acceso a la cultura, a la que todos tienen derecho", o el art. 7°, inc. 1, de la Const. de Schleswig-Holstein (1949): "El *Land* promueve y protege el arte y la ciencia, la investigación y la docencia".

131 Por ejemplo, el art. 24 de la Const. de Grecia. Cfr. también el apartado octavo de la Constitución de Brandenburgo de 1992: "Naturaleza y medio ambiente" (así como el apartado cuarto de la Constitución de Turingia de 1993).

132 Por ejemplo, el art. 22, inc. 1, de la Const. de los Países Bajos; el art. 43 de la Const. española; el art. 68 de la Const. de Polonia (1997). Art. 30, inc. 3, de la Const. de Turingia (1993): "El deporte goza de protección y promoción por el *Land* y sus corporaciones territoriales".

133 Una máxima de armonización se encuentra en el art. 112 de la Const. cantonal de Basilea-Comarca (1984), en su inc. 1: "El cantón y los municipios

Hay que hacer una distinción entre tareas del Estado, tareas públicas y tareas privadas, en correspondencia con la "tríada de ámbitos republicanos". Las tareas del Estado son cumplidas, con fundamento en una autorización constitucional, por el Estado; las "tareas públicas", por grupos, instituciones o individuos que no forman parte del Estado (p.ej., por la prensa, por las partes en las negociaciones colectivas laborales, por las iglesias)[134]. En qué medida pueden "estatizarse" las tareas públicas, o incluso las privadas, es algo que decide la Constitución (limitándolas, v.gr., por medio de los derechos fundamentales), en el marco de su proceso político (p.ej., art. 14, inc. 3, LF). Una teoría del Estado constitucional tendría que aclarar cuestiones particulares sobre lo privado.

En la democracia pluralista, la Constitución adopta enunciados materiales y procesales sobre las tareas del Estado: jurídico-materiales, en tanto menciona tareas sustantivas (de manera general, como en la cláusula del Estado social, o de modo especial)[135].

Numerosas tareas del Estado son tales, o se convierten en tales, primero por un procedimiento (es decir, el proceso político), porque el bien común pluralista se encuentra abierto. Aquí domina el indispensable margen de acción para una medida mayor o menor de "Estado" o de "lo privado", de "Estado" o de "más mercado", o de es-

---

tienden hacia una relación, equilibrada en el largo plazo, entre las fuerzas de la naturaleza y su renovabilidad, por un lado, así como su utilización por el ser humano, por la otra".

[134] También aquí son productivos los textos constitucionales recientes, por ejemplo, el art. 15 de la Const. de Grecia, inc. 2 *in fine*: "La radio y la televisión... procurarán... salvaguardar en sus emisiones, en todo caso, el nivel de calidad que resulte necesario respecto de su función social y el desarrollo cultural del país". Art. 46, inc. 1, de la Const. de Berna (1993): "El cantón fomenta la independencia y la pluralidad de las informaciones".

[135] Por ejemplo, art. 9°, párr. 1°, de la Const. de Italia: "La República promueve el desarrollo de la cultura y la investigación científica y técnica". Art. 108, inc. 1, de la Const. de Sajonia (1992): "Se promoverá la educación de los adultos". Similar el art. 29 de la Const. de Turingia de 1993.

tatización o privatización (los ejemplos más recientes en Inglaterra y Francia, también en su "ir y venir", se mantienen dentro de una doctrina de las tareas del Estado constitucional; la actual euforia privatizadora en Alemania podría haber llegado a los límites del Estado social y de cultura). Frente a un posible "exceso" de tareas estatales, debe recordarse la función de límite de los derechos fundamentales; frente a una "carencia", su valor como fundamento competencial ("libertad a través del Estado constitucional"). La máxima orientadora es el principio de subsidiariedad (históricamente mudable). En el marco de la Constitución se puede hablar de una apertura de las tareas estatales; los límites los trazan, además de los derechos fundamentales, los conceptos generales o particulares, más o menos "determinados", que se emplean en la Constitución.

En la comparación histórica y contemporánea hay que examinar los procesos de expansión, intensificación y diferenciación, que crecientemente caracterizan a las tareas estatales del tipo del "Estado constitucional"[136]. Sobre todo hay que examinar bajo cuál ropaje textual pueden ser normadas tales tareas en el Estado constitucional. Aquí se revela una amplia variación, que va desde las normas expresas sobre tales funciones, pasando por las "simples" competencias[137], hasta los derechos fundamentales (p.ej., art. 6°, inc. 5, LF). Especialmente en éstos se esconden actualmente, apoyados por la doctrina y la jurisprudencia, "tareas estatales": recuérdese la concepción de las "tareas de los derechos fundamentales". Estos últimos y las tareas estatales se encuentran en una relación ambivalente. Por un lado, en los derechos fundamentales pueden estar

[136] Al respecto, con material comparativo sobre Suiza: Häberle, *Neuere Verfassungen und Verfassungsvorhaben in der Schweiz, insbesondere auf kantonaler Ebene*, *JöR*, vol. 34, 1985, p. 303 (31 y ss., 370 y siguientes).

[137] Por ejemplo, el art. 10 de la Const. federal de Austria (1920): "Son materias federales...".

"escondidos" mandatos constitucionales para el cumplimiento de tareas estatales activadas por el término del "aspecto prestacional" de los derechos fundamentales; por otro lado, hay que recordar una y otra vez la función limitadora de los derechos fundamentales respecto de las tareas del Estado. En la medida en que la dogmática de los derechos fundamentales complemente la dimensión clásica de no interferencia del Estado a través del aspecto jurídico-objetivo, prestacional, protector y procesal, se intensifican y se diferencian las funciones del Estado. El creador del texto constitucional sigue esto. Éste es un motivo para la "multiplicación" de las tareas del Estado incluidas en textos constitucionales.

Hay que desarrollar, respecto del Estado constitucional, una doctrina que describa en qué procesos se desarrollan las tareas estatales como tales en la "Constitución del pluralismo". La "concepción procesal, pluralista, del bien común" representa una oferta teórica. La teoría constitucional puede, sin duda, mencionar criterios sustantivos generalizadores y, sobre todo, procedimientos diferenciados, en los cuales las tareas del bien común sean esbozadas en forma de tareas estatales y sean cumplidas en lo particular. En este sentido, siguen siendo notables las nuevas cláusulas sobre *State policy* en Sudáfrica.

Una doctrina de las tareas del Estado constitucional que se oriente por el tipo del Estado constitucional, sobre todo en el modo en que éste se hace tangible en el espejo de sus textos, debería esbozar también directivas para la política constitucional, así como lo intenta la teoría constitucional para otros temas.

En suma, el tema de las "tareas del Estado" no puede ser olvidado ni por la teoría de la Constitución ni por los creadores de textos constitucionales. Es tan importante que asume el rango de derecho constitucional material y, por tanto, una configuración normativa variable en el texto constitucional (con nuevos temas como salud, medio ambiente, política de medios de comunicación, protección del consumidor, etcétera)[138]. Hay numerosas variantes de regulación; no es poco lo que habla en favor de poner sus "fundamentos" en el preámbulo o en los artículos iniciales (así en la Constitución de Sajonia-Anhalt de 1992 o en el Preámbulo de la Constitución de Mecklemburgo-Antepomerania de 1993: entre otros, protección de los "débiles").

Sin embargo, textualmente hay que dejar la "primacía" a los derechos fundamentales, también en lo externo, pues primero hay que "sentar" la premisa constitucional de la dignidad humana. Mucho es lo que habla en favor de un apartado propio sobre las "tareas del Estado" después de un apartado "clásico" sobre los derechos fundamentales. También puede pensarse en enriquecer deliberadamente los derechos fundamentales con tareas estatales, con lo cual podría renunciarse a un apartado propio de tareas estatales. En suma, hay que prevenir contra un "ramillete" excesivo de tareas estatales detalladas en la Constitución. La teoría constitucional no puede ser demasiado concreta en esas máximas político-constitucionales, porque no debe obstaculizar en exceso la innovación por parte del proceso político. Es precisamente un distintivo de la apertura de la Constitución recomendar "esto pero también lo otro": por un lado, textos "inductores", pero por el

[138] En Constituciones recientes se convierte el tema de la protección del consumidor en tema de muchas maneras: la Constitución española (1978), en el capítulo "De los principios rectores de la política social y económica", art. 51: *1*) "Los poderes públicos garantizarán la defensa de los consumidores y usuarios, protegiendo, mediante procedimientos eficaces, la seguridad, la salud y los legítimos intereses económicos de los mismos". *2*) "Los poderes públicos promoverán la información y la educación de los consumidores y usuarios, fomentarán sus organizaciones y oirán a éstas en las cuestiones que puedan afectar a aquéllos, en los términos que la ley establezca". *3*) "En el marco de lo dispuesto por los apartados anteriores, la ley regulará el comercio interior y el régimen de autorización de productos comerciales". La Constitución del Cantón del Jura (1977): "III. *Les tâches de l'État... 10) La protection des consommateurs*". Art. 52: "*L'État considère les interêts des consommateurs*".

otro, límites en el tema "tareas estatales", reserva en lugar de "furia reglamentadora y normadora". Las citadas Constituciones recientes ofrecen mucho material de prueba sobre las soluciones logradas, pero también alguna exageración y motivo para la crítica. Aquí no hacen sino reflejar la urgencia de una doctrina más desarrollada de las tareas estatales. La elaboración de la referencia de las tareas estatales a los derechos fundamentales, pero también la referencia de éstos a aquéllas, sigue siendo un desiderátum de la investigación. Ambos aspectos logran un pedazo esencial de legitimación del Estado constitucional, tanto del tipo como de su configuración concreta.

Las tareas del Estado son elemento indispensable de la "imagen del Estado" (más precisamente: de la imagen del Estado constitucional) de una comunidad política[139]. Esta imagen se basa en la "imagen del hombre" del Estado constitucional como tipo. Las tareas del Estado deben verse aquí, tanto en la Constitución como en su conjunto, en procesos de evolución cultural, y en las correspondientes "etapas textuales" (incluso hacia un futuro abierto). La riqueza de formas, procedimientos y contenidos es grande, porque el tipo del Estado constitucional ofrece bastante margen de configuración, pero norma también límites, los cuales deben buscarse, en última instancia, en la dignidad, libertad e igualdad de los ciudadanos. En este sentido, todo pensamiento y acción sobre las tareas estatales reconducen a la premisa antropológico-cultural del Estado constitucional; hacia la dignidad humana. Las cláusulas de *State policy* que en tiempos recientes se han vuelto más frecuentes y arbitrarias, no deberían ser recibidas por la imagen constitucional de los Estados constitucionales europeos.

139 Sobre las cuestiones de la "imagen del Estado": Häberle, *Die Wesensgehaltsgarantie des Art. 19 Abs 2 GG*, 3ª ed., p. 363 y siguientes. El art. 3º de la Const. de Ucrania vincula imagen del Estado y del ser humano.

§ 72. *Trabajo y propiedad, economía social y ecológica de mercado*

La comparación jurídica histórica y contemporánea, bastante más allá del "derecho al trabajo", conduce, en el Estado constitucional, a las palabras clave: trabajo y propiedad.

Trabajo y propiedad se encuentran en una relación interna y externa, material y funcional, a pesar del antagonismo con el que frecuentemente se presentan en la historia constitucional y social. Culturalmente pertenecen ambos a un gran contexto, en parte en rivalidad, en parte en competencia, en parte en complementariedad. La historia de la cultura varía constantemente esta relación. Visto en conjunto con el derecho ordinario, el derecho constitucional refleja aspectos importantes de esta relación.

a) *Elementos de una "teoría constitucional del trabajo".* En un Estado constitucional como la República Federal de Alemania, esta relación se intensifica. La propiedad y el trabajo "en el sentido de la Constitución" se constituyen mutuamente. Las contraposiciones y "relaciones de competencia" entre propiedad y trabajo se reducen. Textualmente ambos van creciendo. Las vinculaciones se hacen visibles, por un lado, bajo la figura de la "nueva" propiedad o la "cuasipropiedad", por el otro lado, por la protección constitucional especial a la propiedad "producto del trabajo". Las obligaciones sociales de la propiedad se intensifican en interés de los trabajadores, al mismo tiempo que se llega a formas de "más propiedad para todos" a partir del trabajo. Las constituciones en el Estado constitucional expresan crecientemente esta relación entre trabajo y propiedad al regular a ambos en el mismo apartado; a veces, el artículo sobre la propiedad en el catálogo clásico de derechos fundamentales "emigra" hacia el derecho constitucional del trabajo. En otras ocasiones, la materia del trabajo figura, de manera incluso "apreciada", antes de la propiedad. El derecho constitucional del trabajo "crece", sin volverse "omnipresente", y sin poder hacerlo, como en las constituciones socialistas, pues ello rompería con la "Constitución del pluralismo".

No sólo a la propiedad, sino también, y precisamente, al *trabajo*, hay que ponerlos en conexión con las "disposiciones sobre la esencia humana". Ambos, propiedad y trabajo, pertenecen a la *conditio humana*, a la libertad personal y a la dignidad de los derechos humanos (libertad de trabajar como "desenvolvimiento de la personalidad"), por lo que hay que buscar una "posible unidad" de ambos como derecho humano. El enfoque antropológico-cultural debe verse cumplido en la actualidad, en última instancia, en el plano de una teoría de la Constitución desarrollada como ciencia cultural (pero distinta, en tanto tipo ideal y tipo real, de las constituciones socialistas y las islámicas fundamentalistas). La "reconstrucción" de la agitada "historia constitucional del trabajo y la propiedad" sólo a través de las ciencias sociales sería demasiado estrecha, pues así tendrían muy escaso peso las concepciones, ricas en consecuencias, de vocación religiosa y teológica; se explicaría de manera demasiado unidimensional la "concepción de vocación idealista-holística" que ha influido en "todos los estratos educados de la sociedad alemana" y que actúa hasta ahora.

Si en la actualidad el trabajo, junto con la propiedad, está situado así en el centro de la identidad del ser humano, el ciudadano y su libertad, ello tiene, en el Estado constitucional, consecuencias para varios ámbitos parciales del texto constitucional en conjunto. No hay que preguntar sólo de modo puntual por la normación de un derecho al trabajo, sino integralmente (y, por lo tanto, igualmente variados tendrán que ser las técnicas y los contenidos de la normación): el trabajo, que de entrada ha de verse en el "con-texto" cultural con la dignidad humana, la libertad y la propiedad, tiene un sitio en el marco de los fines educativos y las tareas estatales, es decir, por un lado, desde el punto de vista competencial, y por el otro, en forma de un derecho fundamental al trabajo, de múltiples dimensiones, con "garantías conexas", como la protección de la salud, las condiciones justas de trabajo, etcétera. La concepción de un derecho fundamental al trabajo de estructura compleja relativiza la dicotomía (supuestamente "clásica") entre los derechos de libertad y los derechos fundamentales sociales, del mismo modo como el *trabajo* y la *protección del trabajo* penetran en las dimensiones de los derechos fundamentales. Esta concepción del derecho fundamental como "etapas" o "estadios" sobre una escala completa de contenidos y técnicas normativos permite, en última instancia, también un panorama diferenciado de la materia del trabajo junto con otros "temas" de las constituciones del Estado constitucional (en especial, con la dignidad humana, la libertad y la propiedad), así como del trabajador como ser humano, con los "derechos fundamentales paralelos" suyos y de sus congéneres (p.ej., los del propietario). Esta *conexión* se produce y debe reproducirse constantemente, en primera y última instancia, en el *contrato social* dirigido hacia la propiedad y el trabajo. Así se cumple, desde el punto de vista de la ética social, con la muy invocada "solidaridad", tanto de manera práctica como teórica.

No obstante la altura a la que se sitúa, en la teoría constitucional, a la materia "trabajo" y a la persona, y a pesar de la alta jerarquía en que están desarrollados actualmente los aspectos del derecho constitucional del trabajo, distribuidos en los diversos pasajes del texto constitucional (desde los préambulos, pasando por los fines educativos, que contienen el "*ethos* de la sociedad del trabajo", hasta los catálogos de derechos fundamentales, las normas sobre tareas estatales y los apartados sobre la economía y la cultura –esto tratándose de la propiedad y el trabajo "intelectuales"–), la prestación relativa a la propiedad y el trabajo en la cotidianidad del Estado constitucional es aportada sobre todo por el derecho ordinario y sus intérpretes: las "concretizaciones del derecho al trabajo" se encuentran de manera muy diversa en el derecho del trabajo, pero también en otros ámbitos del derecho ordinario, como en el derecho social, el derecho fiscal, etcétera. Aquí participan todos en la "sociedad abierta de los intérpretes constitucionales". Se requiere un diálogo cultural de las diversas ciencias particulares sobre la materia "trabajo" y la persona del ser humano trabajador, también para reconocer lo que significa el desempleo.

Si este diálogo cultural conduce a encontrar una salida a la magnificación teórica, incluso la absolutización del trabajo, iniciada en el siglo XVII, que ahora encuentra sus límites en una "crisis de la sociedad del trabajo"[140], es una cuestión que queda abierta aquí. Sin duda tiene que crecer la conciencia de que hay actividades "de altura" y "razonables" más allá del trabajo pagado (p.ej., los cargos honoríficos). El Estado constitucional occidental se encuentra aquí frente a desafíos apenas conocidos, pero también ante oportunidades. Un cambio culturalmente condicionado del concepto de trabajo podría volverse muy agudo en este momento en que la teoría constitucional culturalista ha identificado al trabajo como uno de sus problemas.

El trabajo es un aspecto de la actualización culturalista del contrato social y constitucional. Sobre la tríada de "libertad, propiedad y trabajo" se puede decir lo siguiente:

El trabajo asume en la actualidad una jerarquía tan alta, tanto en la perspectiva del ciudadano (en especial, el joven) como en la comunidad de los libres e iguales, que resulta necesario darle un sitio igualmente fundamental en la reconstrucción teórica del Estado constitucional. Esto puede ocurrir ampliando la famosa fórmula de "libertad y

[140] Al respecto, Arendt, *Vita activa*, especialmente p. 11 y siguientes.

propiedad" mediante la dimensión del trabajo. Sólo así se toma en serio la idea filosófica de que el "trabajo es una condición existencial fundamental de la práctica del ser humano en sociedad", de que el "trabajo humano inalienablemente individual" es, al mismo tiempo, un factor de constitución de la sociedad. La concepción procesal de la Constitución como una convivencia y tolerancia constantes de todos pone en evidencia la continuación del modelo contractual clásico: protección de la libertad, la propiedad y el trabajo, como "norma fundamental y tarea", como consenso básico que tiene que reactualizarse, de manera constante, de la sociedad abierta del Estado constitucional, el cual requiere una fundamentación cultural a través de los contenidos que vaya más allá de los simples procedimientos. "Libertad, propiedad y trabajo" son, actualmente, tales contenidos legitimadores que están ligados de la manera más estrecha. Esto lo muestran fórmulas del tipo "propiedad y trabajo como libertad condensada", "propiedad a través del trabajo", "la propiedad es libertad" (G. Dürig), la frase de N. Blüm que parafrasea a K. Marx "el ser humano a través del trabajo", a la frase de A. Baruzzi "derecho humano al trabajo como realización de la libertad"[141], así como a la sociedad entre patrones y trabajadores en el sentido de la doctrina social católica. El trabajador se convierte en conciudadano, así como en un sentido más profundo es copropietario.

Tales modelos –en última instancia culturales– no pueden ser impuestos jurídicamente de manera repentina por el orden jurídico, ni siquiera por el orden constitucional "positivo", sino que –sobre todo– deben ser vividos a largo plazo y ser ganados duramente cada día, incluso en la perspectiva de las generaciones. El pacto de solidaridad social-ético que "armoniza" de nueva manera la "libertad, la propiedad y el trabajo" en la forma apuntada, y que

[141] Baruzzi, *Recht auf Arbeit und Beruf?*

constituye al "trabajo como cultura", puede ser modelo intelectual y marco de orientación científica: no más, pero tampoco menos.

No sólo la propiedad (como en el siglo XIX, pero también en el XX), sino también el trabajo, convierten (hoy) al ciudadano en ciudadano activo. Así como el siglo XIX tenía que solucionar, y trató de hacerlo, el problema de la autorrealización del ser humano a través de la propiedad, lo mismo debe ocurrir en el siglo XX con el trabajo, ya que en el eje del tiempo es el equivalente social de la propiedad. Una teoría constitucional probada de manera científica y políticamente creíble no es posible en la actualidad sin la apuntada integración del trabajo. No existe ya ningún concepto de dignidad humana ni teorías de los derechos fundamentales, concebidos en conjunto, así como tampoco ninguna doctrina de la democracia, de los fines estatales y el bien común, incluso ninguna teoría de la propiedad, sin el "trabajo como problema constitucional". Tomar en serio, en la teoría constitucional, al trabajador como "conciudadano" y como "copropietario" será tanto más posible en la medida en que el derecho del trabajo (sobre todo gracias a la jurisprudencia y la doctrina laborales), en apariencia desde abajo, pero ya en el fondo, haya elaborado el tema del "trabajo" como "derecho constitucional en devenir", en forma adecuada a un Estado social y cultural de derecho. De este modo, las constituciones del Estado constitucional aseguran un pedazo de su futuro propio, lo que ocurrirá también gracias a una "alianza" entre la ciencia laboralista y la ciencia constitucionalista. Y sólo de este modo puede ser y continuar siendo la Constitución del pluralismo una medida del ser humano: del ser humano como ciudadano y trabajador.

Pero con ello también queda en evidencia lo que significa el desempleo masivo en el Estado constitucional actual, pues lo afecta en su núcleo y le resta credibilidad cuando no es capaz de disminuirlo. Se trata de un cuestionamiento del descripto contrato social, similar a una emigración masiva. Al mismo tiempo, hay que recordar que el ser humano no es solamente el "factor trabajo", un "factor de la economía" o una magnitud en el "lugar económico Alemania", por indispensable que resulte incorporar ahora a la economía en el sistema de coordenadas de esta teoría de la Constitución.

b) *Economía social y ecológica de mercado.* La "economía social de mercado" (a la que ocasionalmente se la completa con el apelativo de "ecológica"; cfr. el art. 38, Const. de Turingia) se ha convertido, entre tanto, en un elemento central del Estado constitucional de la actual etapa evolutiva: de manera escrita o no escrita. Por ello, ya es el momento para contar con una teoría constitucional que integre al "mercado" en el sistema de coordenadas del pensamiento básico de la filosofía del Estado y el derecho. En este sentido, la discusión clásica sobre el contrato social y la imagen del ser humano se hacen tan relevantes como la interpretación del mercado desde la perspectiva culturalista.

El año 1989 hizo sonar la "hora universal" del Estado constitucional: el fracaso casi global del marxismo-leninismo logró que muchos de los elementos estructurales de aquél, sobre todo los derechos humanos, la democracia, el Estado de derecho y también la economía (social) de mercado, entraran de manera positiva en la conciencia y lo legitimaran como gran meta de la reforma en Europa oriental. La exitosa historia de la "economía de mercado" ejerce también una fascinación que las diversas ciencias todavía no han analizado ni explicado, incluso ahora y precisamente en el año 1997, en que en Europa del este se mostró de modo drástico cuán difícil resulta en la práctica la transición de la economía de comando a la economía social de mercado; en lo personal, lo institucional y lo jurídico, pero también en el aspecto psicológico-mental y "moral".

El surgimiento de un gigantesco y único mercado mundial por encima de todas las fronteras estatales ofrece una razón más para cuestionar, muy de principio, al mercado, que –a pesar de su popularidad– es un ser bastante "desconocido" en la amplitud de varias disciplinas y en la profundidad de cada una de ellas. El desafío a la teoría constitucional es tanto mayor por cuanto en Occidente se extiende un nuevo economicismo o materialismo (mercantilización de casi todos los ámbitos de la vida), en que deben ser vinculados la ecología[142] y la economía, y que desde el punto de vista de la política constitucional, hay que decidir en todos los procesos constituyentes actuales (p.ej., en Europa oriental y anteriormente en Alemania del este) aquello que, en materia de mercado y economía de mercado, debe convertirse en textos constitucionales, y cómo debe hacerlo.

Mercado y economía de mercado constituyen actualmente un problema constitucional central, "interno". Los textos clásicos, desde A. Smith hasta *sir* K. Popper, considerados aquí como textos constitucionales en sentido amplio[143], y las etapas evolutivas de los textos constitucionales escritos en sentido estricto (con ellos frecuentemente vinculados), ofrecen más que meros indicios del problema. Vistos globalmente, muestran que la vida económica es un pedazo de libertad constituida y responsabilidad de un sector de la libertad cultural, del bien común y la justicia, y demuestran que el Estado constitucional no abarca espacios "naturales", sino que constituye ámbitos culturales. Dicho en otros términos: la sociedad pluralista se constituye y reconstituye de tal modo que crea ordenamientos marco e institutos jurídicos para la actividad económica, con el consenso ético-jurídico (que también es un pedazo

142 De la bibliografía alemana: Berg, *Über den Umweltstaat*, en "FS Stern", 1997, p. 421 y ss.; Kloepfer, *Umweltschutz als Verfassungsrecht: Zum neuen Art. 20a GG*, *DVBl*, 1996, p. 73 y siguientes.

143 Al respecto, Häberle, *Klassikertexte im Verfassungsleben*.

de "ética económica" indirecta), que toma en serio sobre todo en el derecho ordinario y que realiza el principio del Estado social (p.ej., en el derecho laboral y social), de tal manera que la economía de mercado se convierta en economía social de mercado como aspecto del bien común. Mercado y competencia significan mucho para la sociedad abierta, aunque no todo. El *homo œconomicus* constituye sólo una verdad parcial. La apertura, frecuentemente invocada, del procedimiento de la formación de la voluntad democrática no puede ser falsificada por los procesos de poder económico, ya que la sociedad abierta no es un "juego de ganancia económica". Las estructuras de la división de poderes, trasladadas del Estado a la economía (p.ej., leyes de competencia económica, leyes sobre fusiones en la prensa, o bien, topes en el ámbito de las fusiones de empresas televisoras privadas) son las que deben impedirlo. La política de competencia económica es, en este sentido, "política democrática", al mismo tiempo que un servicio a la economía social de mercado.

Una teoría constitucional del mercado todavía enfrenta nuevos desafíos, a pesar de lo mucho que se ha logrado: la ecología debe desarrollar hacia la economía una relación de "concordancia práctica", del mismo modo que en ocasiones lo exigen programáticamente algunos objetivos del Estado (por último, la Constitución de Turingia de octubre de 1993, en su art. 38: "El ordenamiento de la vida económica debe corresponder a los principios de una economía social de mercado, comprometida con la ecología"). Y la democracia pluralista sobrevive únicamente cuando reconoce una disposición de responsabilidad hacia los Estados constitucionales "en devenir" de Europa del este y apoya los procesos de transformación que se llevan a cabo ahí. La teoría constitucional del mercado socialmente amortiguado y comprometido con la ecología debería convertirse en práctica constitucional vivida en todo el mundo. El Estado constitucional común europeo-atlántico habría demostrado así, una vez más, que tiene a la dignidad humana como premisa antropológico-cultural, que entiende a la democracia como su consecuencia y que colabora en el objetivo de la "riqueza de las naciones", orientados por la justicia y el bien común, sin caer presas del "economicismo". Éste queda ya excluido por la moral y la idealidad (relativas) que caracterizan a la convivencia republicana de los ciudadanos en un Estado constitucional y gracias a él. Dicho economicismo también despreciaría lo que los seres humanos en Europa oriental han intentado en las revoluciones, en su mayoría pacíficas, de 1989: quizá ya con "intención cosmopolita", pero al menos con consecuencias cosmopolitas.

En todo esto, hay siempre que tomar en cuenta que la propiedad privada es un puntal del "mercado" enmarcado en el Estado constitucional, tanto en la evolución histórica como en la actualidad.

§ 73. *FEDERALISMO Y REGIONALISMO COMO PLURALISMO TERRITORIAL Y DIVISIÓN CULTURAL DE PODERES*

Además de algunos derechos fundamentales "culturales" en lo particular, al lado de los fines educativos y las garantías de ámbitos materiales y cláusulas de encargo cultural especiales, así como aparte del derecho constitucional cultural de los municipios, existe una estructura constitucional que frecuentemente es entendida como mero "principio de la organización estatal", pero que en la actualidad constituye un *principio material* esencial de la Constitución de la cultura: el *Estado federal* (*Bundesstaatlichkeit*).

a) *FEDERALISMO: EL ESTADO FEDERAL CULTURAL, LA CONCEPCIÓN CULTURALISTA DEL ESTADO FEDERAL. LA TEORÍA MIXTA DEL ESTADO FEDERAL.* La teoría mixta del Estado federal solamente puede ser esbozada aquí respecto de la República Federal de Alemania, la actual Alemania unificada, aunque –en mi opinión– resulta relevante para los demás Estados federales del mundo. Sin embargo, la comprobación de esta tesis supone una elaboración amplia de los procesos y contenidos de las etapas textuales extranjeras, la cual no es posible aquí ni siquiera en su planteamiento[144]. No obstante, hasta el momento ha sido posible mostrar que el "taller" mundial en materia de Estado federal y los procesos de producción y recepción que en él se dan, desde los clásicos "*Federalist Papers*" hasta el "*cooperative federalism*", no son sólo partes, sectores, piedras de mosaico de un todo: nunca se reciben, ni se integran en una unidad sin contradicciones, una teoría en su totalidad, un modelo, tan diversos y plurales son los procesos de intercambio y las naciones en lo individual. Las teorías "puras" tampoco constituyen aquí ni la realidad entera, ni la controlan; los modelos de explicación del federalismo desarrollados a partir de una idea no ofrecen ganancia en el conocimiento.

A partir de esta (supuesta) necesidad, hay que hacer una virtud de la carencia de una única *teoría correcta del Estado federal*, esto es, la teoría mixta del Estado federal, la que permite flexibilidad y crea apertura para el desarrollo, permite una integración pragmática de elementos teóricos y no corre peligro de violentar a la realidad en interés de una teoría ni impone pretensiones de verdad científica; por el contrario, integra la pluralidad de la lucha de muchos por lograr el "buen" Estado federal y quizá pueda invocar todavía el potencial argumentativo de la doctrina clá-

[144] En particular, de modo comparativo: Starck (ed.), *Zusammenarbeit der Gliedstaaten im Bundesstaat*. Un acento propio sobre una base comparativa es el que propone Schindler, *Differenzierter Föderalismus*, en "FS Häfelin", 1989, p. 371 y siguientes. Ver, también, Münch, *Die Entwicklung des australischen Föderalismus*, "Der Staat", vol. 35, 1996, p. 284 y ss.; Craven (ed.), *Australian Federation*; Pernthaler, *Der differenzierte Bundesstaat*; Annaheim, *Die Gliedstaaten im amerikanischen Bundesstaat*; Pernthaler (ed.), *Bundesstaatsformen als Instrument der Verwaltungsreform und des europäischen Föderalismus*; Palermo, *Germania ed Austria: modelli federale*.

sica de la "Constitución mixta"[145]. Si bien se puede criticar como "sincretismo" lo que aquí se propone como teoría mixta del Estado federal, este sincretismo, presunto o verdadero, no es, visto en términos positivos, sino una consecuencia de la "Constitución del pluralismo". La "pluralidad del poder de dirección política" en el Estado federal de la que habla K. Stern solamente puede ser captada también por un modelo de pluralismo en términos de teoría de la ciencia: la teoría mixta del Estado federal lo puede ser. Por último, la teoría mixta del Estado federal aquí esbozada es bastante flexible para captar las transformaciones en el tiempo y el espacio: en el espacio, en la medida en que los diversos Estados federales nacionales combinan de manera variable y completamente individual los elementos teóricos particulares; en el tiempo, en tanto la evolución constitucional y la historia de las etapas textuales de los diversos Estados constitucionales conocen fases en las que unas veces predomina en primer plano, y en otras se retrae, uno u otro elemento teórico. Apenas hay que señalar que la teoría mixta del Estado constitucional así esbozada se corresponde con la idea de la cultura abierta.

La estructura del Estado federal de manera muy especial en la Alemania unificada es parte integral del Estado constitucional. En el marco de una teoría de la Constitución como ciencia jurídica de los textos y la cultura, resulta evidente, por tanto, poner también el acento en lo cultural para efectos de la comprensión del Estado federal, a pesar de la importancia que pueda tener lo económico como sustrato y no obstante el derecho relativo que conservan otros modelos teóricos. Al respecto, resulta relevante tanto el concepto estricto (educación y formación, ciencia y arte, preservación de monumentos y medios de comunicación) como el concepto amplio de cultura (p.ej.,

145 Al respecto, Stern, *Das Staatsrecht der Bundesrepublik Deutschland*, vol. I, 2ª ed., p. 735 y siguientes.

arte popular y deporte)[146]. Y precisamente el pragmatismo evidente en la evolución de cada Estado federal sugiere de manera teórica el modelo mixto. El concepto de "federalismo de la cultura" es un término afortunado que refleja, respecto de Alemania, ya en su planteamiento y tanto en la historia como en la actualidad, la vinculación entre Estado federal y cultura. El "concepto abierto de cultura", el "pluralismo de los sujetos de la cultura"[147] es la generalización jurídica de esta idea.

b) *El principio federativo en la Ley Fundamental y los elementos determinantes del tipo del Estado federal.* En siete concisas frases clave se puede caracterizar, siguiendo a K. Stern[148], la manifestación del principio federativo en la LF alemana, siendo que esta serie de "normas constitucionales, principios e instituciones", se puede reconducir "a una cierta pluralidad del poder de dirección política" ("*two centres of government*"):

1) El carácter estatal, tanto de la Federación como de los *Länder*, que les confiere un "margen propio de configuración política" [cfr. BVerGE 1, 14 (34); 36, 342 (360 y 361)], en el que los espacios constitucionales de aquélla y de éstos coexisten independientemente [BVerfGE 4, 158 (189); 36, 342 (360 y 362)].

2) La distribución de competencias entre la Federación y los *Länder* como "importante manifestación del principio federativo... y al mismo tiempo como elemento de una división funcional adicional de los poderes. Dicha

146 Al respecto, Häberle, *Vom Kulturstaat zum Kulturverfassungsrecht*, en Häberle (ed.), "Kulturstaatlichkeit und Kulturverfassungsrecht", p. 1 (20) y ss.; ver, también, Steiner, "Kulturauftrag im staatlichen Gemeinwesen", VVDStRL, vol. 42, 1984, p. 7 (8 y ss.); Grimm, *Kulturauftrag im Staatlichen Gemeinwessen, VVDStRL*, vol. 42, 1984, p. 46 (60 y 61).

147 Al respecto, Häberle, *Kulturpolitik in der Stadt ein Verfassungsauftrag*, p. 34, 35 y 37, y *Kulturverfassungsrecht im Bundesstaat*, p. 14, y 15 y pássim.

148 Stern, *Das Staatsrecht der Bundesrepublik Deutschland*, vol. I, 2ª ed., p. 667 y siguientes.

manifestación distribuye el poder político y establece un marco jurídico-constitucional para su ejercicio" [BVerfGE 55, 274 (318 y 319)]. De acuerdo con la LF, les han quedado todavía a los *Länder*: la organización de su ámbito estatal, los organismos municipales, la policía y los cuerpos de seguridad, el ámbito cultural (sobre todo, las escuelas e instituciones de educación superior) y la esfera de la planeación de sus propias tareas.

3) Como "principio constitucional no escrito", la conducta favorable a la organización federativa (*bundesfreundlich*) tanto de la Federación frente a las entidades federativas, como de éstas frente a aquélla [BVerfGE 1, 299 (315); 8, 122 (138); 12, 205 (254); 31, 314 (354); 34, 9 (20); 43, 291 (348)], el cual debería aplicarse ahora específicamente, después de la reunificación, entre los *Länder* occidentales y la Federación respecto de los *Länder* orientales, apoyado en la garantía del "orden constitucional" por parte de la Federación, conforme al art. 28, inc. 3, de la LF [ver también la "obra comunitaria Auge del Este", por último: BVerfGE 92, 203 (230 y 231)].

4) El principio de homogeneidad (cfr. art. 28, incs. 1 y 3, LF), entendido como "estándar medio" de coincidencia tanto de las entidades entre sí como de éstas y la Federación. Por lo demás, este principio es equilibrado por la pluralidad y permite en el fondo concebir al Estado federal como pieza de la división pluralista de los poderes (nótese que en la "cláusula de garantía estructural" en el nuevo texto del inc. 1 del art. 23 de la LF, se encuentra una especie de principio de homogeneidad europeo).

5) Las posibilidades de intervención de la Federación en los *Länder* (p.ej., como vigilancia o como coacción federales), las que ciertamente se ven compensadas por las intervenciones de los *Länder* sobre la Federación (cfr. el Consejo Federal según el art. 50, LF).

6) La primacía del derecho federal (conforme a la Constitución) sobre el derecho de un *Land* (art. 31, LF).

7) La participación de los *Länder* en la formación de la voluntad de la Federación[149], del Consejo Federal como órgano constitucional federativo.

Estos siete elementos son determinantes, en general, del tipo del Estado federal, aunque los ejemplos nacionales contienen numerosas variantes. Remitimos al efecto a ciertas posibilidades de analogía con su "hermano menor", el regionalismo.

c) *El regionalismo desde la perspectiva culturalista y comparativa.* La estructura del regionalismo se encuentra en vías de convertirse en un elemento típico del Estado constitucional de la actual etapa de desarrollo textual. A pesar de la diversidad de formas de manifestación en los distintos países, desde sus modestos inicios en la Gran Bretaña (ahora Escocia: 1997), pasando por ejemplos vitales en España, hasta la "consumación" del regionalismo en el federalismo (en el sentido de una línea ascendente: Austria-Alemania-Suiza), toda doctrina moderna sobre el Estado constitucional debe plantearse de manera central el tema del "regionalismo".

1) *El concepto constitucional de "región": un conjunto abierto de diversas magnitudes mixtas. Lineamientos textuales, la imagen de la "escala".* De qué modo el regionalismo "crece desde adentro" en el tipo del Estado constitucional, al menos en Europa occidental y, esperemos, también en Europa oriental, se revela en que se constituye frecuentemente de los elementos que, por su lado, ya son elementos integrantes del Estado constitucional: la idea de la libertad cultural, la autonomía administrativa (que se manifiesta sobre todo en los municipios), de la descentralización y la subsidiariedad, de la democracia (también en lo pequeño), de la división de poderes y el control del poder. Esto hay que profundizarlo en el marco de los fundamen-

[149] Cfr. Stern, *Das Staatsrecht der Bundesrepublik Deutschland*, vol. I, 2ª ed., p. 726 y siguientes.

tos de la legitimación. Aquí deberá bastar la referencia de que el regionalismo es en la actualidad un elemento estructural "emergente" del Estado constitucional y que madura como máxima del derecho europeo. Aunque muchos Estados constitucionales no sean, entonces como ahora, Estados federales, o no deseen convertirse en tales: sin embargo, todos querrán trabajar más o menos, a mediano plazo, en el desarrollo de estructuras regionales constitucionales, y quizá tengan que hacerlo (como contrapeso a los vínculos supranacionales, a los grandes mercados, por razones de la protección de minorías étnicas, etcétera). Posiblemente ya nos encontremos en Europa en vías a estructuras regionales comunes europeas, aunque sean diversos los ejemplos nacionales, una vía en la que ya han avanzado los municipios; una expresión de ello es la Carta Europea de la Autonomía Municipal de 1985.

Este *derecho constitucional regional común europeo* sería, entonces, parte del *ius commune constitutionale*, del derecho constitucional común europeo, tal como se ha consagrado en la doctrina jurídica antigua y reciente, inspirada en el derecho civil, al mismo tiempo que en la actual escena europea[150].

El tema del "regionalismo" no debería ser fijado precipitadamente por definiciones y restricciones conceptuales. Si bien se trata de un elemento estructural emergente del tipo del Estado constitucional, actualmente se encuentra en una fase de desarrollo dinámico, con momentos y velocidades muy diversos. No obstante, debemos luchar por alcanzar un perfil del concepto de "región". También el federalismo ofrece, a escala mundial, una gran riqueza de ejemplos en las variantes nacionales, y a pesar de ello tiene que ser definido (aunque sea de manera provisional). Debemos, pues, proceder de ma-

[150] Häberle, *Gemeineuropäisches Verfassungsrecht*, *EuGRZ*, p. 261 y siguientes.

nera paralela respecto de los caracteres constitutivos del regionalismo. Los textos constitucionales y del derecho transnacional y europeo ofrecen importantes referencias; aun si, a final de cuentas, han de ser "leídos" en el sentido de una determinada teoría del regionalismo, esta teoría se aclara sobre todo en el contexto de la cuestión de la legitimación, a la luz de un enfoque culturalista y en el marco de la diversidad y la unidad de Europa.

El concepto de "región", que se encuentra en vías de convertirse en un concepto del Estado constitucional, obtiene su perfil sobre todo a partir de ciertos conceptos guía que le pertenecen. Una analogía constitucional hacia los conceptos guía del artículo sobre la nueva división territorial –art. 29–: "solidaridad de los coterráneos", "vínculos históricos y culturales", "oportunidad económica", "exigencias del ordenamiento espacial y territorial". De manera particular, respecto de las regiones se encuentran conceptos orientadores y legitimadores paralelos, por ejemplo, en el art. 143, inc. 1, de la Const. española (1978), a través de las palabras "características históricas, culturales y económicas comunes"[151]; en el art. 3º, incs. 2 y 3, se pueden reconocer las diversas lenguas en cuanto "patrimonio cultural" como elementos de diferenciación regional. El art. 147, inc. 2, literal a, permite reconocer la "identidad histórica" como tal. En el art. 225 de la Const. de Portugal (1976-1997) se encuentran elementos materiales del regionalismo que pueden ser aprovechables para dar contorno al concepto de la "unidad constitucional regional del Estado constitucional". Respecto de Madeira y las Azores se habla de "sus características geográficas, económicas, sociales y culturales" y, en términos generales, la autonomía de las regiones tiene por objetivo, de acuerdo

[151] De la bibliografía sobre el regionalismo español, ver Cruz Villalón, *Die Neugliederung des spanischen Staates durch die "Autonomen Gemeinschaften"*, *JöR*, vol. 34, 1985, p. 195 y ss.; Balaguer Callejón, *Die autonome Gemeinschaft Andalusiens*, *JöR*, vol. 47, 1999, p. 109 y siguientes.

con la Constitución, "la participación democrática de los ciudadanos, el desarrollo económico-social y la promoción y defensa de los intereses regionales, así como el refuerzo de la unidad nacional y de los lazos de solidaridad entre todos los portugueses" (¡ésta es la función de integración!). El art. 115 de la Const. de Italia contiene una definición más bien tecnocrática[152]: "Las regiones se constituyen en entes autónomos con poderes y funciones propias, conforme a los principios establecidos en la Constitución"; ¡se trata de una etapa textual temprana del regionalismo! En contraposición, en las más recientes modificaciones constitucionales en Bélgica (arts. 3º bis y ter) se reconoce como elemento del regionalismo lo lingüístico y lo coterráneo –cuatro territorios lingüísticos, tres comunidades– (ahora arts. 3º a 5º, Const. de 1994).

Concebido a partir del tipo del Estado constitucional se plantean las siguientes exigencias a las estructuras regionales (también para efectos de distinguirlas de las meras estructuras de descentralización administrativa):

a) La estructura regional debe estar normada, en sus lineamientos, por el documento constitucional escrito y constituir una pieza de la Constitución en sentido material (Francia permanece, a este respecto, claramente "subdesarrollada").

b) Debe haber una distribución efectiva de competencias en el plano de la legislación, el Gobierno, la Administración y la jurisdicción ("espejo" de la división de poderes).

c) Puede haber formas previas rudimentarias de un Estado propio (como los nombres y las banderas en España; art. 4º, inc. 2, Const. española).

[152] De la bibliografía italiana sobre el regionalismo italiano: Paladin, *Diritto regionale*, 5ª ed.; Onida, V., *Landesbericht Italien*, en Ossenühl (ed.), "Föderalismus und Regionalismus in Europa", p. 239 y ss.; Cassese - Serrani, *Moderner Regionalismus in Italien*, *JöR*, vol. 27, 1978, p. 23 y ss.; Martines, *Diritto costituzionale*, 6ª ed., p. 757 y siguientes.

d) Debe estar esbozada en sus principios la estructura orgánica de las funciones regionales (p.ej., los parlamentos).

e) Son posibles "pequeñas" cláusulas de homogeneidad (cfr. el art. 152, inc. 1, Const. española); sin embargo, debe hacerse visible el principio contrario de la pluralidad y la diversidad, lo "propio" de las regiones, con todas las formas posibles de cooperación ("regionalismo cooperativo"); también debe permanecer abierta la vía hacia un "derecho regional común"; la lealtad regional, en analogía con la lealtad federal, no debería ser una mera declaración.

El regionalismo "diferenciado" o "asimétrico", como en España, encuentra sus límites en un mínimo de homogeneidad.

f) Los derechos de participación de las regiones en el plano del Estado conjunto deberían estar determinados en forma de una "segunda pequeña cámara (regional)" o bajo la figura de requisitos de aprobación calificados.

g) Los procedimientos de solución de conflictos entre los Estados centrales y las regiones, así como de éstas entre sí, deben estar previstos y ser protegidos por una instancia independiente.

h) Debe otorgarse a las regiones autonomía presupuestal y financiera (asegurada por contribuciones propias), complementada por formas de compensación financiera.

Esta "lista de temas del Estado constitucional" para las regiones no tiene que ser agotada acumulativamente, ya que las diversas naciones pueden diferenciarse bastante; pero algunas partes deberían hacerse reales, pues sólo así se puede hablar de "regionalismo del Estado constitucional"; de otro modo el regionalismo se convertiría en un concepto indefinido e incoloro. Hay bastantes indicios de que Francia se mueve alrededor del límite inferior de estas exigencias[153], mientras que España ha llegado al límite superior.

En el marco de una teoría constitucional del regionalismo, naturalmente también habría que elaborar de manera tipológica las dos categorías del regionalismo "transfronterizo" (p.ej., Arge Alp o Euregio Egrensis) y el regionalismo "intrafronterizo" (regionalismo dentro de las entidades de un Estado federal, como Franconia dentro de Baviera en Alemania).

Sin importar cuál modelo básico de "regionalismo constitucional" se presente en una nación en particular, a semejanza del federalismo, en el caso del regionalismo hay que preguntar por sus condiciones y presupuestos no jurídicos.

El regionalismo del Estado y del derecho constitucional requiere un determinado ambiente cultural, exige datos previos sociales que lo soporten, lo mantengan vivo y lo desarrollen, como los aspectos de la diversidad sociocultural, la pluralidad lingüística, étnica o histórica. El regionalismo puede florecer donde existen estas condiciones, pues de otro modo se quedaría en el papel del texto constitucional y, en realidad, habría vencido en última instancia el Estado unitario.

2) *Las siete causas de legitimación (del federalismo y el regionalismo).* La cuestión de la justificación interna y las causas de legitimación deben elaborar los fundamentos y las dimensiones de la región. En particular éstos pueden ser obtenidos de los principios del Estado constitucional de la actual etapa evolutiva, independientemente de que un país ya se haya decidido por el regionalismo o el federalismo. Debe distinguirse entre:

153 Sobre Francia: Voss, *Regionen und Regionalismus im Recht der Mitgliedstaaten der Europäischen Gemeinschaft*, p. 365 y ss.; Héraud, *Die Regionalisierung Frankreichs*, en Esterbauer - Pernthaler (eds.), "Europäischer Regionalismus am Wendepunkt", p. 79 y siguientes.

a) La legitimación a partir de la teoría de los derechos fundamentales (incluyendo la legitimación proveniente de las libertades culturales).

b) La legitimación derivada de la teoría de la democracia (incluyendo los aspectos étnicos).

c) La legitimación derivada de la división de poderes (argumento del control).

d) La legitimación económica y de política del desarrollo.

e) Las funciones de integración como argumento en favor del regionalismo.

f) La dimensión descentralizadora y distribuidora de funciones (el argumento de la subsidiariedad).

g) Particularmente en Europa, el argumento de política europea (palabra clave: "la cultura de Europa como diversidad y unidad").

Resulta evidente que existen muchas analogías respecto de la legitimación del federalismo, lo que sería consecuente si éste es entendido como "consumación" del regionalismo. En la concepción aquí desarrollada ciertamente no se afirma que el federalismo sea siempre la forma "ideal" y, por así decirlo, el "estadio final" de cualquier regionalismo. Esto puede ocurrir en diversos países, pero no tiene por qué serlo. Es bien posible que los diversos Estados constitucionales se decidan, de manera consciente, a favor "sólo" del regionalismo realmente vigente, aunque al hacerlo se aproximen de modo considerable a las fronteras del modelo del federalismo.

§ 74. *Máximas de justicia en el Estado constitucional*

Mientras que las cláusulas sobre el bien común y los artículos sobre las tareas del Estado saltan a la vista en el texto constitucional, y además son muy tratados en las teorías del Estado y en el resto de la doctrina, ocurre algo diferente con el *topos* de la "justicia", el cual es examinado sobre todo en la filosofía del derecho[154], pero no es verdaderamente tomado en cuenta, ni elaborado cuando aparece en los textos constitucionales positivos. Por ello, queremos iniciar aquí con un análisis tipológico de etapas textuales, el cual se integre luego, de manera muy esquemática, en la teoría de la Constitución. Todo ello no puede ser sino un primer paso para conjuntar la filosofía del derecho y del Estado con la teoría constitucional, del mismo modo en que actualmente no es posible practicar la filosofía del derecho sin una filosofía de la Constitución, no porque las Constituciones sean la "última palabra de la sabiduría", sino porque ellas fijan, de acuerdo con el principio de "supremacía de la Constitución", el marco para todas las ramas del derecho, sin que puedan desatender sus caracteres propios, razón por la cual, por ejemplo, el derecho privado posee "su" justicia específica.

a) *Elementos de un inventario.* Un primer paso se refiere a los principios escritos sobre la justicia en la Constitución o a la "justicia de la Constitución". Un inventario sistemático de los textos resulta bastante fructífero. La "justicia" se encuentra:

1) En los preámbulos (p.ej., la Constitución de Renania-Palatinado de 1947; la de Baden-Württemberg de 1953; la de Guatemala de 1985; la anterior Constitución del Perú de 1979 –la "justicia como valor supremo", "sociedad justa"–; la Constitución de Irlanda de 1937-1992; la del Cantón del Jura de 1977 –"*justice sociale*"–; la Constitución española de 1978: "orden económico y social justo"; la Constitución de Turquía de 1982; la Constitución de Filipinas de 1986: "*regime of truth, justice*"; la Constitución de Corea del Sur de 1987; la de Uganda de 1995: "*social*

154 Cfr. Hollerbach, voz *Gerechtigkeit und Recht*, en "Staatslexikon", vol. 2, 7ª ed., 1986, col. 898 y siguientes.

justice and progress"; la Constitución de Mali de 1992: "*respect de la justice*"; la Constitución de Rusia de 1993: "clara creencia en la bondad y la justicia"; la Constitución de Mongolia de 1992: "*justice and national unity*"; la Constitución de Mecklemburgo-Antepomerania de 1993; la de Turingia de 1993; la del Cantón de Appenzell A. Rh. de 1995: "contribuir a configurar un orden de vida justo"; la Constitución de Sudáfrica de 1996-1997: "*social justice*"; la Constitución de Estonia de 1992: "*liberty, justice and law*"; la Constitución de Polonia de 1997: "Dios como fuente de la verdad, la justicia, el bien y la belleza").

2) Como objetivo o deber del Estado (art. 1º, Const. de Portugal de 1976; art. 1º, Const. de Rumania de 1991; art. 2º, Const. de Guatemala; art. 2º, inc. *a*, Const. del Cantón de Uri: "orden justo para la convivencia pacífica de los hombres").

3) En el contexto de la "cláusula de desarrollo de los derechos fundamentales" (art. 10, Const. de Estonia).

4) Como "derecho a condiciones justas de trabajo" (art. 23, inc. 3, nº 1, Const. de Bélgica de 1994).

5) Junto a los derechos humanos como fundamento de la paz y la justicia en el mundo (art. 1º, inc. 2, LF).

6) En la indemnización por expropiación (art. 14, inc. 3, frase 2, LF).

7) En el contexto del orden económico y social (art. 118, párr. 1º, Const. de Guatemala; art. 110, antigua Constitución del Perú; art. 45, Const. de Irlanda; art. 42, inc. 2, Const. de Brandenburgo de 1992).

8) En cláusulas de juramento (p.ej., art. 56, LF; art. 46, Const. de la República de Weimar; art. 81, Const. de Turquía de 1982).

9) En el contexto del deber de tributar (art. 31, inc. 1, Const. española; art. 77, anterior Constitución del Perú de 1979).

10) En el contexto de los fines de la educación (art. 56, inc. 4, Const. de Hesse de 1946: "justicia"; art. 22, Const. de Turingia: justicia social como obligación del tercer poder; art. 20, inc. 3, LF: "derecho").

11) Como máxima en las "relaciones entre los pueblos" (art. 7º, inc. 2, Const. de Portugal; de manera similar, el Preámbulo de la Constitución de Níger de 1992: "*volonté de coopérer... avec tous les peuples épris de paix, de justice et de liberté*"; análogamente, el Preámbulo de la Constitución de Burkina Faso –1997–).

El principio "justicia" se encuentra presente de manera directa en no pocos textos constitucionales.

b) *Análisis. Primeras conclusiones téorico-constitucionales.* Llama la atención que el principio "justicia" se encuentra consagrado de manera especialmente frecuente en los preámbulos, en el contexto de otros valores fundamentales del Estado constitucional ahí señalados. En tal medida, participa de todos los contenidos y funciones específicas de la forma del preámbulo. Ciertamente, por ello permanece en un plano bastante general y abstracto. Sin embargo, además de lo anterior, la máxima de la justicia se encuentra en los contextos más diversos: desde los objetivos del Estado hasta los derechos fundamentales, pasando por el orden económico y social, así como por los fines educativos y las fórmulas de juramento, incluso como elemento de relación con otros pueblos. Se podría hablar entonces de la justicia como "elemento vagabundo" en la estructura del Estado constitucional. Sin duda, además del principio general de justicia, con el que se compromete de manera explícita o no escrita el Estado constitucional, existen máximas de justicia específicas para distintos ámbitos, por ejemplo, la "compensación de las cargas familiares" ("*Familienlastenausgleich*") que se discute en el marco de la promoción de la familia conforme a la LF. Cuando no hay textos positivos sobre la justicia, los tribunales recurren a este *topos* de manera pretoriana. También en la jurisprudencia del TCFA está presente el principio "justicia" [cfr. E 79, 106 (123); 80, 103 (108); 84, 90 (121); 86, 81 (87); 95, 96 (134 y 135)].

Desde el punto de vista de la política constitucional, hay que recomendar al constituyente incorporar al menos la justicia como valor fundamental en el preámbulo, ya sea de manera "apelativa", programática, quizá también como fin educativo (el joven ciudadano debe poder aprenderla), así también en el derecho constitucional del trabajo y la economía, sobre todo porque el término de justicia "ecológica" podría tener por delante una carrera como tema. Por lo demás, el ideal de la justicia no debería ser "textualizado" con demasiada frecuencia, sino que basta una cláusula general de reserva en el preámbulo, ya que son precisamente los principios y procedimientos concretos los que el Estado constitucional ha desarrollado durante largos períodos para crear justicia. Piénsese en las garantías constitucionales del debido proceso (justicia procesal) o en la libertad contractual como pilar del ordenamiento jurídico privado, en la libertad de coalición, pero también en los procedimientos parlamentarios.

Un desiderátum sigue siendo combinar la doctrina clásica de la justicia de Aristóteles (justicia conmutativa y distributiva) con la más reciente de J. Rawls ("justicia como imparcialidad"), así como con el racionalismo crítico de Popper, para incorporarla en la teoría constitucional. En este sentido, la *dignidad humana* es un *elemento de justicia material*, los derechos humanos lo son bajo la figura de la fórmula de Radbruch, el derecho de audiencia remite a la fórmula clásica del "*audiatur et altera pars*" como parte de la cultura jurídica europea y, por último, también la equidad hace su contribución a la justicia de la Constitución. El tipo del Estado constitucional es, en la actualidad, el foro en el cual se puede transitar el camino hacia la justicia. Pero puesto que él mismo requiere siempre de reforma, hay un pedazo de justicia incluso "previo" o "superior" a la Constitución, a pesar del grado de justicia "constitucionalmente inmanente" que pueda haber. La necesidad que tiene el ser humano de justicia, es decir, el lado antropológico-cultural de la necesidad de este principio (expresado en la frase de B. Bohley: "Queríamos justicia y recibimos el Estado de derecho") lo caracteriza como ser cultural. Numerosos textos clásicos sobre la justicia deben ser leídos juntamente con esto, incluso cuando se trata de cuestiones especiales como la "justicia de transición" (presente, p.ej., en diversas disposiciones transitorias de las constituciones) o de la "justicia del caso concreto".

§ 75. *Preámbulos*

a) *El preámbulo como fundamentación y profesión de fe.* Característica del contenido de los preámbulos es la formulación de posturas valorativas, (altos) ideales (Constituciones del Japón –1946– y de Francia –1958–), convicciones, motivos, en suma, la imagen propia del constituyente. Esta confesión, la "fe" (así, expresamente, p.ej., la Convención Europea de Derechos Humanos), se presenta ocasionalmente al lado de los conocimientos. A veces se encuentran con rasgos casi hímnicos, que transmiten el carácter de un estado de ánimo y en general irradian "brillo". Cuando se tratan de este modo las cosas "primeras" y "últimas", es natural que de inmediato se establezca un aliento de *pathos*.

La alta intensidad valorativa de los preámbulos también se muestra en que gustan remitir a realidades previas (ontológicas) como Dios o Cristo (p.ej., Australia, 1900; Indonesia, 1945; Argentina, 1853) o las invocan (p.ej., Irlanda, 1937). La casi sagrada autoobligación hacia él, las ocasionales invocaciones o llamados[155] son elementos y

[155] Poco frecuente es la referencia al juicio de Dios, como en el Preámbulo de la Constitución de Württemberg-Hohenzollern, en Dennewitz (ed.), *Die Verfassungen der modernen Staaten*, vol. II.

momentos formales y sustantivos recurrentes. Esto es, en parte los preámbulos se muestran como "proposiciones de fe" de una comunidad política, y no sólo en las referencias a Dios y a la responsabilidad ante él y los seres humanos, sino también en otras cláusulas de reconocimiento, que expresamente reafirman su "profunda fe en estas libertades fundamentales" (así, el Preámbulo de la Convención Europea de Derechos Humanos de 1950), objetivizan[156] declaraciones de voluntad próximas a tales reconocimientos o normativizan deseos y esperanzas subjetivos (p.ej., Constitución de Berlín de 1950: "Con el deseo de seguir siendo la ciudad capital de una nueva Alemania unida", lo que hoy es realidad) o las convicciones y declaraciones de voluntad.

El carácter de reconocimiento, en ocasiones ficticio, conduce a las capas profundas de un pueblo constituido y en proceso de constituirse continuamente después del acto constituyente. Rudolf Smend las trató a su manera en su teoría de la integración[157]. El Estado constitucional democrático no puede renunciar a estos vínculos más bien sentimentales de los ciudadanos hacia él, a la creación de posibilidades de identificación para el ciudadano y a su propia obligación y responsabilidad ante instancias y contextos más altos.

En todo caso, los preámbulos remiten a verdades básicas o de fe prepositivas de una comunidad política; en ocasiones, reactualizan un fragmento de la "*religion civile*". Presumiblemente, las constituciones sin preámbulo contienen también dichas "verdades de fe", que son previas a sus disposiciones jurídicas, pues todo orden jurídico positivo

[156] Como el prólogo a la Constitución de Renania-Palatinado de 1947: "Animados por la voluntad de asegurar la libertad y dignidad del ser humano..."; ver también el Preámbulo de la CEDH de 1950: "... como gobiernos de Estados europeos animados del mismo espíritu...".

[157] Smend, *Verfassung und Verfassungsrecht*, ahora en *Staatsrechtliche Abhandlungen*, 3ª ed., p. 119 (especialmente p. 160 y ss., y 215 y ss.); sobre los préambulos, por ejemplo, p. 216 y siguientes.

penetra en dichas capas profundas. Los preámbulos pretenden racionalizarlas y darles expresión, a veces en forma secularizada, otras en forma "todavía teológica". Estos fundamentos de la autocomprensión (en la identidad) de una comunidad política, el concentrado, es aquello que obliga a todos los ciudadanos, casi como una "profesión de fe", es aquello que es puesto "antes del paréntesis" y que con frecuencia es formulado en términos similares a un contrato (la Constitución como contrato).

b) *La función de puente en el tiempo.* Los elementos constructivos regulares de los preámbulos son expresiones de la dimensión temporal: por un lado, en el rechazo de un pasado determinado o en la vuelta o el "recuerdo" (p.ej., Preámbulo de la Constitución de Irlanda) a determinadas tradiciones y períodos (referencia histórica; p.ej., Turquía: "en el curso de su historia"; Baviera: "historia más que milenaria"; Constitución de Bremen de 1947: "centenaria Ciudad Libre Hanseática de Bremen"); pretenden invocar y elaborar el pasado de manera negativa (polémica) o positiva[158]. Además, los preámbulos se pueden referir al presente, ocasionalmente en la orientación de deseos; por ejemplo, Berlín: "Con el deseo de seguir siendo la ciudad capital de una nueva Alemania unida". Por último, pueden referirse al presente y al futuro como tales[159], o incluso querer "ganar" el futuro.

En cuanto los préambulos cuentan la "historia" y hacen profesiones de fe en relación con ella, pretenden

[158] Cfr. Baviera: "campo en ruinas" y la Constitución de Baden de 1947: "depositarios de la antigua tradición de Baden"; véase también el Preámbulo de la CEDH de 1950: "patrimonio común en bienes y tradiciones espirituales. Respeto de la libertad y gobierno de la ley". Ver, también, la Constitución de Sajonia (1992): "apoyada en tradiciones de la historia constitucional sajona... consciente de la culpa propia en su pasado".

[159] Así, Renania del Norte-Westfalia: "superar con trabajo conjunto la necesidad del presente"; Turingia (1993): "superar aquello que es motivo de división en Europa y el mundo"; Mecklemburgo-Antepomerania (1993): "promover el progreso económico de todos".

hacer justicia a la necesidad de identidad y de hacer presente la historia que tiene el ser humano, no en el sentido de un tratamiento científico para un público especializado, sino más bien en el sentido de una historia que "se sienta comprometida con el lego". Al respecto, puede llegar a haber conflictos en los preámbulos entre los reconocimientos y los conocimientos: así, por ejemplo, el Preámbulo de la LF no resiste, en algunas de sus partes, una revisión histórica crítica.

En la medida en que los preámbulos se orientan hacia el futuro (así, p.ej., la manera en que las futuras generaciones, en la Constitución bávara –1946–, se encuentran en el círculo de la visión y la responsabilidad del constituyente) o expresan deseos y esperanzas, contienen un exceso *concreto-utópico*: en tal medida, se encuentra en el preámbulo un bosquejo del futuro. El preámbulo introduce una fracción de la fructífera tensión entre deseo y realidad en la Constitución (y la política), como se puede comprobar también en otras partes de los textos constitucionales, por ejemplo, en los mandatos constitucionales. Con frecuencia, un pueblo debe tener paciencia con vistas a los deseos y esperanzas de los preámbulos. Un ejemplo afortunado es el del Preámbulo de la LF de 1949, en relación con la reunificación alemana (1990): es, al mismo tiempo, muestra de una historia exitosa de la Ley Fundamental alemana.

c) ***Referencias a Dios.*** Las claúsulas constitucionales con referencias a Dios no constituyen, de ningún modo, una etapa evolutiva "superada", anacrónica o atípica, sino una posible variante cultural del Estado constitucional. Son expresión del "derecho constitucional de la religión" y, por tanto, de una imagen del ser humano que concibe a éste y al pueblo tanto en lo histórico como en la actualidad, como insertado en contextos de responsabilidad más altos: Estado y derecho son confirmados como ordenamientos limitados, fundados en la ética, lo que de por sí resulta característico del Estado constitucional. Así visto, existe una conexión interna entre las cláusulas de responsabilidad con referencias a Dios (o a la creación) y a la dignidad humana, y también el principio constitucional de la tolerancia, puesto que en lo absoluto tienen que integrarse los textos sobre Dios en la Constitución entendida como unidad[160]. Con ello no se revierte la evolución histórica hacia el Estado constitucional secularizado, ya que el derecho constitucional no obliga a nadie al culto religioso a través de estos textos. Sin embargo, se toma culturalmente en serio al ser humano como *homo religiosus*, llegando hasta la garantía de comportarse de manera indiferente o contraria a la religión. Es este trasfondo cultural el que justifica, histórica y actualmente, los textos sobre Dios en el Estado constitucional, aunque también los limita.

d) *"Derecho constitucional de la religión" en el Estado constitucional.* A continuación se enuncia, a manera de términos clave, el modo en que la teoría constitucional comparativa ha desglosado el tema "derecho constitucional de la religión". Merced al análisis de etapas textuales resultan visibles, prima facie, intensos desarrollos que reflejan en Europa el largo camino desde el Estado de cuño cristiano hacia la sociedad secularizada (por tal motivo, la teoría constitucional debiera renunciar al concepto de "derecho eclesiástico del Estado")[161]. En tal sentido, se plantean las siguientes cuestiones:

[160] Al respecto, en general (es decir, sin citar los textos sobre Dios), Hesse, *Grundzüge des Verfassungsrechts der Bundesrepublik Deutschland*, p. 27.

[161] De la reciente bibliografía alemana básica sobre el derecho eclesiástico del Estado alemán: Hesse, *Das Selbstbestimmungsrecht der Kirchen und Religionsgemeinschaften*, en "HdBStKiR", vol. I, 2ª ed., 1994, p. 521 y ss.; Hollerbach, *Grundlagen des Staatskirchenrechts*, en *HdBStR*, vol. VI, 1989, p. 471 y ss.; Broglio - Mirabelli - Onida, *Religioni e sistemi giuridici*. Cfr. la Declaración al Acta Final de Amsterdam (1992): "La Unión respeta el estatus del que gozan las iglesias y asociaciones o comunidades religiosas en los Estados miembros de conformidad con sus disposiciones jurídicas, de modo que éstas no se vean perjudicadas".

¿De qué manera está ubicada sistemáticamente la relación entre Estado e iglesias y asociaciones religiosas? ¿Lo están en el inicio, en los artículos de bases de la Constitución, en apartados propios posteriores o solamente de modo puntual? He aquí una selección de ejemplos: al mero inicio, en el art. 3º, la Constitución de Grecia (1975) establece un apartado sobre "relaciones entre la iglesia y el Estado". La Constitución de Portugal (1976) procede de modo diferente, al establecer en el art. 41, en el marco del catálogo de derechos fundamentales, el principio de la separación (inc. 4), mientras que España (1978), si bien trata el tema también en la parte de los derechos fundamentales (art. 16), a la frase "Ninguna confesión tendrá carácter estatal" le agrega el siguiente enunciado: "Los poderes públicos tendrán en cuenta las creencias religiosas de la sociedad española y mantendrán las consiguientes relaciones de cooperación con la Iglesia Católica y las demás confesiones". La Constitución de Italia (1947) se estructura sistemáticamente de otro modo: en los "principios fundamentales" se regula el aspecto corporativo de la libertad de religión (art. 8º, párr. 2º), también se abre la posibilidad de "acuerdos" (párr. 3º, 2). Dinamarca declara lapidariamente, en el cap. I, § 4, de su Const. de 1953, que la iglesia evangélica luterana es la iglesia del pueblo danés, mientras que Finlandia (1919-1995) regula, hacia finales de la Constitución, un ap. IX: "Las comunidades religiosas". La Constitución de Irlanda (1937) encabeza el tardío art. 44 con el título "Religión".

Este análisis muestra qué tan diversa es la cultura religiosa de los distintos Estados constitucionales y la diferencia de la importancia que se da a la "cuestión de la religión"[162].

[162] La Constitución de Suecia (1975) establece ejemplarmente, en su cap. I, § 2, inc. 4, la protección de las minorías religiosas.

Un análisis de las constituciones más recientes, también en el contexto de sus posibles referencias a Dios, disposiciones sobre días festivos, cláusulas de juramento y fines educativos, sigue siendo un desiderátum, pero echaremos un breve vistazo a Europa oriental. La Constitución de Eslovaquia (1992) dispone en su art. 1º, frase 2: "*It is not tied to any ideology or religion*". La Constitución de Bulgaria (1991) dispone lo siguiente en su parte de bases, en el art. 13, inc. 2: "*Les institutions religieuses sont separées de l'État*". El art. 14, inc. 1, de la Const. de Rusia (1993) dispone también en su parte de fundamentos: "La Federación Rusa es un Estado laico". La Constitución del Chad (1996) garantiza la libertad de religión de manera individual y colectiva (art. 35), sin perjuicio del reconocimiento de su responsabilidad ante Dios (Preámbulo). Un espíritu propio se manifiesta en el proyecto de Constitución de "Solidaridad" en Polonia (1994), en cuanto se señala, en la parte de los fundamentos (art. 6º, inc. 1): "*The State shall guarantee the autonomy of churches and confessional organisations recognized by law*". La Constitución de Polonia (1997) regula el estatus de las "iglesias y otras asociaciones religiosas" en el art. 25 (parte de fundamentos).

Francia se define en el art. 1º de la Const. de 1958 como "República laica", ejemplo que es seguido por la Constitución de Mali en su Preámbulo ("*laïcité*"), lo mismo que por la Constitución de Guinea (1991) en su art. 1º, inc. 1. En el resto de África, por ejemplo, la Constitución de Níger (1992) dispone la separación entre Estado y religión (art. 4º), igualmente que el art. 1º de la Const. del Chad (1996). La Constitución de Madagascar (1992) ratifica en su Preámbulo su creencia en "*Dieu Créateur*" y prohíbe en la parte de fundamentos toda discriminación por causa de religión (art. 8º, inc. 2). El art. II, secc. 6, de la Const. de Filipinas de 1986 –que en algunos temas irradia intensamente hacia África– dispone: "*The separation of Church and State shall be inviolable*".

El art. 288, inc. *c*, de la Const. de Portugal (1976-1992) incluye la "separación entre Iglesia y Estado" incluso en sus cláusulas de eternidad (igualmente el art. 159, Const. de Angola).

e) ***Días festivos.*** Las garantías de los días festivos pertenecen a un estrato de normas constitucionales que frecuentemente se desatienden, pero que penetran hasta el centro de la identidad cultural del Estado constitucional respectivo y del Estado constitucional como tipo. Provienen de la "materia" de la que en ocasiones son los "sueños" (y primeramente sólo eso –p.ej., la "unidad alemana", que se hizo realidad en 1990–), pero que sobre todo son o fueron valores fundamentales que se dirigen, junto a la *ratio*, también a la *emotio* del ser humano y del ciudadano en el Estado constitucional: los himnos, banderas[163], los fines educativos como "el amor hacia el pueblo y la patria" (p.ej., art. 33, Const. de Renania-Palatinado –1947–) o la "reconciliación de los pueblos" (p.ej., art. 25, inc. 2, Const. de Renania del Norte-Westfalia), así como los monumentos. Los himnos nacionales significan, lo mismo que los días de fiesta nacional, un pedazo de *memoria colectiva* de un pueblo, en lo cual puede realizarse una transformación: prácticamente ningún francés piensa ahora en el sangriento contenido de "La Marsellesa". Estas "fuentes de consenso" más bien emocionales no deben ser subestimadas junto con el lado más bien racional (como la dignidad humana, la libertad, la democracia), pues lo impiden los mismos textos constitucionales positivos. En las garantías de los días festivos se refleja un fragmento de la concepción

[163] Cfr. Smend, *Integrationslehre*; ahora en *Staatsrechtliche Abhandlungen*, p. 475 (477): "Por tanto, es ésta [la integración material], por ejemplo, la ubicación sistemática para la teoría de los símbolos del todo valorativo, las banderas, escudos, jefes de Estado, ceremonias políticas, fiestas nacionales, que hacen comprensible la totalidad del contenido de sentido del Estado y dan acceso a la vivencia". Por último, sobre los "símbolos del Estado": Badura, *Staatsrecht*, p. 251 y siguientes.

de sí mismo, propio del Estado constitucional, pero también parte de la imagen que los ciudadanos pueden y deben hacerse de él y que él puede y debe hacerse de los ciudadanos. Solamente el enfoque culturalista puede iluminar las posibilidades y límites de los días festivos en el Estado constitucional, ya que el positivismo jurídico no sabe muy bien qué hacer con ellos. En un sentido más amplio y profundo, son todos los días festivos vivos "días de la Constitución", porque pretenden traer a la conciencia elementos diversos del Estado constitucional en conjunto.

1) *Las garantías de los días festivos como expresión de la integración, históricamente lograda, de las partes de la población en el Estado constitucional.* Las garantías de los días festivos pueden ser expresión de la integración, lograda o sólo esperada, de un grupo poblacional en el pueblo en su conjunto.

Los ejemplos pueden ser, con vistas a la clase trabajadora, las garantías del 1º de mayo, a lo que ocasionalmente se le agregan grandes objetivos, de los que también impregnan a la Constitución (p.ej., como objetivo general del Estado o particular de la educación). Es representativo en este sentido el art. 3º, inc. 2, de la Const. de Baden-Württemberg (1953): "El 1º de mayo es, por ley, día festivo. Su propósito es reconocer la justicia social, la paz, la libertad y el entendimiento de los pueblos".

El ejemplo que quizá sea el más impresionante y al mismo tiempo más reciente de este tipo es el nuevo día festivo que los Estados Unidos de América han instituido, por primera vez en 1986, en honor del defensor de los derechos civiles Martin Luther King (15 de enero). Aunque ello no se haya producido bajo la figura de una reforma constitucional formal ("*amendment*"), en el fondo se trata de derecho constitucional material. El nuevo día festivo o día de Martin Luther King constituye la conclusión simbólica de la larga lucha del movimiento estadounidense de los derechos civiles en favor de la igualdad y la integración de la "gente de color". Cuando el gran Estado constitucional que son los Estados Unidos reconoce como día festivo el nacimiento de este representante de la resistencia no violenta, lo que anteriormente sólo se había hecho por George Washington, significa lo siguiente: tal día de enero se convierte en una especie de "día de la Constitución"; constituye el foro en el que pueden encontrarse de manera ideal todos los ciudadanos de los Estados Unidos de América como ciudadanos libres e iguales. El día de Martin Luther King significa, por un lado, una "*conmemoración*" histórica de este gran ciudadano, pero al mismo tiempo la *conciencia* de las tareas del futuro: sobre el "camino eterno" hacia la eliminación de todas las formas sociales de discriminación racial que todavía puedan existir.

Una teoría del derecho del Estado desarrollada de manera puramente positivista no es capaz de desentrañar estos contextos y las dimensiones profundas. La fuerza simbólica, integradora de las garantías sólo es capaz de revelarla la teoría constitucional que trabaja con el enfoque culturalista. Si se hace una comparación entre los objetivos declarados de los días festivos en las constituciones de los *Länder* alemanes después de 1945 (sobre todo las de Baden-Württemberg, Bremen y Hesse) entre sí y con otros enunciados de sus textos, se producen relaciones sorpresivas: "justicia social", "paz", "libertad", "entendimiento de los pueblos" son *fines constitucionales* que también se presentan como fundamentales en otros pasajes, sobre todo como fines del Estado o de la educación. Así, en el art. 12 de la Const. de Baden-Württemberg se encuentra el fin educativo "fraternidad de todos los seres humanos y amor a la paz", así como la "fe en la democracia y la libertad"; en el art. 26 de la Const. de Bremen, la "voluntad de justicia social" y de "convivencia pacífica con otros hombres y pueblos", así como los "fines del Estado" en el art. 65 ("justicia social, libertad, paz y entendimiento de los pueblos"), y el art. 56 de la Const. de Hesse postula como fin educativo el "servicio independiente y responsable al pueblo y a la humanidad a través del aprecio y el amor al prójimo, el respeto y la tolerancia". El "entendimiento de los pueblos" también está normado, como objetivo de la Constitución, en el art. 69 del mismo documento.

En todo ello queda de manifiesto que algunas garantías de los días festivos están tejidas de la "materia prima" constitucional. Cuando el Estado constitucional festeja o "hace festejar", lo hace al servicio de determinados fines. Y estos fines son de naturaleza fundamental, pues sólo de este modo puede legitimarse la exención del trabajo y la vida normal, el *día de fiesta*. La historia del 1º de mayo enseña también que un día de lucha sangrienta y que originalmente pertenecía sólo a una parte del pueblo, es "reconcebido" como día, ya pacífico, de todos los ciudadanos. Es un día que atestigua y ratifica la integración de los trabajadores (alemanes) en el Estado constitucional bajo el signo de las grandes ideas.

En particular, el 1º de mayo es un fragmento de derecho constitucional laboral desde el punto de vista material, porque le permite a los trabajadores reencontrarse en la Constitución a través de *su* día y, desde la perspectiva formal, porque garantiza, en cuanto día feriado por ley, el "descanso del trabajo", pero manteniendo el derecho al salario. Al mismo tiempo, constituye una parte del derecho constitucional de la cultura, porque vincula de manera específica a la Constitución con la cultura: el descanso laboral abre la posibilidad de reconocer el aspecto que como creador de sentido tiene el trabajo, al mismo tiempo que se puede dedicar a otras actividades culturales. El trabajo y el tiempo libre son igualmente porciones de cultura y, por lo tanto, también lo es el derecho que los desarrolla.

2) *El ejemplo de Europa oriental.* A continuación, unas palabras sobre la significación de símbolos como las banderas, los escudos y los himnos en Europa oriental. El

comienzo y la transformación en Europa oriental (1989) fue acompañado, desde el principio, por el cambio de los símbolos del Estado. Si éstos habían sido otorgados desde arriba, literalmente "implantados" y visibles como "signos" socialistas en la hoz y el martillo, estrellas rojas y otros similares, los nuevos días festivos de la toma del poder o los días festivos clásicos, ahora refuncionalizados, como el 1° de mayo, fueron modificados casi siempre desde el inicio, al producirse la transición hacia el Estado constitucional, muchas veces a través de un recurso a la historia constitucional reprimida de la respectiva nación de Europa oriental. También en las democracias pluralistas, y particularmente en ellas, se requieren los símbolos del Estado como elementos de identidad cultural del Estado constitucional; incluso en las sociedades abiertas, y precisamente en ellas, el ciudadano necesita, en y para su comunidad política, signos de identificación y artículos de reconocimiento que generen consenso. La teoría de la integración de Smend ofrece palabras clave que siguen siendo válidas hasta hoy[164]. Los símbolos deben hacer visible y comprensible para los contemporáneos lo acaecido y trasmitirlo a la "memoria colectiva" de la posteridad. Dichos signos, frecuentemente, dicen más sobre el espíritu de un pueblo que algunas normas jurídicas. De este modo, se declaran los días festivos, se construyen monumentos, se nombran las calles, se crean y saludan las banderas, se cantan los himnos. Así se elabora la historia y arriesga el futuro.

Aquí los elementos de la evolución más reciente, los cuales demuestran que la caída de los símbolos estatales antecede, la mayoría de las veces, a las normaciones de detalle: tan sólida es la fuerza significativa de estos símbolos. Y tampoco es casualidad que los documentos constitucionales le concedan frecuentemente a los símbolos un lugar preeminente en los artículos de bases (p.ej., art. 3°, Const.

[164] Smend, *Verfassung und Verfassungsrecht*; ahora en *Staatsrechtliche Abhandlungen*, p. 119 (170).

de la República de Weimar de 1919; art. 5º, Const. de Venezuela de 1961; art. 11, Const. de Portugal de 1976; art. 4º, Const. española de 1978; art. 2º, incs. 2 y 3, Const. francesa de 1958; art. 1º, incs. 2 y 3, Const. de Baviera de 1946; art. 28, Const. de Polonia de 1997; art. 1º, Const. de Costa de Marfil de 1995; art. 4º, Const. de Madagascar de 1995).

Polonia volvió a celebrar en 1990 su día de fiesta nacional y constitucional el 3 de mayo, en recuerdo de su primera Constitución de 1791. Al iniciarse 1990, el águila blanca recuperó su corona en el escudo nacional de armas de Polonia (cfr. el art. 28, inc. 1, Const. de 1997). En las modificaciones constitucionales se denomina a la República de Polonia como "Estado democrático de derecho" que se orienta por la justicia social. La Constitución regenerada y parcialmente revisada de Hungría de 1949-1989, una solución transitoria y más bien para salir de apuros, regula en el cap. XIV la ciudad capital y los símbolos nacionales de la República de Hungría: el himno nacional en el art. 75, a la vez que el art. 76 dispone: "El escudo oficial y la bandera nacional de la República de Hungría, así como el uso de los símbolos nacionales, son regulados por una ley con contenido jurídico-constitucional". En el requisito formal de una "ley constitucional" se manifiesta la importancia del objeto. El 2 de mayo de 1990 expide el Parlamento húngaro una resolución en que se declara al levantamiento popular de 1956 como lucha revolucionaria de liberación. El 23 de octubre, aniversario del inicio de la revolución, será en adelante día festivo. Recientemente, al pretender Hungría combinar tres escudos (el escudo de Kossuth –1848-1849–, el emblema socialista –1948– y el escudo de la corona –Reino de Hungría hasta 1945–) está luchando por una reconciliación consigo misma y con sus agitados períodos de la historia constitucional: por la vía de una "recepción productiva" que remite a su patrimonio cultural.

f) *Domingo y cultura dominical en el Estado constitucional. Comportamiento dominical en la sociedad del tiempo libre. Realidad del domingo.* El domingo exige un tratamiento separado de los días festivos, pues, no obstante la frecuencia con la que son reunidos en una "doble garantía", subsiste la diferencia, pues el "domingo" tiene más de mil años. Ni la Revolución Francesa de 1789, la Revolución Rusa de 1917[165], ni tampoco la China de Mao Zedong, pudieron suprimirlo o desplazarlo. Casi a escala mundial se afirma como tal.

En lo particular sobre los domingos y la cultura dominical en el Estado constitucional, cabe señalar que la figura clásica se encuentra en el art. 139 de la Const. de Weimar, con su doble orientación hacia el descanso laboral y la elevación espiritual. Desde el punto de vista dogmático se trata, primero, de una "garantía institucional" (C. Schmitt) y, por tanto, protegida en su contenido esencial frente a todas las funciones estatales (a diferencia de las garantías "abiertas" de los días festivos, que pueden ser relativizadas por ley), y, segundo, la garantía del domingo es un mandato de protección dirigido al Estado. El derecho ordinario le confiere perfiles más definidos en los conceptos clave: en principio, no hay ningún "trabajo que se perciba públicamente", protección de los servicios religiosos de los creyentes bajo la figura de ciertas prohibiciones en el marco del descanso laboral colectivo y un espacio público estructurado en este día en términos de descanso general, espacio para muy diversos comportamientos en el tiempo libre de los ciudadanos y grupos, en suma, el *espacio público pluralista*. De un modo que no siempre es comprensible en términos jurídico-positivos, sino que solamente puede profundizarse por la ciencia cultural, son los siguientes altos valores fundamentales constitucionales los que convierten al domingo en un multicitado "patrimonio cultural"

[165] De la bibliografía: Kunig, *Der Schutz des Sonntages im verfassungsrechtlichen Wandel*; Häberle, *Der Sonntag als Verfassungsprinzip*.

o "patrimonio constitucional": estructuración tanto de la soledad como de la convivencia humanas en el ritmo semanal a través del descanso laboral colectivo; tensión-distensión, trabajo-tiempo libre y obligación-ocio; apertura hacia valores fundamentales (ejercidos voluntariamente) como el matrimonio y la familia, la vecindad y la asociación, la amistad y las reuniones, la religión, la ciencia y el arte, como ejemplos de la posibilidad básica de la elevación espiritual (en tal sentido, "carácter de oferta" del domingo).

§ 76. *Defensa de la Constitución*

En la democracia cívica pluralista, *todos los ciudadanos* son "guardianes" de la Constitución. Lo que las antiguas teorías del Estado concedían solamente como privilegio y predicado a un presidente o, las más recientes, al tribunal constitucional, ya no resulta ser, desde la perspectiva de la teoría constitucional de la actual etapa evolutiva, el monopolio de un solo poder o persona, sino *asunto de todos*: todos los ciudadanos y grupos que, por ejemplo, interponen recursos constitucionales, todos los órganos estatales que están sujetos a la Constitución, tienen que "defender" a la Constitución en el marco de sus competencias, y no sólo eso sino también continuar desarrollándola. Al respecto, hay también una multiplicidad de competencias y procedimientos formalizados, de instituciones e instrumentos, que sirven a la protección de la Constitución. Visto comparativamente, el "arsenal" de medidas para la defensa de la Constitución, en el espacio y el tiempo, es sumamente rico. De acuerdo con las diversas experiencias e incluso temores históricos, una Constitución nacional regula el ámbito problemático de la "defensa de la Constitución" de manera especialmente intensiva y extensiva (así, la Ley Fundamental de Bonn de 1949, después de las experiencias negativas con los artículos de emergencia, formulados como cláusulas generales, de la

Constitución de Weimar, o con el poder dictatorial del presidente del *Reich* y los enemigos de izquierda y derecha), o lo hace solamente al margen o no lo hace en absoluto (así, Suiza). La LF es especialmente inventiva cuando se trata de la defensa de la Constitución. Incluso podría decirse que dispone, de manera potencial y actual, de casi todos los instrumentos imaginables para protegerla. No obstante el perfeccionismo de estas buenas intenciones, es preciso recordar que, en última instancia, una Constitución solamente puede ser protegida políticamente o en la profundidad *cultural*; si bien los instrumentos *jurídicos* son importantes, sólo son eficaces cuando todos poseen una "voluntad de Constitución" y ésta desenvuelve duraderamente su fuerza normativa (K. Hesse). Esto apunta, pues, a los *límites* de la defensa jurídica de la Constitución.

Bajo esta reserva cada constituyente nacional puede, y debe, hacer una selección entre la plenitud de posibles regulaciones que constituyan la mejor solución relativa para la cultura política de un pueblo, sus experiencias y esperanzas. Son imaginables las siguientes:

a) La *protección del contenido esencial o el núcleo de los derechos fundamentales* en una garantía expresa (así, el art. 19, inc. 2, LF de 1949; el art. 28, Const. del Cantón suizo de Berna de 1993; el art. 31, inc. 3, frase 2, Const. de Polonia de 1997); en ocasiones, los tribunales han desarrollado cláusulas no escritas sobre el contenido esencial (así, el Tribunal Constitucional austríaco y, en el plano europeo, el Tribunal de Justicia de la Unión Europea)[166].

b) La *prohibición de rupturas o quebrantamientos constitucionales* (cfr. el art. 49, inc. 1, frase 1, LF); se trata igualmente del intento de elaborar las experiencias nega-

166 Häberle, *Die Wesengehaltsgarantie des Art. 19 Abs. 2 GG*, 3ª ed., p. 264 y siguientes.

tivas de Weimar; la práctica constitucional en relación con la LF ha impuesto, sin embargo, conforme al art. 79, inc. 1, frase 2, excepciones cuestionables[167]. En Austria, la Constitución ha quedado desfigurada y convertida en "ruina" debido a la falta de una prohibición de esta naturaleza.

c) La *limitación de las modificaciones constitucionales*: las así llamadas "cláusulas de eternidad" como garantías de identidad del Estado constitucional (cfr. art. 79, inc. 3, LF); estas cláusulas se imponen cada vez con mayor frecuencia en las constituciones recientes[168], pero la Constitución de Weimar carecía de una semejante. Amplios catálogos se encuentran, por ejemplo, en el art. 288 de la Const. de Portugal; en otras ocasiones solamente se protege la forma de gobierno republicana (así, en África: art. 142, Const. de Madagascar de 1992); en otras más están protegidos varios principios constitucionales, los esenciales, frente al poder revisor de la Constitución (p.ej., art. 118, Const. de Mali de 1992; art. 225, Const. del Chad de 1996). En Suiza no existen "cláusulas de eternidad" como derecho positivo ni a nivel federal ni en el cantonal, aunque la doctrina se ocupa intensamente de ellas[169].

d) Las *limitaciones al proceso constituyente*: para el político del poder o de la realidad no serán ningún tema, así como tampoco se plantea la cuestión de los límites al constituyente "todopoderoso" dentro de la cuestionable doctrina de que el constituyente decide "normativamente a partir de la nada" ("decisionismo"). Pero es diferente en la teoría del Estado constitucional, en el cual hay

[167] Cfr. la posición crítica al respecto de Hesse, *Grundzüge des Verfassungsrechts der Bundesrepublik Deutschland*, p. 291 y siguientes.

[168] Al respecto, Häberle, *Verfassungslehre als Kulturwissenschaft*, 2ª ed., p. 267 y siguientes.

[169] Müller, *Materiale Schranken der Verfassungsrevision?*, en "FS Haug", 1986, p. 195 y ss.; Häberle, *Verfassungsrechtliche Evigkeitsklauseln als verfasungsstaatliche Identitätgarantien*, en "FS Haug", 1986, p. 81 y siguientes.

límites que se derivan de su *tipo*: dignidad humana, derechos humanos, democracia y división de poderes son (citados con frecuencia en el preámbulo) datos "ideales" que, si no se respetan, conducen a que ya no se pueda hablar de "Estado constitucional". En Suiza, el federalismo podría constituir un *límite inmanente* para cualquier constituyente. En la Europa en trance de unión, la pertenencia a ella, en la forma técnica que sea (Consejo de Europa o UE), constituye un límite para el constituyente nacional. Las condiciones que el Consejo de Europa fijó en los noventa en materia de protección de minorías a los Estados reformados de Europa oriental (p.ej., Estonia y Hungría) son también límites. Dicho de otra manera, el Consejo de Europa, pero de manera particular la UE, funcionan prácticamente respecto de los países que pretenden adherirse a ellos como un *constituyente mediato*[170]. De manera inversa, la LF intenta, a través de la llamada "cláusula de aseguramiento estructural" del art. 23, inc. 1, frase 1, influir indirectamente en el proceso de unificación europea, lo que había logrado el Tribunal Constitucional Federal con la sentencia "Solange" (E 37, 271 y 73, 339). Visto en conjunto, y con independencia de los límites típicos apuntados, hay que buscar en la profundidad de la cultura constitucional de una nación los determinantes últimos que son dados de manera previa al constituyente, aun si no tienen que ser formulables jurídicamente. Así como va cambiando la comprensión del proceso constituyente en el proceso de etapas textuales, considerado comparativamente, en la misma medida es que, por ejemplo, ya no es una "nación" o el "pueblo" los que se "dan" una Constitución, sino que son los "ciudadanos y ciudadanas del *Land* de Brandenburgo" (así, el Preámbulo de la Constitución de 1992), es así como el tipo del Estado constitucio-

[170] Cfr. Streinz, *Europarecht*, nº 78. Normado de manera expresa en el art. 6º, inc. 1, en relación con el art. 49 del Tratado de la Unión Europea (Amsterdam).

nal ha comenzado a "institucionalizar" y a "constitucionalizar" el proceso constituyente, anteriormente concebido como "salvaje", "originario", que comenzaba explosivamente desde cero. El mejor ejemplo a escala mundial son las constituciones cantonales suizas, que fijan requisitos mínimos determinados al procedimiento constituyente (p.ej., los arts. 121 a 125, Const. de Aargau de 1980). También la Constitución de Brandenburgo (1992) establece, como única en Alemania, barreras procesales claramente definidas para una nueva Constitución del *Land* (art. 115: entre otras, una mayoría de dos tercios de los miembros de la asamblea constituyente, aprobación por referéndum con la mayoría de los votantes). En Sudáfrica se establecen en la Constitución provisional de 1993 condiciones ("*general principles*") para la Constitución definitiva de 1996, cuyo cumplimiento fue revisado incluso en 1997 por el Tribunal Constitucional local, quizás el único ejemplo a nivel mundial, establecido por el derecho constitucional, de la participación de un tribunal constitucional en el proceso constituyente y una muestra de la historia exitosa del establecimiento de la jurisdicción constitucional. El tema del "límites del proceso constituyente" ya no es, desde hace tiempo, de naturaleza "platónica" o un mero juego teórico.

e) Las *garantías del "orden fundamental de libertad y democracia"* son una conquista particular de la Ley Fundamental de , las que, bajo el signo de los valores de la democracia "militante" o "dispuesta a la defensa", pretenden proteger a la Constitución contra posibles enemigos ("enemigos de la Constitución"), tempranamente identificados, con lo cual existe naturalmente el peligro de que los grupos gobernantes quieran excluir, como enemigos de la Constitución, a los grupos de oposición que les desagraden, aunque éstos únicamente estén haciendo uso, en el marco de la Constitución, de sus *derechos como oposición* protegidos especialmente por los derechos fundamentales.

En casos extremos, la LF ha creado dos posibilidades de prohibición: la llamada "pérdida" ("*Verwirkung*") de derechos fundamentales, conforme al art. 18, y la prohibición de partidos, conforme al art. 21, inc. 2. De acuerdo con el art. 18, pierde sus derechos fundamentales aquel que abuse de ellos (como las libertades de opinión o de asamblea, o el derecho de asilo) en su "lucha contra el orden fundamental de libertad y democracia". Solamente en muy pocos casos se ha aplicado hasta ahora el art. 18. Algo diferente ocurre con la *prohibición de partidos*, conforme al art. 21, inc. 2, de la LF, según el cual "son inconstitucionales los partidos que por sus objetivos o por el comportamiento de sus adherentes tengan el propósito de dañar o suprimir el orden fundamental de libertad y democracia o poner en peligro la existencia de la República Federal de Alemania". El TCFA dictó en 1952 y 1956, en virtud del privilegio de partidos, dos importantes sentencias (E 2, 1 y E 5, 85) que prohibían de manera constitutiva al Partido Socialista del Reich, radical de derecha, y al Partido Comunista de Alemania, haciendo profundas explicaciones sobre la "democracia en libertad" y la democracia militante" ["*process of trial and error*", "síntesis entre el principio de tolerancia hacia otras opiniones políticas y el reconocimiento de ciertos valores fundamentales intangibles del orden estatal": E 5, 85 (135 y 139)]. Lo que en otras partes se sanciona solamente a través del derecho penal político o por la opinión pública, la LF trata de resolverlo jurídicamente. Ciertamente, hay que tener claridad sobre los *límites* de la prohibición del abuso, pues es más fácil neutralizar a los partidos políticos pequeños que a los que han sido legitimados con un mayor poder por el pueblo. En 1998, al prohibir el Tribunal Constitucional al Partido Islámico, que ya había participado en el gobierno, Turquía alcanzó quizá los límites de la prohibición de partidos (cfr. arts. 68 y 69, Const. de Turquía de 1982; art. 98, ley sobre partidos políticos de 1983). En el fondo se muestra, aquí también, que la democracia en libertad debe ser asegurada, *en última instancia*, por sus mismos ciudadanos.

f) La finalidad del "estado de excepción" o la llamada "emergencia de Estado" es también la protección de la Constitución. Se trata de todos los peligros graves para la permanencia del Estado o de la seguridad y el orden públicos, lo que no puede resolverse mediante las vías *normales* previstas por la Constitución, sino que su defensa y medidas solamente son posibles con *medios excepcionales*[171]. En la época anterior a la Segunda Guerra Mundial, algunos países funcionaron con un derecho de emergencia de Estado no escrito, extra o supraconstitucional (así, p.ej., Suiza). El Estado constitucional, que se caracteriza por el derecho escrito, aun cuando reconoce fuentes no escritas, como el derecho constitucional judicial o los principios generales del derecho, haría bien en establecer con claridad las competencias para el caso de excepción y señalarles límites claros. El objetivo de cualquier disposición sobre situaciones de emergencia debe ser el restablecimiento, tan pronto sea posible, de la "normalidad constitucional". La idea de la *ultima ratio* o de la prohibición del exceso debe guiar a todas las medidas de excepción, como el quebrantamiento (*Durchbrechung*) de las competencias normales de los parlamentos en favor del *ejecutivo* (concentración de poderes) o de la limitación o suspensión temporales de los derechos fundamentales. Bajo estas estrictas condiciones, la *primacía de la Constitución escrita* requiere suspender en partes la Constitución, "a fin de poder restablecer su vigencia ilimitada"[172]. Es en esta medida que el estado de excepción forma parte plenamente de las instituciones "normales" del Estado constitucional y no

[171] Hesse, *Grundzüge des Verfassungsrechts der Bundesrepublik Deutschland*, p. 301.

[172] Hesse, *Grundzüge des Verfassungsrechts der Bundesrepublik Deutschland*, p. 303.

se encuentra, per se, en contradicción con él. En consecuencia, numerosas constituciones antiguas y recientes conocen el estado de excepción o tradicionalmente el "estado de sitio". Su demonización por las ideologías de izquierda a fines de los años sesenta en Alemania (palabra clave: "Orwell") no se justificaba ni en la comparación jurídica ni en la historia constitucional.

La teoría constitucional tiene que aclarar una serie de *cuestiones fundamentales* –también en vinculación con la política constitucional– que los diversos países pueden responder de manera distinta: ¿*quién* declara el estado de excepción (p.ej., el presidente, el Parlamento o el Gobierno)?, ¿cuáles son las *condiciones y supuestos de hecho* para declararlo (peligros para el orden y la seguridad públicos)? En este sentido, hay que distinguir entre la *emergencia externa* (según la LF, el llamado "caso de defensa": art. 155 a, incs. 1 y 3) y la *emergencia interna* (catástrofes naturales, accidentes especialmente graves, peligros para la supervivencia del Estado o del orden fundamental de democracia: art. 35, incs. 2 y 3, y 91, inc. 1, LF); ¿se conforma con una *cláusula general*, como la de la Constitución de Weimar en su famoso art. 48, o, si se prefiere, tratar de resolver el problema a través de numerosas normas detalladas (como en la LF alemana a partir de 1968)? Si debido a la autorización general, como en Francia (art. 16, Const. de 1958), existe el peligro de un abuso, una regulación especial amenaza con conducir a la inefectividad (como sucede quizá con la LF alemana). Finalmente: ¿quién *controla* la proporcionalidad de las medidas (quizás un tribunal constitucional, como en el art. 115 g, LF) o quién decide sobre la duración del estado de excepción (p.ej., un comité especial: el "comité conjunto", art. 53 a, LF)?

g) El *derecho de resistencia* es el "último recurso del ciudadano" para la defensa de la Constitución. Algunos Estados constitucionales lo han positivizado, como la LF alemana en su art. 20, inc. 4: "Contra todo aquel que se proponga suprimir este orden, tienen todos los alemanes el derecho a la resistencia cuando no sea posible otro remedio", y anteriormente ya las constituciones de los *Länder* (el art. 147, inc. 1, Const. de Hesse abruma incluso a sus ciudadanos con un *deber* de resistencia). En África se destaca la Constitución de Mali de 1992, en la medida en que otorga al pueblo "el derecho a la desobediencia civil... a fin de conservar la forma de Estado republicana" (art. 121, inc. 2). Con ello encontramos una confirmación más del "paradigma de las etapas textuales". Si antiguamente el derecho de resistencia era abordado en las teorías generales del Estado bajo criterios de derechos humanos o de derecho natural, y tal derecho fue, por ejemplo, invocado por los hermanos Scholl en Alemania en 1944 contra el nacionalsocialismo, las constituciones más recientes integran la discusión política y científica más actual alrededor de la "desobediencia civil", que se debe al estadounidense Thoreau (1848) y que ha encontrado a sus testigos más convincentes en grandes figuras como Mahatma Gandhi, Martin Luther King o Nelson Mandela. También grupos colectivos como Amnesty International, Robin Wood o Greenpeace recurren a la doctrina de la "desobediencia civil" para justificar la "violación limitada de las reglas"[173]. El Estado constitucional posee varias posibilidades alternativas. Puede dejar sin regular el derecho de resistencia y esperar la "rebelión de las conciencias", recurriendo al derecho natural, o puede positivizarlo, a fin de dar a la conciencia individual siquiera un apoyo simbólico, o bien puede prescribir la posible invocación de la desobediencia civil[174]. En un orden democrático funcional sólo puede darse el derecho de resistencia en un "sentido conservador", de acuerdo con BVerfGE 5, 85 (376), mientras que

173 Sobre este problema, ver también Rawls, *Teoría de la justicia*.

174 De la bibliografía: Dreier, *Recht und Moral*, p. 202.

el mandato de la *ultima ratio* sigue siendo irrenunciable: pero incluso el Estado constitucional desarrollado corre, en ocasiones, el peligro de no reconocer en absoluto abusos graves, o hacerlo demasiado tarde. Aquí se requiere un "sistema de alerta temprana", al que pertenece la desobediencia civil, que es capaz de sensibilizar a una comunidad política sobre eventos (como la contaminación del ambiente o la nuclear) que la opinión pública pluralista no toma suficientemente en serio. Bajo las condiciones que señala J. Rawls, aquí puede estar justificada la "desobediencia civil". Quien la ejerza tiene, empero, que aceptar las consecuencias para su persona, por ejemplo, un castigo, pues su justificación es ética, no jurídica.

Capítulo VI

NECESIDADES DE REFORMA EN EL ESTADO CONSTITUCIONAL DE LA ETAPA EVOLUTIVA ACTUAL

§ 77. *El Estado constitucional en la perspectiva de la evolución histórica*

La *capacidad* y la *necesidad* de desarrollo del Estado constitucional como tipo forma parte del credo de este trabajo, con lo cual no puede arriesgarse más que a un mínimo de indispensable optimismo científico. No podemos conocer el sentido de la historia (constitucional), pero sí quizá trabajar en el sentido de la técnica incremental de Popper, de modo que el Estado constitucional, que habrá de ser caracterizado con mayor detalle más adelante, en sus contenidos y procedimientos específicos, sea entendido como "*res publica semper reformanda*" y siga desarrollándose como objetivo y foro de los "eternos" esfuerzos humanos en materia de dignidad humana, libertad y justicia social.

a) *Métodos de comprensión científica. Procesos mundiales de producción y recepción desde hace siglos. Enfoque culturalista y empírico. Textos clásicos. El paradigma de las etapas textuales. Comparación jurídica "en clave cosmopolita".* ¿Cuáles son los métodos con los que se puede captar la evolución del Estado constitucional hasta la fecha? Los textos constitucionales, una vez que se encuentran en el mundo, incluso "sólo" como proyectos, desenvuelven en la sociedad abierta de los intérpretes constitucionales un potencial difícilmente predecible, sobre todo si ya el pluralismo de los métodos jurídicos de la interpretación conduce a dejar abierta la cuestión del modo en que deben combinarse, en el caso particular, los cuatro métodos clásicos de la interpretación (desde F. C. von Savigny), que en mi opinión son cinco, si agregamos la comparación jurídica[1]. Sin embargo, los textos constitucionales, en su actual intercambio a escala mundial, pero también desde 1787 y 1789, son los "portadores" de las diversas partes integrantes del tipo del Estado constitucional. El "paradigma de las etapas textuales" puede y quiere demostrar que a través de los diversos procesos de recepción de textos constitucionales se transporta también, de manera indirecta, una *realidad* constitucional porque, por ejemplo, una Constitución totalmente revisada convierte más tarde en texto y en conceptos aquello que se ha hecho realidad como práctica en otros Estados constitucionales (también gracias a la jurisprudencia y la doctrina). Es posible encontrar fácilmente ejemplos prácticos de esto en los textos normativos sobre los derechos fundamentales, los partidos políticos, el federalismo y el regionalismo[2].

En rechazo al difundido "eurocentrismo": el Estado constitucional es en la actualidad una obra comunitaria de muchos tiempos y espacios –aunque históricamente haya sido un proyecto europeo-atlántico–, por lo que hay que incluir en la comparación jurídica, de entrada y "en clave cosmopolita", a los países en desarrollo y los "micro Estados". Tenemos que plantearnos la pregunta de si, y de qué modo, estos países pueden hacer contribuciones propias al tipo del Estado constitucional, y lo mismo resulta válido para los Estados reformados de Europa oriental.

[1] De la bibliografía, Kramer, *Juristische Methodenlehre.*

[2] Referencias en Häberle, *Theorieelemente eines allgemeinen juristischen Rezeptionsmodells*, *JZ*, 1992, p. 1033 y siguientes.

Así, por ejemplo, Madagascar (1992-1995) y Etiopía (1994) han convertido en texto constitucional el nuevo postulado de la "transparencia" de la vida política, pues el principio clásico de la publicidad ya no es suficiente. Así, también, se practica en los "micro Estados" o en las ciudades-Estado en sistemas federales, la cercanía al ciudadano, la que puede resultar ejemplar para otros[3]. Sudáfrica se atrevió a enriquecer en su Constitución de 1996 el canon de la interpretación, del modo como lo había requerido anteriormente la doctrina (art. 39, inc. 1, literal *c*: "*may consider foreign law*"). Así también Polonia en 1997, en materia de referencias a Dios, creó un compromiso en su Preámbulo a la Constitución que debería hacer historia (constitucional) en la sociedad plural, mientras que la Constitución del Cantón de Berna (1993) ha esbozado un artículo ejemplar (art. 54) en materia de cooperación y ayuda internacionales, del mismo modo como, en el art. 28, suaviza el debate (alemán) en torno al *contenido esencial* de los derechos fundamentales, a través de momentos absolutos y relativos y se atreve a ofrecer un catálogo de ejemplos[4]. Estas *etapas textuales* animan a captar y promover las ideas jurídicas a partir de los materiales constitucionales de todo el mundo, por ejemplo, para fines de la asesoría constitucional práctica local en Europa oriental.

b) *Caracterización de los contenidos esenciales (principios) del Estado constitucional.* Pasando ahora de los métodos a los contenidos, aunque ambos se vinculan: el Estado constitucional se caracteriza por un conjunto –realizado– de principios que aquí mencionamos solamente a

[3] De la bibliografía sobre Liechtenstein: Batliner, *Aktuelle Fragen des liechtensteinischen Verfassungsrechts*; sobre las ciudades-Estado, Häberle, *Die Zukunft der Landesverfassung der Freien Hansestadt Bremen*, *JZ*, 1998, p. 57 y siguientes.

[4] De la bibliografía: Müller, *Elemente einer schweizerischen Grundrechtstheorie*, p. 141 y ss.; Häberle, *Die Wesensgehaltgarantie des Art. 19 Abs. 2 GG*, 1ª y 2ª ed., p. 39 y ss., 3ª ed., especialmente p. 326 y siguientes.

manera de términos clave, catálogo de principios que se encuentra abierto, a pesar de las llamadas "cláusulas de eternidad" en el sentido del art. 79, inc. 3, de la LF, del mismo modo como la lista de temas del Estado constitucional en conjunto queda abierta hacia el futuro: así, la Constitución de Ucrania (1996) introdujo lo que hasta ahora es un singular artículo sobre Chernóbil (art. 16). De este modo, también ha "hecho carrera" el tema de la "protección de las personas de edad y los discapacitados", primero en el curso de los últimos años, también gracias a los textos de la ONU de 1989[5], pero actualmente a escala mundial; además, empiezan a imponerse los derechos fundamentales de los niños (p.ej., art. 28, Const. de Sudáfrica; art. 72, Const. de Polonia)[6].

En Europa oriental se han creado, como resultado de las experiencias con el Estado totalitario del marxismo-leninismo, cláusulas contra las ideologías de Estado o sobre el pluralismo (p.ej., art. 11, Const. de Bulgaria de 1991; art. 1º, inc. 3, Const. de Rumania de 1991; art. 3º, Const. de Croacia de 1991; art. 9º, Const. de Macedonia de 1991; art. 13, incs. 1 y 2, Const. de Rusia de 1993). También en los Estados africanos se encuentra un reconocimiento del pluralismo político (p.ej., Preámbulo de la Constitución del Chad de 1996; arts. 2º y 159, inc. *c*, Const. de Angola de 1992).

Sin embargo, existe un inventario básico de principios constitucionales en la actual etapa evolutiva del Estado constitucional, por decirlo así, un "programa constitucional obligatorio", el cual comienza con la dignidad humana como premisa antropológico-cultural que conduce a la democracia como "consecuencia organizativa". Sin embargo, la comparación jurídica impide sostener la separación,

[5] Al respecto, Hailbronner, *Der Staat und der Einzelne als Völkerrechtssubjekt*, en Graf Vitzthum (ed.), "Völkerrecht", p. 181 (245).

[6] A petición del Consejo Nacional Suizo debe haber incluso en Suiza artículos sobre los derechos de los niños (*NZZ*, del 20 de marzo de 1998).

muy alemana, entre dignidad humana y democracia, y la reducción de ésta a la democracia representativa como la "verdadera" democracia. Los "derechos del pueblo" en Suiza son la satisfacción de la dignidad humana y también son entendidos así. Si agregamos las manifestaciones de la dignidad humana en los distintos derechos humanos, hasta el derecho al desarrollo (en este contexto, también el derecho a la paz discutido en el derecho internacional, como derecho de la "tercera generación"), y también el aseguramiento a través de derechos fundamentales sociales y libertades culturales, junto con una rica filigrana de varias "dimensiones", tendremos una "cultura de los derechos fundamentales" del Estado constitucional, la que naturalmente viven de manera bastante distinta los diversos Estados: Francia a partir de lo cultural, lo nacional-republicano ("libertades públicas") y Alemania, en la actualidad, más bien a partir de su autoimagen de acentuado matiz económico, pero en todo caso entendemos la "libertad alemana" como "libertad federativa", tan fuertemente enraizada está entre nosotros la cultura del federalismo. La división de poderes es otro elemento estructural indispensable, para la cual deberíamos considerar que la división de poderes clásica (horizontal y vertical), referida al Estado, fuera complementada por la división social de poderes en sentido amplio (p.ej., entre las partes de la negociación laboral colectiva o entre los medios de comunicación).

La propensión al abuso de poder de los seres humanos que ocupan cargos públicos, le plantea una y otra vez al Estado constitucional la tarea de encontrar mecanismos de división de poderes (v.gr., tribunales de cuentas, *ombudsman* u *ombudswoman*, consejos para los medios; son ejemplares los arts. 183 a 187, Const. del Chad de 1996).

La obligación abstracta a favor del bien común debe ser satisfecha, de manera concreta, bajo la figura del Estado social de derecho y del Estado de cultura. Esto último tiene por resultado numerosas variantes textuales, especialmente en las cláusulas sobre el patrimonio cultural en los países en desarrollo (arts. 60 y 61, Const. de Guatemala de 1985), así como en Europa oriental (p.ej., Preámbulo y art. 6º, Const. de Polonia de 1997; arts. 11 y 54, inc. 4, Const. de Ucrania de 1996), pero también en el derecho constitucional de la cultura, ricamente articulado, de las constituciones cantonales suizas o de los cinco nuevos *Länder* alemanes[7]. El Estado de derecho, que desde el inicio debe ser considerado como social, plantea otras tantas tareas estatales, a pesar de todas las controversias sobre la reestructuración del Estado social. Transfiere también el encargo constitucional a los "profetas del mercado", para luchar por la economía social de mercado y pensar en los límites de éste (la "mano visible" del derecho constitucional). También quizás existe en las tareas culturales de las entidades federativas y los municipios (palabra clave: privatización, *sponsoring* cultural).

Al inventario típico de las constituciones del Estado constitucional pertenece actualmente la apertura hacia regiones más amplias: en Europa, los así llamados artículos sobre Europa[8], lo que tiene sus correspondencias en la Península Ibérica, así como en Sudamérica y África, cuando se habla expresamente, o por su sentido, de la unidad y la identidad iberoamericanas (cfr. los arts. 7º, inc. 4, y 15, inc. 3, Const. de Portugal; el art. 11, inc. 3, Const. española), o de la unidad y la identidad africanas (p.ej., Preámbulo y art. 117, Const. de Mali de 1992; art. 122, Const. de Níger de 1996; Preámbulo de la Const. de Senegal de 1992; arts. 146 y 147, Const. de Burkina Faso de 1991-1997). Aquí

[7] Al respecto, mi análisis en *JöR*, vol. 40, 1991-1992, p. 291 y ss.; vol. 41, 1993, p. 69 y ss.; vol. 43, 1995, p. 355 y siguientes. De la bibliografía general: para Suiza, Häberle, *Neuere Verfassungen und Verfassunguorhaber in der Schweiz, insbersondere auf kantonaler Ebene*, *JöR*, vol. 34, 1985, p. 303 (320 y ss.); para Alemania oriental, ver Mangoldt, *Die Verfassungen der neuen Bundesländer*,

[8] Ver, al respecto, mi panorama comparativo en *Europa programme neuerer Verfassungen und Verfassungsentwürfe für den Ausbau von nationales "Europa verfassungsrecht"*, en "FS Everling", 1995, p. 355 y siguientes.

pertenece también la "imagen del mundo" propia de las constituciones[9], pues encuadran a sus pueblos en la comunidad universal, se adhieren a los derechos humanos universales y aseguran la ayuda al desarrollo y otras formas de la cooperación. El lugar del Estado nacional introvertido lo ocupa el "Estado constitucional cooperativo". Se hacen visibles las tareas de la humanidad; la "imagen del ser humano" del Estado constitucional se convierte en la "humanidad" referida al mundo entero[10]. La cláusula de eternidad del Estado constitucional, cuya carrera comienza en el art. 112 de la Const. de Noruega de 1814, encuentra una cima en el art. 79, inc. 3, de la LF, el cual se prolonga en varias interpretaciones doctrinales y que desde entonces ha encontrado sucesores en diversas constituciones en todos los continentes (p.ej., art. 159, Const. de Angola; art. 104, Const. de Guinea Ecuatorial de 1991; art. 64, Const. de Camerún de 1996; art. 157, Const. de Ucrania de 1996), que no son idénticos con el inventario mínimo aquí descripto. También, y precisamente, hay que pensar de manera nacional en este punto. Suiza no requiere semejante "cláusula de eternidad" escrita, pues su cultura constitucional se sostiene a sí misma y asegura "eternamente" sus elementos de identidad por sí mismos[11]. Francia solamente garantiza la "eternidad" de la República (art. 89, inc. 5, Const. de 1958), Portugal creó un catálogo bastante am-

[9] Al respecto, el ensayo de Häberle, *Das "Weltbild" des Verfassungsstaates-eine Textstufenanalyse zur Menschheit als verfassungsstaatlichem Grundwert und "letztem" Geltungsgrund des Völkerrechts*, en "FS Kriele", 1997, p. 1277 y siguientes.

[10] Al respecto, en relación con la idea del "Estado constitucional cooperativo" (1978), con todas las referencias textuales, Häberle, *Verfassungslehre als Kulturwissenschaft*, 2ª ed., p. 175 y siguientes.

[11] De la bibliografía: Müller, *Materielle Schranken der Verfassungsrevision?*, en "FS Haug", 1986, p. 81 y ss.; Häberle, *Verfassungsrechtliche Ewigkeitsklauseln als verfassungsstaatliche Identitätsgarantien*, en "FS Haug", 1986, p. 81 y ss.; Kirchhof, *Die Identität der Verfassung in ihren unabänderlichen Inhalten*, en *HdBStR*, vol. I, 1987, p. 775 y siguientes.

plio (art. 228, Const. de 1976), la Ley Fundamental alemana incorpora elementos del federalismo en el art. 79, inc. 3, mientras que ambos Estados ibéricos, por lo que se refiere a la división vertical de los poderes, solamente conocen a su "hermano menor", el regionalismo, hacia el cual apenas se dirige ahora, de manera penosa, Gran Bretaña ("*devolution*" a Escocia y Gales; el estatuto de semiautonomía para Irlanda del Norte). Precisamente aquí se muestra que siempre hay que trabajar en dos planos: en el más abstracto del tipo del Estado constitucional y en el más concreto del ejemplo nacional, aunque ambos planos se interrelacionen en el largo plazo: el *ombudsman* de Escandinavia está en vías de convertirse en principio "normal" de las constituciones del Estado constitucional (p.ej., Polonia, 1997; ver también arts. 156 a 158, Const. de Togo de 1992: "Comisión Nacional de Derechos Humanos"). A esto hay que agregar el derecho constitucional no escrito, el que –como sucede en Suiza en relación con algunos derechos fundamentales– es configurado por la doctrina y la práctica, "inducidos" frecuentemente por textos constitucionales de países extranjeros.

§ 78. *Política constitucional y utopías*

La política constitucional es la configuración consciente y el desarrollo progresivo de una Constitución que pertenece al tipo del Estado constitucional: formalmente, esto puede producirse o funcionar de diversas maneras: como "expedición" original de una Constitución (como en 1787 en los Estados Unidos de América y en 1791 en Francia), como "revisión total" de constituciones existentes (como ha ocurrido desde los años sesenta hasta la actualidad en varios cantones suizos), como "revisión parcial" (como ha ocurrido, hasta 1999, cuarenta y cuatro veces con la LF alemana, o veintiocho veces desde 1787 en los Estados Unidos de América a través de los "*amendments*"), pero también mediante las formas más "finas" de la interpretación constitucional creativa de la Constitución vigente, hasta llegar al audaz voto particular (p.ej., de la señora von Brünneck, E 32, 129). Desde el punto de vista de su contenido, la política constitucional se dirige hacia el todo o a partes del conjunto de una Constitución, en lo cual se orienta por otros tipos, pero también configura variantes nacionales (en el Estado federal, de las entidades federativas): dependiendo de la cultura constitucional individual, desarrollada históricamente (p.ej., en Suiza como democracia semidirecta, en los nuevos *Länder* alemanes vía la recepción y desarrollo de la doctrina y la jurisprudencia más recientes de Alemania occidental o la incorporación de estándares europeos o mundiales).

a) *Política constitucional ("pensamiento de las posibilidades")*. Mientras que tanto las funciones estatales como el constituyente o el legislador ordinario que expide "leyes orgánicas" (v.gr., España), pero también el órgano reformador de la Constitución, pueden "traerse" sus "materiales", modelos, ejemplos e inspiraciones de toda la historia constitucional (tiempo) y comparación (espacio) accesibles a ellos en materia de Estado constitucional, a fin de crear nuevas constituciones ("proceso constituyente") o reformar las existentes mediante algún procedimiento ("reforma constitucional"), y al hacerlo proceden de manera "política", es decir, que deben buscar un compromiso con otros grupos plurales en las asambleas constituyentes, el participante que es científico tiene más libertad, pues sirve directamente a la justicia (de la Constitución) y labora al servicio inmediato de la búsqueda de la verdad, precisamente como científico. Ante sus ojos se presenta directamente el ideal de una "buena" Constitución, se mueve libremente en el "taller" de la historia y la comparación constitucionales, que son dos lados de la misma cosa, mientras que el constituyente político está expuesto a las diversas condiciones de la negociación, de la acción con todos los participantes, hasta llegar a un compromiso "malo", pero inevitable. Estas vías y tareas distintas en materia de política constitucional, las directamente políticas y las científicas de manera primaria, tienen que ser distinguidas, aunque haya intersecciones: por ejemplo, cuando el constitucionalista debe dictaminar un proyecto concreto de Constitución, como ha sucedido a partir de 1990 hasta nuestros días en Polonia[12], o en Sudáfrica en 1996, con fuerte participación alemana[13], o bien como pudo observarse en el proceso de elaboración de la Constitución provincial de Kwazulu Natal en 1996. Suiza ofrece también ejemplos de ello. La tarea de la ciencia consiste en proponer una paleta de posibles soluciones o normaciones, o bien comentar las que ya estén vaciadas en forma de textos, y en su caso mejorarlas mediante variantes textuales. Previamente tendrá que realizar "política científica de reservas", es decir, elaborar con independencia un espectro de varias alternativas que puedan ser de utilidad para quien haga política constitucional "en razón de su oficio", como, por ejemplo, un órgano reformador de la Constitución. Un caso particular lo constituyen los proyectos científicos privados, que frecuentemente hay en Suiza, siguiendo una tradición clásica, más recientemente en el plano federal gracias a Kölz-Müller (1984), en Zürich, gracias a T. Jaag. Se realizan sin encargo y pueden trabajar de manera "ideal", laborando por propia iniciativa sin estar sujetos a instancias, cuerpos y procedimientos concretos, así como tampoco a los partidos políticos.

Así entendida, la política constitucional debe convertirse en tarea natural de la doctrina constitucional. Sobre todo, no debe ser excluida por estar demasiado "próxima a la política", sino concebirse como parte integrante de la disciplina. Posee reglas manuales y, en caso afortunado,

[12] Documentación en *JöR*, vol. 43, 1995, p. 184 y siguientes.

[13] Al respecto, Karpen, *Südafrika auf dem Weg zu einer demokratisch-rechtsstaatlichen Verfassung*, *JöR*, vol. 44, 1996, p. 609 y siguientes.

"reglas del arte", que se han formado en las largas tradiciones del Estado constitucional y que son especialmente demandadas en la actualidad, en la "era de la Constitución", después de 1989, para lo cual es conveniente mucha humildad. Por bueno que fuera un constituyente, en Sudáfrica quizá no hubiera logrado el "milagro" de la Constitución de transición de 1993 y la definitiva de 1996 sin un Nelson Mandela y sin un F. de Klerk que le abrieran el camino. Inversamente, quizá se haya perdido en Polonia, en 1989-1990, la "hora de la Constitución", aunque había una personalidad carismática como la de L. Walesa (la Constitución se logró en 1997). Lo que el constitucionalista se imagina en materia del Estado constitucional más o menos desde la "mesa de discusión", no es necesariamente y per se adecuado para ser transformado de hecho en política constitucional práctica. Para ello se requieren las fuerzas políticas, una opinión pública dispuesta a aceptar, ciertas condiciones económicas y mucha buena voluntad. No obstante, el constitucionalista está llamado, en razón de su ciencia, a colaborar de acuerdo con sus (modestas) posibilidades.

b) *Utopías de todos los campos del arte.* Las *tesis sobre la utopía* de una teoría constitucional comparativa como ciencia jurídica de los textos y la cultura señalan lo siguiente.

Las utopías constituyen un género literario y una forma científica y artística indispensables con el fin de asegurarse a uno mismo, en parte como legitimación, en parte como crítica. Las utopías ofrecen a los seres humanos unas veces experiencias y otras esperanzas, pues están fundamentadas *antropológicamente*.

Puesto que la historia enseña que el Estado constitucional, en especial, se ha convertido en "conquista cultural" también gracias a las utopías, las "fantasías", las "visiones" y "sueños" de sus clásicos, debe haber apertura en lo futuro para nuevas utopías o para las utopías clásicas transformadas como "catalizadores" o "fermentos". Piénsese en el *sueño* de la integración racial en los Estados Unidos de

América de Martin Luther King, que en mucho se ha vuelto realidad y que ha asumido una forma constitucional, tanto jurídica como culturalmente, gracias a un nuevo día festivo a partir de 1986. En tal medida, la tesis del agotamiento de las energías utópicas, de ser cierta, apuntaría a un síntoma de crisis que no puede dejar indiferente al Estado constitucional democrático.

Lo anterior no impide que la teoría constitucional evalúe conscientemente y distinga entre las utopías *positivas* y las *negativas* (p.ej., las "historicistas" o "totalitarias"). El ejemplo más bello de una *utopía positiva*, y hasta ahora solamente realizado de manera puntual, es el esbozo filosófico de I. Kant sobre *La paz perpetua* (1795), y el de una *utopía negativa* es el de Orwell, *1984*, o el filme *Fahrenheit 451*.

La teoría constitucional debería distinguir entre la indispensable función crítica de las utopías y su función admonitoria, y no tener miedo de señalar por su nombre los peligros de las utopías clásicas y las recientes; por ejemplo, el marxismo-leninismo o el anarquismo y, actualmente, los "Estados de Dios" cerrados del Islam (Irán, Afganistán).

Esta apreciación diferenciada de las utopías significa una corrección del pensamiento de Popper, en la medida en que su "racionalismo crítico"[14] requiere de complementación sustantiva por el método de la ciencia cultural. Las utopías pueden crear "saber presuntivo" de manera anticipatoria y creativa, el cual, realizado por la vía de la "reforma incremental", enriquece los procesos de desarrollo del Estado constitucional. Incluso las utopías de una sociedad cerrada, como la de Platón o del marxismo, pueden mostrar efectos positivos en cuanto tipos contrarios al modelo del Estado constitucional. Esta apreciación diferenciadora, sin embargo, se apoya en Popper en cuanto cree, con él, en el "curso abierto de la historia" y en la posibilidad de que el individuo le confiera un sentido, y por ello

[14] Popper, *Auf der Suche nach einer besseren Welt*.

se opone al marxismo o a los sistemas deterministas. Su fundamento es la "imagen moderadamente optimista del ser humano" y el "optimismo científico", lo que debería caracterizar a la teoría de la Constitución en cuestiones particulares (p.ej., en los fines educativos o en el derecho penal resocializador), así como también en su conjunto.

La teoría constitucional y el tipo del Estado constitucional han de dar espacio al ser humano para un "*quantum* de utopía", esto no sólo en forma de la ampliación y promoción de las libertades culturales (¡también de las religiones!), sino de una manera mucho más intensiva, por la cual los textos constitucionales normen esperanzas (p.ej., anteriormente la unidad de Alemania o ahora la de Irlanda) que sean al menos "deseos utópicos" concretos. El "principio esperanza" (E. Bloch), el "principio responsabilidad" (H. Jonas), por ejemplo, en la protección del ambiente, estimulan desarrollos constitucionales fructíferos, porque el ser humano necesita la esperanza como el aire que respira y la comunidad vive de una libertad responsable. En la medida en que las constituciones se encuentren alejadas fundamentalmente de las utopías en su dimensión jurídica, y que por su naturaleza propia deban permanecerlo, en algunas de sus partes pueden ser "todavía" utopías –¡también el principio del Estado social era, en la época de H. Heller, hacia 1930, y después en 1949, con la LF, un pedazo de utopía!–.

El arte y los artistas se anticipan no pocas veces a aquello que más tarde la realidad política pone en el "orden del día": piénsese en la *Guerra de las galaxias* como película de los años setenta y como concepción (¿peligrosa?) de una política internacional de defensa en los años ochenta, o en la filosofía de la verdad del checo V. Havel con vistas al año de 1989.

En la medida en que tanto la teoría constitucional como la ciencia, en conjunto, deban atender al arte y los artistas, para ganar sensibilidad sobre los nuevos problemas, debe otorgarle en su marco un alto valor declarado a la utopía, pero ciertamente marcarle también sus límites, los cuales existen sobre todo donde la violencia y la falta de libertad se convierten en medios para lograr de manera coercitiva situaciones ideales que se han prometido "para más adelante". El postulado de Popper de la "reforma incremental" sigue siendo una máxima de política constitucional. Bajo estas condiciones los textos *utópicos* pueden ser textos *clásicos* y convertirse en textos *constitucionales* en "sentido amplio".

Así vistas, las utopías son un pedazo de "patrimonio cultural" del Estado constitucional como tipo, incluso donde aquéllas se le han adelantado o donde han sido escritas en su contra: de ellas, y en parte contra ellas, obtiene dicho Estado sus perfiles, el cual es "provocado" en parte por ellas y en parte tiene que afirmarse ante ellas, por ejemplo, en su trato con otros Estados en el derecho internacional en sentido de la "paz perpetua" de Kant: como "Estado constitucional cooperativo".

Las utopías pueden, e incluso deben, "desasosegar" a los seres humanos; y lo mismo es válido para el Estado constitucional. Pero también lo pueden "tranquilizar" porque –y en la medida en que– sean satisfechos por él y lo confirmen en su libertad de pensamiento. Téngase presente el mandato de la "dignidad humana", alguna vez utópico, así como su centenaria historia cultural[15] y su actual *idealidad* y *realidad* en el Estado constitucional.

§ 79. CAMPOS EJEMPLARES DE LA POLÍTICA CONSTITUCIONAL: TAREAS ACTUALES DE LA POLÍTICA DE REFORMA EN EL ESTADO CONSTITUCIONAL

Hay que distinguir entre dos especies de necesidades de reforma: aquellas cuyo referente primario es el

[15] Al respecto, Häberle, *Die Menschenwürde als Grundlage der staatlichen Gemeinschaft*, en *HdbStR*, vol. I, 1987, p. 815 y ss. (2ª ed., 1995).

Estado nacional y aquellas que superan la forma de la comunidad política (nacional) y cuyo referente es mundial en última instancia. Ambos campos pueden estar articulados entre sí, pero hay que separarlos por lo pronto. Esto queda de manifiesto ya en las organizaciones e instituciones más o menos "informales", pero que no son primariamente de carácter estatal, como Amnesty International, Greenpeace, Robin Wood o la organización internacional anticorrupción Transparency International. Todas ellas tienen puesta la mira en los déficits nacionales y mundiales o públicos. Su operación óptima en el foro de los Estados constitucionales se da como "sistemas de alerta temprana", pero en conjunto son también indispensables, aunque también resulten dolorosas sus faltas a la verdad (así ocurrió con Greenpeace en relación con la plataforma petrolera "Brent Spar" en 1995). No siempre la opinión pública pluralista es suficientemente sensible para reconocer con oportunidad los focos de peligro (p.ej., las "acciones de ocupación" de viviendas en Berlín, cuyo trasfondo eran las especulaciones inmobiliarias); aquí se puede recurrir a la doctrina de la "desobediencia civil" (Thoreau), que incluso una reciente Constitución africana ha recibido textualmente (art. 121, inc. 2, frase 2, Const. de Mali de 1992).

a) *Reformas necesarias referidas al Estado constitucional nacional.* Hay que distinguir entre las cuestiones de reforma planteadas respecto al tipo del Estado constitucional, es decir, de manera general, y las particulares referidas a las distintas naciones.

1) Quizá todas las naciones de ejemplo estén en cuestión, es decir, el tipo del Estado constitucional se ve desafiado en los siguientes temas:

a) Reducción del desempleo masivo interior, cuyo trasfondo es el debate sobre la "correcta" delimitación entre Estado y economía (¿mercado contra el Estado, privatización?, desregulación en vista de una "carga abrumadora" del Estado).

b) Reforma de los sistemas de seguridad social para la vejez (reestructuración de la seguridad social por la vía de un "tercer pilar").

c) "Domesticación" del nuevo capitalismo (Gräfin Dönhoff).

d) Reducción del endeudamiento (especialmente urgente en Bélgica e Italia, pero también en Alemania; reducción necesaria en razón del contrato de las generaciones como garantía de la justicia entre ellas, pero también en virtud de los criterios de estabilidad del euro).

e) Reducción de las afectaciones al ambiente (depósito de basura nuclear, etc.), el "desafío ecológico".

f) Reducción de la burocracia del Estado (palabras clave: "Estado esbelto", "*l'État modeste*", "*new public management*").

g) Lucha contra la delincuencia organizada (urgente no sólo en Italia y Rusia, sino también en Europa oriental; en Alemania, la escucha de comunicaciones privadas –"*grosser Lauschangriff*"–, abuso general en Internet –pornografía–).

h) Lucha contra la corrupción (Francia, Italia, Bélgica, también Alemania).

i) Sujeción pluralista de los medios de comunicación.

j) Peligro para la libertad de los periodistas (en muchos países de Asia y África).

k) Solución de los desafíos que plantean las nueva tecnologías (palabra clave: tecnología genética, bioética, moderna "sociedad de la información").

l) Desafíos que plantea el fundamentalismo islámico, con diverso vigor en distintas naciones, pero en relación con la "sociedad multicultural".

m) Crisis de la democracia de partidos (más fuerte en Alemania; palabra clave: "aburrimiento de la política"; más débil en Suiza, gracias a la democracia semidirecta), brotes de la "democracia de la complacencia".

n) Reforzamiento jurídico y ético de la idea de los "deberes humanos" ("Declaración Universal de los Deberes Humanos", p.ej., gracias al ex canciller federal alemán Helmut Schmidt)

ñ) Movimientos migratorios (lo que afecta tanto el plano regional como el mundial).

Detrás de muchos de estos temas de la reforma es posible descubrir eventos y conflictos más generales: algunos campos problemáticos se deben a la muy lamentada decadencia de los valores y a los déficits de la educación: así, podría exigirse en Alemania un nuevo debate sobre los valores fundamentales, incluso un nuevo "contrato social". Otros permiten percibir, o al menos intuir, un conflicto, incluso lucha, de las generaciones (así, p.ej., la reestructuración de los sistemas de seguridad social, el depósito de basura nuclear).

2) Sólo como ejemplos se ofrecen ahora algunos temas de reforma referidos de manera primaria a algunas naciones: Gran Bretaña debe buscar una división vertical de poderes más intensiva bajo la forma del regionalismo, aunque sea modesto; Italia está esperando desde hace tiempo una reforma constitucional; Bélgica ha logrado recientemente el paso al federalismo (Constitución de 1994); España lucha con una nueva formulación de su regionalismo. A pesar de que ha caracterizado ingeniosamente a las minorías como "factores formadores del Estado" (1989), Hungría tiene que trabajar más en la práctica (mediante la construcción de puentes) en su protección. Alemania debería liberarse de las ideologías sobre su posición económica derivadas de la primacía de lo económico, a fin de contrarrestar la reducción de la cultura (p.ej., cierre de los institutos Goethe), mientras que Francia lleva adelante sin inmutarse su cultura política nacional en el extranjero

(preferimos callar sobre la "obra maestra" de la reforma ortográfica alemana). Francia discute, en el marco de la "modernización de la vida política", sobre la prohibición de la acumulación de cargos. El debate sobre la inmigración y la doble nacionalidad seguirá siendo, a mediano plazo, un tema de reforma entre nosotros, así también el derecho de las fundaciones y la complementación de la economía social de mercado con la dimensión ecológica (reforma fiscal ecológica): el ser humano, no el mercado, es la medida de las cosas. En Alemania, precisamente después de la fortuna de la unificación, se empieza a apreciar un "aburrimiento" respecto del futuro que resulta de difícil comprensión. También hay necesidad de reducir el pensamiento en términos de derechos (reforma del derecho del servicio público). En el marco de la reforma alemana de la justicia están pendientes las nuevas formas de solución extrajudicial de conflictos ("mediación"). En Sudáfrica (también en los Estados Unidos de América), la superación de la discriminación racial sigue siendo un tema de la reforma ("*affirmative action*"). Suiza quizá tenga que resolver su relación con Europa.

b) ***Reformas necesarias referidas al mundo o a la humanidad.*** Aquí también algunos términos clave: no se desconoce que no todos los Estados en este *singular* "planeta azul" son Estados constitucionales –sociedades abiertas– en el sentido apuntado. Algunos países en desarrollo en el África negra son miembros de la "familia de los Estados constitucionales" sólo sobre el papel. Otros países siguen siendo semiautoritarios. "Milagros" como el de la Sudáfrica de N. Mandela hablan por sí solos. Corea del Norte, Cuba y China siguen siendo naciones socialistas. Los Estados islámicos ni siquiera están recorriendo la vía hacia el tipo del Estado constitucional. Sin embargo, nos atrevemos a sostener la tesis de que la comunidad jurídica internacional, en virtud de la Carta de la ONU y del compromiso con valores universales, como los derechos humanos[16], está fundada, en primero y en último término, en valores constitucionales.

Los temas de la reforma referidos al mundo y la humanidad, en este sentido, son:

1) La preparación de los Estados constitucionales para enfrentar los retos de la globalización de los mercados, de los medios de comunicación (Internet), lo que le recuerda naturalmente al Estado constitucional sus responsabilidades específicas que sólo él puede asumir; además, la "globalización" económica únicamente es soportable por la regionalización cultural en lo pequeño, por el enraizamiento en la "patria": ¡de otro modo el ser humano caería en el vacío!

2) Protección de los bienes culturales.

3) Pensamiento subsidiario, no sólo en el marco de la UE, sino como principio estructural a escala mundial para la convivencia entre los "Estados constitucionales cooperativos".

4) En vista de la escasez a nivel mundial, que crece rápidamente en materia del ambiente-agua-aire (palabra clave: "desarrollo sustentable" de la conferencia de Río de Janeiro de 1992), se plantea la tarea comunitaria en materia de protección del ambiente, lo que da un impulso adicional al tema de los "deberes humanos"; la Convención para la Protección de la Biodiversidad es una etapa lograda (1996).

5) Reducción de la pobreza, ayuda al desarrollo para la autoayuda ("desendeudamiento" de los países en desarrollo), lucha contra el analfabetismo y formas modernas del "tráfico de seres humanos".

6) Entendimiento de los pueblos mediante el intercambio, a escala mundial, de alumnos, estudiantes y científicos.

16 Kühnhardt, *Die Universalität der Menschenrechte*.

7) Institución de un Tribunal Permanente de Naciones Unidas para juzgar los crímenes contra la humanidad y el genocidio de acuerdo con el modelo del Tribunal de Naciones Unidas para la ex Yugoslavia y Ruanda.

8) Realización de los derechos humanos universales, incluso para los casos de desaparición de un poder estatal efectivo (*"failed States"*).

c) *Perspectivas.* Las ideas reformistas acostumbran brincar por encima de las fronteras nacionales, los espacios y los continentes, como ha podido observarse en la recepción de algunas instituciones del Estado constitucional (*ombudsman*, jurisdicción constitucional, etcétera). ¿Cuáles son las condiciones culturales para las recepciones "exitosas"? Por ejemplo: ¿que sean desarrolladas de manera *productiva* en el Estado constitucional receptor? Para resolver este punto quizás habría que hacer primero un amplio inventario empírico (p.ej., de las reformas en Europa oriental a partir de 1989 y de las modificaciones constitucionales atoradas, v.gr., en los Estados de Europa occidental). ¿Es que hay naciones especialmente "dotadas" para las reformas, como los franceses para las revoluciones? Por conducto de los afectados, éstos introdujeron por primera vez, de manera colectiva, en la opinión pública y en el orden del día (1998), el tema del desempleo, con efectos sobre la opinión pública europea.

Como quiera que sea: en este punto solamente se pudieron indicar algunas de las necesidades de reforma referidas al Estado constitucional y la humanidad, para lo cual los valores orientadores significativos "últimos" son la dignidad humana y la democracia, los valores de la humanidad, así como la fe en el arte y la cultura. El "principio esperanza" y el "principio responsabilidad" siguen siendo las condiciones intelectuales previas de la reflexión sobre el Estado constitucional y sus necesidades y, esperemos, de sus posibilidades de reforma.

FUENTES

Baumann, H. - Ebert, M. (eds.), *Die Verfassungen der frankophonen und lusophonen Staaten des subsaharischen Afrikas*, Berlin, 1997.

— *Die Verfassungen der Mitgliedsländer der Liga der Arabischen Staaten*, Berlin, 1995.

Biscaretti di Ruffia, P. (ed.), *Costituzioni stranieri contemporanee*, 3 vols., Milano, 1993-1996.

Blaustein, A. P. - Flanz, G. H. (eds.), *Constitutions of the countries of the world*, New York, 1971.

Brazier, R., *Constitucional texts*, Oxford, 1990.

Brunner, G. - Meissner, B. (eds.), *Verfassungen der kommunistischen Staaten*, Paderborn, 1980.

Dennewitz, B. (ed.), *Die Verfassungen der Modernen Staaten*, vol. I, Hamburg, 1947.

Di Suni Prat, E. - Comba, M. - Cassella, F. (eds.), *Le Costituzioni dei paesi della Comunità Europea*, 2ª ed., Padova, 1998.

Dürig, G. - Rudolf, W. (eds.), *Texte zur deutschen Verfassungsgeschichte*, 3ª ed., München, 1996.

Franz, G. (ed.), *Staatsverfassungen*, 2ª ed., München, 1964.

Godechot, J. (ed.), *Les Constitutions de la France depuis 1789*, Paris, 1979.

Guerra, L. - Aguilar, L. (eds.), *Las constituciones de Iberoamérica*, Madrid, 1992.

Häberle, P., *Dokumentation von Verfassungsentwürfen und Verfassungen ehemals sozialistischer Staaten in (Süd)Osteuropa und Asien*, *JöR*, Tübingen, vol. 43, 1995, p. 105, y ss.; vol. 44, 1996, p. 321 y ss.; vol. 45, 1997, p. 177 y ss.; vol. 46, 1998, p. 123 y siguientes.

— *Neuere Versfassungen und Verfassungsvorhaben in der Schweiz, insbesondere auf kantonaler Ebene*, *JöR*, Tübingen, vol. 34, 1985, p. 303 y siguientes.

Huber, E. R. (ed.), *Dokumente zur deutschen Verfassungsgeschichte*, vol. 1, Stuttgart, 1961; vol. 2, Stuttgart, 1964; vol. 3, Stuttgart, 1966.

Kimmel, A. (ed.), *Die Verfassungen der EG-Mitgliedstaaten*, 4ª ed., München, 1996.

Klecatsky, H. R. - Morscher, S. (eds.), *Die österreichische Bundesverfassung*, 9ª ed., Wien, 1999.

Mayer-Tasch, P. C. (ed.), *Die Verfassungen der nicht-kommunistischen Staaten Europas*, 2ª ed., 1975.

— *Die Verfassungen Europas*, 2ª ed., München, 1995.

Peaslee, A. J. (ed.), *Constitutions of nations*, 4 vols., 3ª ed. revisada, The Hague, 1970.

Pestalozza, C. (ed.), *Verfassungen der deutschen Bundesländer*, 5ª ed., München, 1995.

Reyntjens, F. (ed.), *Constitutiones Africæ*, vol. I, Bruxielles, 1988.

Roggemann, H. (ed.), *Die Verfassungen Mittel- und Osteuropas*, Berlin, 1999.

Vedel, G. (ed.), *Les Constitutions du Proche et du Moyen-Orient*, Paris, 1957.

BIBLIOGRAFÍA

Abernathy, G. M. - Perry, B. A., *Civil liberties under the Constitution*, 6ª ed., 1993.

Achterberg, N., *Parlamentsrecht*, 1984.

Albert, H., *Traktat über kritische Vernunft*, 1968.

Andersen, U., *Begriff und Situation der Entwicklungsländer*, "Informationen zur politischen Bildung, Entwicklungsländer", nº 221, 1988, p. 2.

Annaheim, J., *Die Gliedstaaten im amerikanischen Bundesstaat*, 1992.

Aragón, M., *Constitución y democracia*, Madrid, Tecnos, 1989.

Arendt, H., *Vita activa*, 1960.

Aubert, J. F. - Eichenberger, K., *La Constitution, son usage. Sinn und Bedeutung einer Verfassung (Referate zum 125. Scheweizerischen Juristentag)*, Basel, 1991.

Badura, P., *Staatsrecht*, 2ª ed., 1996.

— voz "Verfassung", en *Evangelisches Staatslexikon*, 3ª ed., Stuttgart, 1987, cols. 3737 y siguientes.

Bachoff, O., *Begriff und Wesen des sozialen Rechtsstaates*, *VVDStRL*, vol. 12, 1954, p. 37.

Bagehot, Walter, *The English Constitution*, London, 1902; 2ª ed., 1983.

Balaguer Callejón, Francisco, *Die autonome Gemeinschaft Andalusiens*, *JöR*, vol. 47, 1999, p. 109.

Balaguer Callejón, Francisco (coord.), *Derecho constitucional*, Madrid, Tecnos, 1999.

Baldassarre, Antonio, *Costituzione e valori*, en "Politica del diritto", 1991, p. 639.

Bar Cendón, Antonio, y otros, *Código Legislativo de Cantabria*, 1994.

Barile, P., *La Costituzione come norma giuridica*, Firenze, 1951.

Baruzzi, A., *Recht auf Arbeit und Beruf?*, 1983.

Bastid, P., *L'idée de Constitution*, Paris, 1985.

Batliner, G., *Aktuelle Fragen des liechtensteinischen Verfassungs- rechts*, 1998.

Bäumlin, R., *Die rechtsstaatliche Demokratie*, 1954.

— *Staat, Recht und Geschichte*, 1961.

Berg, W., *Über den Unwelstaat*, en "FS Stern", 1997, p. 421.

Bergmann, J. M., *Das Menschenbild der Europäischen Menschenrechtskonvention*, 1995.

Bericht der Expertenkommission für die Vorbereitung einer Totalrevision der Bundesverfassung, 1977.

Bericht der Gemeinsamen Verfassungskommission, "Zur Sache", 1993, Bonn.

Berlit, U., *Die Reform des Grundgesetzes nach der staatlichen Einigung Deutschlands*, *JöR*, vol. 44, 1996, p. 17.

Beutler, B., *Das Staatsbild in den Länderverfassungen nach 1945*, 1973.

Bielefeldt, H., *Menschenrechte und Menschenrechtsverständnis in Islam*, *EuGRZ*, 1990, p. 489.

Bin, R., *Capire la Costituzione*, Bari - Roma, 1998.

Blanco Valdés, Roberto L., *El valor de la Constitución*, Madrid, Alianza, 1994.

Bleckmann, A., *Europarecht*, 4ª ed., 1985.

— *Verfassungsrang der Europäischen Menschenrechtskonvention?*, *Eu GRZ*, 1994, p. 149.

Bloch, E., *Das Prinzip Hoffnung*, Suhrkamp, 1974.

Bobbio, Norberto, *Liberalismo e democracia*, Milano, 1985.

Böckenförde, E.-W., *Staat, Verfassung, Demokratie*, Frankfurt am Main, 1991.

Broglio, F. M. - Mirabelli, C. - Onida, F., *Religione e sistemi giuridici*, 1997.

Brugger, W., *Grundrechte und Verfassungsgerichtsbarkeit in den Vereinigten Staaten*, 1987.

Brugger, W. (ed.), *Legitimation des GG aus der Sicht von Rechtsphilosophie und Gesellschaftstheorie*, 1996.

Bryde, B.-O., *Verfassungsentwicklung*, Baden-Baden, 1982.

Buchanan, James M. - Tullock, Gordon, *The calculus of consent*, Ann Arbor, University of Michigan Press, 1962.

Burckhardt, Jacob, *La cultura del Renacimiento en Italia*, 1860.

Burdeau, Georges, *L'evolution du droit public. Etudes en l'honneur d'Achille Mestre*, 1956.

— *Zur Auflösung des Verfassungsbegriffs*, "Der Staat", Berlin, vol. 1, 1962, p. 398.

Cassese, S. - Serrani, D., *Moderner Regionalismus in Italie*, *JöR*, vol. 27, 1978, p. 23.

Compagna, L., *Gli opposti sentieri del costituzionalismo*, Bologna, 1998.

Craven, G. (ed.), *Australian Federation*, 1992.

Crisafulli, Vezio, voz "Costituzione", en *Enziclopedia del Novecento*, t. II, Roma, 1979.

— *Stato, popolo, governo*, Milano, Giuffrè, 1985.

Cruz Villalón, P., *Die Neugliederung des spanischen Staates durch die "Autonomen Gemeinschaften"*, *JöR*, vol. 34, 1985, p. 195.

Dagtoglou, P., voz "Souveranität", en *EvStL*, 1996, col. 2321; 3ª ed., 1987, col. 3155.

De Vega García, Pedro, *La reforma constitucional y la problemática del poder constituyente*, Madrid, Tecnos, 1985.

De Vergottini, Giuseppe, *Diritto costituzionale*, Padova, Cedam, 1997.

— *Diritto costituzionale comparato*, Padova, Cedam, 1999.

Denhard, A., *Dimensionen staatlichen Handelns*, 1996.

Denninger, E., *Menschenrechte und Grundgesetz*, Weinheim, 1994.

Dicey, A. V., *Lectures introductory to the study of the law of the Constitution*, 2ª ed., London, 1886; 8ª ed., 1923.

Dogliani, M., *Potere costituente*, Torino, 1986.

Dreier, H. (ed.), *Grundgesetz- Kommentar*, 1996.

Dreier, R., *Recht und Moral*, 1981.

Dreier, R. - Schwegmann, F. (eds.), *Probleme der Verfassungsinterpretation*, 1976.

Dürig, G., *Der deutsche Staat im Jahre 1945 und seither*, *VVDStRL*, vol. 13, 1955, p. 27.

— *Der Grundrechtssatz von der Menschenwürde*, 1956.

— *Gesammelte Aufsätze*, 1964.

— *Gesammelte Schriften*, 1984.

Duverger, M., *Demokratie im technischen Zeitalter*, 1973.

— *Le système politique français*, 20ª ed., Paris, 1990.

Dworkin, Ronald, *Los derechos en serio*, tr. M. Gustavino, Barcelona, Ariel, 1984.

— *Taking rights seriously*, Cambridge, Massachussets, Harvard University Press, 1977.

Ehmke, H., *Grenzen der Verfassungsänderung*, 1953.

— *Prinzipen der Verfassungsinterpretation*, *VVDStRL*, vol. 20, 1963, p. 53.

Eichenberger, K., *Die richterliche Unabhängigkeit als staatsrechtliches Problem*, 1960.

Eidelberg, P., *The philosophy of the american Constitution*, New York, 1966.

Elia, Leopoldo, *Diritto costituzionale*, en "Cinquanta anni di esperienza giuridica in Italia", Milano, Giuffrè, 1981.

Elster, J. - Slagstad, R. (eds.), *Constitutionalism and democracy*, Cambridge, Cambridge University Press, 1988.

Enciclopedia Brockhaus, 17ª ed., 1970.

Esposito, Carlo, *La Costituzione italiana*, Padova, Cedam, 1994.

Esser, J., *Grundsatz und Norm*, 4ª ed., 1990.

— *Vorverständnis und Methodenwahl*, 1970.

Esterbauer, F. - Pernthaler, P. (eds.), *Europäischer Regionalismus am Wendepunkt*, 1991.

Favoreu, Louis - Rubio Llorente, Francisco, *El bloque de la constitucionalidad*, Madrid, Civitas, 1991.

Fernández Segado, Francisco, *El sistema constitucional español*, Madrid, Dykinson, 1992.

Fioravanti, M., *Stato e Costituzione*, Torino, 1993.

Fleiner-Gerster, T., *Allgemeine Staatslehre*, 2ª ed., Berlin - Heidelberg, 1995.

Forsthoff, E., *Begriff und Wesen des socialen Rechtsstaates*, *VVDStRL*, vol. 12, 1954, p. 8.

— *Der Staat der Industriegesellschaft*, 1971.

— *Zur Problematik der Verfassungsauslegung*, Stuttgart, 1961.

Fraenkel, E., *Das amerikanische Regierungssystem*, 3ª ed., Opladen, 1976.

Frankenberg, G., *Die Verfassung der Republik*, Baden-Baden, 1996.

Freyer, H., *Weltgeschichte Europas*, 3ª ed., 1969.

Friedrich, C. J., *Constitutional government and democracy*, Boston, 1950.

— *Der Verfassungsstaat der Neuzeit*, Berlin, 1953.

Friedrich, M. (ed.), *Verfassung*, Darmstadt, 1978.

Garlicki, L., *Vier Jahre Verfassungsgerichtsbarkeit in Polen (1985-1989)*, *JöR*, vol. 39, 1990, p. 285.

Gicquel, J., *Droit constitutionnel et institutions politiques*, 11ª ed., Paris, 1991; 14ª ed., 1995.

Godechot, Jacques (ed.), *Les constitutions de la France depuis 1789*, Paris, Flammarion, 1993.

Gomes Canotilho, José J., *Direito constitucional*, 5ª ed., Coimbra, 1991.
— *Direito constitucional e teoria da Constituição*, Coimbra, 1998.

Gören, Z., *Die einstweilige Anordnung in der Rechtsprechung des türkischen Verfassungsgerichts*, *EuGRZ*, 1994, p. 597.

Gough, John W., *Fundamental law in english constitutional history*, Oxford, Clarendon Press, 1955.

Grabitz, E. - Hilf, M. (eds.), *Kommentar de Europäischen Union*, Stand Mai, 1998.

Graf Vitzthum, W. (ed.), *Völkerrecht*, 1997.

Grewe, C. - Ruiz Fabri, H., *Droits constitutionnels européenes*, Paris, 1995.

Grimm, D., *Die Zukunft der Verfassung*, 2ª ed., Frankfurt am Main, 1994.
— *Kulturauftrag im staatlichen Gemeinwessen*, *VVDStRL*, vol. 42, 1984, p. 46.
— *Politische Parteien*, en *HdbVerfR*, 2ª ed., 1994, p. 599.

Haberland, S., *Die verfassungsrechtliche Stellung der Opposition nach dem Grundgesetz*, 1995.

Häberle, Peter, *Aktuelle Probleme des deutschen Föderalismus*, "Die Verwaltung", vol. 24, 1991, p. 196.
— *Altern und Alter des Menschen als Verfassungsproblem*, en "FS Hans Lerche", 1993, p. 189.
— *Costituzioni e identità culturale*, Milano, 2006.
— *Das Grundgesetz zwischen Verfassungsrecht und Verfassungspolitik*, Baden-Baden, 1996.
— *Das Menschenbild in Verfassungsstaat*, 1988.
— *Das Staatsgebiet als Problem der Verfassungslehre*, en "FS G. Batliner", 1994, p. 397.
— *Das "Weltbild" des Verfassungsstaates -eine Textstufenanalyse zur Menschheit als verfassungsstaatlichem Grundwert und "letzem" Geltungsgrund des Völkerrechts*, en "FS Kriele", 1977, p. 1277.
— *Demokratische Verfassungstheore im Lichte des Möglichkeitsdenkens*, "Archiv des öffentlichen Rechts", 1977, p. 27.
— *Der Sonntag als Verfassungsprinzip*, 1989.
— *Der Verfassungsstaat in entwicklungsgeschichtlicher Sicht*, en "FS K. Stern", 1996, p. 143.
— *Die Hauptstadtfrage als Verfassungsproblem*, "Die öffentliche Verwaltung", 1990, p. 989.
— *Die Menschenwürde als Grundlage der staatlichen Gemeinschaft*, en *HdbStR*, vol. I, 1987, p. 815; 2ª ed., 1995.
— *Die Wesensgehaltsgarantie des Art. 19 Abs. 2 GG*, 1962; 2ª ed., 1972; 3ª ed., 1983.

— *Die Zukunft der Landerverfassung der Freien Hansesstadt Bremen*, *JZ*, 1998, p. 57.
— *Erziehungsziele und Orientierungswerte im Verfassungsstaat*, 1981.
— *Europäische Rechtskultur*, Baden-Baden, 1994.
— *Europäische Verfassungslehre in Einzelstudien*, Baden-Baden, 1999.
— *Europaprogramme neuerer Verfassungen und Verfassungsentwürfe für den Ausbau von nationales "Europaverfassungsrecht"*, en "FS Everling", 1995, p. 355.
— *Feiertagsgarantien als kulturelle Identitätselemente des Verfassungsstaates*, 1987.
— *Freiheit, Gleichheit und Öffentlichkeit des Abgerordnetenstatus*, *NJW*, 1976, p. 537.
— *Gemeineuropäisches Verfassungsrecht*, 1997.
— *Gemeineuropäisches Verfassungsrecht*, *EuGRZ*, 1991, p. 261.
— *Grundrechte im Leistungsstaat*, *VVDStRL*, vol. 30, 1972, p. 43.
— *Grundrechtsgeltung und Grundrechtsinterpretation im Verfassungsstaat*, *JZ*, 1989, p. 913.
— *Klassikertexte im Verfassungsleben*, 1981.
— *Kommentierte Verfassungsrechtsprechung*, 1979.
— *Kulturpolitik in der Stadt -ein Verfassungsauftrag*, 1979.
— *Kulturverfassungsrecht im Bundesstaat*, 1980.
— *Le libertà fondamentali nello Stato costituzionale*, Roma, 1993.
— *Leistungsrecht im sozialen Rechtsstaat*, en "FS Köchenhoff", 1972, p. 453.
— *Neues Kulturverfassungrecht in der Schweiz und in der Bundesrepublik Deutschland*, *ZSR*, vol. 105, 1986, p. 195.
— *Öffentliches Interesse als juristisches Problem*, 1970.
— *Rechtsvergleichung im Kraftfeld des Verfassungsstates*, Berlin, 1992.
— *Retrospektive Staats(rechts)lehre oder realistische "Gesellschaftslehre"?*, *ZHR*, vol. 136, 1972, p. 425.
— *Sprachen-Artikel und Sprachenprobleme in Verfassungsstaat*, en "FS Pedrazzini", 1990, p. 105.
— *Theorieelemente eines allgemeinen juristischen Rezeptionsmodells*, *JZ*, 1992, p. 1033.
— *Verfassung als öffentlicher Prozeß*, Berlin, 1978; 3ª ed., 1998.
— *Verfassungslehre als Kulturwissenschaft*, Berlin, 1982; 2ª ed., 1998.
— *Verfassungslehre im Kraftfeld rechtswissenchaftlicher Literaturga tungen*, en "Festschrift für O. K. Kaufmann", 1989, p. 15.
— *Verfassungsrechtliche Ewigkeitsklauseln als verfassungsstaatliche Identitätsgarantien*, en "FS Haug", 1986, p. 81.
— *Verfassungsschutz der Familie*, 1984.
— *Verfassungsstaatliche Staatsaufgabenlehre*, *AöR*, vol. 111, 1986, p. 595.

— *Wahrheits probleme im Verfassungsstaat*, 1995.
— *Zeit und Verfassung*, *ZfP*, vol. 21, 1974, p. 111.
Häberle, Peter (ed.), *Kulturstaatlichkeit und Kulturverfassungsrecht*, 1982.
Habermas, Jürgen, *Facticidad y validez*, Madrid, Trotta, 1998.
— *Faktizität und Geltung*, Frankfurt am Main, 1992.
— *Historia y crítica de la opinión pública*, Barcelona, Gustavo Gili, 1981.
— *Legitimationsprobleme im Spätkapitalismus*, 1973.
— *Problemas de legitimación en el capitalismo tardío*, Madrid, Cátedra, 1973.
— *Strukturwandel der Öffentlichkeit*, 8ª ed., 1976; 12ª ed., 1980.
Habermas, Jürgen - Luhmann, Niklas, *Theorie der Gesellschaft oder Sozialtechnologie*, 1971.
Häfelin, U. - Haller, W., *Schweizerisches Bundesstaatsrecht*, 4ª ed., Zürich, 1998.
Hailsham (Lord), *On the Constitution*, London, Harper Collins, 1992.
Haller, W., *Supreme Court und Politik in den USA*, 1972.
Hamilton, Alexander - Madison, James - Jay, John, *El federalista*, México, Fondo de Cultura Económica, 1974.
— *The federalist papers*, 1788.
Hangartner, Y. - Ehrenzeller, B. (eds.), *Reform der Bundesverfassung*, 1995.
Hartenstein, F.-H., *Der Wehrbeauftragte des Deutschen Bundestages*, 1977.
Hartmann, N., *Möglichkeit und Wirklichkeit*, 1937; 2ª ed., 1949.
Hauttenhauer, H., *Europäische Rechtsgeschichte*, 1992.
Haverkate, G., *Verfassungslehre*, München, 1992.
Hayek, F. A., *The Constitution of liberty*, Chicago, 1960.
Hebeisen, M. W., *Staatszwecke, Staatsziele, Staatsaufgaben*, 1996.
Heller, Hermann, *Rechsstaat oder Diktatur*, 1930.
— *Staatslehre*, Leiden, 1934; 4ª ed., 1970; 6ª ed., Tübingen, 1989.
— *Teoría del Estado*, 2ª ed., México, 1998.
Hennis, W., *Verfassung und Verfassungswirklichkeit*, Tübingen, 1968.
Herzog, R., *Allgemeine Staatslehre*, Frankfurt am Main, 1971.
Hespe, K., *Zur Entwicklung der Staatszwecklehre in der deutschen Staatsrechtswissenschaft des 19 Jahrhunderts*, 1964.
Hesse, Konrad, *Das Selbstbestimmungsrecht der Kirchen und Religionsgemeinschaft*, en *HdBStKiR*, vol. I, 2ª ed., 1994, p. 521.

— *Der Gleichheitssatz in der neuen Rechtsprechung des Bundesverfassungsgerichts*, en "FS Lerche", 1993, p. 61.
— *Die nomative Kraft der Verfassung*, Tübingen, 1959.
— *Die verfassungsrechtliche Stellung der politischen Parteien im modernen Staat*, *VVDStRL*, vol. 17, 1959, p. 11.
— *Grundzüge des Verfassungsrechts der Bundesrepublik Deutschland*, 20ª ed., Heidelberg, 1995; reimpr., 1999.

Heuss, A., *Zur Theorie des Weltgeschichte*, 1968.

Hoffmann, H., *Grundpflichten als verfassungsrechtliche Dimension*, *VVDStRL*, vol. 41, 1983, p. 42.
— *Kultur für alle*, 1979; 2ª ed., 1981.
— *Repräsentation*, 3ª ed., 1998.

Höfling, W., *Offene Grundrechtsinterpretation*, 1987.

Hofmann, R. - Merli, F. - Marko, J., y otros (eds.), *Rechststaatlichkeit in Europa*, 1996.

Hollerbach, A., voz "Gerechtigkeit und Recht", en *Staatslexikon*, 7ª ed., vol. 2, 1986, col. 898.
— *Grundlagen des Staatskirchenrechts*, en *HdBStR*, vol. VI, 1989, p. 471.

Holzinger, G., *Grundrechtsreform in Österreich*, *JöR*, vol. 38, 1989, p. 325.

Hommes, M., *Brauchen wir eine Utopie? Plädoyer für einen in Mißkredit geratenen Begriff*, "Aus Polik und Zeitgeschichte", B 20/77, 21/5/77.

Hopt, K., *Finale Regelungen, Experiment und Datenverarbeitung in Recht und Gesetzgebung*, *JZ*, 1972, p. 65.

Huber, E. R., *Deutsche Verfassungsgeschichte seit 1789*, 2ª ed., Stuttgart, 1957-1984.

Huber, H., *Die Gesantänderung der Verfassung*, en "FS Scheuner", 1973, p. 183.

Huber, P. M. - Stock, M. (eds.), *Zur lage der parlamentarischen Demokratie*, 1995.

Imboden, M., *Staat und Recht*, 1971.

Ipsen, H. P., *Europäisches Gemeinschaftrecht*, 1972.

Isensee, J., *Gemeinwohl und Staatsaufgaben in Verfassungsstaat*, en *HdBStR*, vol. III, 1988, p. 3.
— *Republik Sinnpotential eines Begriffs*, *JZ*, 1981, p. 1.

Isensee, J. - Kirchhof, P. (eds.), *Handbuch des Staatsrechts de Bundesrepublik Deutschland*, Heidelberg, 1987; 2ª ed., 1995.

Itin, M., *Grundrechte in Frankreich*, 1993.

Jaeger, Werner (ed.), *Das Problem des Klassischen und die Antike*, 1931.

Jakobs, Günther (ed.), *Rechtsgeltung und Konsens*, 1976.

Jellinek, Georg, *Allgemeine Staatslehre*, 3ª ed., 6ª reimpr., Darmstadt, 1959.

— *Teoría general del Estado*, México, Fondo de Cultura Económica, 2000.

— *Verfassungsänderung und Verfassungswandel*, Berlin, 1906; reimpr. 1996.

Jonas, Hans, *Das Prinzip Verantwortung*, 1979.

Kägi, W., *Die Verfassung als rechtlichte Grundordnung des Staates*, Zürich, 1945; reimpr. 1971.

— *Von der klassischen Dreiteilung zur heutigen Gewaltenteilung*, 1961.

Kaltefleiter, W., *Die Funktionen des Staatsoberhaupts in der parlamentarischen Demokratie*, 1979.

Karpen, U., *Südafrika auf dem Weg zu einer demokratischenrechtsstaatlichen Verfassung*, *JöR*, vol. 44, 1996, p. 609.

Kelsen, Hans, *Algemeine Staatslehre*, Berlin, 1925; reimpr., Bad Homburg, 1966.

— *Teoría general del Estado*, México, Editora Nacional, 1965.

Kersting, W., *Die politische Philosophie des Gesellschagftsvertrags*, 1994.

Kimminich, O., *Deutsche Verfassungsgeschichte*, 1970.

Kirchhof, P., *Die Identität der Verfassung in ihren unabänderlichen Inhalten*, en *HdBStR*, vol. I, 1987, p. 775.

Klein, E., *Staatssymbole*, en *HdbStR*, vol. I, 1987, p. 733.

Kloepfer, M., *Öffentliche Meinung, Massmedien*, en *HdBStR*, vol. II, 1987, p. 171.

— *Unweltschutz als Verfassungsrecht: Zum neuen Art. 20a GG*, *DVBl*, 1996, p. 73.

Kokott S., *Micro-States*, en "Encyclopedia of Public International Law", nº 10, 1987, p. 297.

Kötz, H., *Gemeineuropäisches Zivilrecht*, en "FS K. Zweigert", 1981, p. 481.

Kramer, E. A., *Juristische Methodenlehre*, 1998.

Krawietz, W. (ed.), *Verfassungsstaat*, Berlin, 1996.

Kriele, M., *Einführung in die Staatslehre. Die geschichtlichen legitimitätsgrundlagen des demokratischen Verfassungsstaates*, 1975; 5ª ed., Opladen, 1994.

Krüger, Herbert, *Allgemeine Staatslehre*, Stuttgart, 1964; 2ª ed., 1966.

Kuhn, J., *Zur Struktur des Liechtensteinischen Rechts*, *JöR*, vol. 38, 1989, p. 379.

Kuhn, Thomas, *La estructura de las revoluciones científicas*, México, Fondo de Cultura Económica, 1971.

Kühnhardt, L., *Die Universalität der Menschenrechte*, 1987.

Kunig, P., *Das Rechtssaatsprinzip*, Tübingen, 1986.

— *Der Schutz des Sonntages im verfassungsrechtlichen Wandel*, 1989.

Landa Arroyo, César, *Tribunal Constitucional y Estado democrático*, Lima, 1999.

Lane, P. H., *A manual of australian constitutional law*, 4ª ed., Granville, 1987.

Lassalle, Ferdinand, *¿Qué es una Constitución?*, Barcelona, Ariel, 1994.

— *Über Verfassungswesen*, Berlin, 1877.

Leibholz, G., *Strukturprobleme der modernen Demokratie*, 3ª ed., 1967.

Lerche, P., *Das Bundesverfassungsgericht und die Verfassungsdirektiven*, *AöR*, vol. 90, 1965, p. 241.

— *Stiller Verfassungswandel als aktuelles Politikum*, en "FS für Maunz", 1971, p. 285.

— *Übermass und Verfassungsrechts*, 1961.

Lo Stato delle istituzione italiane. Problemi e prospettive. Atti del convegno, Roma 30 giugno-2 luglio, 1993, Milano, 1994.

Loewenstein, Karl, *Staatsrecht und Staatpraxis von Grossbritannien*, 1967.

— *Teoría de la Constitución*, Barcelona, 1965.

— *Verfassungslehre*, Tübingen, 1959; 2ª ed., 1969; 3ª ed., 1975.

Löw, K., *Was bedentet "Republik" in der Bezeichnung "Bundesrepublik Deutschland"*, *DÖV*, 1979, p. 819.

Lucas Verdú, Pablo, *Estimativa y política constitucionales*, Madrid, Facultad de Derecho de la Universidad Complutense, 1984.

— *Teoría de la Constitución como ciencia cultural. Significado, función y finalidad de una teoría de la Constitución*, Madrid, Dykinson, 1996.

Luchterhand, O., *Grundpflichten als Verfassungsproblem in Deutschland*, 1988.

Luciani, M. - Volpi, M. (*a cura di*), *Il Presidente della Repubblica*, 1997.

Luhmann, Niklas, *Grundrechte als Institution*, 1965; 2ª ed., 1974.

— *Grundsatz und Norm*, 1956.

— *Legitimation durch Verfahren*, 1969.

— *Politische Verfassungen im Kontext des Gesellschaftssystems*, "Der Staat", vol. 12, 1973, p. 1.

— *Soziologie als Theorie* sozialer *Systeme*, "Kölner Zeitschrift für Soziologie und Sozialpsychologie", 1967, p. 615.

Maier, H., *Überlegungen zu einer Geschichte der Menschenrechte*, en "FS Lerche", 1993, p. 43.

— *Wie universal sind die Menschenrechte?*, 1997.

Maihofer, W. (ed.), *Ideologie und Recht*, 1968.

Maine, H. S., *Ancient law*, 1861; 1997.

Maitland, F. W., *Constitutional history of England*, Cambridge, 1908.

Mangoldt, M. V., *Die Verfassungen der neuen Bundesländer*, 2ª ed., 1997.

Martines, Temistocle, *Diritto costituzionale*, Milano, Giuffrè, 1990.

Mastronardi, P. - Schedler, K., *New public management*, 1998.

Matteucci, N., *Lo Stato moderno*, Bologna, 1993.

Maunz, T. - Dürig, G., *Kommentar zum Grundgesetz*, München, 1993.

McIlwain, Charles M., *Constitutionalism ancient and modern*, Ithaca, Cornell University Press, 1947.

Mensen, B. (ed.), *Grundrechte und Menschenrechte in verschieden Kulturen*, 1988.

Merton, Robert K., *A hombros de gigantes*, Barcelona, Península, 1990.

— *On the shoulders of giants*, New York, The Free Press, 1965.

Michael, L., *Der allgemeine Gleicheitssatz als Methodennorm komparativer Systeme*, 1997.

Modegna, F., *I "nuovi diritto" nella giurisprudenza costituzionale*, 1995.

Montesquieu, Charles L. Secondat de, *El espíritu de las leyes*, Barcelona, Altaya, 1993..

Morlok, M., *Selbstverständnis als Rechtskriterium*, 1993.

Mortati, C., *La Costituzione in senso materiale*, Milano, 1940.

— *Racolta di scritti*, Milano, 1972.

Müller, B. - Müller, S., *Grundrechte. Besonderer Teil*, 1985.

Müller, F., *Juristische Methodik*, 6ª ed., Berlin, 1997.

Müller, J. P., *Elemente einer schweizerischen Grundrechtstheorie*, 1982.

— *Materiale Schranker der Verfassungsrevision?*, en "FS Haug", 1986, p. 81.

Münch, P. L., *Die Entwicklung des australischen Föderalismus*, "Der Staat", vol. 35, 1996, p. 284.

Musil, R., *Der Mann ohne Eigenschaften*, 1970-1972.

Nania, Roberto, *Il valore della Costituzione*, Milano, Giuffrè, 1986.

Narr, W.-D. - Naschold, F., *Theorie der Demokratie*, 1971.

Neumann, R., *Änderung und Wandlung der japanischen Verfassung*, 1982.

Noll, P., *Gesetzgebungslehre*, 1973.

Oeter, S., *Souveranität und Demokratie als Problem in der "Verfassungentwicklung" der Europäischen Union, ZaöRV*, vol. 55, 1995, p. 659.

Öhlinger, T., *Verfassungsrecht*, 3ª ed., Wien, 1997.

Orlando, V. E., *Principi di diritto costituzionale*, Firenze, 1912.

Ossenühl, F. (ed.), *Föderalismus und Regionalismus in Europa*, 1990.

Österreichische Parlamentarische Gesellschaft (ed.), *75 Jahre Bundesverfassung*, 1995.

Pace, Alessandro, *La causa della rigidità costituzionale*, 2ª ed., Padova, Cedam, 1996.

— *Problematica delle libertà costituzionale*, Padova, Cedam, 1990.

Paladin, Livio, *Diritto regionale*, Padova, Cedam, 1992.

Palermo, F., *Germania ed Austria: modelli federali*, 1997.

Panunzio, S. P. (ed.), *I costituzionalisti e le riforme*, Milano, 1998.

Peces-Barba, G., *Los valores superiores*, Madrid, Tecnos, 1986.

Peisl, A. - Mohler, A. (eds.), *Die Zeit*, 3ª ed., 1991.

Pérez Luño, Antonio E. (coord.), *Derechos humanos y constitucionalismo ante el tercer milenio*, Madrid, Marcial Pons, 1996.

Pernthaler, P., *Allgemeine Staatslehre und Verfassungslehre*, 1986; 2ª ed., Wien - New York, 1996.

— *Der differenzierte Bundesstaat*, 1992.

Pernthaler, P. (ed.), *Bundesstaatsformen als Instrument der Verwaltungsreform und des europäischen Föderalismus*, 1997.

Pizzorusso, A., *La Costituzione*, Torino, 1996.

Podlech, A., *Alternative-Kommentar zum Grundgesetz*, 2ª ed., 1989.

Popper, Karl R., *Auf der Suche nach einer besseren Welt*, 1984.

— *Die offene Gesellschaft und ihre Feinde*, 1957-1958.

— *La sociedad abierta y sus enemigos*, Barcelona, Paidós, 1981.

Preuß, U. K. (ed.), *Zum Begriff der Verfassung*, Frankfurt am Main, 1994.

Rack, R. (ed.), *Grundrechtsreform*, 1985.

Rautenbach, J. - Malherbe, E., *Constitutional law*, 2ª ed., 1996.

Rawls, John, *Teoría de la justicia*, México, Fondo de Cultura Económica, 1979.

Rebuffa, G., *Costituzioni e costituzionalismo*, Torino, 1990.

Reform der Bundesverfassung. Erläuterungen zum Verfassungsentwurf, Bern, 1995.

Ridola, P., *Diritti di libertà e costituzionalismo*, Torino, 1997.

Ridola, P. (ed.), *La Costituzione europea tra cultura e mercato*, Roma, 1997.

Rigaux, M. F., *La théorie des limites matérielles à l'exercice de la fonction constituante*, Bruxelles, 1985.

Rödig, J., *Die Denkform der Alternative in der Jurisprudenz*, 1969.

Rodríguez-Iglesias, G. C., *Zur "Verfassung" der Europäischen Gemeinschaft*, *EuGRZ*, 1996, p. 125.

Romano, S., *Principi di diritto costituzionale generale*, Milano, 1947.

Saladin, P., *Die Kunst der Verfassungserneuerung*, Basel - Frankfurt am Main, 1998.

— *Verfassungsreform und Verfassungsverständnis*, "Archiv des öffentlichen Rechts", vol. 104, 1979, p. 345.

— *Wozu noch Staaten?*, Bern, 1995.

Sartori, Giovanni, *Comparative constitutional engineering*, New York, New York University Press, 1994.

— *Ingeniería constitucional comparada*, México, Fondo de Cultura Económica, 1994.

Scharpf, F., *Demokratietheorie zwischen utopie und Anpassung*, 1970.

Scheuner, M., *Das Amt des Bundespräsidenten als Aufgabe verfassungsrechtlicher Gestaltung*, 1966.

Scheuner, U., *Das Mehrheitsprinzip in der Demokratie*, 1973.

— *Staatstheorie und Staatsrecht*, Berlin, 1978.

— *Staatszielbestimmungen*, 1972.

— voz "Verfassung", en *Staatslexikon*, vol. 8, 1963, col. 117 (118).

Schindler, D., *Differenzierter Föderalismus*, en "FS Häfelin", 1989, p. 371.

— *Verfassungsrecht und soziale Struktur*, 4a ed., Zürich, 1967.

Schlaich, K., *Das Bundesverfassungsgericht*, 4a ed., 1997.

— *Der Status des Bundespräsidenten*, en *HdBStR*, vol. II, 1987, p. 529; 2a ed., 1996.

Schluchter, W., *Entscheidung fürden sozialen Rechsstaat. Hermann Heller und die staatstheorische Diskussion in der Weimare Republik*, 1968.

Schmidt, W. - Bartelsperger, R., *Organisierte Einwirkungen auf die Verwaltung*, *VVDStRL*, vol. 33, p. 183.

Schmidt-Aßmann, E., *Der Rechtsstaat*, en *HdBStR*, vol. I, 2a ed., 1995, p. 1010.

— *Der Verfassungsbegriff in der deutschen Staatslehre der Aufklärung und des historismus*, Berlin, 1967.

Schmitt, Carl, *Teoría de la Constitución*, Barcelona, Ariel, 1965.

— *Verfassungslehre*, Berlin, 1928; 6ª ed., 1983.

Schneider, H. P., *Die parlamentarische Opposition im Verfassungsrecht der Bundesrepublik Deutschland*, 1974.

Schneider, H. P. - Zeh, W. (eds.), *Parlamentsrecht und Parlamentspraxis in der Bundesrepublik Deutschland*, 1989.

Schröder, M., *Die Bereiche der Regierung und der Verwaltung*, en *Hd BStR*, vol. III, 1988, p. 67.

Schülze-Fielitz, H., *Kontrolle der Verwaltung dur Rechnungshöfe*, *VVD StRL*, vol. 55, 1996, p. 231.

Schuppert, G. F., *Die Erfüllung öffentlicher Aufgaben durch verselbständigte Verwaltungseinheiten*, 1981.

Schwartländer, J. (ed.), *Menschenrechte: Aspekte ihrer Begründung und Verwirklichung*, 1978.

— *Menschenrechte und Demokratie*, 1981.

Seiler, H., *Gewaltenteilung, Allgemeine Grundlagen und schwizerische Ausgestaltung*, 1994.

Smend, Rudolf, *Constitución y derecho constitucional*, Madrid, Centro de Estudios Constitucionales, 1985.

— *Integrationslehre*, 1956.

— *Staatsrechtliche Abhandlungen*, 3ª ed., Berlin, 1994.

— *Verfassung und Verfassungsrecht*, München - Leipzig, 1928.

— *Zum Problem des Öffentlichkeit*, en "Ged. Schrift für W. Jellinek", 1955.

Spadaro, Antonino, *Contributo per una teoria della Costituzione*, Milano, Giuffrè, 1994.

Spyropoulos, P., *Constitutional law in Hellas*, La Hague - London - Boston - Atenas, 1995.

Starbatty, J., *Die englischen Klassiker der Nationalökonomie*, 1985.

Starck, C., *Die Verfassungen der neuen Länder*, en *HdbStR*, vol. IX, 1997, p. 353.

— *Europas Grundrechte in neuesten Gewand*, en "FS H. Huber", 1982, p. 467.

Starck, C. (ed.), *Zusammenarbeit der Gliedstaaten im Bundesstaat*, 1988.

Steiner, U., *Kulturauftrag im staatlichen Gemeinwessen*, *VVDStRL*, vol. 42, 1984, p. 7.

— *Verfassunggebund und verfassunggebende Gewalt des Volkes*, Berlin, 1966.

Stern, K., *Das Staatsrecht der Bundesrepublik Deutschland*, 2ª ed., München, 1984; 20ª ed., 1995.

— *El derecho del Estado de la República Federal de Alemania*, Madrid, CEC, 1987.

Sternberger, D., *Verfassungspatriotismus*, Frankfurt am Main, 1990.

Stolleis, Michael, *Gemeinwohlformeln im nationalsozialistischen Recht*, 1974.

— *Geschichte des öffentlichen Rechts in Deutschland*, 1988-1992.

Streinz, R., *Europarecht*, 3ª ed., 1996.

Tribe, Laurence H., *American constitutional law*, New York, 1879; 2ª ed., Mineola, Foundation Press, 1988.

— *Constitutional choices*, Cambridge, Massachussets, Harvard University Press, 1985.

Troper, M. - Jaume, L. (eds.), *1789 et l'invention de la Constitution*, Paris, 1994.

Tsatsos, D. T., *Die Unzulässigkeit der Kumulation von Bundestags- und Bundesratsmandat*, 1965.

Vieira, N., *Civil rights in a nutshell*, 2ª ed., 1989.

Von Armin, H. H., *Der Staat als Beute*, 1993.

Von Beyme, K., *Die verfassunggebende Gewalt des Volkes*, Tübingen, 1968.

Von Wedel, H., *Der sog. "Mikrostaat" im internationalen Verkehr*, "Verfassung und Recht in Übersee", vol. 5, 1972, p. 303.

Vorländer, H., *Verfassung und Konsens*, Berlin, 1981.

Voss, D.-H., *Regionen und Regionalismus im Recht der Mitgliedstaaten der Europäischen Gemeinschaft*, 1989.

Wahl, R., *Der Vorrang de Verfassung*, "Der Staat", vol. 20, 1981, p. 485.

Waschkuhn, A. (ed.), *Kleinstaat. Politische Schriften*, 1993.

Weber, K. - Rath-Kathrein, I. (eds.), *Neue Wege der Allgemeinen Staatslehre*, Wien, 1996.

Wieacker, F., *Privatrechtsgeschicte der Neuzeit*, 1952; 2ª ed., 1967.

Willoweit, D., *Deutsche Verfassungsgeschichte*, 3ª ed., München, 1997.

Wintrich, J. M., *Zur Problematik der Grundrechte*, 1957.

Zacher, H. F., *Das soziale Staatsziel*, en *HdBStR*, vol. I, 2ª ed., 1995, p. 1068.

Zagrebelsky, G., *El derecho dúctil*, Valladolid, Trotta, 1995.

— *Il diritto mite*, 2ª ed., Torino, 1994.

— *Stato - società - Costituzione*, Torino, 1988.

Zagrebelsky, G. - Portinario, P. P. - Luther, J. (eds.), *Il futuro della Costituzione*, Torino, 1996.

ÍNDICE ALFABÉTICO

C

F

G

H

I

J

K

L

M

R

S

T

U

V

W

Y

Z

La edición de esta obra se realizó en Editorial Astrea y fue impresa en su taller, Berón de Astrada 2433, Ciudad de Buenos Aires, en la primera quincena de marzo de 2020.